신
좌
파

신좌파

원시 사회로의 회귀

THE RETURN OF THE PRIMITIVE

아인 랜드 지음 | 최지영 옮김

미래 H

서문

이 책의 초판이 발행되었던 1971년, 인류가 쌓아온 견고한 문명의 성벽이 무너져 내리고 있었다. 조직적인 폭력과 전투적인 주정주의[01], 공공연한 허무주의가 판치는 신新좌파의 시대였다. '언론의 자유'라고 쓴 플래카드를 들고 데모하는 폭력적인 운동권 학생들은 대학 캠퍼스를 강제로 폐쇄했고, 신병모집소는 베트남전쟁을 반대하는 게릴라 단체들의 습격을 받았다. 티모시 리어리[02], 애비 호프먼[03]과 같은 히피와 사이키델릭의 시대, 부조리극과 블랙팬서[04]가 활개를 치던 시대였다.

이런 무분별한 사회운동들은 '의미를 가지는 것에 대한 저항'이었다. 미국인과 미국인다운 것이라면 모두 타도해야 할 대상으로 삼았고, 호찌민Ho Chi Minh과 피델 카스트로Fidel Castro 같은 살인마 독재자는 영웅으로 추앙했다. 무차별적 파괴가 사회운동단체의 실제 목적이었지만, 문화평론가들은 사회운동단체 대표들을 억압적인 국

---

01 emotionalism : 이성보다 감정이 우월하다고 여기는 사상.

02 Timothy Leary(1920~1996) : 미국 심리학자이자 작가. LSD 등의 환각성 약물이 정신의학적 치료에 효과가 있을 뿐만 아니라 약물을 통해 정신과 자아를 확장시킬 수 있다고 주장했다.

03 Abbie Hoffman(1936~1989) : 미국 신좌파 정치가이자 사회운동가로 무정부주의자였다.

04 Black Panthers : 1960~70년대에 활동한 극좌익 흑인 과격파 단체. 흑인의 권리를 주장하는 사회운동을 조직하고 자기 방어적 폭력을 주창했다.

가에 저항하는 정의의 수호자라고 칭송했다.

미국 사회는 쏟아지는 폭격 속에 후퇴하고 있었다. 그 폭격은 대의라는 명분으로 시작되었지만 실체가 무엇인지 아무도 알지 못했고, 실체를 몰랐기 때문에 받아들일 수도 반격할 수도 없었다.

이들의 정체를 밝힌 것은 아인 랜드Ayn Rand였다. 아인 랜드는 이 책에 실린 에세이를 통해 신좌파 사회운동가들의 이념적 본질이 무엇인지 규명했다. 이른바 사회운동 '혁명가'라고 불리는 신좌파는 반反이성주의, 반反산업주의, 반反자본주의 교리를 만든 철학자들의 제자로서 스승이 전수한 이념을 충실히 이행하는 실천가들이라는 것을 밝혀낸 것이다.

신좌파는 1960년대 서구사회의 핵심목표였던 '산업화'에 대한 적대감을 교리에 녹였다. 서구사회는 부패할 대로 부패했고 기술을 포기함으로써 환경에 미치는 영향을 완전히 제거해야 한다고 주장했다. 여기에는 자동차와 쇼핑센터, 에어컨, 원자력발전소를 없애는 것도 포함되었다.

이 원시적인 교리가 기존 좌파와 신좌파를 구분 짓는 특징이다. 과거 집단주의자들조차도 자신들의 사상으로 인정하기 꺼렸던 것들을 신좌파는 버젓이 옹호한다. 아인 랜드는 이렇게 말했다. "신좌파들은 구좌파보다 실체를 더욱 쉽게 드러낸다. 신좌파의 목적은 기술을 장악하는 것이 아니라 기술을 파괴하는 것이다."

결국 신좌파는 반反산업혁명을 성공시키지 못했지만, 이성과 이성의 산물을 공격할 기반을 닦았다. 좌파 학생운동권에 대한 대목에서 아인 랜드는 말했다. "학생운동권의 반란이 대중의 공감을 사지는 못했지만, 반란의 이념적 정당성에 대해 아무도 반박하지 않았다는 사실에 주목해야 한다. 이들이 앞으로 나아갈 길은 활짝 열려 있는데, 이를 막을 바리케이드 역할을 할 지성인은 보이지 않는다. 전투는 아직 끝난 게 아니다."

그리고 지금, 실제로 전투는 계속되고 있다. 문명화가 낳은 지적·물질적 진보에 맹렬히 대항하는 사회운동이 오늘날에도 일어나고 있다. 환경보호주의와 다문화주의가 대표적이며, 이 둘은 모두 원시성을 숭상하는 신新원시주의다.

『옥스퍼드영어사전』에는 '원시적'이라는 단어의 뜻이 "처음이나 초기 단계 또는 초기 단계에 속하는"이라고 나와 있다. 인류 진화의 관점에서 보면 원시상태는 인간이 이성을 가지기 전 단계에 해당한다. 이 단계에서 인간은 자연을 이해하지 못하기 때문에 자연을 두려워하고 경외심을 느끼며 살아간다. 원시인은 인과관계를 파악하지 못한다. 세상이 자연의 법칙에 따라 움직이고 그 법칙을 발견한 인간이 자연을 지배한다는 사실을 알지 못한다. 원시인이 사는 세상에는 햇빛, 어둠, 비, 가뭄, 천둥소리, 점박이올빼미의 울음소리 등 오직 신비롭고 초자연적인 현상만 가득할 뿐이다. 세상 모든 것이 기묘하고, 경이로우며, 신성하다. 이 비非개념적인 사고방식을 따르는 인간은 자연에 종속된다. 자연을 지배할 대상이 아니라 순종할 대상으로 본다.

환경보호주의자들은 우리가 이러한 사고방식을 가지길 바란다. 세상을 알 수 없는 것으로 여긴다면 원시인은 무엇을 믿고, 행동방식은 어떻게 결정할까? 이런 종류의 지식은 선천적으로 타고나는 것이 아니기 때문에 누군가에게 배워야 한다. 바로 자신이 속한 종족의 구성원들이다. 원시인에게 종족은 자신의 정체성을 나타낸다. 따라서 종족의 칙령은 의심할 수 없는 절대적 기준이며, 종족이 제공하는 혜택은 근본적 가치가 된다.

이것은 또한 다문화주의자들이 우리에게 바라는 사고방식이기도 하다. 피부색과 같이 가장 원시적이고 반反개념적인 기준에 따라 종족을 정의하고, 기본적인 존재의 단위가 종족이라 주장한다. 그리고 그 결과로 서구문명, 즉 개인주의 문명이 이룬 성취가 야만적인 부족주의적 삶의 방식보다 우월한 삶의 방식이라는 사실을 거부한다.

환경보호주의와 다문화주의는 합리적인 산업화 시대의 가치를 파괴하고 싶어 한다. 이 두 사상은 모두 신좌파의 후손들로 원시주의를 위해 진보를 멈추라고 주장하는 운동을 활발히 전개하고 있다.

이러한 신좌파의 철학적 계보를 잇는 후손들을 분석하기 위해 『신좌파』 확장판을 내게 되었다. 1971년 출판된 『신좌파 : 반산업혁명The New Left : The Anti-Industrial Revolution』에 환경보호주의, 다문화주의, 페미니즘에 대해 쓴 나의 에세이 세 편을 추가했다. 다문화주의자들이 흐려놓은 인종차별주의와 '민족성'의 본질에 대해 아인 랜드가 쓴 「인종차별주의」 그리고 「세계의 발칸화」도 포함했는데, 각각 『이기심의 미덕The Virtue of Selfishness』과 『이성의 목소리The Voice of Reason』에 실린 바 있다.

결론적으로 이 책은 과거와 동일하지만 형태를 달리해 나타나고 있는 반산업혁명을 확인하고, 설명하며, 평가하는 에세이를 모은 책이다. 한때 급진적이라고 평가되었던 좌파의 안건 상당수가 현재 우리 사회에서 받아들여졌으며, 심지어 더 이상 논쟁거리도 되지 않는 상황이다. 오늘날 신좌파는 형태가 바뀌었을지 몰라도 본질은 그대로 유지하고 있다.

1960년대에는 환경오염과 재활용 문제를 두고 '자연으로 돌아갈 것'을 주장하는 히피족과 기업이 대립을 반복했다. 하지만 오늘날 '지구의 날Earth Day' 행사는 대기업들의 중요한 연례행사로 자리 잡았을 뿐만 아니라 대기업들은 자사 제품이 '친환경'이라는 점을 앞다퉈 홍보하고 있다. 예를 들어 맥도날드는 소를 방목하기 위해 열대우림을 훼손하지 않는다는 점을 강조하고, 요즘 어린이 만화에는 범죄자가 아니라 탐욕스러운 벌목꾼이 악당으로 등장한다. 〈뉴욕타임스〉의 보도에 따르면 현재 거의 모든 주에서 "학교의 전 교육과정에 환경보호 개념을 포함시킬 것을 요구하고 있다"고 한다.

1960년대에 학생들은 흑인 연구를 위한 강의의 개설을 요구하며 대학 행정실을 강제로 점거했다. 오늘날 주요 대학들은 다양한 인종 연구를 위해 별도의 전공학과를 두고 있으며, 심지어 학과 건물에 전용 기숙사를 두거나 카페테리아를 운영하는 곳도 있다. 폭력적 시위대가 연좌 농성을 벌이는 대신 오늘날에는 '다양성위원회'가 조용한 쿠데타를 진행한다. 다양성위원회는 대학 캠퍼스를 지배하는 권위적 사상思想 경찰로 '정치적으로 옳지 않은Politically incorrect' 반대파를 체포해 재교육 세미나라는 지하감옥으로 보낸다.

권력이 좌파로 이동한 것은 지적 담론의 결과가 아니라 반대파 지성인의 부재에 따른 것이었다. 반산업혁명은 좌파의 부전승을 이어오고 있다. 아인 랜드는 이에 대해 다음과 같이 말했다.

"반대가 없는 오늘의 부조리는 내일의 강령이 된다. 부조리는 한쪽에서 지속적으로 압력을 가하고 다른 한쪽은 후퇴해 나가는 식으로 사회에 서서히 용인된다. 그리고 결국 우리가 알아차렸을 때는 이미 국가의 공식적 이념이 되어 있다. 오늘날의 복지국가주의도 이러한 과정에 따라 사회에 받아들여지게 되었다."

이것은 현재 우리 사회가 다문화주의와 환경보호주의를 받아들인 과정이기도 하다. 은밀하게 침투해서 당연한 듯 받아들이게 만드는 이 과정이 더 이상 반복되어서는 안 된다. 우리는 오늘날 원시주의가 행하는 부조리에 대해 당장 이의를 제기하고 항의해야 한다. 또한 원시주의가 "좋은 생각이긴 하나 너무 극단적이다"고 말하며 소극적인 태도를 일관하는 기존의 보수적 방식은 통하지 않는다는 사실을 명심해야 한다. 이 전쟁은 양보나 타협 없이 합리적 가치를 지키고 비합리적 신원시주의를 무조건 거부할 것을 기본 원칙으로 한다.

우리가 원시주의와 전쟁을 하기 위해 필요한 지적 수단과 도덕적 확신을 제공하는 데 이 책이 도움이 되길 바란다.

1998년 1월
피터 슈워츠

머리말

지난해에 나는 한 학생에게서 다음과 같은 편지를 받았다.

친애하는 랜드 선생님께.

저는 노던일리노이대학 사회학과에서 객관주의 철학을 공부하고 있는 대학원생입니다.

신좌파에 관해 선생님이 쓰신 글을 모두 읽어보았고, 말씀드리고 싶은 점이 있어 이렇게 편지를 씁니다. 저는 랜드 선생님의 글이 오늘날 신좌파 사회운동을 가장 날카롭게 분석하고 있다고 생각합니다. 최근에 쓰신 「구좌파와 신좌파」, 「아폴론과 디오니소스」 그리고 〈뉴욕타임스 선데이매거진〉에 실린 「신좌파는 지성인의 공백을 의미한다」는 특히 인상적이었습니다. 1965년에 쓰신 「학생들의 반란」은 최근에 다시 읽어보았는데, 당시 선생님의 분석이 얼마나 정확했는지 다시금 깨달았습니다. 좌파에 대해 쓰신 글을 모두 모아 책으로 출판한다면 우리 사회, 특히 대학 캠퍼스에 큰 영향을 미칠 것입니다.

부디 책 출간을 진지하게 고려해주시길 바랍니다. 신좌파에 대한 정확한 분석에 관한 한 〈객관주의자The Objectivist〉에 실린 선생님의 에세이에 필적하는 글은 없다고 생각합니다. 선생님의 다른 저서처럼 시그넷에서 문고판으로 발행되기만 한다면, 거리의 모든 잡지 가판대와 대학서점에 깔리게 될 것으로 확신합니다. 현재 대부분의 대학서점에는 신좌파와 학생운동을 다룬 책들만 빼곡히 진열되어 있습니다. 좌파 서적 틈에서 선생님의 서적은 분명 눈에 띌 것이고, 책을 읽은 학생들은 인생의 전환점을 맞게 될 것입니다. 그 책은 학생들이 의지할 만한 이성의 목소리이자 현재 다른 어떤 곳에서도 찾을 수 없는 지적 무기가 될 것입니다.

G.M.B. 드림

나는 독자들이 하는 현실적 제안을 그다지 듣는 편이 아니다. 하지만 이 학생의 말은 옳다고 느껴서 내 출판 담당자에게 학생의 편지를 보여주었다. 출판 담당자도 학생의 말이 맞는다고 판단했고, 그렇게 해서 이 책이 세상에 나오게 되었다. G.M.B. 씨에게 감사를 표한다.

편지 내용대로 이 책은 "의지할 만한 이성의 목소리"를 찾는 학생들을 대상으로 한다. 뿐만 아니라 학생과 현대 교육의 실태를 격정하는 사람들을 위한 것이기도 하다. 이 책에 실린 「반산업혁명」과 「콤프라치코스」를 쓰기 위해 출간을 조금 미뤘다. 또한 사회운동의 철학적 의미와 목표, 근원이 무엇인지 독자들이 직접 판단할 수 있도록 돕기 위해 〈객관주의자〉에 실린 「학생들의 반란」도 포함시켰다.

〈뉴욕타임스〉에 기고했던 짧은 논문 한 편을 제외한 나머지는 모두 〈객관주의자〉에 실렸던 에세이로 마지막에 발간연월을 기재했다.

1971년 4월
뉴욕에서 아인 랜드

차례

Chapter **1** 학교

학생들의 반란

　　　　　　　　학생들의 '반란'이라 불리는 학생운동은 캘리포니아 버클리대학에서 시작되었다. 역사적으로 매우 깊은 의미를 지니지만, 현재 대부분의 논평가들은 그 의미를 왜곡해서 대중들에게 전달하고 있다. 그리고 우리는 그 잘못된 해석의 본질이 무엇인지에 주목해야 한다.

　버클리대학의 자유언론운동은 1964년 가을부터 시작되었고, 표면적으로는 교내 정치적 행위를 금지하는 학칙에 대한 학생들의 저항이었다. 당시 대학 당국은 학교 소유지에서 정치활동을 위한 학생운동원의 모집, 모금활동, 조직결성을 금지했다. 소규모로 시작한 '저항세력'은 자신들의 권리를 침해했다고 주장하며 다양한 정치적 견해를 지닌 수천 명의 학생들을 결집시켰다. 여기에는 '보수주의자들'도 다수 참여했고, '자유언론운동Free Speech Movement'이라는 명칭도 주어졌다. 학생들은 교내에서 연좌농성을 벌이고, 경찰을 폭행하거나 경찰차를 탈취해 연단으로 사용하는 등 물리적 폭력도 행사했다.

　반란의 정신과 방식 그리고 기술이 무엇인지 보여주는 사건이 있었다. 대학 당국은 사태를 해결하기 위해 1만 8천 명의 학생들과 교수진을 대상으로 대회를 소집했다. 총장 클라크 커Clark Kerr가 문제에 대한 대책을 내놓을 것이며, 학생들은 대회에서 연설할 수 없다는 것을 사전에 공지했다. 클라크 커는 학생들의 요구사항을 대부분 수용하고 사태를 마무리하려 했다. 하지만 대회가 성공적으로 끝나갈 무렵 학생 대표 마리오 사비오Mario Savio가 규칙을 무시하고 갑자기 마이크를 잡았다. 휴회를 틈타 대회를 장악하려던 마리오 사비오는 강단에서 끌려 내려왔고, 이를 본 자유언론운동 대표들은 기쁜 듯 마구 소리를 질렀다. 시위는 실패로 끝났지만, 대학 당국이 '폭력'을 행사했으니 비난할 구실이 생긴 것이다. (자신들의 요구가 받아들여졌는데도 이런 행위를 한 것은 이들이 공개적으로 주장한 것들이 반란의 실제 목표가 아니었다는 것을 나타낸다.)

이후 이 사건은 전국적으로 유명해졌고 언론의 관심이 집중됐다. 자유언론운동에 대한 기사와 연구가 쏟아져나왔다. 겉으로는 자연스러워 보였지만 한결같이 난해하고 추상적인 방법으로 본질을 흐렸으며, 실제와 관계없이 자유언론운동을 매우 중요한 시민운동으로 묘사했다. 폭도들에게 미국 청년들의 대변인이라는 칭호를 부여했고, 그들의 '이상주의'와 정치적 행동에 대한 '헌신'을 칭찬하면서 정치에 무관심하던 대학생들이 '각성'했다고 표현했다. 이 사건은 주요 언론사들이 부풀리기 작업을 한 대표적 사례다.

한편, 버클리대학에서는 관리당국, 이사회, 교수진 간에 치열한 삼파전이 벌어졌다. 언론에 아주 간략히 언급되어 자세한 내용은 알 수 없지만, 학생운동가들에 대하여 이사회는 강경하게 대응할 것을 주장했고, 교수진은 대부분 지지했으며, 관리당국은 그 사이에서 중립을 지켰다.

결과적으로 (학생운동권의 요구대로) 총장 클라크 커가 영구 사퇴하게 되었다. 이 외에도 캠퍼스 내 불법행위를 옹호할 권리와 언론의 자유를 보장하는 등 학생운동권의 요구를 대부분 수용하면서 대학 당국은 자유언론운동에 완전히 항복했다.

학생들의 반란이 여기서 끝나리라는 믿음은 순진한 생각이었다. 학생들은 요구를 들어줄수록 더 많은 것을 요구했다. 대학 관리당국이 자유언론운동 단체를 달래려고 노력할수록 도발은 더 심해졌다. 고삐 풀린 자유언론운동은 '추잡한 말 운동Filthy Language Movement' 으로 변질되었다. 학생들은 욕설이 적힌 포스터를 들고 다니고 교내 스피커로 상스럽고 외설적인 말을 방송했는데, 이 사건은 단순한 '학생들의 장난' 정도로 치부돼 언론의 가벼운 질책을 받는 수준에서 마무리되었다.

하지만 반란에 동조했던 이들조차 '추잡한 말 운동'을 정도가 지나친 일로 여기기 시작하면서 자유언론운동은 힘을 잃었고, 결국 해체되었다. 소문에 따르면, 마리오 사비오는 "대학 관리당국이 행하는 비민주적 절차를 따를 수 없다"며 학교를 그만두고 전국적 학생운동을 조직하기 위해 떠났다고 한다.

여기까지가 언론에 보도된 사건의 요약이다. 하지만 보통 뉴스 채널이 아니라 일반인들이 신문사에 자진해서 보낸 투고를 통해 밝혀진 정보도 있다. 특히 버클리대학 도너연구소의 생물물리학자 알렉산더 그렌든Alexander Grendon이 1965년 3월 31일자 〈뉴욕타임스〉에 기고한 글은 매우 인상적이다.

자유언론운동 단체는 언제나 강압적 방법으로 승리를 쟁취해왔다. 공산주의 국가나 남부의 흑인배척운동Lily-white movement 단체가 그렇듯 일당제 '민주주의'는 당내 반대파를 처벌해 기강을 바로잡는다. 거세게 반항하는 대학 관리당국과 투쟁에 참여하기를 거부한 2만 명의 학생들에게 내려진 처벌은 무력으로 '학교를 무기한 휴교 상태로 만드는 것'이었다.

부패한 민주주의에 굴복하는 것은 학생들에게 이런 방식이 옳다고 가르치는 것과 다름없다. 총장 클라크 커는 학생들의 불법 행위에 끝없이 항복하고 있다. (…)

그는 '불법행위 옹호'를 통제하지 않겠다고 약속했고, 다음과 같은 일들이 교내에서 실제로 벌어지게 함으로써 우리가 불법행위 옹호라는 추상적 개념이 무엇인지 체감할 수 있게 만들었다. 대학 강의실에서는 자칭 무정부주의자가 학생들에게 군복무를 피하는 방법을 설명한다. 그리고 공산주의자는 정부가 베트남에 가하는 행위를 비난하기 위해 대학시설을 멋대로 사용하고, 베트콩을 지원하기 위해 불법적인 모금활동을 한다. 대마초 구매 방법이 쓰인 대마초 선전물은 교내에서 공공연히 배포된다.

'외설'이라는 추상적 개념은 교내 스피커로 들을 때 더욱 이해가 잘된다. 저급한 단어로 집단 성교나 동성 간의 성교를 묘사하고 다른 학생들에게도 시도해볼 것을 권한다. 개처럼 교내에서도 성적 자유를 누려야 한다고 주장하는 이도 있다.

질서정연하던 학교규율에 고의로 반항한 행위에 대해 클라크 커가 한 '협상'은 굴복의 완곡한 표현에 불과하다. 그는 대학의 자유민주화에 기여한 것이 아니라 대학을 무법 상태로 만들었다.

　하버드대학 역사학과 교수 데이비드 랜즈David Landes는 1964년 12월 29일자 〈뉴욕타임스〉 기고문을 통해 버클리대학에서 일어난 폭동이 미국에서 학업의 자유를 잠재적으로 심각하게 훼손한 사건이라고 설명했다. "나는 이번 분쟁이 버클리대학에 결국 악영향을 미치게 될 것이라는 점을 알리고 싶다. 내가 알고 지내는 교수 중 대여섯이 이번 사건을 계기로 학교를 떠났다. '언론의 자유'나 학생들의 '정치행위'에 공감하지 못해서가 아니다. 그중 한 교수의 말에 따르면 '사이공대학(사회주의 대학 - 옮긴이)'에서 교편을 잡고 싶지 않다는 것이었다."

　버클리대학 사회학과 윌리엄 피터슨William Petersen 교수는 1965년 컬럼비아대학 춘계학술대회에서 발표한 「버클리에 남은 것」이라는 글을 통해 사건을 명확하고 통찰력 있게 평가한다. 내용은 다음과 같다.

　자유언론운동에 대해 먼저 알아야 할 사실이 있다. 실제로 이 운동은 언론의 자유와 아무 관련이 없다는 사실이다. 언론의 자유를 위한 것이 아니라면 대체 무엇이 문제였을까? 사실, 터무니없는 말처럼 들리겠지만, 이 운동의 실체는 권력쟁취에 관한 것이었다.

　2만 7천여 명이나 되는 학생 가운데 고작 몇 백 명이 학교 전체를 혼란에 빠뜨린 것은 그들이 지닌 의지와 선동 능력 이상의 결과였다. 교외로부터의 다양한 지원과 대학 관리당국, 교수진의 도움이 없었다면 소수에 불과한 학생단체가 수만 명의 학생들을 움직이는 것은 불가능했을 것이다.

학생운동가들이 학생들을 선동하는 과정은 효율적이었을 뿐만 아니라 거의 군사조직에 가까울 정도로 체계적이었다. 따라서 이 과정을 목격한 사람이라면 누구라도 숙련된 인력과 자금이 버클리 폭동에 투입되었다는 사실을 알 수 있다. 버클리대학 주변에는 학생운동원들을 자발적으로 지원하는 '특설위원회'가 동시다발적으로 생겨났다.

대학 관리당국이 보여준 대응은… 마치 작정하고 반항적인 학생운동권을 육성하려는 것 같았다. 애매한 규정을 만들고 이에 반대의견을 제시하는 학생들을 불합리한 논거로 반박한 것도 충분히 잘못된 대응이었지만, 더 잘못된 것은 교칙이 엄연히 존재하는데도 이를 어긴 학생들에게 아무런 처벌이 이루어지지 않았다는 사실이다. 규범의 이행과 불이행에 따른 보상과 처벌이 규범을 준수하게 만든다. 이 자명한 이치를 전문 교육자라는 사람들이 모른다는 점에서 버클리대학이 얼마나 심각한 위험에 빠져 있는지 알 수 있다.

극단주의 학생들이 그토록 많은 지지를 얻는 데 결정적 역할을 한 것은 교수들의 태도였다. 12월 8일 대학평의회에서 교수들은 급진파의 주장을 지지하는 것을 넘어서 필요할 경우 이사회에 대항해서 기꺼이 싸우겠다는 내용의 결의안을 통과시켰다. 이 결의안은 824 대 115라는 압도적인 표차로 통과되었고, 자유언론운동에 반대하던 학생조직을 단번에 침묵시켰다.

자유언론운동은 1930년대 공산주의 전선을 연상시킨다. 모두 급진파 핵심분자들이 대중을 조종하기 위해 합법적 사안을 교묘히 이용한다는 점에서 같다. 하지만 자유언론운동의 핵심분자들은 잘 훈련된 공산당원이 아니라 여러 분야의 급진파들이 모인 이질집단이라는 점에서 차이가 있다.

피터슨 교수는 이와 더불어 사회주의자, 트로츠키주의자, 공산주의자 및 관련된 여러 단체를 열거한다. 그리고 이렇게 결론짓는다. "라틴아메리카나 아시아권 대학의 급진파 대표들처럼 버클리대학의 급진파 대표들이 당으로부터 정치적 훈련을 받지 않았다고 해서 덜 급진적인 것은 아니다. 급진파의 정체성은 당에 회비를 냈는지 여부가 아니라 행동과 어휘, 사고방식으로 결정된다. 그들을 나타내는 가장 알맞은 단어는 '카스트로주의자'라고 생각한다."

피터슨 교수는 자유언론운동이 대중선동 기술을 포함해 결정적인 부분에서 카스트로 운동을 모방하고 있다고 설명한다. "버클리대학 사건은 독재정권이 아니라 진보적이고 분열되었으며 우유부단한 대학 관리당국에 대해 도발적 전략을 펼치는 것이 얼마나 효과적인지를 증명했다. 학생들의 도발과 그에 따른 승리는 계속 반복되었다."

피터슨 교수는 이런 경고로 글을 마무리한다. "내 진단은 다음과 같다. 환자(대학)는 아직 건강을 회복하지 못했을 뿐만 아니라 전보다 몹시 위중한 상태. 일시적으로 열이 내린 것처럼 보이지만, 바이러스는 이미 퍼지기 시작했고 더욱 치명적으로 변하고 있다."

이제 언론에서 보도된 내용을 통해 반란자들의 이념이 무엇인지 살펴보자. 이 사건을 다루는 언론의 일반적 논조는 1965년 3월 15일 자 〈뉴욕타임스〉의 "학생 신좌파 : 사회운동은 변화를 주도하는 진지한 행동주의자를 대변한다"는 헤드라인에 잘 나타난다. 대체 어떤 종류의 변화를 말하는지는 알 수 없다. 신문 전면에 걸쳐 쓴 기사에 구체적인 답이 나오지 않는다. 그저 '변화'일 뿐이다.

기사에는 이런 내용이 있다. "자유언론운동을 '혁명'에 비유하며 급진주의자로 불리길 원하는 행동주의자도 있다. 하지만 대부분은 '조직자'로 불리기를 원한다." 여기서 이들은 대체 무엇을 조직했다는 것일까? '핍박받은 자들'을 조직한 것일까? 무엇을 위해서? 기사에 답은 나오지 않는다. 그저 '조직자'일 뿐이다.

"꼬리표label를 다는 것을 경멸하지만, 자신들이 냉소가라고 불리는 것은 개의치 않는다. 또한 공산주의체제에 대해서는 정치적 통제를 가하는 다른 체제들만큼 회의적이라고 말한다. '저희는 말하자면 초超공산주의자입니다. 도덕관념을 비롯해 모든 관념에 대해서도 초월했죠.' 한 학생이 말했다."

그러나 이와 의견이 다른 학생도 있다. 버클리 폭동을 주도한 학생대표 중 한 명은 이렇게 말한다. "현재 사회주의국가들은 사회주의가 지닌 여러 문제에도 불구하고 다른 어떤 체제의 국가들보다 이상적인 사회의 방향으로 가까이 다가가고 있다. 그리고 소련은 이상적인 사회의 상태에 거의 다다랐다."

또 어떤 뉴욕시립대학 학생은 "소련과 사회주의연합이 올바른 방향으로 나아가고 있다"고 말한다.

젊은 행동주의자들이 민권운동에 적극적인 반면 버클리 폭동은 민권문제 뒤에 숨어서 시작되었다는 점에서 다음 내용은 아주 흥미롭다. "이 행동주의자들은 인종통합에 대해 충분히 논의하지 않았다. 인종통합담론이 구식이라 생각하는 이들도 있다. 통합의 결과가 현실에 안주하는 중산층의 다인종 사회를 낳는 것이라면 그것은 인종분리정책만큼이나 나쁘다고 주장한다."

행동주의자들의 핵심주제와 기본이념은 '반이념anti-ideology'이다. 모든 종류의 '표어label', 정의, 이론에 투쟁적으로 반대하고 현재를 중요하게 생각하며, 주관적이고 감정적인 의지에 따라 행동할 것을 주장한다. 이러한 반反지성적 태도는 이들이 강조하는 중심사상으로, 언론의 보도 전반에서 나타난다.

1965년 2월 14일자 〈뉴욕타임스〉에는 다음과 같은 내용의 기사가 실렸다.

버클리대학 학생운동가들은 격동의 1930년대 학생운동가들과는 다르다. 기성세대가 만든 체제를 신뢰하지 않고 기존 체제를 무너뜨리는 것조차도 기성세대의 이념이기 때문에 전적으로 받아들이지 않는다. 무정부주의나 I.W.W.[01] 계열은 마르크스주의만큼 확연히 눈에 띈다. 버클리대학 부설 법과사회연구센터 연구원이자 자유언론운동 지지자인 폴 제이콥스Paul Jacobs는 자유언론운동이 '정치적 실존주의의 일종'이라며 다음과 같이 말한다. "과거의 표어label들은 이

---

01   세계산업노동자연맹Industrial Workers of the World : 미국 최초의 노동조합으로 1905년에 설립돼 1920년대 초까지 활발히 활동했다.

신좌파

제 모두 구식이 되어버렸다. (…) 자유언론운동을 추종하는 이들은 행동주의 신념을 추구한다. 오직 현재에 대한 헌신만이 삶의 공허함을 채울 수 있고, 버클리대학과 같이 훌륭한 '지식공장'이 겪는 의미의 부재를 해결할 수 있다고 보는 것이다."

1965년 5월 8일자 〈새터데이 이브닝 포스트〉에는 좌파 청년단체들에 대한 기사가 실렸다. 그 가운데 민주사회학생회Students for a Democratic Society 대표의 말을 다음과 같이 인용한다.

"우리는 파벌적인 구舊좌파와 그들의 해묵은 논쟁을 거부하고 부패한 미국 사회를 경멸하는 것에서 시작했다. 우리는 직접적인 행동과 구체적인 문제에 관심이 있을 뿐, 소련의 본질이라든가 유고슬라비아 노동자들이 타락했는지에 대해 의미 없는 논쟁을 벌이는 데 시간을 허비하지 않는다. 연좌농성을 통해 의미 있는 사회변혁에 우리가 직접 참여할 수 있다는 것을 처음으로 깨닫게 되었다."

그리고 기사는 다음과 같은 말을 덧붙인다. "시위하지 않는 시간에 이 진보노동당 청년들은 맨해튼 이스트빌리지에 있는 실험극장이나 카페에서 시간을 보낸다. 독서 취향은 마르크스보다 사르트르에 더 가깝다."

한편, 1965년 3월 22일자 〈뉴스위크〉는 "버클리 자유언론운동 대표는 운동권 학생들이 마르크스가 아니라 카뮈를 읽는다고 한다"는 내용에 대해 기존의 기사들과는 달리 흥미롭게 접근한다.

"이 학생들이 반란자들이라면 혁명에 대한 이념도, 장기적인 계획도 없는 반란자들이다. 철학이 아니라 현실의 문제에 대한 논쟁을 위해 집결하는데, 자신들의 주장을 좌익이나 우익 어느 쪽으로든 체계적인 사회정치이론으로 발전시키지 못하는 것 같다. (…) 오늘날 학생들은 자신들이 생각하는 것이 아니라 자신들이 행동하는 것을 통해 정체성을 찾으려 한다."

그리고 몇몇 권위자들의 말을 인용한다.

"〈뉴욕포스트〉 편집자 제임스 웩슬러는 다음과 같이 말했다. '오늘날 학생들은 1930년대와 마찬가지로 삶에서 가치 있는 역할을 하기를 간절히 원하는 행동주의자들이다.' 단, 그들에게는 이념이 없다. '과거에 우리는 둘러앉아 마르크스주의에 관해 토론을 벌였다면 지금 학생들은 민권과 평화를 위해 싸우고 있다.' 다트머스대학 교목 리처드 언스워스는 '오늘날 대학에서 행하는 방식은 먼저 행동하고 행동한 일을 되돌아보는 것이다. 결정하고, 그런 다음 행동하는 것은 과거의 방식이다'라고 했다. 작가이자 교육자인 폴 굿맨은 학생들의 영웅으로 칭송받는데, 다음과 같이 자유언론운동을 대단한 사건으로 묘사한다. '반란의 주동자들은 냉정하게 행동하지 않았다. 오히려 위험을 무릅썼다. 그들은 혼란에 빠질 준비가 되어 있었다. 반란이 성공할지 실패할지는 개의치 않았다. 이제는 더 이상 냉정할 필요가 없다. 그들은 대학을 인수하길 원한다.'"

'인수'라는 주제는 반복해서 나타난다. 이들의 당면과제는 대학을 인수하는 것이다. 다음은 〈뉴욕타임스〉 기사에 실린 자유언론운동 대표의 말이다. "우리는 대학이 교수진과 학생, 책과 관념으로 구성된다고 생각한다. 사실 대학 관리당국은 교내 보도를 깨끗이 유지하는 일만 하면 된다. 교수진과 학생들을 위한 하인으로서 봉사하는 것이 그들의 역할이기 때문이다."

이와 관련한 논쟁은 1965년 3월 29일자 〈뉴욕타임스〉의 "권리장전을 채택한 대학생들"이라는 제목의 기사에서 절정에 달한다. "지난 주말 한 동부 대학생 단체는 이곳(필라델피아)에서 대학 관리당국이 교육계의 가사도우미에 불과하다고 주장했다. 현대 대학은 학생과 교수가 운영해야 하고, 대학 관리당국은 학생과 교수가 하는 일을 지원하는 '정비공, 사무원, 수위' 역할을 해야 한다고 말했다."

이 논쟁은 펜실베이니아대학에서 열린 집회의 선언문에까지 영향을 미쳤다. 이 회의에는 펜실베이니아와 뉴욕 지역의 대학들, 하버드대학과 예일대학, 버클리대학 그리고 중서부지역 대학 등 39개 대학에서 온 학생 200여 명이 참석했다.

"대학이 '금융, 산업 및 군사기관'의 종이 되어버렸고 관리당국이 학생과 교수를 홀대하고 있다는 내용이 반복적으로 등장했다. (…) 선언문에는 어떤 조직이든 가입하고, 구성할 수 있으며, 집회를 열 수 있는 자유와 (…) 등록금 폐지, 학생과 교수의 학칙 통제권, ROTC 해체, 충성선서 폐지, 교과과정에 대한 학생과 교수의 통제권을 요구하는 내용이 포함되었다."

선언문을 채택하는 과정은 가히 계몽적이다. "200여 명의 학생이 집회에 참석했고, 최종적으로 '학생 권리장전'을 채택할 때까지 남아 있던 학생은 45명이었다."

'민주적인 절차'와 미국 청년들의 대변인이라는 칭호를 얻은 행동주의자들의 권리가 무엇인지 참으로 대단하다.

모든 기사와 관련 권위자들이 말하는 학생 반란의 의의는 무엇인가? 도덕적 용기가 요즈음 문화의 특징은 아니지만, 도덕적 비겁함이 이처럼 적나라하고 추하게 드러난 적은 없었다. 대부분의 평론가들은 이 사건을 독립적으로 평가하지 못하고 반란자들이 시키는 대로 하고 있다. 반란자들의 불만 가운데 가장 추상적이고 쟁점과 관련이 없으며, 따라서 가장 안전한 것을 반란의 원인으로 선택하고 받아들였다. 그것은 바로 "대학이 지나치게 커졌다"는 것이다.

마치 대학이 하룻밤 사이에 커진 것인 양 대학의 비대화는 갑자기 중대한 국가문제가 되었다. 학생들의 '불만'은 청년다운 '이상주의'를 추구한 결과일 뿐이고, 대학의 비대화가 학생들의 불만을 야기했다고 비난한다. 현대사회에서 비대화는 공격하기 좋은 대상이다. 단지 크기에 지나지 않는 이 무의미한 문제는 오랫동안 문제의 본질을 회피하는 수단으로 사용되어왔다. 정치세력들은 '대기업', '거대 노동조합', '큰 정부' 등 문제가 되는 비대화 목록에 '큰 대학'이라는 새로운 캐치프레이즈를 추가했다.

교양 있는 독자를 위한 사회주의자 잡지 〈뉴 리더The New Leader〉(1964년 12월 21일)는 마르크스-프로이트적 접근법에 따라 학생들의 반란이 '소외'와 '세대갈등'으로 인해 나타난다고 설명하며, 각각에 대해 학생운동가 마리오 사비오의 다음 말을 인용한다. "사람들은 어떤 방식으로든 무언가로부터 단절되고 있다. (…) 학생들의 정치적 저항은 부모처럼 학생들을 규제하는 험악한 대학 당국에 대한 생식적인 저항이다."

오늘날 문화의 도덕적·지적 본질을 가장 잘 보여준 사람은 캘리포니아 주지사 제리 브라운[02]이다. 버클리대학은 주립대학으로 대학의 최고결정사항을 의결하는 대학평의회 의원을 주지사가 임명한다. 따라서 물리적 폭력, 추잡한 말 운동 등 모든 시위운동을 수반한 폭동의 궁극적 표적은 브라운 주지사였다고 보아도 무방하다.

1965년 5월 22일자 〈뉴욕타임스〉를 보면 브라운 주지사는 교내 행사에서 다음과 같이 말했다.

"우리는 과연 사상가 학생들에게 안전한 사회를 만들어주었을까? 그렇지 못했다. 학생들은 변했지만 대학의 구조와 학생들을 대하는 태도는 그 변화를 따라가지 못했다. 그래서 일부 학생들은 변화를 위해 법 밖에 서야 한다고 생각했을 것이다. 하지만 그렇게 함으로써 이상주의적 위선의 극치가 드러나게 되었다. 학생들은 한편으로 정치적 표현의 권리를 주장하는 근거로 연방헌법을 내세웠지만, 동시에 적법절차의 원칙을 뒤로한 채 직접 행동하는 것을 택했다. 그렇게 함으로써 학생들 역시 대학과 다름없이 잘못한 것이 되어버렸다. 이것은 우리가 변화로 나아가는 것을 막는 큰 장애물이다."

민주당 출신 브라운 주지사는 캘리포니아주 공화당원들에게 만만찮은 상대로 막강한 힘을 가지고 있었다. 1965년 4월 12일자 〈뉴리더〉에서 실시한 캘리포니아 여론조사에 따르면, 74%의 국민이 버클리 학생운동을 반대했다. 그런데도 브라운 주지사는 45명에 불

---

02   Edmund Gerald 'Jerry' Brown, Jr.(1938~) : 민주당 출신 정치인으로 1975년부터 1983년까지 캘리포니아 주지사를 지냈으며, 이후 1999년부터 8년간 오클랜드 시장을 역임했다. 2010년 선거에서 다시 캘리포니아 주지사로 당선돼 2019년까지 주지사직을 수행했다.

과한 학생운동가들이 주도하고 조작했던 학생운동을 비난하는 데는 매우 조심스러웠다. 그는 학생들의 행동에 대해 '위선적'이라는 단어를 사용할 때조차 '이상주의적'이라는 표현으로 꾸몄고, 이 해괴한 단어 조합을 통해 비판의 책임을 회피했다.

대학생활과 관련된 통계자료를 제공하는 〈뉴스위크〉 조사를 포함해 무수한 논평, 평가 그리고 해석을 아무리 샅샅이 뒤져도 오늘날 대학에서 가르치는 이념의 본질이나 교육의 내용이 무엇인지는 나오지 않는다. 학생들에 대한 모든 가능성과 질문을 제시하고 토론했지만 단 한 가지, "학생들에게 무엇을 생각하라고 가르쳤는가?"라는 질문은 제기되지 않았다. 짐작건대 저 질문에는 아무도 감히 접근하지 못하고 있는 것 같다.

그리고 이것이 지금 우리가 논의할 내용이다.

만약 철학사상을 실제 피와 살로 이루어진 인간의 형태로 바꿀 수 있는 힘을 가진 극작가가 현대철학을 인간의 형태로 구현한다면, 그 결과물은 바로 버클리 학생운동가들일 것이다.

이 '행동주의자'들은 완벽하게, 말 그대로 충실하고 파괴적인 현대철학의 산물이다. 따라서 행동주의자들 가운데 누군가는 대학 관리당국과 교수진에게 "당신들이 우리를 만들어내지 않았느냐"고 소리쳐야 한다.

오늘날 대학에서 학생들에게 가르치는 내용은 다음과 같다. "이성은 우리가 뭔가를 있는 그대로 파악하지 못하게 한다. 현실은 알 수 없고, 필연적인 것은 없으며, 지식은 한낱 확률에 불과하다. 그 가운데 결과로 나타나는 것이 진실이고, 생각은 미신이며, 논리는 사회적 관습 그리고 윤리는 임의로 세운 가정에 대한 주관적 헌신의 문제일 뿐이다."

이처럼 지적으로 분열된 현대철학의 방사능에 인류는 수십 년간 노출되었다. 그리고 그 결과로 태어난 돌연변이가 버클리 학생운동가들이다. 이들은 아무것도 모르면서 모든 것을 지배하겠다고 시끄럽게 울어대는 일그러진 갓난쟁이들이다. 만약 앞에서 말한 극작가가 영화를 만든다면 제목은 〈마리오 사비오, 임마누엘 칸트가 낳은 아들〉일 것이다.

오늘날 대학을 휩쓰는 철학적 '주류'는 인식론적 불가지론과 비합리주의, 윤리적 주관주의다. 우리 시대는 칸트가 제시한 길 끝에 서서 최후의 절정을 맞으며 파괴의 긴 과정에 이용당하는 학생들을 목격하고 있다.

칸트가 현실로부터 이성을 분리한 뒤 칸트주의자들은 현실과 이성의 간극을 꾸준히 넓혀왔다. 실용주의는 이성이라는 이름으로 많은 것을 바꿔놓았다. 삶을 현재라는 순간적 관점에서 보는 것이 깨어 있는 관점이라고 여기게 만들었다. 그리고 사건의 맥락을 전혀 고려하지 않는 것을 인식론의 규칙으로, 편의주의를 하나의 도덕원칙으로 만들었고 형이상학을 집단적 주관주의로 대체했다. 논리실증주의는 여기서 더 나아가 지식을 언어의 조작이라고 주장하며, 말만 번드르르하게 하는 사기꾼들의 아주 오래된 정신인식론psycho-epistemology을 과학적 인식체계로 격상시켰다. 이를 진지하게 받아들인 언어분석 철학은 철학의 임무가 보편적 진리를 알아내는 것이 아니라 우리가 세상에 대해 어떤 방식으로 말하는가를 분석하는 데 있으며, 언어분석 없이는 보편적 진리를 알아낼 수 없다고 주장했다. 이러한 이론들은 마치 열기구의 계류용 밧줄을 끊어버리는 것처럼 철학이 현실과 인간 존재의 문제와 관련성을 완전히 상실하고 허공으로 날아가게 만드는 것들이었다.

이 이론들의 주창자들은 이론과 현실의 관계에 대한 언급을 피했다. 하지만 철학을 아무리 응접실이나 강의실에서 하는 놀이처럼 취급하려 해도 학생들이 현실에 적용할 수 있는 이론적 지식을 습득하기 위해 대학에 다닌다는 사실은 변함이 없었다. 그런데도 철학과 교수들은 관념을 현실에 적용하는 방법과 관련한 문제를 회피하며 "현실은 무의미하다"고 하거나, 철학은 자의적인 '구성개념'을 만들며 즐거워하는 것 외에 다른 목적이 없다고 주장했다. 그뿐 아니라 '상식'이 무의미하다는 것을 입증하려고 많은 시간을 보냈으면서도 모든 이론에 상식을 가미해보라고 학생들에게 강요했다.

그 결과 오늘날 대학에서 4년에서 8년 동안 공부한 학생의 머리에 남는 것은 '존재란 알 수 없는 미지의 정글이고, 인간은 언제나 공포와 불확실성의 상태에 있다는 것, 그리고 회의주의는 성숙을, 냉소는 현실주의를 나타내며, 무엇보다 지성을 부정하는 것이 지식인의 상징'이라는 것이다.

학계 평론가들은 이 이론들이 실제로 사회에 어떤 영향을 미칠지에 대해 논의했다. 평론가들은 대부분 불확실성과 회의주의가 차이에 대한 관용, 융통성, 사회적 조정 및 타협의 의지로 이어질 수 있으므로 사회에 이롭다는 데 의견의 일치를 보였다. 그리고 일부는 심지어 어떤 지식에 대해 확실성을 가지는 것은 독재적 사고방식이고,

확고한 신념과 절대성의 부재로 나타나는 만성적 의심이 평화롭고 '민주적인' 사회를 만든다고 주장하기까지 했다.

이들의 생각은 틀렸다.

철학에서 칸트의 이분법은 두 학파로 나뉘었다. 두 학파 모두 기본전제는 같지만 현실을 버리고 이성을 택하느냐, 아니면 이성을 버리고 현실을 택하느냐에 따라 정반대의 길을 갈 수 있다. 세상은 후자를 택했다.

칸트적 합리주의의 수혜 대상자는 실존주의였다. 궤변, 억지, 빈약, 끔찍한 진부함으로 철학을 몰락시켰다. 실존주의의 본질은 현대철학을 가리키며 "이것이 이성이다. 함께 지옥에나 가라!"고 하는 것이다.

이성을 말살시킨 것은 실용주의자와 실증주의자, 분석철학자들인데도 실존주의자들은 그들이 이성을 옹호한다고 받아들이고 합리성의 본보기로 내세우다 결국 이성을 완전히 거부하는 쪽으로 나아갔다. 이성이 무능하다고 주장하고 이성의 '실패'에 따른 반란을 일으켰다. 현실과 인간 존재의 문제, 가치와 행동으로 돌아갈 것을 요구했지만 여기서 말하는 가치는 주관적 가치이며 행동은 아무 생각이 없는 행동이었다. 현실이라는 이름으로 본능, 충동, 감정 그리고 신체의 인지 능력이 이성보다 도덕적으로 우월하다고 주장했다. 그야말로 머리 없는 몸뚱이들의 반란이었다.

머리 없는 몸뚱이들의 전쟁은 지금까지 계속되고 있다. 오늘날 대학의 철학과는 서로 다를 바 없는 분석철학자와 실존주의자가 집안 싸움을 벌이는 전장이다. 그리고 그 가정에서 태어난 자녀가 바로 반란을 일으킨 학생운동가들이다.

학생운동가들이 '일단 행동하고 나중에 돌아보기' 방식을 취하는 것은 실용주의자들이 진실은 결과에 따라 판단된다고 가르쳤기 때문이 아닐까? 학생들은 비록 자신들의 주장을 체계적인 사회정치이론으로 발전시키지는 못하지만 물리적 폭력을 써서라도 목적을 달성하는 것이 정의라고 소리친다. 이것은 논리실증주의가 윤리적 명제에 인지적인 의미는 없으며, 단지 자신의 감정을 보고하는 것 또는 감정적 사정射精에 지나지 않는다고 가르쳤기 때문이 아닐까? 현재 당면한 순간 외에 아무것도 보지 못하는 것은 논리실증주의가 현재 순간 외에 다른 어떤 것도 존재한다고 확신할 수 없다고 가르쳤기 때문이 아닐까? 언어분석학자들이 "고양이는 매트에 있다"는 문장에서 '매트'가 '고양이'의 속성이 되지 않고, '매트 위에'가 '고양이'의 종류가 되는 것도 아니며, '고양이'와 '매트 위에'가 동일한 것이 아니라는 사실을 증명하느라 바쁠 때, 버클리대학 학생들이 "공격은 지금, 분석은 나중에"라고 적힌 플래카드를 들고 학교를 점령한 것은 전혀 이상한 일이 아니다.

6월 14일, CBS는 〈버클리 이야기〉라는 일관성 없고 난해하지만, 또 그렇기 때문에 더욱 현실을 정확히 반영했다고 볼 수 있는 다큐멘터리를 방영했다. 모든 광기에는 수단이 있다. 현대철학을 아는 사람들이 볼 때 그 다큐멘터리는 현대철학의 뒤틀린 생각을 반영하는 거울이자 지성인 고문실에서 자행된 학살의 비명을 들려주는 한 편의 촌극 같았다.

"우리 세대에는 이념이 없다." 다큐멘터리에 처음 등장한 남학생이 반항과 증오가 가득한 목소리로 말했다. 한때 반항과 증오의 목소리는 월스트리트를 향해 있었지만, 이제 적은 '악덕자본가'가 아니라 '지성'이 되어버렸다. 이어서 그 남학생은 경멸적인 말투로 말했다. "기성세대에게는 모든 병을 고쳐주는 작은 알약 같은 것이 있었다. 하지만 그 약은 가짜였고, 그들의 심장을 파열시켰다. 우리는 그 약을 믿지 않는다."

"우리가 배운 것은 세상에 절대적 법칙이란 없다는 것이다." 한 여학생은 '절대적 법칙은 없다'는 것이 마치 격언인 양 말했다. 그리고 자신을 가리키며 애매한 말을 덧붙였다. "우리는 스스로 법칙을 만든다. 하지만 내게 꼭 맞는 법칙이 다른 사람들에게도 맞으리라는 법은 없다."

또 다른 여학생은 수업을 "강의와 강의, 과제와 과제 그리고 과제"라고 표현했다. 그러고는 절망한 목소리로 가끔 멈춰 서서 "나는 여기서 대체 무얼 하는 걸까? 아무것도 배우지 못하고 있는데" 하고 생각한다고 말했다.

인간은 사회적 산물이기 때문에 사회가 잘못된 것이라고 열변을 토한 여학생도 있었다. 그녀는 문장을 완전히 끝내지도 않고 정확한 요점을 말하지도 않으면서 입심 좋게 사회 전반을 비판했다. 그러는 중에 가볍게 "내가 어떤 행동을 하든 사회적 산물이라는 사실은 변하지 않는다"고 말했다. 세상의 자명한 이치를 인정하는 양심적인 학생으로서 진지하게 한 말이었는데, 가식이 아니라 진심이어서 더 안타깝게 느껴졌다.

진행자 해리 리즈너[03]는 당혹감을 감추지 못하는 얼굴로 보도 내용을 정리했다. 그리고 그의 실색한 모습은 언론이 학생들의 반란을 제대로 다룰 수 없다는 사실을 여실히 보여주었다. "지금 당장, 사태를 해결해야 합니다." 해리 리즈너는 미국 명문대학 캠퍼스에서 야만인들이 제멋대로 날뛰는 광경이 믿기지 않는다는 듯 학생운동가들의 행동에 대해 아무런 칭찬도 비난도 없이 단지 놀란 듯한 목소리로 말했다.

학생운동가들은 현대철학의 산물이다. 이들은 대학에서 배운 이론의 논리적 결과를 이해할 만큼 똑똑하지만, 이론을 꿰뚫어보고 거부할 만큼 지적이지도 독립적이지도 않다. 따라서 체제를 거부하고 이에 반항하지만 자신들은 사실 체제가 시키는 대로 시종일관 따르기만 한 유순한 학생들이고, 자신들이 일으킨 반란이 현상유지에 반대하는 기성체제의 전형이라는 사실을 깨닫지 못한다. 이타주의 캐치프레이즈와 '소외된 사람들'을 위한 헌신, '빈곤과의 전쟁' 등 내세우기 좋은 관습적 대의는 1930년대 '진보주의자'들이 사용한 낡은 전제다. 이를 모조리 삼켜버린 로봇 같은 학생들이 기득권층 지식인과 그 체제에 대항한다. 진부한 말이 새겨진 플래카드를 들고 외치는 반란은 그다지 설득력도 없을뿐더러 감격스러운 광경으로 보이지도 않는다.

모든 운동이 그렇듯 버클리의 자유언론운동에는 다양한 군상의

---

03   Harry Truman Reasoner(1923~1991) : 미국 CBS와 ABC 뉴스 진행자로 미국 방송계의 권위 있는 상인 에미상과 피바디상을 수상했다.

동기가 혼합돼 있다. 자유언론운동에 대해 마치 현대철학에서 금광을 발견한 것처럼 기뻐하는 어린 지성의 사기꾼들이 있다. 그들은 논쟁을 위한 논쟁을 즐기고 기성품처럼 이미 규격대로 만들어진 역설로 상대를 쩔쩔매게 만드는 것을 좋아한다. 영웅이라는 역할에 심취해 반항을 위한 반항을 하는 어린 배우들도 있다. 깊은 증오심에 사로잡혀 파괴를 위한 파괴만을 추구하는 허무주의자 학생들이 있는 반면, 자신을 받아주는 무리라면 어디에라도 소속되고 싶어 하는 대책 없이 의존적인 학생들도 있다. 집단폭력사태가 일어날 것 같은 기미가 보이는 곳이라면 득달같이 달려드는 훌리건도 있다. 그리고 어떤 동기가 어떻게 만나든 무고한 지식의 오류로 이성을 거부하는 일은 없기 때문에 모든 사회운동은 심각한 신경증을 수반한다. 현대철학 이론들은 이러한 신경증으로부터 보호해주는 차단막 또는 방어기구가 되기도 하고, 신경증의 원인을 합리적으로 설명하는 역할을 하기도 한다. 어쨌든 현대철학이 가장 우수한 학생들은 파괴하고 가장 질 나쁜 학생들은 육성했다는 사실은 변하지 않는다.

청년들은 삶을 포괄적인 관점, 즉 철학적 관점에서 보고 싶어 한다. 삶의 의미와 목적을 찾고, 이상을 추구하며, 결국 자신들이 알아낸 사실을 받아들인다. 10대와 20대 초반을 보내며 자신만의 철학적 답을 찾고(그것이 선한 것이든 악한 것이든) 남은 삶을 대하는 자세를 정한다. 그 단계에 도달하지 못하는 청년들도 있지만 철학적 탐구의 여정을 포기하지 않는 청년들도 있다. 하지만 대부분의 청년은 어쨌든 철학의 소리에 귀 기울인 채 수년을 보낸다. 따라서 이들이 잘못된 사상을 가지고 있다면 오늘날의 철학 교육에 문제가 있는 것은 아닌지 살펴보아야 한다.

　이 청년들은 독립적인 사상가나 이론의 창시자가 아니기 때문에 자신들에게 쏟아지는 무수한 철학적 궤변에 대해 답하지 못할 뿐 아니라 견뎌내지도 못한다. 그래서 일부 청년들은 난해한 수업을 한두 과목 수강한 뒤에 생각하는 것은 시간 낭비라고 판단한다. 그리고 스물다섯 살 정도가 되면 무기력한 냉소주의자나 멍청한 속물이 된다. 그런가 하면 가르침을 문자 그대로 맹목적으로 받아들이는 청년들도 있는데, 이들이 바로 오늘날의 학생운동가들이다. 어떤 동기가 어떻게 이 학생들을 행동하게 만들었든 모든 현대철학 교수들은 이들 앞에 납작 엎드려 잘못을 빌어야 한다. 현대철학 교수들은 삶을 이끌어줄 사상을 모색하는 불완전한 상태의 학생들이 내민 손을 잡고 데려다 기괴한 괴물로 만들어놓았다.

　오늘날 대학은 배움의 열망으로 가득한 우수 학생에게 어떤 일을 행하는 것일까? 학생들은 대학에서 오랫동안 서서히 진행되는 정신-인식론적 고문을 당한다.

　철학은 인식론과 교수법의 기준이 되기 때문에 인문학뿐만 아니라 자연과학을 가르치는 모든 학과에 직간접으로 영향을 미친다. 현대철학이 낳은 결과로 오늘날 대학은 수업이나 교수마다 논리와 소통방식, 시연과 증명의 기준이 모두 다른, 변덕과 주관으로 점철된 혼돈 상태가 되어버렸다. 각 수업이나 교수별로 가르치는 관점이 다르다는 뜻은 아니다. 기본적인 인식론 원칙의 부재로 인해 학생들의 사고에 필요한 기능 체계가 수업마다 달라지는 것을 말한다. 이는 마치 사전도 주지 않은 채 모든 수업을 다른 언어로 가르치고 그 언어로 사고할 것을 요구하는 것과 같다. 그리고 이러한 마구잡이식 수업을 따라가려고 노력한 학생들은 지적 붕괴라는 결과를 맞게 된다.

수업에서 학생들은 자신만의 체제구축, 즉 자신들이 지닌 지식을 통합시키는 일에 실패한다. 어떤 수업 내용은 다른 수업 내용과 모순되고, 지식은 허공에 떠서 맥락을 파악할 수 없는 상태로 전달되며, 어떻게 통합해야 하는지에 대한 답은 주어지지 않기 때문이다. 결국 학생들은 수업을 불신하고 낙담하게 된다.

이와 더불어 현재 대학의 교육과정은 자의적이고 무의미하며 무질서하다. 지식은 단계적인 구조, 순서나 연속성 없이 전달된다. 맥락 없이 지나치게 상세한 내용과 주제에서 벗어난 연구로 뒤죽박죽이 된 수업은 난해하기만 하다. 비합리성을 오만하게 자인하는 현재 대학 교육과정의 결과로 학생들은 배우는 게 아니라 암기하고, 이해하기보다 암송하며, 단지 시험에 통과하기 위해 무슨 뜻인지도 모르는 용어들을 머릿속에 붙잡아놓아야 한다.

아울러 교수들은 학생들에게 명확한 답을 주는 것을 거부한다. 학생들이 질문하면 답을 회피하거나 비웃음으로 응할 뿐이다. "우리는 여러 가지에 대해 생각해보기 위해 이 자리에 모였다"는 것을 전제로 수업을 아무 쓸모없는 한담 시간으로 만든다. 강의할 때도 반反교조주의[04]를 명목으로 문제에 대해 아무런 입장이나 견해를 표명하

---

04 교조주의教條主義 : 특정 이론이나 사상을 종교의 교조처럼 절대적인 것으로 받아들이고 고집하는 사고방식 및 태도.

지 않은 채 학생들이 모순의 미로에서 헤매게 내버려둔다. 예외적으로 입장이나 견해를 표명하는 경우에는 학생들에게 생각을 자유롭게 표현해보라고 하고선, 자신의 의견과 다른 의견을 주장한 학생에게 낮은 학점으로 처벌을 내린다(특히 정치학 수업이 그렇다).

또한 대학 관리당국은 도덕적으로 비겁하다. 모든 일에 도덕적 중립을 지키고, 무엇이든 타협하며, 어떤 대가를 치르더라도 갈등은 피하는 것이 대학 관리당국의 정책이다. 따라서 강의실에서 일어나는 끔찍한 부정을 교정해줄 곳도 호소할 곳도 없다. 학생들은 학교 어디에서도 정의를 찾을 수 없다.

물론 예외적으로 유능한 교육자, 훌륭한 지성인, 합리적인 교직원도 있다. 하지만 이들은 미친 듯이 날뛰는 비합리적 주류에 가려지고 대부분은 좌절과 비관주의에 사로잡혀 결국 꺾이고 만다.

여기에 덧붙여 교수와 대학 관리당국은 대부분 집단을 구성할 때보다 개인일 때 훨씬 유능하고 합리적이다. 오늘날 교육의 폐해를 깨닫고 우려를 표하는 교육자들도 있지만 문제가 심각한 만큼 개인적으로 할 수 있는 일이 없다고 생각한다. 그래서 그들은 이름도 실체도 없는, 거의 요술에 가까운 힘을 '체제'라 명명하고, 모든 문제에서 체제를 탓하기로 결정했는데, 대부분이 그 체제를 정치체제, 특히 자본주의 체제로 받아들인다. 이들은 인간을 통합하고 단합시켜 큰 문제를 해결하게 하는 학문이 단 한 가지라는 것을 깨닫지 못한다. 그 학문은 바로 자신들이 만든 철학이다. 하지만 이들은 현재 자신들의 업적을 해체하고 파괴하는 데 철학을 사용하고 있다.

최고의 지성을 가진 학생들에게 대체 무슨 짓을 하는 것일까? 학생들은 징역살이를 하는 것처럼 이를 악물고 대학시절을 견딘다. 그 과정에서 겪는 심리적 상처는 헤아릴 수가 없다. 학생들은 자신들의 이성을 공격하는 것이 고문의 본질이라는 사실을 어렴풋이 감지하며 사고능력을 지키기 위해 고군분투한다. 그리고 학교에 대해서는 불신과 분노, 경멸, 증오에 피로감과 극심한 지루함까지 더한 복잡한 감정을 느낀다.

의식의 범위와 정도에는 차이가 있지만, 지적 수준이 높은 학생부터 낮은 학생까지 모두 이런 감정을 공유하고 있었기 때문에 버클리대학의 반란자들은 손쉽게 수천 명의 학생들을 선동할 수 있었다. 처음에는 자신들이 참여하는 운동이 무엇인지 깨닫지 못한 학생들도 있었고, 운동의 실체가 드러나자 거기에서 빠지려고 한 학생들도 있었다. 하지만 수업에서 느끼는 지독한 좌절로 항의의 필요성을 절감하고 있었기 때문에 학생들은 결국 다시 집결했다. 학생들은 무엇에 대항하는지 완전히 알지도 못한 채 학교를 비난해야 한다는 맹목적 욕망에 사로잡혀 움직였다.

나는 버클리대학의 반란에 반대했던 뉴욕의 한 명문대 학생들에게 만일 자기 학교에서도 자유언론운동이 일어난다면 대학 관리당국을 보호하기 위해 싸울 수 있느냐고 물었다. 그들은 모두 쓴웃음을 지으며 고개를 저었다.

버클리대학 관리당국과 사회평론가들, 언론, 캘리포니아 주지사에 이르기까지 사회의 여러 권위자들이 버클리 사태에 대해 확고한 입장을 표명하거나 합리적 답변을 내놓지 못한 이유는 바로 기성세대가 철학적으로 무능하기 때문이다. 현대철학의 전제에 따르면 학생들이 일으킨 반란은 논리적 행동이다. 이 사태에 대해 학생들이 납득할 만한 답을 내놓으려면 철학의 기본전제부터 총체적으로 재평가해야 하는데, 기성세대에는 그런 시도를 할 만큼 용기 있는 인물이 없다.

이런 이유로 학교에서는 믿을 수 없는 광경이 펼쳐졌다. 무자비한 폭력과 깡패들의 기술이 학교를 점령했다. 이성이라곤 찾아볼 수 없었다. 학교 법질서를 옹호하던 이들은 학생 깡패들에게 모호하고 불분명하며 사과하는 듯한 양보를 했고, 사태에 대해서는 한물간 일반론과 진부한 해설만 늘어놓았다.

문명사회에서 학생이 이성을 거부하고 합리성의 범위를 벗어난 행동을 해야 한다고 주장하면 퇴학처분을 받을 만한 사유가 된다. 교내에 소요행위를 야기하거나 물리적 폭력에 가담하는 경우는 말할 것도 없다. 그러나 오늘날의 대학은 전자에 대해 반대할 수 있는 도덕적 권리를 이미 오래전에 상실했으며, 따라서 후자 역시 반대할 수 없다.

학생들의 반란은 인간이 이성을 포기할 때 물리적 폭력이 유일한 대안이 되고 필연적 결과로 나타난다는 사실을 분명히 보여준다. 또한 반란은 앞서 "회의론과 만성적인 의심이 사회를 평화롭게 만들 것"이라고 한 지식인의 주장이 틀렸다는 것을 증명한다.

"인간이 미덕을 하찮게 여길 때 악은 절대적 힘을 얻는다. 선인善人이 결코 양보해선 안 되는 가치를 지키려는 마음을 떨어뜨리면 그것을 줍는 것은 악인惡人이다. 그리고 선善은 비굴한 흥정의 대상이 되어 당신을 배신하는 반면, 악惡은 독선적이고 절대 타협하지 않는

대상이 된다."_『아틀라스Atlas Shrugged』 중에서

반란으로 이익을 얻은 사람은 누구인가? 주동자들의 본질과 목적을 보면 답을 알 수 있다.

반란에 참여한 일반학생들이 어떤 면에서 희생자라면, 학생대표들 또한 반란으로 이익을 얻었다고 할 수 없다. 반란을 주도한 이들은 대체 누구인가? 그들은 바로 국가주의자와 집단주의자 단체들이다. 이들은 죽어가는 짐승에게 달려들 기회를 노리는 독수리처럼 자본주의 잔재 위를 맴돌며 자본주의의 숨통이 얼른 끊기기를 바라고 있다. 이들의 가장 작은 목표는 '문제를 만드는 것'이다. 사회기반을 약화하고 혼란을 야기하며 풍기를 문란하게 만든다. 그리고 궁극적 목표는 학교를 인수하는 것이다.

반란 주동자들에게는 학생운동가들이 단지 총알받이에 불과하다. 머리 없는 목을 내밀고, 교내에서 싸움을 벌여 감옥에 가고, 자신들의 커리어와 미래를 망쳐버린다. 그리고 마침내 주동자들이 반란에 성공하면 거리로 나가 또 다른 투쟁을 하다 목숨을 잃는다. 권력을 쟁취하기 위해 싸우는 깡패들 가운데 가장 피비린내 나는 자가 절대 독재자가 되고, 그 길을 닦아주는 것이 학생운동가들의 역할이다. 이 젊은 바보들은 현재 너머를 보려 하지 않기 때문에 자신들이 다른 누군가의 장기적 목표를 위해 이용당한다는 사실을 알지 못한다.

공산주의자들도 연루돼 있다. 다른 집단들이 그렇듯 이들도 학생들을 조종하는 일에는 가담하지만 반란의 직접적 원인은 아니다. 마치 썩어가는 상처를 먹고 사는 세균처럼 이들은 매번 부전승으로 이긴다. 미국 대학을 파괴하거나 목적 없이 짜증과 분노로만 가득한

십대들을 만들어내려고 작정했던 것도 아니다. 하지만 이들은 상대편의 상처 부위가 어디인지 그리고 그곳을 어떻게 공격하는지를 알고 있다. 이들은 이념 전문가들이다. 지적 진공상태를 파고들어 특유의 모순된 주장으로 위축돼 있는 '반이념anti-ideology' 지지자들을 말살하는 것은 이들에게 어려운 일이 아니다.

잡탕인 좌파 주동자들에게 학생들의 반란은 일종의 문화적 온도를 측정하는 시범용 열기구와 같다. 얼마나 멀리 갈 수 있는지, 어떤 난관에 부딪히는지 시험해보는 것이다.

대학은 학계의 축소판이고, 학생들의 반란은 우리에게 현재의 문화적 추세가 계속될 경우 국가 전체에 어떤 일이 벌어질지를 보여주는 짧은 예고편이다. 국가는 대체로 대학을 비추는 거울이다. 오늘날의 혼합경제는 현대철학이 낳은 실질적인 결과로서 도덕적 허무주의, 현재만을 추구하는 실용주의, 반이념적 이념 그리고 '합의제 정부Government by consensus'에 대한 창피한 의지를 수반하고 있다.

한편, 압력집단의 지배는 폭력집단의 지배를 위해 사회적 여건을 조성하는 것에 불과하다. 한 국가가 도덕적 원칙과 개인의 권리, 객관성, 정의 그리고 이성의 말살을 용인하고 합법화된 폭력의 지배에 굴복하면 '법질서'라는 개념이 사라지는 데는 그리 오랜 시간이 걸리지 않는다. 누가 무슨 명분으로 그것을 막겠는가?

다수결이 도덕을 대신하게 됨으로써 개인의 권리는 무시되고 깡패집단만이 원하는 것을 주장하게 될 때 권력자들에게 기대할 수 있는 유일한 해결책은 타협이고, 순간적 안정과 평화를 유지하는 것만이 그들의 유일한 목표일 때 가장 부당하고 비합리적인 요구를 하는 사람이 최고 승자가 된다. 체제가 그들을 승자로 만들어준다. 만약 세상에 공산주의자나 다른 깡패집단이 없다면 체제는 그런 유형의 사람들을 만들어낼 것이다.

정치가는 유화정책을 펴면 펼수록 주장할 수 있는 것이 줄어든다. 위급한 상황에서 발휘되는 본능적 대응이자 행동의 기본원칙이 양보라면, 더욱 만만한 사람이 될 뿐이다.

학생운동가들이 버클리대학을 첫 전투지로 선택한 것과 함께 클라크 커 총장이 진보주의자인 데다 저명한 중재자였는데도 첫 번째 표적이 되었다는 사실에 평론가들은 놀라움을 감추지 못했다. 하지만 그들이 보어준 반응은 피상성의 극치였다. 1965년 3월 11일자 〈뉴욕타임스〉 사설에 실린 내용은 다음과 같다.

"역설적이게도 몇몇 미성숙한 학생 대변인은 (…) 총장을 자유를 억압하는 관리자라고 표현했다. 이는 클라크 커 총장이 캘리포니아에 만연한 우파세력의 압력에 맞서 학업의 자유와 학생의 권리를 보장하기 위해 오랜 기간 투쟁했다는 사실을 고려할 때 매우 터무니없는 주장이었다."

또 다른 평론가는 총장을 보수주의 이사회와 진보주의 교수진 사이에 낀 무고한 희생자로 묘사하기도 했다. 하지만 사실상 그리고 논리적으로 생각해보아도 길 한가운데 서 있으면 어느 목적지에도 갈 수 없다. 따라서 반란자들이 총장을 첫 번째 표적으로 선택한 것은 총장이 걸어온 길을 고려하지 않았기 때문이 아니라 총장이 걸어온 길을 너무나도 고려했기 때문이었다.

이제 버클리대학의 반란이 전국적인 규모로 일어난다면 어떻게 될지 생각해보자. 반란을 옹호하는 사람들의 믿음과는 달리 타협은 사람들을 만족시키는 것이 아니라 모두를 불만족 상태로 만든다. 성취가 아닌 좌절로 이어진다. 모든 사람에게 모든 것이 되려 하는 사람은 결국 그 누구에게 아무것도 되지 못한다. 또한 부당한 주장의 일부를 받아들이는 것은 부당한 주장을 하는 이를 더욱 고무한다. 정당한 주장의 일부를 기각하는 것은 피해자를 더욱 좌절시키고 무력한 상태로 만든다. 잘 훈련된 야망 있는 국가주의자 폭력집단이 무너져가는 혼합경제의 잔재를 공격하고 국가가 암묵적으로 받아들인 집단주의 교리를 뻔뻔스럽게 공개적으로 주장한다면 누가 그들을 저지할 수 있을까?

사기가 떨어진 대다수 국민은 의기소침한 채 어떤 공적인 사건에도 무관심하게 또는 무기력하게 반응할 것이다. 많은 사람이 처음에는 폭력집단을 지지할 것이다. 무엇에 저항하는지 완전히 알지는 못하지만 현재의 숨 막히는 절망과 좌절을 어떻게든 해결하려는 맹목적 욕망에 사로잡혀 저항의 필요성을 느끼기 때문이다.

존슨[05] 정부가 주장하는 '합의'에 도덕심이 고취되어 싸울 사람이 있을까? 러시아 케렌스키 정부의 목적 없는 진부한 주장을 위해 싸운 사람이 있었는가? 독일 바이마르공화국은, 중국 장제스의 국민당은 어떠했는가?

---

05 Lyndon Baines Johnson(1908~1973) : 미국 민주당 출신의 제36대 대통령으로 1963년 케네디 대통령이 피살된 뒤 대통령직을 승계했으며, 1964년 선거에서 재선에 승리해 1969년까지 대통령을 지냈다.

하지만 아무리 사기가 떨어지고 철학적으로 무장 해제되어 있더라도 우리는 반드시 어떤 심리적 전환점에 도달해야만 한다. 그러지 않으면 반자유semi-freedom 상태에서 독재에 굴복하는 상태로 점점 밀려가게 된다. 반란의 주동자들이 누구였든지 간에 정치적 논쟁을 해결하는 수단으로 무력을 용인하도록 국가를 조종하는 것이 그들의 주된 이념적 목표였다.

버클리의 반란자들이 남기려 했던 이념적 선례는 이것이다. 반란에 참여한 사람들 모두가 타인의 권리침해에 가담하고 무력을 옹호했다는 사실이다. 이는 공공연한 사실이지만 아무런 반박도 없이 외면당하고 있다.

주된 쟁점은 국가가 대규모 시민불복종을 적절하고 정당한 정치적 행위로 받아들이려 했다는 것이다. 이러한 시도는 특히 흑인 민권운동과 관련해 지속적으로 이루어져왔다. 그러나 흑인들이 합법화된 불의의 희생자라는 사실이 쟁점을 흐렸고, 대규모 시민불복종이 적법성을 위반했는지 여부는 미결인 채로 남아 있다. 국가는 이를 법에 대한 공격이 아니라 정의를 위한 투쟁으로 받아들였다.

시민불복종은 개인이 시범사례로 재판정에 끌고 가기 위해 고의적으로 불복종을 한 경우에는 정당화될 수도 있다. 이는 개인이 법률에 대한 존중을 바탕으로 특정 법의 부당성을 입증하기 위해 항의하는 경우에 해당한다. 관련 위험을 함께 부담하는 경우 개인의 집단이 행한 불복종행위 또한 정당화될 수 있다.

그러나 문명사회에서 대규모 시민불복종은 행위 목적의 선악 여부에 관계없이 타인의 권리를 침해한다는 점에서 정당화될 수 없다. 목적은 결코 수단을 정당화하지 않으며, 다른 사람의 권리를 침해해서 얻을 수 있는 개인의 권리는 없기 때문이다. 대규모 시민불복종은 권리에 대한 공격이자 적법성 자체에 대한 폭도들의 도전이다.

타인의 재산을 강제로 점거하거나 공공도로를 막는 행위는 너무나 명백한 권리침해이므로 이를 정당화하려는 시도는 사회의 도덕률을 침해하는 것이다. 개인은 다른 사람의 집 안이나 사무실에서 농성할 권리가 없다. 그리고 무리에 합류한다고 해서 그러한 권리가 생기는 것도 아니다. 권리는 수적인 우열의 문제가 아니다. 그리고 법과 도덕원칙상 개인에게는 금지되지만 무리에게는 허용되는 행위란 있을 수 없다.

개인이 무리일 때 가질 수 있는 유일한 힘은 더 센 근력, 즉 단순한 물리적 힘이다. 사회에 문제가 발생했을 때 물리적 힘으로 해결하는 것을 막는 사회가 문명사회다. 대규모 시민불복종을 지지하는 사람들은 자신들의 목적이 타인에게 위협을 가한다는 것을 인정한다. 개인이나 집단에 물리적 위협을 가하는 등 협박을 분쟁의 해결수단으로 용인하는 사회는 사회체제로서 존재할 도덕적 권리를 상실하게 되고, 붕괴되기까지 오래 걸리지 않는다.

정치적으로 대규모 시민불복종은 한 국가의 정치제도와의 단절을 선언하는 것으로서 내전의 서막이 된다. 버클리의 폭동에는 반대하지만 시민불복종운동을 미국의 가치 있는 전통으로 존중한다고 서둘러 발표한 캘리포니아 '보수' 정치가를 보면 오늘날의 지적 혼돈 상황과 맥락 무시의 정도가 얼마나 심각한지 알 수 있다. 그는

"보스턴 티파티[06]를 잊지 말라"고 했지만, 정작 보스턴 티파티의 정신을 잊은 것은 그 자신인 듯하다.

민권운동이라는 점에서 시민불복종이 좋은 것인지 나쁜 것인지 구분하기 애매하다면, 그래서 국가의 태도를 결정하는 것이 어렵다면 대학 캠퍼스에서 벌어지는 연좌농성을 보라. 분명한 답이 보일 것이다. 이성, 지식, 학문, 문명의 요새인 대학이 무력에 굴복하면 국가의 나머지 부분이 함락되는 것은 시간문제다.

버클리의 반란자들은 사람들이 무력을 정당한 정치적 행위로 더 쉽게 받아들이게 하기 위해 무단점유와 폭력을 구분하는 기준을 세웠다. 그들의 주장에 따르면, 무단점유는 사회적으로 적절한 행동이지만 폭력은 그렇지 않다. 물리적 접촉을 통해 강제하는 것은 '폭력'이고 비난받아 마땅하지만, 이 외에 신체적 접촉 없이 타인의 권리를 침해하는 다른 모든 방법은 단순한 '무단점유'이며, 이는 적을 다루는 합법적이고 평화로운 방법이라는 것이다.

예를 들어 학생운동가들이 대학본부를 점거하면 그것은 무단점유다. 하지만 경찰이 폭도들을 끌고 간다면 그것은 폭력이 된다. 마리오 사비오가 사용권한이 없는 마이크를 잡은 것은 무단점유였지만, 경찰이 연단에서 그를 끌어내린 것은 폭력이었다.

---

06 1773년 미국이 영국의 식민지였을 때 영국 정부의 독단적 과세정책에 반대해 보스턴항에 정박해 있던 동인도회사 무역선의 차tea를 모두 폐기한 사건으로, 미국 독립운동의 도화선이 된 보수주의 시민정치운동이다.

사회적 행위를 이런 식으로 구분 짓는 것이 의미하는 바를 생각해 보자. 어느 날 저녁 집에 오니 한 낯선 사람이 당신의 집을 점거하고 있다. 그래서 몸으로 힘껏 밀어 내쫓는다. 이 경우 그 낯선 사람은 단지 평화로운 무단점유 행위를 한 것이지만, 당신은 폭력을 행사했기 때문에 처벌받게 된다.

이 기괴한 부조리의 목적은 도덕을 전도順倒시킨 뒤 이론적으로 규정하는 것이다. 무력을 사용하는 것을 도덕적 행위로, 무력에 저항하는 것을 비도덕적 행위로 만듦으로써 자기방어의 권리를 말살한다. 현재 당장의 목적은 정치적으로 가장 낮은 계급인 학생운동가들, 즉 무력을 행사하고 피해자에게 책임을 전가하는 선동가들을 양성하는 것이다.

이처럼 사기나 다름없는 구분을 정당화하기 위해 버클리 학생운동가들은 생각과 행동의 구분을 없애려고 했다. 언론의 자유는 행동의 자유를 의미하며, 둘 사이에 명확한 경계선을 그을 수 없다고 주장했다.

예를 들어 어떤 정치적 견해를 지지할 권리가 있다면 설사 법으로 금지된 활동이라도 교내에서 행하고, 관련 단체를 조직할 수 있어야 한다는 주장이 그렇다. 피터슨 교수의 말대로 그들은 "일반 지역사회를 불법적으로 습격할 중립지대로서 대학을 사용할 권리"를 주장하고 있었다.

생각의 교환과 주먹질을 주고받는 것은 명백히 다르다. 무력 사용을 금지할 때 우리는 언론의 자유와 행동의 자유 사이에 경계선을 그을 수 있다. 무력이 허용되는 상황에서만 문제가 발생하겠지만, 무력 사용이 허용되면 어떤 종류의 정치적 자유도 존재할 수 없다.

학생운동가들이 주장하는 생각과 행동의 '일괄교섭'은 일종의 무정부주의적 자유의 확장을 암시하는 것으로 보일 수 있다. '자유언론' 명목으로 반란에 가담한 아무 생각 없는 청년들에게는 암울한 농담처럼 들리겠지만, 사실상 그리고 논리적으로도 생각과 행동의 일괄교섭은 자유의 확장과 정반대되는 의미를 내포하고 있다. 생각을 표현하는 자유가 범죄를 저지르는 자유와 동일시되는 조직사회는 존재할 수 없다는 사실을 증명하기는 어렵지 않다. 이런 사회가 존재하려면 생각의 표현이 줄어들어야 하고, 또 범죄행위를 금지하는 것처럼 어떤 생각은 금지되어야 한다. 순진한 학생들이 언론의 자유는 정의할 수 없고 '실현 불가능한' 문제라고 인정하도록 매수된 것은 이러한 논리에 따른 것이다.

학생운동가들은 교내에서 무제한의 언론 자유를 요구하며 자신들의 실제 목적을 드러냈다. 그리고 '추잡한 말 운동'이라는 결과를 낳았다.

타인의 재산에 대해 무제한적으로 행사할 수 있는 언론 또는 행동의 자유란 있을 수 없다. 버클리대학이 주정부 소유라는 사실은 문제를 복잡하게 만들 뿐 완전히 다른 문제로 만들지는 않는다. 주립대학의 소유주는 대학이 속한 주의 유권자와 납세자다. 선출된 주지사가 직간접으로 임명한 대학 관리자들은 원론적으로 소유주의 대리인에 해당한다. 대학 관리자들이 존재할 필요가 있는지는 별개의 문제지만, 어쨌든 존재하는 한 대리인으로서 행동해야 한다.

　기업이나 기관에서 적절한 행동의 규칙과 규정을 만드는 주체는 소유주다. 나머지 관계자는 만들어진 규칙과 규정이 마음에 들지 않을 경우 조건이 맞는 다른 곳으로 자유롭게 갈 수 있다. 자기 기분대로 행동할 권리, 다른 관계자들에게 피해를 주며 행사할 수 있는 권리 따위는 있을 수 없다.

　학생들에게는 어느 정도 점잖은 술집 주인이 술집에서 소란을 피우는 불량배들을 거리로 내쫓을 때 퍼부을 법한 욕지거리를 듣지 않아도 될 권리가 있다. 또한 대학 관리당국은 술집 주인과 마찬가지로 교내에서 어떤 종류의 언어를 허용할지 결정할 권리가 있다.

　국가주의자들은 자유사회의 원칙을 이용해 이상의 '실현 불가능성'을 입증함으로써 자유사회의 기반을 약화시켰다. 버클리 학생운동가들의 경우 자유언론의 실현 불가능성을 이용했다. 하지만 이들이 결국 입증한 것은 실제 목적에서 한참 동떨어진 것이었다. 그것은 바로 "재산권의 보장 없이 행사할 수 있는 권리란 없다"는 사실이다.

　재산권을 기초로 한 사회에서만 주어진 사회적 상황에 대한 개인의 권리와 적용범위를 결정할 수 있다. 재산권이 없다면 상충하는 견해와 이해, 요구, 욕망 그리고 변덕이 초래하는 혼란을 피하거나 해결할 방법이 없다.

　버클리대학 관리당국은 재산권을 주장하는 것 말고는 반란자들에게 대응할 방법이 없었다.

　오늘날의 진보주의자나 보수주의자가 재산권을 주장하지 않는 이유는 분명하다. 반란자들이 폭로하고 이용한 것은 자유사회의 모순이 아니라 사실 혼합경제의 모순이기 때문이다.

주립대학의 관리당국이 어떤 이념을 학교정책으로 채택하는 것이 옳은지에 대해 정해진 답은 없다. 특히 학교 재산이 어떤 사상의 전파와 직접적으로 관련돼 있을 경우 학교의 '공유재산' 개념에 담긴 수많은 모순을 해결할 방법은 없다. 이것은 반란자들이 주립대학을 첫 번째 전투지로 택한 이유 중 하나다.

예를 들어 반란자들은 실제 소유주에 해당하는 납세자 중에 공산주의자가 있을 수 있다는 사실을 근거로 관리당국이 공산주의 정치적 관점을 가르치거나 지지하는 것을 금지할 권리가 없다고 주장할 수 있었다. 관리당국이 대다수 납세자의 재산, 자유 및 생명에 직접적 위협이 되는 정치적 관점을 가르치거나 지지하는 것을 허용할 권리가 없다는 주장도 가능했다. 다수결의 원칙은 사상의 영역에 적용하지 말아야 하고, 개인의 신념도 다수결의 대상이 아니다. 하지만 개인이든 소수이든 또는 다수이든 간에 자신을 파괴하는 것을 지지할 것을 강요해서는 안 된다.

한편, 정부 기관은 어떤 생각의 표현을 금지할 권리가 없다. 하지만 국가의 적을 은닉하고 도와주고 자금을 지원해줄 권리도 없다. 모든 모순의 근원은 개인의 권리 원칙에 있는 것이 아니라 '공유재산'이라는 집단주의 제도가 개인의 권리를 침해한 데 있다.

이 문제는 대학 캠퍼스가 아니라 법의 영역에서 다투어야 한다. 학생운동가들이 사립대 학생이 아니라 주립대 학생이라고 해서 더 많은 권리를 가지는 것은 아니다. 납세자들 역시 캘리포니아주에 있는 다른 수백만의 납세자들보다 더 큰 권리를 가지는 것이 아니다. 학생들이 이사회의 정책에 반대한다면 다음 선거에서 투표로 응징하는 수밖에 없다. 단, 이것도 선거에서 이길 만큼 유권자들을 충분히 확보하는 경우에만 가능하므로 가능성은 희박하다고 볼 수 있다. 그리고 이는 모든 유형의 공유재산을 반대할 수 있는 아주 좋은 논거가 되는데, 그렇다고 해서 무력으로 해결할 문제는 아니다.

여기서 중요한 것은 반란자들, 즉 완곡하게 표현해서 사유재산권을 그다지 옹호하지 않는 이들이 공유제에 내재된 일종의 다수결의 원칙을 따르지 않고 거부했다는 사실이다. 대학을 '금융, 산업 및 군사기관의 종'이라고 표현한 것은 다수결의 원칙에 반대했기 때문이다. 반란자들은 캘리포니아주 납세자 단체의 권리인 대학 운영에 대한 발언권을 없애고자 했다.

이 사실은 공유제 옹호자들이 재산에 대해 다수결로 결정한 '민주적' 통제가 아니라 독재를 통해 통제하려 한다는 설득력 있는 증거가 된다.

그 궁극적 목표를 이루기 위한 이념적 조건으로서 반란자들은 수년간 국가주의자와 집단주의자가 강력히 주장해온 해묵은 주제를 껍데기만 바꿔 도입하려고 시도했다. 해묵은 주제란 개인이 하는 행동과 정부가 하는 행동의 구분을 없애는 것이다.

'일괄교섭'을 통해 정부에 금지된 특정 법 위반 행위를 개인에게 적용하려는 시도는 계속되어왔고, 이는 정부를 모든 제한에서 해방시키고 개인의 권리는 파괴하는 역할을 했다. 가장 빈번히 발생하는 사건은 자신들과 의견을 달리하는 일반 시민이 자신들을 '검열'(사실 검열은 정부에만 적용되는 개념)하고 있다고 고소함으로써 의견에 동의하지 않을 권리를 말살하는 것이다.(〈객관주의자 소식지〉 1963년 4월호, "인간의 권리"에 대한 기사 참조)

반란자들이 껍데기만 바꾼 다른 주제는 '일사부재리一事不再理'의 원칙이었다. 불법행위를 저질러 법원의 재판 결과 처벌을 받은 학생을 학교에서 다시 처벌해서는 안 된다는 것이 그들의 주장이다. 일사부재리의 원칙은 한 사람을 동일 범행에 대해 두 번 재판하거나 처벌하는 것을 막는 것으로, 사법부와 사법부의 조치에만 적용되는 개념이다.

개인적인 판단과 행동(여기서는 주지사의 판단과 조치)을 법 재판과 동일시하는 것은 얼토당토않은 일이다. 이는 도덕적 판단과 행위에 대한 권리를 말살하려는 터무니없는 시도로서 법을 어긴 사람이 민사상 처벌을 거부하는 것과 다름없다.

이러한 개념이 받아들여진다면 개인이 다른 사람의 행동을 평가할 권리도, 평가에 따라 행동할 권리도 사라지게 된다. 법을 어긴 사람이 유죄인지 무죄인지 법원에서 판결할 때까지 기다려야 하고, 설령 유죄 판결을 받더라도 어떤 평가나 조치를 할 권리는 없으며, 처벌은 전적으로 정부의 몫이다.

예를 들어 어느 은행직원이 횡령죄로 유죄를 선고받아 형을 살았을 경우, 은행은 그 직원이 출소 후 복직하는 것을 막을 권리가 없다. 반란자들이 반대하는 '재리再理'에 해당하기 때문이다.

공무원일 때도 마찬가지다. 부서직원의 행동이 적법한지 감시할 권리가 없으며, 법을 준수하도록 규칙을 정할 권리도 없다. 직원이 법을 어겨도 법원이 유죄로 판결할 때까지 기다려야 한다. 직권남용이나 뇌물수수 또는 반역죄를 저질렀어도 형을 마치고 출소하면 다시 복직시켜야 한다.

'정부 또는 정부 부처가 독점하는 도덕'이라는 개념은 독재정권이 대표적으로 주장하는 개념 중 하나다. 학생운동가들이 그 개념을 훔치려고 한다는 사실은 가히 충격적이다.

반란자들은 학생과 교수가 대학을 운영해야 한다고 주장했다. 암묵적으로만 공격하던 '사유재산권' 개념을 노골적으로 드러내 공격한 것이다. 그리고 다양한 형태의 국가주의와 집산주의 체제 중 정치경제적으로 가장 비실용적이고, 이성적으로 가장 옹호하기 힘들며, 도덕적으로는 가장 수치스러운 체제를 목표로 삼았다. 바로 길드 사회주의Guild socialism다.

길드 사회주의는 사람을 직종에 따라 집단으로 묶고, 개인이 한 일을 집단의 힘으로 만들어 개인의 능력을 파괴하는 체제다. 집단은 독점적인 권한을 가지고 일의 규칙과 기준, 방법, 누가 해야 하는지 그리고 누가 하지 말아야 하는지를 결정하고 지시한다.

길드 사회주의는 사회이론의 하나로서 입지를 확보했지만 야만성을 매우 구체적이고 통상적으로 나타내는 사상이다. 미개한 부족이 정글 땅 일부를 차지하고 자신들이 그곳에 있다는 이유만으로 독점을 주장하는 것처럼 길드 사회주의는 정글 숲이나 샘 대신 공장이나 대학에 대한 독점권을 집단에 부여한다. 어떤 사람의 능력이나 성취에 대한 보상이거나 공공사업의 일환도 아니다. 단지 그가 거기에 있었다는 이유 때문이다.

야만인은 원인이나 결과, 과거나 미래에 대한 개념이 없고 부족 전체의 근력을 초월하는 효능감에 대한 개념도 없다. 길드 사회주의자들은 진보한 산업문명 한가운데서 자신들의 제도를 자연현상처럼 여기고, 학생 폭력집단이 대학을 점령하지 말아야 할 이유를 찾지 못한다는 점에서 야만인과 같다.

정체된 사고방식을 지닌 노동자(또는 교수)는 인간의 무능함을 증명하는 사례가 될 수 있다. 대규모 사업에서 작고 틀에 박힌 일을 하고, 기계의 레버(또는 강의실의 강연대) 너머에 무엇이 있는지 보려 하지 않으며, 기계(또는 강의실)가 어떻게 그곳에 있고 자신을 일할 수 있게 만드는지 알려 하지 않는 동시에, 관리자가 기생적이고 불필요하다고 주장하는 경우다. 관리업무는 인간의 노력을 어떤 목적에 따라 장기간 진행하는 대규모 활동으로 조직 및 통합하는 것으로서 행동의 영역에 해당하고, 관리자의 개념적 능력은 인지적 영역에 해당한다. 따라서 정체되고 감각적·지각적 사고방식을 지닌 사람은 관리업무를 이해하지 못하고, 관리자를 첫 번째 표적으로 삼는다.

자신이 그저 평범한 사람이라는 것을 고백하는 방법이 있다면, 자신의 일을 절대적 권력집단, 특히 동종 업무를 수행하는 집단에 맡겨버리는 것이다. 길드 사회주의가 모든 형태의 폭정 중 최악인 이유는 인간만이 지닌 이성이라는 특성에 반할 뿐 아니라 혁신가를 유일한 적으로 만들고 대적하기 때문이다. 여기서 혁신가란 자신의 직종에 확립된 관행에 도전하는 사람을 말한다. 어떤 집단에 직업상의 독점권을 부여하는 것은 인간의 능력을 헐값에 팔아버리고 진보를 멈추는 것이다. 직업적 독점권을 옹호하는 일은 자신에게는 잃을 능력이 아무것도 없다고 자백하는 것이나 다름없다.

길드 사회주의는 평범한 사람이 평범한 사람을 위해 평범한 사람을 지배하는 것이다. 그 요인은 사회의 지적 붕괴에 있고, 그 결과는 침체의 수렁이다. 역사적으로도 이미 중세의 길드 체제(또는 현대에 무솔리니가 주도한 이탈리아의 파시스트 체제)라는 사례가 있다.

학생이 교수와 함께 대학을 운영하고 교육과정을 정해야 한다는 반란자들의 주장은 터무니없다. 무지한 청년이 어떤 학문적 지식을 얻기 위해 온 교육기관에서 어떤 자료로 어떻게 배울 것인지를 무슨 수로 결정할 것인가? (청년들은 무지한 상태이기 때문에 학습과정에서 교수가 제시하는 것이 명확한지 아닌지 또는 논리적인지 모순적인지만 판단할 수 있다. 어떤 지식을 얻기에 앞서 그 지식을 전수받을 적절한 교수법과 교육과정을 정할 수는 없다.) 대학을 운영할 권리(또는 운영할 사람을 결정할 권리)를 요구하는 학생에게 대학 운영에 대한 지식과 개념이 있을 리 없다. 이는 너무 명백한 것이어서 그런 요구 자체가 자기 모순적이고 학생들이 자격 미달임을 증명한다. 교수들 역시 다를 바 없지만, 학생들에게 그런 요구를 하도록 가르치고 지지한다는 점에서 교수들의 죄는 더욱 무겁다.

의사와 환자의 투표로 치료방법을 결정하는 병원이 있다면 그곳에서 치료를 받겠는가?

터무니없는 말처럼 들리겠지만, 이는 비합리성이나 사악함 면에서 보통의 집단주의자들이 하는 주장과 전혀 다르지 않다. 집단주의자들은 공장을 만든 사람처럼 공장을 이해하지도 똑같이 만들지도 못하는 노동자들이 공장을 인수해야 한다고 주장한다. 기본적인 인식론적·도덕적 전제와 유형은 다음과 같이 동일하다. 이성과 현실 개념을 말살하면 이는 자동적으로 성취 개념의 말살로 이어진다. 그리고 결국 일해서 얻은 자와 일하지 않고 얻은 자 사이의 구분을 없앤다. 그러면 무능한 자가 공장을, 무지한 자가 대학을, 야만스러운 자가 과학 연구실을 장악할 수 있게 된다. 그리고 인간사회에는 변덕과 주먹질로 얻은 권력 외에 아무것도 남지 않게 된다.

길드 사회주의를 국가주의나 집단주의 이론보다 더 조잡하게 만드는(그러나 실제로는 다르지 않은) 부분이 있다. 길드 사회주의는 이타주의에서 잘 언급되지 않는, 혜택을 주는 자가 아니라 받는 자의 측면에서 주장을 내세운다는 점이다. 이타주의 이론가 대부분은 '공동선共同善 추구'로 이론을 정당화하고 '공동체'를 위해 스스로 희생하고 봉사할 것을 주장하지만, 그 희생의 수혜자가 정확히 누구인지에 대해서는 침묵한다. 반면 길드 사회주의자들은 뻔뻔하게도 자신들이 수혜자임을 공포하고 지역사회가 자신들에게 봉사해줄 것을 요구한다. 또한 자신들이 특정 직업에 대한 독점을 원할 경우 지역사회의 나머지 구성원들은 그 직업에 대한 권리를 포기해야 한다고 주장한다. 그들이 대학을 원하면 지역사회는 그들에게 대학을 제공해야 하는 것이다.

이타주의자들에게 '이기심'이 자신을 위해 다른 사람이 희생하는 것을 의미한다면, 나는 버클리 집단주의자 학생이 했던 다음의 추악한 주장은 이기심이 아니고 무엇이냐고 반박하고 싶다.

"대학은 교수와 학생 그리고 책과 관념으로 구성된다고 생각한다. 사실 대학 관리당국은 교내 보도를 깨끗이 유지하는 일만 하면 된다. 교수진과 학생들을 위한 하인으로서 봉사하는 것이 그들의 역할이기 때문이다."

현실에서 유리된 이 작은 신비주의자가 학교에 대해 잊은 것들이 있다. 교수에게 월급을 주는 것은 누구인가? 학생들의 생활을 지원하는 것은 누구인가? 책을 출판하는 것은 누구이며, 교실과 도서관, 기숙사를 짓고 교내에 보도를 까는 것은 누구의 몫인가? 과거 신비주의자들이 '저속한 물질적 관심'에 자신을 결코 허용치 않았다면 이에 경멸을 표하는 것은 현대 '근력의 신비주의자들'의 몫이니 맡겨두라.

대학 관리당국을 제외하고 아무런 의견도 내지 못하고 권리도 없는 '하인'이자 보도 청소부를 누가 하려고 하겠는가? 물질적 부를 창출해 학교가 돌아가게 하는 생산의 천재인 대기업, 금융, 산업 및 군사시설은 물론 캘리포니아주의 모든 납세자들, 소득이 높든 낮든 관계없이 생계를 위해 일하는 사람들, 생활비를 벌고, 예산문제로 골머리를 썩고, 물건을 사고 돈을 지불하는 사람들은 모두 대학의 하인 역할은 하지 않을 것이다. 그리고 그 누구도 '저속한 물질적 관심'이라는 현실에서 결코 도망치지 않을 것이다.

여기까지가 버클리 반란의 이념이 드러낸 정신이며, 반란자들의 요구와 그들이 남기려고 한 이념적 선례의 의미다.

통제되지 않는 방종한 감정을 옹호한다고 자인한 학생운동가들이 행하는 복잡함, 얼버무리기, 속임수, 의미왜곡, 지적 곡예 그리고 자신들은 이념이 없다고 주장하는 이념적 일관성을 보라.

학생 반란의 1차전은 그리 잘 풀리지 않았다. 언론의 거침없는 부풀리기 작업에도 불구하고 대중들은 당혹감, 무관심, 적대감이 뒤섞인 반응을 보였다. 무관심은 언론의 애매모호한 보도 방식 때문에 나타났다. 문제를 오히려 골치 아프게 만들어 대부분의 사람들이 사건을 잘 이해하지 못했고, 자연히 관심을 잃게 되었다. 적대감은 대중들이 대학을 여전히 중요시하기 때문에 나타났다(중요하게 생각할 수 있고, 그래야만 하지만, 더 이상 그렇지 않은 것이 현실이다). '청년들의 이상주의'에 대해 평론가들이 늘어놓은 찬사 반, 농담 반의 상투적인 말들은 대학 캠퍼스에서 벌어진 야만스러운 무력분쟁을 좋게 겉꾸리는 데 실패했다. 그 사실은 사람들에게 막연한 불편함을 불러일으켰고 우려스러운 비난만 샀다.

학생운동가들은 다른 학교에까지 반란의 세를 확장하려 했지만 이 역시 그리 성공적이지 못했다. 올해 봄, 일부 대학의 관리자들과 졸업식 연사들이 수치스러운 유화 정책을 선언했지만 눈에 띄는 대중의 반응은 없었다.

그런 반면, 위엄 있고, 단호하며, 타협하지 않는 엄격한 태도로 대학 관리당국이 적절히 대응한 사례도 있었다. 컬럼비아대학과 헌터대학이 그랬고, 헌터대학 총장 멩Meng 박사의 졸업식 연설은 특히 눈에 띄었다. 학교에서 타인의 권리를 침해하는 행위는 결코 용납될 수 없으며, 이를 위반한 학생이나 교수는 즉시 퇴학 또는 면직 처분을 내릴 것이라고 말했다. 다음은 그의 연설 중 일부이다.

"어제의 상아탑이 오늘의 여우굴이 되었다. 시위와 성토대회 조직, 이런저런 종류의 감시가 이론수업의 즐거움을 점령해가고 있다."(〈뉴욕타임스〉, 1965년 6월 18일)

학생들의 반란이 대중의 공감을 많이 얻지는 못했지만 어떤 이념적 반대에도 부딪힌 적이 없고, 학생운동가들의 입장에 대해 답을 주거나 반박하는 이도 없었으며, 설사 비난이 있더라도 피상적으로 얼버무리는 식이었다는 사실을 우리는 충분히 경계해야 한다.

반란은 시범용 열기구였다. 너무 멀리 갔고, 너무 빨리 이빨과 발톱을 드러냈으며, 잠재적 동조자들과 심지어 '진보주의자들'조차 적대시했지만, 반란의 실연實演이라는 지도자들의 소기 목적을 달성시켜주었다. 현재, 이들이 앞으로 나아갈 길은 활짝 열려 있고, 이를 막는 바리케이드 역할을 할 지성인들은 보이지 않는다.

전투는 아직 끝난 것이 아니다. 현재의 순간에만 충실해야 한다고 주장하는 학생운동가들은 반란의 장기적 목표가 무엇인지 반복적으로 설명해왔다. 버클리대학 '자유언론운동'의 잔재는 '자유학생연합Free Student Union'으로 재편되었고, 또 다른 전투를 준비하며 잡음을 만들고 있다. 이들은 우리 시대에 가장 중요한 철학적·정치적 문제들을 겨냥하고 있다. 타협해서도 무시해서도 안 되고, 회피하거나 돈으로 매수해서도 안 되는 문제들이다. 야만스러운 폭력이 행진할 때 레드카펫을 깔아주는 것은 타협이고, 이성이 공격받을 때는 상식으로 해결할 수 없다.

철학 없이는 개인도 국가도 존재할 수 없다. 인간에게는 사유에 대한 자유의지가 있다. 사유하지 않기로 결정하면 주는 대로 취하게 된다. 국가의 자유의지는 바로 지성인들이다. 지성인들은 국가의 조건, 가치, 방향, 목표를 정하고 지성인이 아닌 이들은 그것을 취한다.

지성인들이 반대하지 않으면 학생운동가들이 주장하는 개념들은 점차 국가의 문화가 될 것이다. 반대가 없는 오늘의 부조리는 내일의 강령이 된다. 한쪽에서는 지속적으로 압력을 가하고 다른 한쪽은 지속적으로 후퇴해간다. 그러면서 전례에 따라 우리 사회를 점차 침식해가고, 은연중에 용인되며, 결국 정신이 들었을 때는 국가의 공식적 이념이 되어 있다. 이것이 오늘날 복지국가주의가 사회에서 당연히 받아들여지게 된 배경이다.

오늘날 우리는 복지국가주의의 이념을 이용하고 그 이상을 추구하려는 시도를 목격하고 있다. 학생반란자들은 전투의 전위대로서 자본주의에 대항하는 모든 국가주의, 집단주의 세력이 진격을 시작하기 전 이념적 교두보를 구축하는 임무를 수행한 것에 불과했다. 그리고 그들의 임무 중 하나는 대학의 이념적 통제권을 장악하는 일이었다.

끔찍한 역사적 모순은 집단주의자들이 작전에 성공했을 때에야 비로소 드러난다는 점이다. 이들이 권력을 장악하고 나면 자신들의 시끄럽고 무모하며 도발적인 확신이 사실은 발작적 허풍이었음을 스스로 증명하게 된다. 집단주의의 진격은 승리의 행진이 아니라 눈먼 패자의 궤멸이다. 집단주의 옹호자들은 집단주의가 인간의 이성에 대항한 전투에서 이미 패배했다는 사실을 알고 있다. 또 다른 기회가 언제 찾아올지 아무도 모른다는 점이 그들에게는 유일한 기다. 수십 년에 걸쳐 이루어진 철학의 부패와 갉아내고 긁어내고 파고들어 함몰 직전 상태인 철학의 쥐구멍을 이용하려 한다면, 바로 지금이 마지막 기회다.

집단주의는 문화적·지적 권력이자 도덕적 이상으로서 제2차 세계대전 때 명을 다했다. 우리가 여전히 그 방향으로 흘러가고 있다면 그것은 단지 공허한 타성과 해체의 가속도 때문이다. 사회운동은 헤겔과 마르크스의 심오하고 다루기 힘든 변증법 개념으로 시작해서 도덕적으로 불결한 아이들이 단체로 발을 구르며 "지금 당장 내놔!" 하며 떼쓰는 것으로 끝난다.

집단주의는 전 세계적으로 힘없는 나라를 차례로 쳐부수면서 미래의 열쇠를 쥔 수재秀才들과 청년들을 꾸준히 잃어가고 있다. 전자는 영국에서 벌어지고 있는 '두뇌 유출[07]'을 보면 알 수 있다. 그리고 후자의 경우 (언론에 보도되지는 않고 있으나) 대부분의 미국 대학에서 교수들의 정치적 견해가 학생회보다 훨씬 더 '진보적'이라는 사실을 고려해보면 알 수 있다. (뉴딜 정책 하에서 교육을 받고 현재 사회를 이끌어나가는 35~50세의 기성세대와 비교할 때 대부분의 청년들은 대체로 기성세대보다 덜 진보적인 경향이 있다.) 이는 학생 반란이 감추려 하는 사실 중 하나다.

그렇다고 해서 반反집단주의자가 학생 다수를 대표하는 것은 아니다. 현상유지를 수동적으로 지지하는 사람들은 모든 집단, 문화,

---

07 Brain drain : 교육수준이 높은 국가의 고급인력이 장학금 혜택이나 높은 임금 등을 약속받고 미국과 같은 선진국으로 이주하는 것을 말한다. 1960년대 초 영국에서는 인재들의 미국 유출 현상이 심각한 문제로 대두되었다.

신좌파

사회 또는 연령에서 언제나 절대다수를 차지한다. 그러나 국가의 방향을 결정하는 것은 수동적인 다수가 아니다. 그렇다면 누가 국가의 방향을 결정하는가? 바로 국가의 방향에 관심 있는 자들이 싸우는 사상의 전쟁터에서 이길 수 있을 만큼 지적 탄약을 많이 보유한 사람이다. 그렇지 못한 사람들은 자신들의 선택과 선호에 따라 살아가며 사회의 밸러스트[08] 역할을 한다.

현재 대학생들(그리고 세계의 청년들) 사이에서 '비진보주의자'가 '반反집단주의자'로 규정된다는 사실은 우리 사회에 위험한 요소다. 청년들은 포기하지 않고 악에 맞서 싸우고 싶지만 선이 무엇인지 모른다. 이들은 또한 집단주의의 낡고 병든 상투적 주장을 거부했지만 아직 제대로 된 방향도, 일관된 철학도, 합리적 가치도, 장기적 목표도 찾지 못한 이들이다. 이렇게 아무것도 찾지 못하고 미래를 위해 일관성 없는 노력만 하는 한 그들은 집단주의자들의 최후 일격에 무너지게 될 것이다.

역사적으로 보아 우리는 현재 일종의 지적 무인지대無人地帶에 있다. 미래는 현상유지라는 참호를 떠나 기꺼이 모험하는 사람들이 결정하게 될 것이다. 우리의 미래는 모험가들이 새로운 르네상스를 위해 싸우는 십자군인지, 아니면 과거의 전투에서 남은 시체를 물어뜯는 청소동물인지에 달려 있다. 십자군은 아직 준비가 돼 있지 않지만, 청소동물은 모든 준비를 마친 듯하다.

캠퍼스에 울려 퍼진 "지금 당장! 바로 지금!"은 과거의 전투에서

남은 시체를 물어뜯는 청소동물들의 슬로건이자 한때 군인으로서 과학적으로(!) 계획된 사회의 가능성을 믿고 집결했지만 지금은 부랑자가 된 낙오자들의 외침이다.

언론 보도에 따르면 학생 반란의 가장 뚜렷한 두 가지 특징은 '정치적 실존주의Political Existentialism'와 '카스트로주의Castroite'다. 이는 모두 지성의 파탄과 관련된 개념이다. 전자는 이성의 포기를 의미하고, 후자는 유일하게 의지를 가지고 하는 행동이 주먹을 휘두르는 것뿐인 발작적 공황 상태를 말한다.

1965년 3월 22일자 〈뉴스위크〉는 대학생들을 대상으로 다양한 주제에 대한 설문조사를 실시했다. 질문 중 하나는 학생들의 영웅을 묻는 내용이었다. 편집자는 결과에 내 이름이 포함되어 있다고 알려주었고, 현대 대학의 상태에 대한 견해를 묻기 위해 기자 한 명을 보내왔다. 하지만 나를 영웅으로 선택한 학생들에게 전하고 싶은 말을 제외하고 나머지 내용은 공개하지 않기로 결정했다. 그 이유는 그들 스스로가 가장 잘 아는, 내가 이 책에서 말하는 내용들 때문이다.

청년들은 오늘날의 처참한 상황을 해결하기 위해 어떻게 해야 하는지 끊임없이 묻는다. 어떤 형태의 행동을 취하는 것이 좋은지 모색하고, 막다른 골목에서 자신들의 희망을 꺾고 만다. 특히 4년 주기로 선거 때마다 좌절한다. 투쟁이 이념의 문제임을 깨닫지 못하는 청년들은 세상을 바꿀 수 있는 가망이 없으므로 포기하는 편이 낫다. 그 사실을 깨닫는 청년들이라면 학생운동권의 반란이 대학을 떠난 뒤 맞닥뜨리게 될 세상과의 투쟁에 대비하는 훈련 기회라는 점을 이해해야 한다. 자신을 단련시킬 뿐 아니라 세상을 무대로 한 더 광범위한 투쟁에서 단 1차전 만에 승리할 수 있도록 연습할 기회를 가지는 것이다.

중요한 명분을 찾는다면, 투쟁은 지적 및 도덕적 근간에 따라 이념적으로 싸울 기회라는 점을 말해주고 싶다. 학생운동가들이 요구하는 것의 의미를 확인하고 폭로함으로써 그리고 그들이 감히 인정하지 못하는 자신들의 기본원칙이 무엇인지 명명하고 그에 답함으로써 학생운동가들과 싸울 수 있다.

무엇보다도 투쟁은 국가(또는 사태를 지켜보는 국민들)에 이념적 해답을 제시하는 것으로서 기성세대가 포격을 받고 버린 행동 영역이다.

사상은 더 나은 사상이라는 수단 없이는 싸울 수 없다. 투쟁은 반대하는 것이 아니라 폭로하는 것이다. 비난하는 것이 아니라 반대를 증명히는 것이다. 회피하는 것이 아니라 완전하고 일관되며 철저한 대안을 과감하게 선언하는 것이다.

합리적 학생들이 학생운동가들과 논쟁을 벌이거나 학생운동가들을 전향시켜야 한다는 뜻이 아니다. 스스로 비합리주의자라고 인정하는 이들과 논쟁하는 것은 불가능하다. 이념투쟁의 목표는 대학과 국가 전체에서 갈피를 잡지 못하고 있는 대다수의 사람들을 계몽하는 것이다. 더 정확히 말하자면, 대다수의 사람들 중 답을 찾기 위해 고군분투하는 지성인들과 끝도 없는 집단주의자들의 궤변에 질려 항복해버린 지성인들을 계몽하는 것이다.

투쟁의 최우선 목표는 소수에 불과한 그 비트족[09]에게서 언론이 부여한 '미국 청년들의 대변인'이라는 칭호를 빼앗는 것이다. 첫 번째 단계로 학생들은 캠퍼스 안팎에서 자기 목소리를 내야 한다. 항의대회, 탄원, 연설, 팸플릿 나눠주기, 독자투고 등 의견을 표현하는 문명화된 방법은 많다. 이것은 유엔의 피켓 시위 또는 미국 하원의 반미활동위원회를 지지하는 가두행진을 벌이는 것보다 훨씬 더 중요한 문제다. 자유미국청년회와 같이 무익한 단체가 그런 과업에 참여하는 동안 학생들은 아무런 저항의 소리를 내지 않고 집단주의 세력의 전위대가 자신들의 이름으로 발언하게 내버려두고 있다.

자기 목소리가 들리게 하려면 할 말이 있어야 한다. 그러려면 자신의 상황을 알아야 한다. 그리고 자신의 상황을 설명할 철학적 기초까지 속속들이 논리적이고 일관되게 알고 있어야 한다. 콩알총을 들고 싸우는 공화당원 저격수와 함께 핵전문가에 대항해 전쟁을 벌이길 바라는 사람은 없을 것이다. 더욱이 학생 반란의 배후에 있는 지도자들은 자신들만의 독특한 전술이 있는 투쟁 분야의 전문가들이다.

하지만 이들은 초점을 잃고 문제를 보는 사람들, 신앙심이나 감정 및 모금활동을 통해 사상과 싸우려는 사람들에게만 위협의 대상이 된다. 집단주의 이념가들이 자신감 있고 지적인 적과 만났을 때 얼마나 신속하게 후퇴하는지 알면 놀랄 것이다. 이들의 상황은 인간의

09　Beatnik : 1950년대 중반 미국에서 현대 산업사회를 부정하고 기존의 질서와 도덕 그리고 문학계의 관료적 태도를 거부한 방랑자적 문학예술가 세대를 가리키는 말.

혼란, 무지, 부정직, 비겁, 절망에 호소하는 데 달려 있다. 우리는 이들이 감히 건드리지 못하는 영역인 '인간의 이성'에 호소해야 한다.

집단주의는 세계적인 권력을 얻는 데 필요한 두 가지 핵심무기를 상실했다. 그것은 지성과 관념론, 다른 말로 이성과 도덕성이다. 이 두 가지에 대해 펼친 주장이 모두 사기였기 때문에 집단주의는 성공의 절정에서 패배했다. 사회주의, 공산주의, 파시스트 국가가 마주한 현실은 집단주의 체제와 이타주의였다. 그리고 집단주의 체제는 야만스러운 비합리성을, 도덕률로서의 이타주의는 몰인정한 비인간성을 각각 증명했다.

이성과 도덕성은 역사의 흐름을 결정하는 유일한 무기다. 집단주의자들은 그것을 가질 권리가 없었으므로 바닥에 버렸다. 버려진 이성과 도덕성을 당신이 집어 들기를 바란다.

(1965년 7~9월)

닭들의 동창회

1969년 12월 28일, 미국철학협회 American Philosophical Association 동부 지부의 연례회의에서 오늘날 세상을 잘못되게 만든 원인과 잘못된 길을 걷기까지의 과정을 축소한 촌극 같은 일이 벌어졌다. 이 사건은 전통적 교훈극처럼 사람들에게 어떤 깨달음을 주었다. 바로 자신들이 갖춘 자격보다 더 많은 일을 하는 사람을 찾기는 몹시 어렵다는 것이다.

논쟁은 이른바 '급진파'라는 일부 철학자들이 베트남전쟁에 대한 자신들의 결의안을 회의에서 통과시킬 것을 요구하며 촉발되었다. 이들은 마르크스주의적 표현을 노골적으로 사용하면서 베트남전쟁은 "미국 기업을 위해 안전한 세상을 만드는 것을 기본 목표로 하는 외교정책이 초래한 결과"라고 규탄했다. 또한 미국의 해외 원조는 "저개발국가 국민을 이용하는 행위"이며, "해당 국가 국민의 반란을 야기한다"는 것이 결의안의 내용이었다. 보수파 철학자들은 이 결의안에 반대했다. 1969년 12월 29일자 〈뉴욕타임스〉는 사건을 다음과 같이 설명했다.

"미국의 저명한 사상가들이 문제를 논의하며 월도프 아스토리아 호텔[10] 대연회장을 고함 소리와 그를 제지하는 소리로 가득 채웠다."

"표면적인 주제는 베트남전쟁이었지만, 실제로 논의의 쟁점이 된 것은 철학의 과업에 대한 상충되는 관점이었다. 보수파는 철학이 감정에 치우치지 않게 정신을 단련하고 사상을 진보시키며 정치와 거리를 두는 것이라고 주장하는 한편, 진보파는 철학이 지닌 능력을 현재 문제의 해결에 쏟아야 한다고 주장했다."[이것이 오늘날 철학의 상태를 정확하게 요약한 것이다. 이 주장들이 잘못된 이분법으로 문제의 본질을 흐리고 있다는 점에 대해서는 뒤에서 설명하겠다.]

"이 논쟁은 최근 몇 년간 많은 학생과 교수가 염려한 문제와 관련이 있다. 철학이 삶에 대한 현실 감각을 잃고, 추상적 개념에 대해 무익한 트집을 잡는 일에만 관심이 있다는 것이다. [기자는 이렇게 서술했으나 사실 오늘날 철학자들이 트집을 잡는 것은 추상적인 개념에 대한 것이 아니다.] 이제 철학은 인간의 문제가 아니라, 철학 그 자체의 문제에 몰두하는 것이라고 말한다."

이른바 '감정에 좌우되지 않는 정신 훈련가들'은 급진파들에게 어떻게 대항했는가? 그들은 학생들의 반란 때 학생들이 보여준 행동을 그대로 따라 했고 같은 결과를 얻었다. 진보주의자에게 대항하는 보수주의자처럼, 사회주의자에게 대항하는 진보주의자처럼, 공산주의자에게 대항하는 사회주의자처럼 그리고 캠퍼스의 학생운동가들에게 대항하는 대학 관리당국처럼 문제의 본질이나 기본 원칙을 언

---

10   Waldorf-Astoria Hotel : 미국 뉴욕 맨해튼에 있는 고급 호텔.

급하는 것은 철저히 삼갔다.

처음에 그들은 '회피'라는 전형적인 무기에 의지하려 했다. 〈뉴욕 타임스〉에는 "결의안 반대자들은 일찍부터 문제에 대한 논의를 무기한 연기하려 시도했지만, 투표에서 120 대 78로 패배해 결국 논의를 진행하게 되었다"고 실렸다.

급진파 대표는 회의에서 이렇게 말했다.

"나는 우리가 우리 스스로를 편협한 철학 전문가 집단으로 여기지 않기를 바란다. 사람으로서 해야 할 의무는 우리가 주장하는 '철학가'로서의 의무보다 우선해야 한다."

그리고 결의안을 반대한 보수파 대표는 다음과 같이 말했다.

"이 결의안은 우리 협회의 명예를 손상시킬 뿐이다. 철학자로서 나는 이 끔찍한 결의안 내용에 대한 판단을 보류할 것을 간청한다." (윤리는 철학의 일부가 아니다. 끔찍한 결의안을 마주했을 때 철학자는 주장의 진실 여부를 파헤치려 해서는 안 된다. 주장에 대해 재단하지 말고 판단을 보류해야 한다.)

'보류'라는 전략이 현실 정치 영역에서 무의미하다는 것은 50년 역사로 증명되었다. 그렇다면 철학 영역에서 기대할 수 있는 것은 무엇인가? 급진파의 결의안에 반대한 철학자들은 이기지도, 항의의 의미로 회의장을 나가지도, 포기하지도 않았다. 그들은 타협했다. 타협이 바로 그들이 성취한 것이다.

양측은 결의안 첫 번째 단락과 마지막 단락만 남기고 나머지는 모두 생략하는 데 협의했고, 수정된 결의안을 통과시킴으로써 회의는 마무리되었다. 미국 외교정책에 대한 마르크스주의적 평가는 생략하고 어떤 근거도 설명도 없이 베트남전을 규탄하는 것이 수정된 결의안의 내용이다. 다시 말해, 마르크스주의 이론은 버리면서 마르크스주의의 산물은 증거도 토론도 필요 없는 자명한 제1원리로 받아들인 것이다.

다음을 보면 수정안의 질과 위상을 가늠할 수 있다.

결의안 초안의 첫 번째 단락은 베트남전쟁을 '도덕적·정치적 문제'라고 명시한 반면, 수정안에서는 '도덕적 문제'로 바꾸었다. (결의안이 베트남전쟁을 다루고 있으면서도 미국철학협회가 정치적 입장을 취한다는 비난은 피하고 싶었기 때문이다.)

초안의 마지막 단락은 다음과 같다.

"따라서 미국철학협회는 베트남화 정책[11]과 미국이 베트남 국민의 미래를 협상할 권리가 있다는 생각에 반대한다. 그리고 항공기와 선박을 동원해 베트남에서 미군을 가능한 한 빨리 완전히 철수할 것을 주장한다."

또 수정된 결의안의 마지막 문단은 다음과 같다.

"미국철학협회 동부지부는 부분적인 미군 철수에 대해 남베트남에 제공하는 보상 개념으로 북베트남 마을을 폭격하는 정책과 미국이 베트남 국민의 미래를 협상할 권리가 있다는 생각에 모두 반대한다. 그리고 우리는 미군을 베트남에서 물리적으로 가능한 한 빨리 완전히 철수시킬 것을 주장한다."

---

11 Vietnamization : 남베트남 군인을 훈련시킨 뒤 미군을 단계적으로 철수시킴으로써 베트남전쟁에 대한 미국의 개입을 중단시키려 한 정책.

정치인이 자상한 엄마 이미지를 부각시키는 것이 선거 유세에 안전하다고 생각하듯 철학 분야의 정치인에 해당하는 이들은 마을 폭격에 반대하는 입장을 취하는 편이 안전하다고 생각했다. 결의안에는 마을 폭격이 군사적 필요가 아니라 미국의 계획적이고 무의미한 잔학행위였다는 내용이 함축적으로 포함되었다. 어린아이의 눈에도 명확하게 보일 이 사실이 철학자들의 눈에는 잘 보이지 않는 모양이다. 적의 성격과 수단 그리고 잔혹 행위에 대한 언급 없이 베트남전쟁을 도덕 문제로 보고 미국을 규탄하는 것이 도덕적 외설이라 생각지도 않는다. 특히 미국이 이 자살 전쟁에서 아무것도 얻지 못했으며, 철학자들의 이타주의 도덕률만을 따라 전쟁을 치르고 있다는 관점에서 보면 더욱 그렇다.

수정결의안은 예상대로 혼란과 오해를 불러일으켰다. 수정결의안 작성자는 1970년 2월 7일자 〈뉴욕타임스〉 편집자에게 다음과 같은 편지로 기사 내용의 수정을 요청했다.

"기사 내용은 결의안이 초안과 비교해 많이 삭제되었다는 점에서 마치 우파가 좌파를 이긴 것처럼 묘사했지만, 사실 승리한 쪽은 중도 좌파였습니다. 수정하긴 했으나 어쨌든 결의안은 통과되었기 때문입니다."

이는 미국철학협회의 상황을 더욱 악화시켰다. 중도파가 도덕 문제, 즉 결코 타협해서는 안 되는 도덕의 영역을 다루게 될 때면 언제나 그렇다. (수정된 결의안 작성자가 보수파 대표의 지도 아래 있는 철학과 대학원생이었다는 점은 현실을 더욱 암울하게 한다.)

결의안 초안은 적어도 이론적 근거를 밝혔다는 점에서 수정안보다 차라리 더 진정성 있고 철학적이었다. 마르크스주의라는 근거는 허구지만, 최소한 결의안을 대충 읽은 사람들에게 혼란을 주지는 않기 때문이다. 사람들은 주어진 상황에 대한 이론적 근거를 알면 상황을 확인하고 판단하며, 동의 여부를 결정할 수 있다. 자신의 원칙이 무엇인지 밝혀야 진지한 비판적 평가를 받을 수 있다. 하지만 근거가 되는 이론이 무엇인지 뭉개고, 무슨 말인지 이해가 안 되는 의견을 제멋대로 공표하는 것은 마르크스주의 이론도 감히 비견하지 못하는 파괴 행위다. 그것은 인식론을 파괴하고, 합리성 원칙을 무너뜨리며, 문명화된 토론 과정을 무력화한다. 논리를 버린 채 학생운동가들이 즐겨 하는 막무가내식 대화를 하는 것과 다를 바 없다.

국가 이념으로서 사회주의를 채택할지 여부에 대해 국민투표를 단 한 번도 진행하지 않았지만, 사실상 공산당선언이나 다름없는 국가 강령이 이 나라의 법으로 제정돼 있다. 누구라도 궁금해할 그 과정은 철학협회의 연례회의에서 그대로 재현되었다.

이론을 버리고 이론의 산물은 받아들인 것, 즉 마르크스주의적 수단은 버리면서(또는 숨기면서) 그 결과는 채택하고 선전한 것은 정치인들조차도 경멸할 만한 일이다. 철학자들이 그렇게 한 것은 철학의 죽음을 선언한 것과 다름없었다.

이제 앞에서 언급한 잘못된 이분법, 즉 '철학의 과업에 대한 두 가지 상충되는 견해'가 무엇인지 확인해보자. 보수파는 철학이 "정신을 단련하고 사상을 진보시키며 정치에 관여하지 않아야 한다"고 주장했고, 진보파는 철학이 "오늘날의 문제를 다뤄야 한다"고 주장했다. 이분법적 측면에서 생략된 점은 무엇인가? 바로 온전하고 정확한, 철학적 의미로서의 정치를 과업으로 삼는 것이다.

정치는 사회구조를 다스리는 원칙에 대한 연구다. 윤리에 기초해 인간의 선택과 행동의 지표가 되는 적절한 가치를 연구한다. 윤리와 정치는 탄생할 때부터 필연적으로 철학의 한 분야였다.

철학은 존재 본성의 근본적 측면을 연구하는 학문이다. 인간에게 삶에 대한 포괄적 관점을 제공하는 것이 철학이며, 철학이 제시하는 관점은 인간의 정신적이거나 육체적인 또는 심리적이거나 실존적인 모든 행동에 대한 기준 틀이 된다. 그리고 인간이 다뤄야 하는 우주의 본질(형이상학)과 다루는 방법, 다시 말해 지식을 얻는 수단(인식론), 자신의 삶과 성격에 관련된 목표와 가치를 선택하는 기준(윤리), 사회적 목표와 가치를 선택하는 기준(정치)을 알려주고, 끝으로 미학을 통해 이를 구체화한다.

인간이 철학에서 제시한 포괄적 관점을 따를지는 선택하는 문제가 아니다. 포괄적 관점 없이 인간은 생존할 수 없기 때문이다. 인간 의식의 본성 자체가 동물적 인지에 따라 순간의 감정대로 행동하는 상태를 허용치 않는다. 아무리 원시적으로 행동할지라도 미래를 보고 결과를 따지는 것이 인간이다. 이는 인간의 정신에서 개념화라는 과정을 필요로 하는데, 개념화 과정은 아무것도 없는 상태에서 일어날 수 없고 맥락이라는 것을 필요로 한다. 인간의 선택은 삶에 대한 포괄적 관점이 필요한지 여부가 아니라 해당 관점이 참인지 거짓인지다. 거짓인 경우, 인간은 스스로를 파괴하게 된다.

인류발전 초기 단계에서는 종교, 즉 신비한 환상이 그 관점을 제공했다. 인간은 정신-인식론적 필요에 따라 설사 원시적인 야만인

종족이라 해도 항상 어떤 형태의 종교적 믿음에 집착한다. 하지만 종교라는 관점의 신비로운 본성인 반현실anti-reality적 본성은 인류의 역사에 가늠하기 어려운 긴 침체를 가져왔다.

인간은 약 2,400년 전 그리스에서부터 제 역량을 발휘하기 시작했다. 철학의 탄생은 인간의 성숙을 나타내는 특징이다. 어떤 특정한 철학 내용이 아니라 훨씬 더 심오한 철학 개념, 즉 존재에 대한 포괄적 관점을 인간이 지닌 지성으로 얻을 수 있다는 것을 알게 되었을 때 인간은 성숙할 수 있었다.

종교가 눈먼 채 무력하게 더듬기만 하던 목표가 바로 철학이다. 위엄, 경건한 마음, 청렴성, 진리 추구를 위한 엄격한 헌신은 일반적으로 종교와 관련된 요소로 여겨지지만 철학가들이 마땅히 지녀야 하는 덕목이기도 하다. 아리스토텔레스는 이에 맞게 생활했고, 플라톤과 아퀴나스, 스피노자도 그랬다. 하지만 이들 외에 몇 명의 철학자가 더 있을까? 철학자들이 우리의 기대를 저버린 지는 생각보다 오래되었다.

흄과 칸트 이래 철학은 인간의 정신이 무능하다는 것과 실제로 존재하는 것은 아무것도 없으며, 설사 있더라도 우리가 인지할 수 없다는 사실을 증명하려 해왔다. 이는 인간에 대한 엄청난 배신이다.

철학을 연구하는 것은 최대 수준의 정신력을 필요로 하며, 결과에 따르는 책임도 비례한다. 사람들은 대부분 삶에 대한 포괄적 관점을 연구하지 못한다. 일부는 다른 일에 전념하느라 능력을 다 써버리기 때문이고, 대다수는 능력이 부족하기 때문이다. 그러나 사람들은 모두 포괄적 관점이 필요하기 때문에 의식적이든 무의식적이든 철학이 제공하는 관점을 직간접적으로 받아들인다.

사실에 기반한 정보를 통합하고, 전체 맥락을 유지하며, 원칙을 발견하고, 인과관계를 설정한 뒤, 그에 따른 장기 계획을 시행한다. 이 과정은 모든 직업 분야, 특히 오늘날의 정치철학자에게 필요한 작업이다.

나는 일생 동안 세계대전이 문명 세계 전체를 황폐화시키는 것을 두 차례나 목격했다. 러시아와 독일, 두 독재정권은 도저히 사람이 한 일이라고 볼 수 없을 만큼 잔혹한 행위를 저질렀고, 이를 기점으로 시작된 무력통치는 전 세계로 확산돼 여전히 어딘가에서 유혈 사태를 낳고 있다. 인류의 정치사상은 현재 뭔가 단단히 잘못되었으며, 이에 대한 사람들의 관심이 시급하다. 나는 이렇게 중대한 상황에서 철학자들이 정치는 철학이 관심을 가져야 할 영역이 아니라고 주장하는 것은 직업적 태만이라 생각한다. 그것은 마치 흑사병이 창궐하는 도시 한가운데서 의사들이 위생이나 질병은 의학이 관심을 가져야 할 영역이 아니라고 주장하는 것과 같다.

실질적으로 국가의 정치 목표와 방향을 설정하고 결정하는 것이 정치철학이다. 정치철학은 일의 형세나 상황을 확인하고, 설명하고, 평가하며, 원인을 밝혀 결과를 예측하고, 문제를 정의하며 해결책을 제시하는 추상적 이론을 의미한다. 그러나 지난 수십 년간 학계 철학자들은 정치이론에 관심이 없었다. 마르크스주의를 정치철학이라고 한다면 마르크스주의를 제외하고는 정치철학이라 할 만한 이론이 없었다.

지금까지의 내용을 고려해 미국철학협회에서 제시된 이분법을 다시 한번 생각해보자.

보수파 철학자들은 자신들의 역할이 "정신을 단련하고, 사상을 진보시키며, 정치와 거리를 두는 것"이라고 했다. 대체 어떻게 한다는 말인가? 정신을 어떻게 단련할 것이며, 대체 무엇에 대한 사상을 발전시킨다는 말인가? 보아하니, 인간의 정신은 인간이 지닌 문제와 아무 상관이 없고, 인간의 사유는 인간의 삶·목표·행동과 관련해 일어나는 사건들에 아무런 영향을 미치지 않는다고 믿도록 단련하는 모양이다. 만일 그렇다면 이들이 사유하는 시간은 대체 얼마나 될 것이며, 사유와 이성에 대해서는 어떤 견해를 가질까? (이에 대한 답은 현재 미국 대학의 상태를 보면 알 수 있다.)

반면 급진파 철학자들은 '오늘날의 문제'를 다루는 것이 자신들의 역할이라고 주장한다. 오늘날이란 대체 언제를 말하는 것인가? 현대철학의 문제는 '오늘'이나 심지어 '올해'의 문제도 아니다. 그렇다면 '오늘날의 문제'는 대체 어디에서 누가 시작한 것인가? 그리고 철학자들은 어떤 문제를 고르고 어느 편에 서야 할지를 어떻게 결정하는가?

급진파가 의미하는 정치참여는 전문적인, 즉 철학적인 정치참여가 아니라 그 순간 일어나는 아무 사건이나 유행 같은 슬로건에 생각 없이 감정적으로 헌신하는 것이다. 급진파는 기본적으로 정치철학의 독점을 즐기며, 자신들이 독점한 철학이 논의 여지가 없는 절대적 대상이 되길 바란다. 또한 마르크스주의적 기본 틀을 교리로 삼는 것을 당연시하며, 현실 정치에 대해서만 문제를 제기한다.

하지만 알고 보면 이러한 상황을 초래한 것은 보수파다. 보수파는 급진파가 요구하는 조건을 대부분 받아들여왔다. 보수파가 주장한 정치에 대한 철학자들의 냉담은 현실적 정치로부터 거리를 두는 것을 의미했지만, 이와 함께 정치가 지니는 철학적 의미도 버린 것이었다. 보수파는 철학에 정치이론이 될 만한 것은 없으며, 정치 세계를 구성하는 것은 임의의 구상개념具象概念이므로 철학이 관여할 수준이 되지 못한다고 생각했다. 그리고 보수파가 이런 생각을 가지고 있음을 인정하는 것이야말로 급진파가 원하는 바였다.

회의장은 참혹한 전쟁터와도 같았다. 행동과 분리된 생각을 옹호하는 자들과 생각과 분리된 행동을 옹호하는 자들 또는 부유浮遊하는 추상적 개념으로 무장한 이들과 구체성具體性에 결박된 지각으로 무장한 이들 사이의 전쟁이었다.

전쟁의 결과 이들은 두 가지 불명예를 얻었다. 첫째는 철학협회에서 정치 결의안을 통과시켰다는 사실, 둘째는 통과시킨 결의안의 내용이 철학협회의 이름에 먹칠을 했다는 사실이다.

1. 어떤 전문가 집단도 소속된 집단의 이름으로 이념적 입장을 취해서는 안 된다. 정치적 신념을 포함한 개인의 사상은 전적으로 본인이 결정해야 할 문제다. 타인에게 위임할 수도 타인이 규정할 수도 없다. 그것은 '직업윤리'의 문제가 아니라 개인 권리의 문제다. 이념적 결의안을 통과시킨 것은 압력단체가 투쟁할 때나 사용하는 무익하고 부도덕한 방법이다. 철학자는 개별적인 생각하는 사람으로서 정치적 문제에 확고한 입장을 취해야 한다. 따라서 집단이 개인을 대신하게 허용해서는 절대 안 된다. 개인의 신념은 다수결로 결정하거나 규정할 수 있는 대상이 아니라는 점을 그 누구보다 스스로

가 알아야 한다.

2. 영화배우들이 군사 전략을 비판하는 회견을 한다면 이를 심각하게 여길 사람은 거의 없을 것이다. 마약에 취한 학생이 수단이나 방법, 맥락 그리고 결과는 안중에도 없이 베트남전쟁을 당장 끝내라고 소리쳐 요구한다면, 우리는 그 학생을 지도한 교사가 교육자로서 자질이 있는지 의심하게 될 것이다. 하지만 철학협회는 이 두 가지 모두를 행했고, 씻을 수 없는 불명예를 얻었다.

외교정책의 본질은 철학이 관심을 갖고 살펴야 하는 부분인 반면, 군사전략은 그렇지 않다. 베트남전쟁의 목표는 철학의 관심사지만, 폭격의 실시 여부와 표적 선택은 철학의 관심사가 아니다. (마을을 폭격하는 것이 '도덕적' 문제라고 생각한다면 베트남에서 마을이 적의 가장 중요한 요새라는 사실을 알아야 한다. 이는 수치스러운 결의문에서 간과된 사실이기도 하다.)

베트남전쟁과 관련해 철학자들이 할 수 있는 일은 많고, 또 철학자들의 역할이 절실히 필요하다. 정글에서 목숨을 잃는 군인들을 비롯해 이 나라 전체가 전쟁에 대해 어떤 태도를 취해야 할지 갈피를 잡지 못하고 혼란에 빠져 있다. 철학적 접근을 통해 이념적 과정을 추적함으로써 우리는 미국이 어떻게 이 전쟁에 참여하게 되었는지, 어떤 영향력이나 이해관계가 작용했는지, 잘못된 외교정책 및 그 정책을 만든 근거는 무엇이었는지 그리고 어떻게 바로잡을지 알 수 있다.

철학적 접근법을 통해 이념적 과정을 추적해보면, 베트남전쟁은 반전시위대의 우상인 케네디 대통령이 시작했다는 것을 알 수 있다. 베트남전쟁에 대한 외교정책의 근거는 또 다른 반전시위대의 우상인 루스벨트 대통령이 확립했고, 그 이후 유엔과 모든 세계 평화 단체들이 보강했다. 현재의 잘못된 외교정책을 만든 근거는 미국이 세계 모든 국가의 안녕을 책임져야 한다고 생각하는 것 그리고 국가 간의 간격이 점점 더 줄어들고 있는 상황에서 고립주의를 추구하는 것은 이기적이고 비도덕적이며 비현실적이라고 생각하는 것 등이다. 이에 대한 결과로서 이타적인 '간섭주의' 또는 '국제주의'의 해악이 드러났다. 이제 우리가 미국의 외교정책이 추구해야 할 적절한 원칙, 즉 국가의 이익 우선이라는 근거를 정의해야 할 차례다.

여기까지는 베트남전쟁과 관련해 철학자들이 해야 할 일을 간략히 제안한 데 불과하지만, 보수파들이 회피하고 있는 문제의 규모가 얼마나 큰지 알리기에 충분했다고 생각한다.

이성, 정의, 도덕, 사실 그리고 역사를 자기 편에 두고 있으면서도 철학자로서의 책무를 거부하고 사람들에게 정치를 무시하라는 조언 외에 해줄 말이 없다면, 철학자라는 자리는 누구도 꿰찰 수 있는 자리이며, 실제로 그렇게 되었다.

재앙과 마주해서 자신의 자리를 수동적으로 내주는 것은 인간, 특히 미국인의 특징이 아니다. 절박한 상황에서 한쪽은 아무것도 할 수 없다고 하고 다른 한쪽은 무엇이라도 해볼 만한 방법을 제시한다면, 사람들은 그 방법이 협회의 결의안처럼 자멸적 시도일지라도 행동하는 쪽을 선택할 것이다.

보수파 철학자들은 대부분 이성, 정의, 도덕, 사실 그리고 역사가 존재하지 않거나 객관적이지 않고, 알 수 없거나 증명할 수 없으며,

신좌파

임의의 감정적 선택에 불과하다고 주장했다. 수십 년 동안 실용주의, 논리실증주의, 언어분석철학과 같은 교리를 세상에 퍼뜨리면서 이러한 교리가 철학을 중요시하는 최고의 지성인들을 무장 해제시키고 무력하게 만든다는 사실을 고려하지 않았다. 그뿐만 아니라 철학과 이성, 정의 그리고 도덕을 경멸하고, 무장 해제된 지성인들을 쉽게 쓸어버리는 최악의 인간들을 해방시킨다는 사실도 염두에 두지 않았다.

보수파 철학자들이 국가의 미래와 관련된 문제에서 등을 돌린 결과는 지성인들의 말살과 악인들의 해방으로 이어졌다. 이 세상에 정의가 있다면 가장 먼저 처단할 대상은 보수파 철학자들이어야 한다. 무려 7천 명의 회원으로 구성된 철학 전문가 집단의 대표지부를 소수의 급진파 철학자들이 장악하게 만들고, 철학은 익살극이라고 선언하는 결의안을 통과시킴으로써 자신들의 얼굴에 침을 뱉게 했다.

이는 모두 보수파 철학자들이 야기한 결과다. 이들이 정치 문제보다 우선시한 것이 무엇이었는가? 회의에서 낭독한 보수파 철학자들의 안건을 보면 '대명사와 고유명사', '문법은 생각이 가능한 것인가?', '명제만이 유일한 현실이다' 등이었다.

그리고 현실이란 게 보통 그렇듯이 회의에서 그들이 벌인 결과는 고스란히 자신들에게로 돌아왔다.

(1970년 6월)

콤프라치코스

/

        콤프라치코스comprachicos 또는 콤프라페케뇨스comprapequeños는 흉측하고 기이한 떠돌이 집단이다. 17세기에 널리 알려졌다가 18세기에는 잊혔으며, 오늘날에는 아무도 모른다…….

콤프라치코스는 콤프라페케뇨스처럼 스페인어로 '아이 상인'을 뜻한다.

콤프라치코스는 어린아이 장사를 했다.

아이들을 사기도 하고 팔기도 했다.

납치는 하지 않았다. 아이들을 납치하는 것은 또 다른 사업이다.

그 아이들로 무엇을 했을까?

괴물을 만들었다.

왜 괴물을 만들었을까?

웃기 위해서였다.

사람들은 웃기를 원한다. 왕들도 마찬가지다. 거리에는 곡예사가 있어야 하고, 왕궁에는 궁중 광대가 있어야 한다. (…)

신좌파

괴물을 만들려면 어릴 때 잡아들여야 한다. 난쟁이를 만들려면 어려서 몸이 아직 작을 때 시작해야 한다. (…)

그래서 아주 특별한 기술이 있었다. 전문적으로 괴물을 양성하는 사람이 있었다. 멀쩡한 아이를 데려다가 미숙아로 만들고 반듯한 얼굴을 칼로 찢어놓았다. 성장을 막고 몸 형태를 마음대로 만들었다. 인위적으로 기형을 만드는 일에는 그 나름의 법칙이 있었다. 일종의 완전한 과학이었다. 정형외과학을 역으로 적용한다고 생각해보라. 신이 앞을 직시하게 만들었다면 이 기술은 양쪽 눈이 각기 다른 곳을 바라보게 만들었다. 신이 조화롭게 만들어둔 것을 기형으로 대체했다. 신이 만든 성공한 완성품을 가져다가 서투른 실패작으로 바꿔놓았다. 그리고 콤프라치코스의 눈에는 그 실패작이 완벽해 보였다. (…)

사람을 비하하는 관행은 사람을 기형으로 만드는 관행으로 이어진다. 기형은 정치 탄압의 역할을 완수한다. (…)

콤프라치코스는 사람의 얼굴을 변형시키는 데 특히 탁월했다. 덕분에 정치적으로 쓸모가 많았다. 얼굴을 변형시키는 편이 죽이는 것보다는 낫지 않은가. 물론 철가면을 쓰게 할 수도 있지만 그것은 좀 애매한 수단이었다. 철가면을 쓴 사람들과는 함께 살기가 어렵기 때문이었다. 그런 반면에 얼굴이 흉측한 거리의 약장수들은 거리를 자연스럽게 오간다. 또한 철로 된 가면은 벗을 수 있지만, 살로 만들어진 가면은 벗을 수도 없다. 사람의 얼굴에 가면을 영원히 씌우려면 그 사람의 얼굴로 만든 가면을 씌우는 것보다 더 기발한 방법은 없다. (…)

콤프라치코스는 아이들에게서 얼굴만 빼앗은 게 아니라 기억도 지워버렸다. 그들이 할 수 있는 만큼 최대한 지워버렸다. 기억을 빼앗긴 아이는 자신의 몸이 누군가에 의해 불구가 되었다는 사실을 알지 못했다. 이 끔찍한 수술이 아이의 얼굴에는 흔적을 남겼을지라도 정신에는 남아 있지 않았다. 기껏해야 어느 날 자신이 어떤 사람들에게 붙잡혔고, 잠들었다가, 나중에 치료받았다는 사실만 기억할 수 있었다. 무엇을 치료했는지 아이는 알 까닭이 없었다. 누군가가 칼로 베기도, 유황으로 지지기도 했지만 아무것도 기억하지 못했다. 콤프라치코스는 수술할 때 감각을 마비시키는 마약을 써서 아이들의 의식을 잃게 했다. 환각에 빠진 아이들은 고통을 느끼지 못했다. (…)

중국에는 태고 때부터 발전시켜온 특별한 기술과 사업이 하나 있다. 살아 있는 인간 주물鑄物을 만드는 것이다. 두세 살 된 아이를 데려다가 기괴한 형태의 항아리에 넣고 항아리 밖으로 머리와 발만 튀어나오게 한다. 낮 동안에는 이 도자기를 똑바로 세워두고 밤에는 아이가 잘 수 있게 옆으로 뉘어둔다. 그러면 아이는 자라면서 키는 크지 않고 몸집만 불어난다. 항아리 형태대로 살이 압축되고 뼈가 뒤틀리면서 항아리를 천천히 채우게 된다. 이런 병화瓶化 작업에는 수년이 걸린다. 그리고 일정 시기가 지나면 형태는 돌이킬 수 없게 된다. 작업이 완료되어 괴물이 다 만들어졌다고 판단되면, 그 항아리를 깬다. 그러면 항아리 모양의 인간이 완성된다.

_ 빅토르 위고Victor Hugo, 『웃는 남자』 중에서

이는 빅토르 위고가 19세기에 쓴 소설 『웃는 남자』의 일부다. 빅토르 위고는 고매한 정신의 소유자로서 이렇게 말도 안 되는 비인간적인 일이 현실에서 다시 일어나리라고는 상상하지 못했을 것이다. 하지만 20세기에 이 일은 또다시 벌어지고 있다.

정신이 미숙한 무력하고 뒤틀린 괴물을 만들어내는 일은 우리 주위에서 계속 일어나고 있다. 그러나 콤프라치코스의 후예들은 선조들보다 더 영리하고 교묘해서 아이들을 납치하지 않고 공개적으로 거래한다. 아이들을 사는 게 아니라 아이들이 그들에게 배달되도록 한다. 유황이나 칼을 사용해 수술하는 것이 아니라 손가락 하나 까딱하지 않고 아이들을 기형으로 만드는 임무를 완수한다.

과거 콤프라치코스는 수술 과정은 숨기되 결과를 보여주었지만 후손들은 반대로 수술 과정은 공개하면서 결과는 보여주지 않는다. 과거의 무시무시한 수술은 아이의 정신이 아니라 얼굴에 흔적을 남겼지만, 오늘날의 수술은 아이의 얼굴이 아니라 정신에 흔적을 남긴다. 두 경우 모두 아이들은 자신이 누군가에 의해 불구가 되었다는 사실을 알지 못한다. 오늘날 콤프라치코스는 더 이상 마약을 사용하지 않는다. 아이들이 현실을 완전히 인식하기 전에 데려다가 정신이 발달하지 못하게 한다. 자연이 정상적인 뇌를 두었던 자리에 정신지체를 대체해놓는다. 사람의 정신을 평생 무의식 상태로 만들려고 한다면 이보다 더 기발한 방법은 없다.

이것은 오늘날의 교육자들이 발휘하는 기발한 능력이다. 그들은 정신의 콤프라치코스다.

현대의 교육자들은 아이를 항아리에 넣어 자신들이 생각하는 형태로 찍어내지 않는다. 아이들을 '진보' 보육원에 보내 자신들이 원하는 형태의 사회 구성원으로 찍어낸다.

진보 보육원은 아이들이 만 세 살이 되었을 때부터 교육을 시작한다. 진보 교육자들의 관점에서 보면 이 시기에 아이들에게 필요한 것은 반反인지와 반反개념이다. 인지훈련을 하기엔 너무 이르고, 아이들은 본능적 욕구로 배우는 것보다는 놀기를 원하기 때문이다. 따라서 개념적 능력을 개발시키려 하는 것은 아이들에게 비정상적인 부담을 지우는 일이다. 아이들은 잠재된 욕망, 적개심, 두려움을 표현하는 방법을 배우기 위해 충동과 감정에 따라 자유롭게 행동해야 한다. 진보 유아원의 주된 교육목표는 '사회적응'이다. 이는 단체활동을 통해 학습하는 것으로 아이가 (하고 싶은 대로 무엇이든 하는) '자기표현'과 단체에 대한 순응이라는 두 가지 능력을 개발할 수 있게 한다.

(몬테소리 유아원의 합리성과 대조되는 진보 유아원의 실체에 대해 자세한 내용을 알고 싶다면, 〈객관주의자〉 1970년 5, 6, 7월호에 실린 베아트리체 헤센 Beatrice Hessen의 "몬테소리 교육법"을 참고하라.)

"처음 7년 동안은 제게 아이를 맡겨주시고, 그 이후로는 뜻대로 하소서." 예수회의 유명한 격언이다. 영웅처럼 특별하게 독립적인 경우를 제외하고 대부분의 아이들이 이에 해당한다. 아이의 생애에서 첫 5, 6년은 인지발달에 매우 중요한 시기다. 생각하는 내용이 아니라 생각이 작동하는 방식과 정신-인식론이 결정되는 시기다. (정신-인식론은 인간의 인지 과정에 대한 이론으로 의식적 생각과 무의식적 반사기능 간의 상호작용을 설명한다.)

아이가 태어났을 때 아이의 정신은 백지상태다. 인간의 의식 메커니즘에 따라 잠재의식은 있을지라도 생각의 내용은 없다. 은유적으로 표현하자면, 갓 태어난 아이는 극도로 민감한, 한 번도 노출되지 않은 필름(의식)이 든 카메라인 동시에 프로그래밍(잠재의식)되기를 기다리는 극도로 복잡한 컴퓨터다. 카메라와 컴퓨터 안에는 아무것도 기록되어 있지 않다. 아이는 외부 세계에 대해 아는 것이 전혀 없다. 아직 작동법을 모르는 복잡한 메커니즘을 통해 인지하는 방법을 배워야 하므로 엄청난 혼돈 상태다.

아이가 태어나 처음 2년 동안 배운 것만큼 성인 남자가 2년 동안 배운다면 아마 천재가 될 것이다. 눈의 초점을 맞추고(선천적인 것이 아니라 후천적으로 습득하는 기술이다), 감각과 지각을 합쳐 주변 사물을 인식한 다음(이 역시 선천적인 것이 아니라 후천적으로 습득하는 기술이다), 기어가기 위해 근육을 조정하고, 똑바로 서고, 걷고, 결국 개념이 형성되는 과정을 파악하고 말하는 법을 배운다. 이는 인간이 유아기에 성취하는 일의 극히 일부에 불과하다. 인생에서 중요한 정도를 따질 때 성인이 남은 평생 동안 성취하는 일은 유아기에 성취하는 일에 비할 바가 못 된다.

유아기의 성취는 의식적이고 의지적인 것이 아니다. 유아는 이런 기술을 습득하기 위해 수행해야 하는 과정을 미리 알지 못하고, 그 과정은 대개 반사적으로 이루어진다. 그러나 그 기술들은 어쨌든 후천적으로 습득하는 것이고, 그것을 위해 아이가 얼마나 엄청난 노력을 하는지 우리는 쉽게 관찰할 수 있다. 아이는 자신을 둘러싸고 있는 세상을 강렬하고 엄숙하며 진지한 시선으로 바라본다. (아이만큼 진지한 태도로 현실을 대하는 사람을 보았다면 당신은 위대한 사람을 만난 것이다.)

아이의 인지발달은 네 살이 되어야 끝난다. 완전하고 인간적이며 개념적인 의미에서 인지발달을 완수하는 것이다. 아이의 인지발달이 끝나더라도 인지의 대기실 구경을 마친 것 정도에 지나지 않는다. 이제 막 학습을 시작하는 데 필요한 기본적·정신적 도구인 전제지식을 습득한 것이다. 아이의 정신은 배움에 대한 욕망으로 요동치는 상태다. 사방에서 폭격해대는 강렬한 인상 때문에 정신을 차릴 수 없다. 한번에 모든 것을 알았으면 좋겠다. 정신적 도구를 획득하기 위해 엄청난 노력을 기울인 뒤, 당장 그 도구를 사용하고 싶은 강렬한 욕구에 사로잡힌다.

아이에게는 세상이 이제 막 시작된 것이다. 이제 알 것도 같은 세상이다. 하지만 그것을 어떻게 정리해야 하는지 아직 배우지 못했기 때문에 정신은 혼돈 상태다. 그리고 다음 단계인 개념화 작업에 들어간다. 아이가 하는 경험은 저마다 하나의 발견이 된다. 아이의 정신에 기록되는 모든 인상은 새로운 것들이다. 하지만 새로운 것이라는 용어가 무엇을 의미하는지 아직 알 수 없다. 아이에게는 세상 자체가 처음이기 때문이다. 콜럼버스가 처음 미국 대륙에 도착했을 때, 우주 비행사들이 달에 첫발을 내디뎠을 때 느꼈던 기분이 바로 두 살에서 일곱 살 사이의 아이가 날마다 세상을 보며 느끼는 기분이다.

이것은 세 살 무렵 아이의 상태에 해당한다. 이후 3~4년은 아이의 장래가 밝을지 어두울지를 결정하는 단계다. 이 시기에 아이는 자신의 잠재의식 컴퓨터에 인지기능을 프로그래밍한다.

잠재의식은 통합하는 메커니즘이다. 인간의 의식은 경험 사이에 연결성을 관찰하고 관계를 설정한다. 그리고 잠재의식은 그렇게 설정된 여러 연결을 하나로 통합하고 자동으로 반응하게 한다. 예를 들어 걷는 기술은 여러 번의 비틀거림을 통해 얻은 경험이 근육의 움직임에 대한 수많은 연결성을 형성하고, 통합하고, 자동화해 얻게 된다. 일단 걷는 법을 배우면 자세, 균형, 걸음걸이 등의 문제를 굳이 의식하지 않아도 단순히 걷기로 결정하기만 하면 모든 과정을 통제하는 상태가 된다.

정신적 인지발달은 잇따른 자동화 과정을 포함한다. 예를 들어 우리는 테이블을 볼 때 아이가 인식하는 것처럼 '네 개의 다리가 있는 신비한 물체'라고 인식할 수 없다. 당신은 그것을 테이블, 즉 사람들의 주거 공간에 특정 목적을 수행하기 위해 있는 사람이 만든 가구의 한 종류라고 인식한다. 테이블을 볼 때 이런 속성을 분리할 수 없고, 그 테이블을 본 것을 유일무이한 지각 결과로서 경험한다. 하지만 사실 당신이 본 것은 다리가 네 개인 물체다. 나머지는 여러 순간의 경험을 통해 조금씩 습득한 개념적 지식이 쌓이고 자동으로 통합된 것이다. 당신이 인지하거나 경험하는 모든 것은 이런 과정을 거친다. 성인의 머릿속이 아무것도 없는 진공 상태라면 인지하거나 경험하는 것은 불가능하다. 반사적으로 습득된 맥락 안에서만 우리는 인지나 경험을 할 수 있다. 그리고 당신의 정신이 얼마나 효율적으로 작동하느냐는 잠재의식이 자동으로 습득한 맥락의 종류에 달려 있다.

"말하는 방법을 배우는 것은 개념의 사용, 즉 개념의 의미 이해와 적용을 반사적으로 수행할 수 있도록 자동화하는 과정이다. 모든 학습은 자동화 과정, 즉 완전히 몰두한 상태에서 의식적인 집중과 관찰로 지식을 얻은 뒤, 정신적 연결을 통해 지식을 맥락으로서 즉각적으로 사용할 수 있도록 자동화하고, 결국 더 나아가 훨씬 복잡한 지식을 추구하도록 인간의 정신을 자유롭게 하는 것을 포함한다.”_『객관주의 인식론 입문Introduction to Objectivist Epistemology』 중에서

개념의 형성·통합·사용은 자동으로 이루어지는 과정이 아니라 의지에 따른 과정이다. 즉, 새롭고 자동화된 도구를 사용하지만 의지를 갖고 지시함으로써 진행되는 과정인 것이다. 또한 선천적으로 타고나는 기술이 아니라 후천적으로 획득하는 기술이다. 따라서 학습해야 하고, 학습 단계 중에서도 가장 중요한 단계이며, 얼마나 잘 학습했느냐에 따라 그 사람의 다른 능력이 결정된다.

이 기술은 사람이 특정 나이일 때 얻는 특정 지식의 내용에 대한 것이 아니라 사람이 지식을 획득하고 체계화하는 방법, 사람의 정신이 획득하고 체계화한 지식의 내용을 다루는 방법에 대한 것이다. 이는 잠재의식 컴퓨터를 프로그래밍하는 것으로 그 사람이 지닌 인지 과정이 효율적으로 작동할지, 아니면 불안하고 형편없이 작동할지를 결정한다. 사람이 자신의 잠재의식을 프로그래밍하는 방법은 그 사람의 인지 습관에 따라 다양하며, 이러한 습관은 그 사람의 정신-인식론을 구성한다.

아동이 발달 초기에 관찰 및 경험한 것과 발화發話 이전 단계에 내린 결론이 잠재의식의 프로그래밍 방법을 결정한다.

일단 프로그래밍하는 방법이 결정되면 서로 지식 내용에 영향을 주고 지식 획득 방법을 추가로 개발하게 만드는 등 서로 상호작용하

며 호혜 관계를 형성한다.

세상은 아이에게 셀 수 없이 다양한 인상을 남기고 아이의 결론은 매 순간 끊임없이 변한다. 중요한 것은 아이를 둘러싸고 있는 세상의 본질과 아이가 기울이는 정신적 노력의 효율성이다. 아이의 머릿속에서 진행되는 소리 없이 긴 과정을 말로 표현한다면 두 가지 질문에 함축될 것이다.

"나는 누구인가?"

"그것은 쓸모가 있는가?"

아이가 내리는 답은 말로 표현되지 않는다. 습관, 즉 자동화된 특정 반응의 형태로 나타난다. 아이는 섣불리 세상이 '자애롭다'고 결론짓지 않으며, 세상에 대한 조심스러운 태도는 새로운 경험에 대한 호기심과 이해하려는 욕구로 이어진다. 무의식적으로 자동화된 정신 과정에서 아이는 형이상학과 인식론을 삶의 감각에 대한 초석으로 개발시킨다. 형이상학과 인식론의 개념이 무엇인지 의식적으로 이해하기 훨씬 전부터 이를 내재한 등가물을 개발하는 것이다.

아이는 태어난 첫해에 이미 생각을 프로그래밍하는 다양한 문제와 마주하고 그에 대한 답을 내린다. 성취감과 즐거움을 느끼며 세상을 이해할 수 있다고 결론짓고 지식을 쌓기 위한 노력을 통해 자신의 이해를 확장할 수도 있는 반면, 어제 이해했다고 생각한 사실이 오늘은 사실이 아니게 되는 경험을 반복해서 겪은 뒤, 세상을 알 수 없는 혼돈 상태로 결론짓고 자신만의 생각의 지하실로 들어가 문을 걸어 잠글 수도 있다. 아이의 잠재의식은 인지적·심리적·인식론적 습관이거나 두 극단이 불안정하게 혼합돼 있는 연속체다.

아이는 약 7세까지 방대한 개념적 맥락을 발달시킴으로써 자신의 모든 경험을 조명하고, 지식의 정신적 연결을 끝도 없는 사슬처럼 이어서 한 해 한 해 지적 능력을 확장해나간다. 하지만 정신이 쪼그라들면서 위축되고, 성장하는 두뇌가 채워야 할 공간을 말로 표현할 수 없는 불안으로 가득 채울 수도 있다.

　　지능은 광범위한 추상성을 다루는 능력이다. 아이가 어떤 재능을 타고났든 머리를 쓰는 것은 후천적으로 습득한 기술이다. 아이는 스스로 노력해서 이 기술을 얻고 자신의 정신 과정을 통해 자동화하는데, 어른들이 이 중요한 과정에 개입해 효율을 높이거나 떨어뜨릴 수 있다. 어른들은 세상을 이해하려는 아이의 노력에 시련을 주기도 하고, 또 보상을 주기도 하는 안정적이고 일관되며 명료한 환경을 제공할 수 있다. 반면, 연결성이라곤 찾을 수 없고, 이해할 만큼 많은 정보를 주지도 않으며, 답도 없고, 명확한 것도 없으며, 이해할 수도 예측할 수도 없는 것이 사방에 숨어 아이를 공격하는 환경을 제공할 수도 있다. 어른들은 아이의 개념적 능력 발달을 촉진하거나 막을 수도 있고, 지체시키거나, 어쩌면 파괴할 수도 있다.

　　『몬테소리 핸드북』은 아이가 유아원에 들어가는 시기에 어른들이 해주어야 하는 지원의 성격과 범위를 설명한다. 아이는 사물을 식별하는 법을 배웠지만 키나 체중, 색깔 또는 숫자와 같이 추상화된 사물의 속성을 식별하는 법을 배우지 않은 상태다. 말하는 능력도 거의 습득하지 못했다. 아이는 말하는 능력의 속성을 아직 파악하지 못한 상태에서 개념화 훈련을 통해 이를 개발해야 한다. 몬테소리 박사는 개념화 훈련 방법을 다음과 같이 설명했는데, (직접 언급하지는 않았지만) 이는 정신-인식론적 훈련에 해당한다.

> "몬테소리 교구는 아이에게 생각의 '내용'을 제공하는 것이 아니라 그 내용에 대한 순서를 제공한다. (…) 생각은 주의를 기울이고, 관찰하고, 비교하고, 분류하는 훈련을 통해 자동으로 형성된다."

> "이러한 훈련을 받은 아이는 자신의 주변을 정해진 질서에 따라 관찰한다. 관찰이 발견만큼이나 흥미롭다는 사실을 알게 된 아이는 관찰을 무한정 반복하려 하고, 반복된 관찰은 아이의 머릿속에 확실한 생각과 풍부한 '내용'을 형성하게 해준다."

> "다음 단계로, 아이가 획득한 생각은 정확한 단어라는 수단을 통해 언어로 확립된다. (…) 아이는 다른 사물을 관찰하고 발견한 것처럼 자신을 둘러싸고 있는 자연의 세계와 사물의 세계 그리고 단어의 세계에서 '자신'을 찾을 수 있다. 아이에게는 이제 내면의 길잡이가 있기 때문에 미지의 땅에서 방황하는 나그네가 아니라 활동적이고 지적인 탐험가가 된다."

> _ 마리아 몬테소리Maria Montessori, 『몬테소리 핸드북』 중에서

　목적의식을 갖고 잘 훈련된 방식으로 지능을 사용하는 일은 인간이 이룰 수 있는 최고의 성취다. 이는 인간을 인간답게 만든다. 이 기술을 높은 단계로 끌어올리고 싶다면 학습을 일찍 시작해야 한다. 인간의 잠재력을 억제하고 싶다면 반대로 학습을 늦게 시작하면 된다. 지능을 떨어트려 인위적으로 우둔한 상태를 만들고 싶다면 아이를 일찍 잡아들여야 한다. '정신적 난쟁이 만들기'는 어릴 때부터 시

작해야 하기 때문이다. 이것은 정신의 콤프라치코스가 행하는 일종의 기술이자 과학이다.

세 살쯤 된 아이의 정신은 아이의 뼈만큼이나 형태를 바꾸기 쉽다. 세상을 알고 싶은 욕구가 가장 강력한 이 시기에 아이는 진보 유아원으로 배달된다. 그곳에는 자신처럼 속수무책으로 무지한 아이들이 여럿 있다. 진보 유아원은 아이를 단지 인지적인 지도가 없는 곳에 방치하는 것이 아니라 인지적 과제를 수행하고 싶어 하는 아이의 의지를 적극적으로 꺾고 저지한다. 아이는 배우고 싶은데 유아원에서는 놀라고 하는 것이다. 이유는 알 수 없다. 아이는 이 기이한 세상에서 가장 중요한 일은 배우는 것이 아니라 무리와 조화를 이루는 것이라고 이해하게 된다. 유아원에 스며들어 있는 정서적 분위기를 통해 그리고 알 수 없는 어른들의 온갖 조잡하고 교묘한 수단을 통해 그렇게 배운다. 물론 이유는 주어지지 않는다.

아이는 무엇을 해야 할지 모르는데, 하고 싶은 대로 하라고 한다. 아이는 장난감을 집어 든다. 다른 아이가 와서 장난감을 잡아챈다. 선생님은 아이에게 나누는 법을 배워야 한다고 말한다. 이유는 말해주지 않는다. 아이는 구석에 혼자 앉는다. 그러자 선생님은 다른 아이들과 어울려야 한다고 말한다. 이유는 역시 말해주지 않는다. 아이는 무리로 다가간다. 그리고 다른 아이가 가지고 놀던 장난감을 만지려다 코를 세게 맞는다. 아이는 화가 나고 당황해서 어쩔 줄 몰라 울음을 터뜨린다. 선생님은 우는 아이를 팔로 감싸고 사랑한다고 말한다.

동물, 유아, 아동은 정서적 분위기에 매우 민감하다. 정서적 분위기를 파악하는 것은 이들에게 매우 중요한 인지 방법이다. 아이는 어른의 감정이 진심인지를 감지하고 위선의 분위기를 단숨에 파악한다. 딱딱한 미소, 간드러진 목소리, 꽉 움켜쥔 손, 초점 없는 빈 눈동자 등 유아에 대한 교사의 기계적 태도는 아이들이 곧 배우게 될 '가짜'라는 단어를 떠올리게 한다. 아이는 그것이 가장假裝이라는 것을 안다. 가장은 무언가를 숨기는 것이다. 교사가 무언가를 숨기고 있다는 것을 감지한 아이는 의심과 두려움을 경험한다.

　세 살 무렵의 아이는 같은 또래의 아이들에게 약간의 호기심만 있을 뿐 큰 관심이 없다. 또래 아이들과 매일 교류하는 것은 아이에게 당혹감만 안겨줄 뿐이다. 아이는 자신과 동등한 사람이 아니라 인지적으로 우월한 사람을 찾는다. 자신보다 나이가 많은 아이나 어른과 함께 있고 싶어 하고, 영웅을 좋아하며, 형이나 언니가 하는 행동을 따라 하는 것을 보면 알 수 있다. 아이는 또래와 어울리기 전에 특정 발달, 즉 자아를 인지하는 상태에 먼저 도달해야 한다. 하지만 진보 유아원에서는 아이를 또래들 가운데 던져놓고 적응하라고 말한다.

　무엇에 적응하라는 것일까? 모든 것, 다시 말해 잔인함, 부당함, 무분별함, 우둔함, 자만, 모욕, 조롱, 배신, 거짓말, 이해할 수 없는 요구, 원치 않는 호의, 잔소리하는 애정, 이유 없는 적대감 그리고 모든 것을 지배하는 강력하고 압도적인 요소인 변덕 등 그것이 무엇이든 적응하라는 것이다. (아직 사고가 충분히 발달하지 않은 아이들에게 아무런 지도 없이 폭도처럼 행동하라고 지시하면 아이들은 겁에 질리고 무력감에 빠지게 된다. 이러한 상황에서 아이들은 자신을 보호하기 위한 장치로서 자신에게 가해지는 행동들을 앞서 열거한 행동들로 인식한다. 이보다 긍정적으로 인식하는 데는 사고가 필요하다.)

세 살짜리 아이들 집단에 강제로 놓인 아이는 사냥개 무리에 던져진 여우보다 상황이 나쁘다. 여우는 도망이라도 갈 수 있지만, 세 살짜리 아이는 사냥개들이 달려드는 동안에도 환심을 사려 노력하고 사랑을 구해야 하기 때문이다.

일정 시간이 지나면 아이는 적응을 한다. 게임을 이해하기 위한 개념이 형성되기 훨씬 전에 반복과 모방, 정서적 침투를 통해 게임의 성질을 파악한 것이다.

아이는 집단의 우월성에 의심을 품지 않는 법을 배운다. 집단의 우월성을 의심하는 질문은 두렵고, 초자연적인 방식으로 금기시된다는 사실을 발견한 것이다. 질문에 대한 교사의 대답은 진보 유아원의 폐단을 증명하는 주문이다. "이기적으로 굴지 마." 아이가 선천적이고 고질적인 악마임을 선고하는 것이다. 따라서 아이는 자아를 완전히 인식하기도 전에 자기 의심을 시작한다.

자신의 행동이 옳든 그르든, 정직한 것이든 부정직한 것이든, 합리적이든 비합리적이든 무리가 인정하지 않으면 잘못이 되어버리고 의지는 꺾인다. 무리가 인정하면 그것이 무엇이든 할 수 있다. 따라서 아이 안에서 도덕 개념이라는 배아는 태어나기도 전에 죽어버린다.

아이는 혼자서는 어떤 계획도 실행할 수 없다는 것을 배운다. 마치 종이상자로 지은 성처럼 다른 사람들이 틀림없이 점령하거나 파괴할 것이기 때문이다. 또한 무리가 내일 어떤 결정을 내릴지 모르기 때문에 원하는 것은 무엇이든 오늘 당장 쟁취해야 한다는 것을 배운다. 시간의 연속성과 미래에 닥쳐올 현실을 인지하는 감각은 발달을 멈춰버리고, 당장의 현실만 인식하고 관심을 가지도록 유도된다. 아이는 현재를 인식할 수 있고 인식하도록 유도되는 반면, 과거를 잊지 않고 간직하거나 미래를 예상하지 못하고, 그렇게 유도되지도 않는다.

사실 아이에게는 현재라는 개념마저 약하다. 가장 놀이[12]는 현실과 상상의 차이를 이해한 아이만 누릴 수 있는 위험한 사치다. 진보 유아원에서 아이는 완전히 이해하지 못한 현실과 단절된 채 가장 놀이의 세계로 빠져든다. 처음에는 막연한 불안감을 느낄 것이다. 아이에게 그것은 상상이 아니라 거짓말이기 때문이다. 그러나 그 구분을 잊고 곧 익숙해진다. 가장을 감쪽같이 할수록 교사의 인정과 관심은 커진다. 아이의 의심은 실체가 없지만 교사의 인정은 실재한다. 아이는 점점 자신이 꾸며낸 환상을 믿기 시작한다. 사고가 발달하지 않은 아이들이 과연 무엇이 진실이고 무엇이 거짓인지, 무엇이 현실 세계에 있고 무엇이 자신의 머릿속에만 있는 것인지 확신할 수 있을까? 아이는 존재와 의식을 결코 확실히 구분하지 못한다. 현실에 대한 인식을 가까스로 잡고 있지만 위태롭게 흔들리고, 인지 과정은 전복된다.

배움에 대한 아이의 열망은 서서히 시들어간다. 죽지 않고 희석되어 멀어져간다. 가장 놀이로 해결할 수 있는 문제를 왜 귀찮게 마주하려 하겠는가? 바라기만 하면 모든 것이 이루어지는 세상에서 왜 뭔가를 하려고 애쓰겠는가?

아이의 문제는 뭔가를 바라는 마음마저도 점점 시들해져간다는 것이다. 아이에게는 이제 자신의 감정 말고는 따를 수 있는 게 남아

---

12 Make-believe : 실제와 다른 것 또는 다른 사람인 것처럼 상상하며 행동하는 아이들의 놀이.

있지 않다. 하지만 감정을 느끼는 것이 두렵다. 교사는 아이의 자기 표현을 재촉하지만, 아이는 이것이 함정이라는 사실을 알고 있다. 아이는 자신이 하는 행동이 적절한지 무리 앞에 나와서 시험을 받는 중이다. 자신이 뭔가를 느끼길 기대한다는 것을 알지만 두려움, 혼란, 무력감, 권태로움 외에 그 어떤 것도 느낄 수 없다. 이런 감정을 표현해서는 안 되며, 이런 감정을 느끼는 자신에게 문제가 있음을 감지한다. 누구도 그렇지 않은 것처럼 보이기 때문이다. (다른 아이들이 모두 같은 과정을 겪는다는 것을 이해하는 일이 아이에게는 능력 밖의 일이다.) 다른 아이들은 마치 집에 있는 것처럼 평온해 보이는데 자신은 홀로 남겨진 외톨이이자 괴물이 된 것만 같다.

그래서 아이는 자신의 감정을 숨기고, 가장하고, 연기하고, 회피하고, 억누르는 법을 배운다. 두려움을 크게 느낄수록 행동은 더욱 공격적으로 변하고, 내세우는 주장이 불확실할수록 목소리는 더욱 커진다. 가장 놀이로 단련했기 때문에 연기는 식은 죽 먹기다. 아이는 자신을 보호하기 위해 연기한다. 자신이 느끼는 감정이 발각되지 않으면 무리가 자신을 해치지 않는다는 무언의 결론에 따른 것이다. 아이는 그 감정이 나쁜 감정이 아니라 무리에게서 자신을 보호하려는 좋은 감정이라는 것을 이해하기 어렵고 용기도 없다. 뭔가를 지키고 싶어 하는 감정은 자신에게 중요하거나 자신이 좋아하는 것에 대해 느끼는 감정으로서 가치에 대해 처음으로 느끼는 막연하고 기초적인 감정이다.

아이는 자신의 감정과 가치를 숨기는 데 능숙하므로 스스로에게도 숨기고, 아이의 잠재의식은 그 행동을 자동화한다. 감정을 숨기는 것 외에는 자동화할 수 있는 것이 주어지지 않는다. (몇 년 뒤, 아이는 '정체성의 위기'를 겪으며 자신이 쓰고 있는 가면 뒤에 아무것도 없다는 사실을 깨닫게 된다.) 정서적 능력이 발달하지 않은 아이는 자연스럽고 자유롭게 감정을 느끼지 못하고 감정을 억압하는 방법만 알게 된다.

인지할 수 없는 여러 단계 중에서 대체 어디서부터 자신도 가짜가 된 것인지 알지 못한다.

아이는 어느 시점에서 언제나 자기 곁에 있는 '무리의 의지'라는, 실체는 없지만 전능한 힘으로부터 인정받기 위해 도박할 필요가 없다는 사실을 깨닫는다. 그 전능한 힘을 조종할 방법이 있다는 것을 알아차리기 때문이다. 아이는 일부 아이들이 각자의 바람을 대놓고 말하지는 않지만 무리에게 강요한다는 사실을 발견한다. 무리의 의지가 변한다는 사실을 처음 알았을 때만큼 놀라운 사실은 아니다. 아이들은 무리의 우두머리 역할을 두고 소리 없이 경쟁하며, 경쟁에서 이긴 아이의 바람은 무리의 의지가 된다.

경쟁에서 이기는 방법은 무엇인가? 이에 답하려면 개념적 지식이 필요하기 때문에 아이는 답하지 못한다. 아이는 행동을 통해 배운다. 무리의 구성원에게 아첨하기도 위협을 가하기도 한다. 놀리기도 하고 협박도 하며 뇌물을 주기도 하고 속이기도 한다. 언제, 누구에게, 어떤 전략을 사용할까? 자동화된 '본능'으로 하는 행동이기 때문에 아이는 역시 답하지 못한다. 경쟁을 통해 얻는 것은 무엇인가? 아이는 답하지 못한다. 그것이 꼭 이루고 싶었던 아주 특별한 바람이었든 복수심이나 좌절이었든 아니면 아무런 목적도 없었든 경쟁을 시작한 이유는 이미 잊은 지 오래다. 경쟁 외에 달리 할 일이 없기 때문에 경쟁한다는 사실을 어렴풋이 느낄 뿐이다.

아이의 감정은 이제 변덕스러운 지배 욕구와 수동적이고 순응적인 무관심 사이를 오가며 예측할 수 없이 흔들린다. 아이가 유일하게 따져보는 것은 그것이 쓸모가 있느냐다. 그리고 자신의 냉소적인 행동과 무리에 대한 변치 않는 두려움 사이의 모순점을 찾지 못한다. '냉소적인 행동'이 유발하고 강화한 것은 '무리에 대한 변치 않는 두려움'이다. 무리의 의지는 이미 자신에게 체화體化되었다. 설명할 수 없는 자신의 두려운 감정이 무리의 전능함을 증명한다.

아이는 이제 형이상학적 문제에 직면한다. 잠재의식은 프로그래밍되었고 기본 원칙도 설정되었다. 아이의 머릿속에서 진행된 무언의 통합을 통해 얼굴도 실체도 없는 무리는 아이와 현실 사이에 존재한다. 자신의 지배력을 나타내는 무리의 의지도 함께한다. 아이는 '적응'한 것이다.

이런 과정이 과연 아이의 의지적인 생각에 따른 것일까? 그렇지 않다. 아이는 자신의 잠재의식에 완전히 지배된다. 아이의 확신에는 이유가 있을까? 그렇지 않다. 아이는 아직 이유를 찾지 못했다. 생각하는 법을 배우기 위해 아이들에게는 사생활이 보호되는 기간이 필요하다. 하지만 진보 유아원에 다니는 아이는 강제수용소의 죄수보다 더 사생활을 보호받지 못한다. 개념 형성과 같은 비사회적 활동은 고사하고 화장실에 갈 때조차 사생활을 보장받지 못한다.

아이는 자신의 지능을 개발할 동기나 자극을 얻지 못했다. 자신의 운명이 무리의 의지에 달려 있는데 현실이 무슨 소용이겠는가? 정신과 에너지가 무리의 분위기를 감지하는 데 온통 집중돼 있는데 생각하는 것은 또 무슨 소용이 있겠는가? 아이에게 현실은 더 이상 흥미진진한 도전이 아니라 음울하고 알 수 없는 위협이 되어 실패감, 무력감과 같이 고장 난 정신이 느끼는 감정을 불러일으킨다. 무리 안에 있을 때만 편안함을 느끼기 때문에 언제나 무리의 보호와 관심을 원하게 되고, 인간을 조종하는 기술은 아이가 습득한 유일한 기술이 된다.

하지만 겸양과 적개심은 동전의 양면과도 같다. 만인에 대해 적개심을 느끼는 것은 아이의 기본적인 감정이고, '인간'이라는 개념에 대한 맥락에서 자동으로 작용한다. 아이가 만나는 모든 낯선 사람들은 잠재적 위협으로 다가온다. 아이를 지배하는 '타인들'이라는 신비한 독립체의 일원, 즉 자신이 비위를 맞추거나 속여야 하는 적일 수 있기 때문이다.

아이의 지능은 어떻게 되었을까? 아이의 지능 발달에 필요한 전제조건 중 충족된 것은 아무것도 없는 상황이다. 정신을 지지하는 버팀목은 모두 부서졌다. 아이의 평가 능력을 마비시키는 억압 메커니즘에 따라 아이에게는 자존감도 자아개념도 남아 있지 않다. 아이는 도덕심이나 시간의 연속성도 느끼지 못하고 미래를 계획하는 법, 추상성을 이해하고 통합 및 적용하는 법도 알지 못한다. 가치관도 없고 실재와 상상 사이에 확고한 구분도 없다.

이러한 사고 습관이 생긴 아이는 정신적 불구가 된다. 그것은 아이의 지적 능력을 손상시키기 위해 계획적으로 고안된 방법의 산물이라고 볼 수 있다.

아이는 만 다섯 살이 되고 반년이 더 지나면 세상에 나올 준비가 끝난다.

아이는 생각하는 법을 모르고, 현실에 대처하지도 맞서지도 못하는 무력한 피조물이자 외운 것을 암송만 할 뿐 이해하지는 못하는 무모함과 두려움의 소산이며, 자신의 생존 수단인 지적 능력도 빼앗겼다. 이 아이는 형언할 수도 이해할 수도 없는 만성적 고통 속에 이름 모를 안도감을 찾기 위해 절뚝거리고 휘청거리며 일생을 보낼 수밖에 없다.

이제 괴물이 만들어졌으니 항아리를 부숴도 된다. 정신의 콤프라치코스는 기본적인 수술을 통해 뇌에 연결된 선을 난도질해놓았다. 하지만 콤프라치코스 작업은 끝난 게 아니라 이제 막 시작된 것이다.

2

진보 유아원에서 아이들의 정신에 가한 손상은 회복할 수 없는 것인가?

여러 과학 연구들은 다음 한 가지 사실에 대해 같은 결론을 내린다. 그것은 아이의 인지발달을 지연시키는 데 낭비한 시간은 만회할 수 없다는 것이다. 최근 연구에 따르면 초기에 인지 훈련을 소홀히 한 아이들은 지적 발달에서 적절한 훈련을 받은 아이들을 결코 따라잡지 못한다. 진보 유아원을 다닌 아이들은 지적 잠재력을 완전히 빼앗길 뿐만 아니라 지적 발달이 늦고 훨씬 어려워진다.

진보 유아원은 유아기 아이에게 필요한 인지 훈련만을 소홀히 하는 것이 아니다. 지적 능력을 마비시키는 반개념적 방법에 아이의 정신을 길들임으로써 정상적인 지능 발달을 억제한다.

아이는 정신에 입은 손상을 회복할 수 있을까? 만약 회복하지 못한다면 남은 평생을 불구 상태로 살아야 할까?

이 문제에 대한 답은 없다. 현재까지 확실한 답은 나오지 않았다.

갓 태어난 아이의 뼈는 완전히 형성된 상태가 아니라는 사실을 알고 있을 것이다. 아이의 뼈는 특정 나이가 될 때까지 부드럽고 유연한 상태를 유지하며, 서서히 굳어서 최종 형태가 된다. 아이의 정신도 이와 비슷할 가능성이 높다. 갓 태어난 아이의 정신은 텅 비어 있고 유연하지만, 초기에 프로그래밍된 내용은 특정 시점이 지나면 삭제되지 않는다. 신체에 고유한 발달 시간표가 있듯 정신에도 시기에 따른 발달 시간표가 있다. 여러 복잡한 능력 중에는 특정 연령까지 습득하지 못하면 영영 배우지 못하는 능력도 있다. 하지만 정신에는 작동을 통제할 수 있는 '의지'라는 힘이 있기 때문에 회복 가능성이 더 높고 회복 능력도 더 뛰어날 것으로 예상된다.

의지라는 요소가 정신과 신체의 작동 방식을 다르게 만들거나, 영구적 손상 없이 정신을 무한정 오용할 수 있게 해주는 것은 아니다. 단지 의지를 통해 손상된 정신 기능을 바로잡을 가능성이 있을 뿐이다. 정신 기능의 손상은 아이 스스로 초래한 것일 수도 있고 외부에서 가한 것일 수도 있는데, 외부에서 가한 경우는 상대적으로 바로잡기가 수월하다.

진보 유아원을 졸업한 아이들 중에는 정신 기능을 회복하는 아이도 그렇지 못한 아이도 있다. 우리는 아이의 '부적응도'를 통해 회복 정도를 측정할 수 있다. 회복 정도는 아이가 학교의 길들이기 훈련을 거부하는 정도에 비례한다. 여기서 말하는 '회복'이란 이성적인 정신-인식론, 즉 개념적 지식을 통해 현실을 다루는 능력이 완전히 발달했다는 것을 의미한다.

진보 유아원에 잘 적응하지 못한 아이는 회복 가능성이 가장 높다. 유아원 체제에 순응하지 않고 3년 동안 외로움과 비참함, 혼란으로 고통받으며 선생님과 또래들의 학대를 견뎌야 했지만, 포기하지도 거짓으로 위장하지도 않고, 뭔가 잘못되었다는 느낌으로만 무장한 채 또래들과 거리를 두고 지낸 아이일 경우다.

이 아이는 진보 유아원에서 이른바 '문제아'였을 것이다. 교사가 자기 부모에게 불평을 늘어놓는 것을 옆에서 보며 무력한 절망감을 겪었을 것이다. 문제아들 가운데 일부는 격렬하게 반항한다. 겉으로는 소심하고 수동적으로 보이지만 사실 어떤 압력이나 영향력을 벗어나 있는 아이도 있다. 어떤 식으로 견디든 이 아이들의 공통점은 적응하지 못했다는 것, 즉 무리의 권위를 받아들이지 못했다는 사실이다. (적응하지 못한 아이가 모두 이 유형에 속하는 것은 아니다. 권력욕이 좌절되는 것처럼 완전히 다른 이유로 무리를 거부하는 아이도 있다.)

이 비순응주의자 아이들은 자신이 한 싸움의 본질이 무엇인지를 알지 못한다. 따라서 누구에게도, 심지어 자기 자신에게도 인정받지 못한 작은 순교자 영웅들이다. 이 아이들은 스스로 이해할 수 있는 점만 받아들였고 주변 사람들의 무서운 압력에 맞서 독립적으로 판단하는 능력을 고수했지만, 그 사실을 파악할 개념적인 지식이나 자기 성찰적인 기술이 없다.

또한 자신들이 지적 성실성을 위해 싸운 것이라는 사실도 모른다. 진보 유아원에서 문제를 일으키고, 다른 아이들에게 구타를 당하기

신좌파

도 하고, 겁먹고 좌절하거나 원통해했지만, 그 덕분에 자신들의 지적 능력을 지킬 수 있었다.

하지만 무리에 '적응한' 우두머리 아이의 경우는 그렇지 않다.

이 아이는 사실, 매수되었다. 자신의 판단을 포기하는 대가로 무리의 승인과 권력을 얻은 것이다. 현실을 완전히 이해하지 못하는 나이에 현실을 속이는 것, 즉 인식의 기술이 아직 자동화되지 않았을 때 타인을 속이는 기술을 자동화하는 것은 정신에 심각한 위협을 가하는 작업이다. 이런 작업을 우선시한 경우, 회복할 수 있는 가능성은 매우 낮다.

우두머리 아이는 회피에 대한 확정적 권리를 얻었다. 자신의 정책을 오래 실행할수록 현실에 대한 두려움은 커지는 반면, 현실을 알고 이해하려는 욕구는 줄어든다. 성인 단계에서 보면 원리는 명확하다. 소비에트나 나치 독재와 같이 거대한 악의 체제하에 있을 때, 악과 타협하기보다 희생자로서 기꺼이 고통을 감수한 사람은 시간이 지나 정신 건강을 되찾을 가능성이 높다. 하지만 G.P.U.[13]나 S.S.[14]에 합류했던 사람들은 그렇지 않다.

죄책감을 느껴야 할 이들은 아이의 교사들이지만, 그렇다고 아이들에게 아무 죄가 없는 것은 아니다. 아이는 자신의 행위가 부도덕하다는 사실을 이해하기엔 어리지만, 아이의 본성이 아이에게 정서적 위험신호를 계속해서 보낸다. 아이는 속임수를 쓰는 자신을 좋아

---

13 Gosudarstvennoe Politicheskoe Upravlenie : 구 소련의 국가정치보안부.

14 Security Service : 영국의 보안정보국.

하지 않고 더럽다고 여긴다. 우리가 부상을 당하면 고통을 느끼듯 정신도 오작동이나 부상에 대해 경고를 보낸다. 그 누구도 아이가 이런 종류의 경고를 무시하도록 강요해서는 안 된다. 하지만 만약 아이가 스스로 경고를 무시하고 다른 가치를 우선시하기로 선택할 경우 아이는 서서히 자아존중감을 잃어갈 것이다. 그 뒤 아이에게는 자신의 정신-인식론을 바로잡을 동기가 없어진다. 이성과 현실 그리고 진실을 두려워하고, 자신에게 감정이 침투하는 것을 막도록 정신 메커니즘을 자동화한다.

진보 유아원을 다닌 아이들은 대부분 비순응주의자와 우두머리의 정신 요소가 혼합된 모습을 보인다. 이 아이들의 정신 발달은 이후 받게 될 교육의 성격에 달려 있다. 진보 유아원에서 잘못된 정신 작동법을 배운 아이들은 이제 자신들의 정신 작동법을 통해 정신 내용, 즉 관념을 습득해야 한다.

정신의 콤프라치코스인 현대 교육자들은 아이들을 위해 두 번째 단계도 준비해두었다. 아이들이 지적 능력을 회복하지 못하게 만들 관념을 주입하는 것이다. 이 과정은 유아원에서 했던 길들이기를 지속하고 강화하는 방식으로 진행된다. 이는 첫 번째 단계에서 지적 능력이 조금이라도 남은 아이들과 운 좋게 진보 유아원을 다니지 않은 아이들의 정신을 불구로 만들기 위해 고안된 과정이다. 콤프라치코스 용어로 표현하자면, 아이의 정신과 영혼이 완전히 파괴될 때까지 수술이 남긴 상처의 딱지를 계속 뜯어내고 상처 부위를 감염시키는 것이다.

정신을 불구로 만든다는 것은 추상성을 사용하는 능력은 억제하고 구체성具體性에 결박된 지각 능력을 고수하게 만들어 개념 발달을 막는 것을 뜻한다.

현대 교육의 아버지라 할 수 있는 존 듀이[15]는 학생들에게 이론적 지식, 다시 말해 개념적 지식을 가르치는 것을 반대하고, 구체적이고 '실용적인' 행동을 가르칠 것을 주장했다. 그것은 '학급 프로젝트'의 형태로서 학생들의 사회적 정신Social spirit을 계발하는 것이었다. 존 듀이는 『학교와 사회The School and Society』에서 다음과 같이 말했다.

"사실과 진리를 단순히 탐닉하는 것은 지극히 개인적인 일이기 때문에 자연스럽게 이기적으로 되는 경향이 있다. 단순히 배움을 얻기 위한 사회적 동기가 뚜렷이 없으며, 배움을 얻는다고 해도 그로 인한 사회적 이득이 없다."

이 말은 사실이다. 현실에 대한 인식, 사실에 대한 학습, 진실과 거짓을 구분하는 능력은 전적으로 개인의 역량이다. 지성을 계발하는 것은 지극히 개인적인 '일'이고, 집단적 두뇌 같은 것은 존재하지 않는다. 어떤 사회적 압력에도 자신의 지성과 진리에 대한 지식을 절대 맞바꾸려 하지 않는 지적 성실성Intellectual integrity은 심오하면서도 적절하게 이기적인 태도다.

현대 교육의 목표는 개념적, 정신-인식론적 전제 조건과 이러한 이기적 태도를 개발할 능력을 갖춘 학생들을 방해하고 억압하며 파

---

15   John Dewey(1859~1952) : 미국의 철학자이자 심리학자, 교육학자이다. 실용주의와 도구주의를 근간으로 진보주의 교육을 발전시켜 미국 교육제도에 막대한 영향을 끼쳤다.

괴하는 것이다.

학습에는 두 가지 방법이 있다. 암기하는 것과 이해하는 것이다. 전자는 인간 의식의 지각 단계에 속하고, 후자는 개념 단계에 속한다.

암기는 반복과 구체성에 결박된 연상(내용이나 의미에 관계없이 하나의 감각적 구체가 또 다른 구체로 자동적으로 이어지는 과정)을 통해 성취할 수 있다. 약 20년 전에 유행했던 'Mairzy doats'[16]라는 노래가 이 과정을 잘 보여준다. 초등학교 때 외웠던 시를 떠올려보자. 우리는 시를 외울 때 내용을 이해하는 게 아니라 'Mairzy doats' 방식으로 소리 내어 암송하며 외웠다. 그리고 의미에 집중하면 오히려 외운 내용이 기억나지 않았다. 이런 형태의 학습법은 고등동물의 학습법과 동일하다. 동물 훈련은 모두 반복과 연상을 통해 동물에게 일련의 행동을 암기하게 하는 것이다.

그런데 이해의 과정을 통한 학습은 인간에게서만 가능하다. 이해한다는 것은 (시각 또는 청각의 감각적 형태와 대조적으로) 주어진 주제의 내용에 초점을 맞추고, 본질적인 것을 따로 떼어내 이전에 알던 것과의 관계를 설정하며, 다른 주제에서 해당하는 적절한 범주에 통합시킨다. 통합은 이해에서 필수적인 부분이다.

교육과정에서 암기 위주 학습은 아이가 지각 자료를 관찰하고 수

---

16 동음이의어로 구성된 노래로, 제목인 'Mairzy doats'는 '암말은 귀리를 먹는다'는 뜻인 'Mares eat oats'의 동음이의어다. 쓰인 그대로의 가사는 말이 안 되지만 소리 내어 노래를 부르면 의미가 생긴다.

집하는 출생 후 처음 몇 년 동안만 진행돼야 한다. 아이가 개념 단계에 접어들 때, 즉 말하는 법을 배우기 시작할 때부터는 암기에서 이해 위주로 서서히 전환돼야 한다.

현대 교육자들이 아이의 개성 발달을 중요시하는 동시에 무리에 순응하도록 훈련하듯 암기 위주의 학습을 폄훼하면서도 그들의 교수법은 개념 발달을 무시하고 암기를 통해 학습할 수밖에 없게 만든다. 이것은 마치 일곱 살이 된 아이에게 걷기를 가르쳐주지 않고 기어 다니라고 강요하는 것과 같다.

콤프라치코스는 기초 단계부터 작업에 들어간다. 읽기 학습에서 이들이 사용하는 방법은 아이가 말하기 학습을 통해 성취한 것을 못 쓰게 만드는 것이다. 아이에게 낱개의 철자와 소리를 추상적으로 다루도록 가르치는 포닉스 교수법Phonics method 대신 말하기 교수법 Look-Say method을 통해 단어 전체의 시각적 형태를 암기하게 한다. 방대한 양의 감각적 자료를 의미 없이 암기하게 할 경우, 아이의 정신 능력에 비정상적인 부담을 주게 될 뿐만 아니라 아이는 그 자료를 머릿속에 유지하지도 통합하지도 자동화하지도 못한다. 이에 대한 결과로 요즘 많은 아이가 독서 노이로제를 겪고 있다. 독서 노이로제는 말하기 교수법이 등장한 이후 생겨난 병이다. (현대 교육자들의 목표는 아이들의 계몽과 복지다. 독서 노이로제가 나타났다는 것은 자신들의 교육이론을 점검 및 수정해야 한다는 뜻인데도 전혀 그렇게 하지 않고 있다는 점이 문제다.)

최종적으로 이 아이들은 반半문맹의 대학 신입생이 된다. 문해력은 떨어지고, 철자나 맞춤법을 틀리며, 논문을 쓰지 못하고, 심지어 일관성 있게 말하지도 못한다. 이는 모두 자신의 생각을 정리하지 못하기 때문에 일어나는 결과다.

개념을 암기로 학습하는 것은 이해력과 사고력의 발달에 치명적이다. 그러나 현대 교육자들의 교수법에 따라 암기는 초등학교부터 고등학교까지의 학습에서 가장 많은 부분을 차지한다. 맥락도 연속성도 체계도 없이 다양한 과목을 무작위로, 또 무계획적으로 머릿속에 집어넣는 것이 학교 교육과정이라면 암기 외에 이를 다룰 수 있는 다른 방법이 없다.

한 수업에서 가르치는 내용은 다른 수업에서 가르치는 내용과 관련이 없고 오히려 모순되는 경우가 자주 발생한다. 현대 교육자들은 이에 대한 치료법이라며 다음을 대책으로 내놓았는데, 이 치료법은 질병보다 더 해롭다. 먼저, 교사들은 학생들이 정해진 기간 동안 공부할 주제를 무작위로 선택한다. 그리고 자신이 담당하는 과목에서 그 주제와 관련된 내용을 사전 준비 없이 맥락을 고려하지 않고 무작정 가르친다. 예를 들어, 주제가 '신발'이라면 물리교사는 신발을 만드는 데 필요한 기계에 대해 이야기하고, 화학교사는 가죽 무두질에 대해 이야기하며, 경제교사는 신발의 생산과 소비에 대해 이야기한다. 수학교사는 신발 가격과 관련된 문제를 내고, 문학교사는 신발과 관련된 글을 읽는 식이다.

여러 학문 내용의 개념적 통합을 무작위로 고른 '주제'라는 돌발적 구체성으로 대체하는 것이다. 현대 교육은 학생들이 개념을 다루며 자신들의 사고를 구체성에 결박된 연상적 수단에 길들이게 만든다. 이러한 방식으로 습득한 지식은 시험이 끝나면 모두 증발해버리고, 어떤 경우에는 시험 때까지도 유지되지 않는다.

'사회 적응'이라는 명목으로 아이들에게 대놓고 폭도 정신을 세뇌하기도 한다. 개인보다 무리가 우월하다는 사상은 교실 안의 콤프라치코스가 행하는 다양한 수단을 통해 학생의 정신에 파고든다. 아이의 사회 적응력에 따라 등급을 매기는 경멸스러운 방식도 이에 포함된다. 아직 형성되지 않은 개인으로서의 정체성이 발달하지 못하게 막고 익명의 군중과 섞이게 한다. 또 학급에서 가장 똑똑하고 정직한 아이에게 벌을 주는 반면, 가장 우둔하고 무기력하고 부정직한 아이에게는 상을 준다. 아이의 개성을 파괴하고 진부한 순응주의자로 만드는 데 등급 매기기보다 더 나은 방법은 있다.

물리학보다 인문학에서 주로 쓰이는 '토론' 방식 교수법도 악랄하기 그지없다. 토론 방식 수업에서 교사는 강의를 하지 않고 학생들의 자유 토론을 주재한다. 그리고 학생들은 배우기 위해 학교에 왔으면서 알지도 못하는 토론 주제에 대해 자신의 '견해'를 말한다. 이러한 수업 방식은 아이들을 지루하게 할 뿐 아무런 도움이 되지 않는다.

토론 수업은 단지 학생들의 시간을 낭비하는 데서 끝나지 않는다. 겉으로 드러난 토론 주제는 아니지만 학생들은 은연중에 형이상학과 인식론을 배우게 된다. 여기에는 인간이 정확히 인식해야 하는 확고하고 객관적이며 실재하는 것이란 존재하지 않는다는 점, 현실은 불확실하고 유동적이며 무리가 원하는 것이 모든 것이 될 수 있다는 점, 진실과 거짓은 다수결로 결정된다는 점 등이 포함된다. 더욱이 교사의 견해가 학급 학생들의 견해와 같은 수준으로 취급되기 때문에 학생들은 지식이 불필요하며 지엽적인 것에 불과하다고 생각하게 된다. 그리고 결국 이성, 사고, 지성 그리고 교육은 중요하지도 않고 가치도 없다는 결론에 이른다. 이러한 상황에서 어떻게 교육을 지속하고 학습을 위한 동기부여를 하겠는가? 이에 대한 답은 오늘날 대학의 실태를 보면 알 수 있다.

현대 교육의 초·중·고등 교과과정은 편파적이고 왜곡된 자료와 신비주의-이타주의-집단주의적 슬로건, 이성보다 감성이 우월하다는 프로파간다를 통해 반反이성을 세뇌한다. 하지만 이것은 단지 입학 전에 이미 황폐화된 아이들의 정신-인식론을 이용하는 과정에 지나지 않는다. 학생들은 대부분 집단주의자 교리를 암송하는 완벽한 집단주의자로 성장하지만, 이것이 학생들의 신념을 대변한다고 할 수는 없다. 이들은 어떤 종류의 신념도 가질 수 없기 때문이다. 이성에 의지하지 못하고 두려움, 무력감, 자기 의심에서 벗어나지 못하는 동시에 자신이 학습해온 것들은 집단주의에 자꾸만 끌리게 만든다.

3

아이가 초·중·고등학교 기간 동안 어떤 전제를 형성하든 현대의 교육체제는 내적 갈등을 더욱 증폭시킨다. 진보 유아원을 다닌 아이들은 자신의 정신-인식론과 현실에서 요구되는 것 사이에서 혼란을 느낀다. 이 아이들의 정신-인식론은 뚜렷한 방향 없이 변덕에 기초해 정립되어 있는데 현실은 마주해야 하기 때문이다. 아이들은 시험에 통과하고 좋은 점수를 받기 위해, 즉 최소한의 현실적 규범에 맞추기 위해 형식적 지식만이라도 습득하려 한다. 그리고 아이들은 형이상학적 배신에 맞닥뜨리게 된다. 지금까지 사실fact을 무시하라고 배웠는데 사실을 학습해야 하는 상황에 처한 것이다. 그리고 자신들이 자동화한 정신 과정, 즉 무리가 보내는 감정적 신호를 포착하는 동물적 방법으로는 사실을 학습할 수 없다는 사실을 깨닫는다. 무리는 여전히 같은 자리에 있지만 자신이 치러야 할 시험을 도와주지는 못한다. 그때까지 악惡으로 간주했던 '혼자'라는 상태에서 시험에 직면해야 하는 것이다.

안개가 낀 듯한 주관주의와 기초적 객관성 사이에서 갈등을 느끼며 아이들은 공포에 사로잡힌다. 누가 어떻게 자신을 이렇게 만들었는지 알 수 없지만 말로 표현할 수 없는 감정, 이름 모를 분노가 차오르고, 대상 없는 적대감은 커져간다. 이제, 콤프라치코스가 대상을 보여줄 때가 된 것이다.

지적 호기심이 왕성하고 배우고 싶어 하는 아이들은 종종 다른 종류의 갈등에 휩싸인다. 수업에서 배운 혼란스러운 정보를 통합하기 위해 고군분투하면서 설명도 해답도 없는 불합리한 추론과 생략, 모순을 발견한다. 이에 대해 질문하면 돌아오는 것은 문제를 더 혼란스럽게 만드는 설명이나 무시, 분노 또는 조롱이다. 아이는 착잡한 마음으로 이내 포기한다. 그리고 지식 추구는 무의미하며, 교육은 이해할 수 없는 일종의 거대한 가식이라고 결론짓는다. 이렇게 아이는 반反지성과 정신 침체의 길을 걷게 된다. 학교에서는 배울 게 없기 때문에 스스로 학습해야 한다고 결론지을 수도 있다. 교사나 다른 성인 또는 모든 인간에 대해 깊은 경멸을 느낄 수도 있지만, 이것이 이 상황에서 끌어낼 수 있는 최선의 결론이다. (그리고 이 아이는 주관주의의 길을 걷게 된다.)

학교에서 요구하는 '사회화', 즉 무리에 순응해야 한다는 압력은 일종의 고문이다. 생각하는 아이는 순응하지 못한다. 생각은 권위에 복종하지 않기 때문이다. 무리가 지성과 독립성에 대해 분개한 역사는 진보 교육의 역사보다 더 오래되었다. 이는 매우 오래된 악惡으로서 무리 구성원들이 느낀 두려움, 자기 의심, 질투가 낳은 것이다. 하지만 진보 교육의 근본이 되는 실용주의는 칸트 철학을 이용해 사회화를 강요한다. 인간의 약점과 두려움을 이용하는 것이다.

진보 교육은 아이들에게 자신만의 개성, 성취, 권리를 가르치는 대신 겁에 질린 반半야만인들끼리 뭉쳐서 타인을 집단으로 공격하고, '내집단in-group'을 형성하며, 무리에 흡수되지 못하는 사람을 박해하는 행위에 도덕적 정당성을 부여한다. 괴짜가 사람들과 잘 어울리지 못한다는 이유로 벌이나 질책을 받게 될 때 평범의 법칙Rule of mediocrity은 하나의 체제가 된다. (여기서 '평범'은 지능이 평균 수준이라는 뜻이 아니라 더 나은 사람에게 질투하고 분개하는 것을 말한다.) 진보 교육은 질투를 제도화했다.

생각하는 아이는 결코 반사회적이지 않다. (사실은 유일하게 사회생활에 적합한 유형이다.) 청소년기에 가까워지면서 우선순위를 두는 가치와 그 가치에 대한 확신이 생기면 아이는 자신을 이해하는 친구와 함께 가치에 대한 생각을 나누고 싶다는 간절한 욕망에 빠진다. 하지만 그 욕망이 좌절되면 극심한 외로움을 느낀다. (외로움은 생각하는 유형의 아이나 어른이 자주 겪는 감정이다. 타인에게 전달하고 싶은 생각이 있는 사람만 경험할 수 있다. 순응주의자들을 '소속'시키는 감정은 외로움이 아니라 두려움, 즉 지적 독립과 책임에 대한 두려움이다. 생각하는 아이는 자신과 동등한 사람을 찾는 반면 순응주의자는 보호자를 찾는다.)

현대 학교에서는 생각하는 아이가 무리에 '적응'하려 노력하고, 자신의 지능(및 학업 성적)을 숨기려 하며, '여러 아이 중 하나'로 행동하고 싶어 하는 일이 벌어진다. 아이의 이런 노력은 결코 성공하는 법이 없다. 그리고 끊임없이 자문한다.

"나는 왜 이럴까?"

"나는 무엇이 부족한 것일까?"

"그들이 원하는 것은 대체 무엇일까?"

이런 질문을 하게 만드는 것이 잘못이라는 사실을 아이가 알 방법은 없다. 질문은 이유·원인·원칙·가치를 생각한다는 것이고, 그것은 곧 무리가 두려워하고, 회피하고, 분노하는 것이다. 한 사람이 지닌 정신-인식론은 숨길 수 없고 여러 가지 미묘한 방식으로 나타난다. 무리는 그 아이가 판단 지향적이라는 사실과 자존감이 높다는 사실 그리고 두려움이 없다는 사실을 감지하고 거부한다. (실제로 이런 외톨이 유형의 아이들은 사회적 자존감이 부족하고 무리를 무서워하는 경향이 있지만, 그것이 실존적 문제는 아니다.)

생각하는 아이는 서서히 인간관계의 영역을 포기한다. 과학은 이해할 수 있지만 사람은 이해할 수 없다. 사람은 이성의 영역 밖에 있고, 이를 이해하려면 다른 인지적 수단이 필요한데 자신에게는 그것이 없다고 결론짓는다. 그리고 아이는 교사들이 주입하고 강화하려 애쓰는 잘못된 이분법을 받아들인다. 그것은 인간과 이성을 대립 관계로 보는 '이성 대 인간'이라는 이분법이다.

이 이분법에 직면하면 순응주의자는 이성을 포기한다. 하지만 생각하는 아이는 인간을 포기한다. 우정을 쌓고 싶은 욕구를 억누르고, 인간의 가치와 도덕적 문제, 사회적 문제, 인문학 전체에 대한 관심을 포기해버린다. 합리성과 객관성 등 자신이 역할을 할 수 있는 영역을 추구하며, 자연과학과 기술, 비즈니스와 같이 사람보다는 물질을 다루는 직업으로 도피한다. (이것이 미국 '두뇌 유출'의 주요 원인이다. 미국은 인문학 분야에서 지독한 지적 빈곤을 겪고 있으며, 최고 지성인들은 모두 자연과학 분야로 흘러가고 있다.)

물론 자연과학 분야의 직업을 선택하는 것이 개인의 선호에 따른 것이라면 문제될 것이 없다. 그러나 아이들이 도피 수단으로 자연과학 분야를 선택한다면 그것은 비극적인 일이다. 교육과정에서 습득한 이분법은 거짓이고, 억압은 해결책이 될 수 없을 뿐 아니라 정신능력에 장애가 되므로 아이들은 이름 모를 공포, 이유 없는 죄책감, 자기 의심, 노이로제 그리고 종종 인간에 대한 무관심과 의심, 적대감 등을 느끼는 것으로 정신적 대가를 치른다. 결과적으로 이는 진보 교육이 약속한 사회적 화합과 정확히 반대되는 모습이다.

그런 반면 가치 대 사람이라는 잘못된 이분법에 좌절하는 아이들도 있다. 친구를 사귀어 즐거움을 찾는 경우는 서로 같은 가치를 공유할 수 있을 때다. 그리고 무리에 적응하지 못하는 아이는 외로운 나머지 원인과 결과를 뒤집어 생각한다. 즉, 교우를 우선시하고 타인의 가치를 받아들이려 노력하면 친구를 사귈 수 있으리라 믿는 것이다. 아이의 가치 판단력은 아직 반밖에 형성되지 않은 상태인데

이를 스스로 억제한다. 무리에 순응해야 한다는 교리는 아이의 도덕적 자기 몰각沒却을 부추긴다.

그 뒤, 자신이 정의할 수도 찾을 수도 없는 만족감을 사람들에게서 얻고, 이유를 알 수 없는 죄책감을 덜고, 무엇인지 확인할 수 없는 공백을 채우기 위해 눈먼 채 고군분투한다. 그리고 친구의 요구에 비굴하게 순응하거나 애정을 요구하는 사이를 오간다. 친구에 대한 일종의 정서적 의존자가 되는 것인데, 그렇게 되면 관계는 오래 지속되지 못한다. 아이는 관계에 실패하면 할수록 더욱 필사적으로 사람과 '사랑'에 집착한다. 하지만 그의 잠재의식 속에는 이름 모를 감정이 자라나는데, 그것은 바로 인간에 대한 증오다. 또다시 현대 교육의 콤프라치코스가 약속한 목표와 정반대의 결과가 나왔다.

각자의 문제가 무엇이든, 어떤 방어기제를 사용하든, '적응'했든 독립적이든 관계없이 모든 아이들은 초·중·고등학교 기간 동안 공히 지루함을 경험한다. 이유는 각양각색이지만 지루하다는 감정적 결과는 동일하다. 학습은 개념적 과정이다. 개념적 발달을 무시한 교육방법은 학습에 대한 관심을 불러일으키지 못한다. '적응'한 아이들은 지식을 능동적으로 흡수하지 못해 지루함을 느끼는 반면, 독립적인 아이들은 지식을 좇기 때문에 '학급 프로젝트'나 '집단 토론'이 지루하다. 전자는 이론 수업을 소화할 수 없어서, 후자는 부족한 이론 수업 때문에 늘 허기에 시달린다.

콤프라치코스는 두 종류의 아이들 모두에게서 원하는 바를 달성했다. 길들이기에 저항하고 합리성을 지킨 독립적 아이들은 사회적·철학적·인문학적 관심을 잃고 자연과학이나 그와 유사한 직업

군으로 도망가거나 쫓겨났다. 그리고 사회 분야와 우리 사회의 미래는 현대 교육에 적응한 아이들, 즉 콤프라치코스가 정신을 뒤틀리고 못 쓰게 조형한 아이들이 차지했다.

보통 고등학교를 졸업한 청년들은 정신이 조각난 헝겊으로 만들어진 허수아비 같아서 변덕스럽고 불안정하며 비논리적이다. 지식 개념이 없기 때문에 자신이 알 때와 알지 못할 때를 구분하지 못한다. 알아야 하지만 모르는 것에 대해 만성적인 두려움을 느끼고, 자신이 전혀 모른다는 사실을 숨기기 위해 허세를 부린다. 수수께끼 같은 말을 하거나 멍하니 회피하는 침묵 사이를 오간다. 최근 화제가 된 정치 분야의 문제에 대해 자신이 권위자인 양 떠들고, 삼류 사설의 진부한 이야기가 마치 자신의 독창적 생각인 것처럼 읊어댄다. 글을 읽거나 쓸 줄 모르고 사전을 찾는 법도 모른다. 퇴폐적인 어른의 냉소를 머금고, 어린아이처럼 쉽게 속아 넘어가기 때문에 교활하면서도 점잖을 뺀다. 시끄럽고 공격적이며 호전적이다. 청년들의 주요 관심사는 자신들이 아무것도 두려워하지 않는다는 것을 증명하는 일이다. 왜냐하면 그들은 모든 것을 두려워하기 때문이다.

그들의 정신은 혼란으로 소용돌이치는 상태다. 자신의 머릿속에 있는 내용을 개념화하는 법, 즉 확인·정리·통합하는 법을 배운 적이 없기 때문이다. 학교 안팎에서 많은 것을 관찰하고 경험했지만(더 정확히 표현하자면, 많은 것에 노출되었지만) 그 의미와 중요성을 설명할 수 없고, 무엇이든 생각해내야 한다는 것을 어렴풋이 느끼지만 어떻게 생각해야 하는지 모른다. 도대체 어디서 시작해야 할지 알 수가 없다. 늘 자신이 뒤처져 있다고 생각하고, 머릿속에 있는 내용을 따라잡는 것을 마치 능력 밖의 문제를 푸는 것처럼 버겁게 느낀다.

인지 요소를 습득하면서 단계적으로 개념화하지 못한 결과로, 정체 불명의 경험과 지각 수준의 인상이 축적되었던 것이 이제는 무력감을 느끼게 한다. 생각하려고 할 때 그들의 정신은 걸음걸음마다 벽에 부딪히고, 생각하는 과정은 물음표와 막다른 골목으로 만들어진 미로에서 녹아내리는 것처럼 보인다. 그들의 잠재의식은 지엽적인 것, 비본질적인 것, 곡해한 것, 파악되지 않은 것, 정의할 수 없는 것, 완전히 기억하지 못하는 것들이 어지럽게 흩어져 있는 버려진 지하실 같다. 아무리 노력해도 어질러진 잠재의식은 반응하지 않는다. 결국 그들은 생각을 포기하고 만다.

상대하는 사람을 당황시키는 고등학교 졸업생들의 정신-인식론은 성인으로서 사용해야 하는 개념에 어린아이가 사용하는 지각 방식을 끌어들인다. 맥락이나 정의, 참고 사항을 고려하지 않고 구체적 개념을 당장 주어진 대로 사용한다. 현재는 그 개념을 주장한다는 사실만이 유일하게 고려하는 맥락이다. 그렇다면 그 개념이 가리키는 것은 무엇일까? 그것은 부분적인 지식, 암기한 답, 습관적인 연상, 그 개념을 주장하는 순간 청중의 반응과 느끼는 감정이 뒤섞인 것이다. 다음 날이 되면 기분의 변화나 순간적인 상황에 따라 같은 개념이 다른 것을 가리키게 될 수도 있다.

고등학교를 졸업한 청년들과 처음 이야기를 나눌 때는 함께 토론을 벌이거나 합리적인 주장을 펼칠 수 있을 듯하고, 때로는 추상적이고 학리적인 수준에서의 대화도 가능해 보인다. 문제를 비판적으로 검토해본 뒤 동의 여부를 결정하는 것도 가능해 보인다. 하지만 다음에 다시 만나면 동일한 문제를 두고 한 번도 논의한 적 없는 듯한 엉뚱한 답을 내놓는다. 그 사건, 즉 토론했다는 사실은 기억하지만 지적 개념의 내용은 기억하지 못하기 때문이다.

이를 두고 가식을 떨거나 거짓말한다고 그들을 비난한다면 내가 하려는 말의 요지에서 한참 벗어난 것이다. (가식이나 거짓과 전혀 관련이 없는 것은 아니다.) 청년들의 문제는 가식이나 거짓보다 더욱 심각한 문제다. 즉, 말하는 그 순간만은 진심이었다는 사실이다. 단지 말이 끝나는 순간 마음이 바뀔 뿐이다. 그들이 받아들이거나 거부하는 사상은 정신상의 변화를 전혀 일으키지 않는다. 머릿속에서 그 사상을 처리하거나 통합 또는 적용하지 않기 때문에 그들의 행동이나 관심사에 아무런 영향을 미치지 않는다. 그 사상을 활용하기는커녕 기억하는 것조차 버겁다. 사상과 같은 추상적 개념은 그들에게 현실성 없게 느껴진다. 추상적 개념은 현재뿐만 아니라 과거와 미래를 포함하는데, 그들의 이해 범주 안에는 현재를 제외한 다른 시간이 존재하지 않기 때문이다. 개념은 그들의 머릿속에서 지각 형태로 변한다. 사람들이 소리를 내뱉는 것에 대한 지각이다. 소리에 대한 자극이 사라지면 지각도 끝난다. 말을 할 때 그들의 머릿속에서 일어나는 작용은 인간보다 앵무새에 가깝다. 엄격히 따지면, 그들은 애초에 말하는 법을 배운 적이 없다.

하지만 끊임없이 흘러가는 그들의 정신작용에도 변하지 않는 것이 하나 있다. 잠재의식은 통합 메커니즘이다. 의식적으로 통제하지 않고 놔두면 이 과정을 계속해서 반복한다. 마치 자동 믹서기처럼 어수선하게 널려 있는 쓰레기들을 혼합해 '두려움'이라는 하나의 기본 감정을 만들어낸다.

그들은 원시 세계에서 살 수 없지만, 자신이 이해하지 못하는 산업과 기술문명이 복잡하게 발달한 세상에서도 적응해 살지 못한다. 그리고 살아 있는 유기체로서 부모님과 친구, 일반인들은 자신이 뭔가 주길 바라지만, 자신은 그것을 줄 수 없다는 것도 감지한다.

그들은 행동하는 법이 아니라 반동하는 법을 배웠다. 시작하는 법이 아니라 대응하는 법, 목적이 아니라 쾌락을 추구하는 법을 배웠다. 돈도, 취향도, 즐길 능력도 없는 한량이다. 그저 감정에 따라 움직인다. 그리고 그 감정이라는 것은 여러 가지 그늘을 가진 공황일 뿐이다.

하지만 부모에게 도움을 청하지는 못한다. 부모들은 대부분 그들을 이해하지 못할뿐더러 이해하려고도 하지 않기 때문이다. 그들도 부모를 별로 신뢰하지 않지만 그 이유를 명쾌하게 설명하지도 못한다. 합리적 지도가 필요한 그들에게 부모들은 비합리적인 오명만 씌울 뿐이다. 부모가 전통적인 기독교 사고방식을 지닌 경우, 그들이 지나치게 방종하다며 정신 차리고 책임감 있게 살아야 한다고 말한다. 도덕적인 조언을 구하면 교회에 다니라고 한다. 이와는 달리 부모가 현대적 사고방식을 지닌 경우에는 그들이 지나치게 진지하다며 좀 더 즐기라고 한다. 그리고 도덕적인 조언을 구하면 세상에 그 누구도 완전히 옳거나 그르지 않다고 말하며, 자유주의적 대의를 지지하는 칵테일 모금 행사에 데려간다.

그들의 부모도 초기 단계이긴 하지만 동일한 교육제도의 산물이다.

그 시기에 학교는 은밀하고 간접적으로 학생들을 길들였다. 문화적으로 이성의 영향력이 아직은 남아 있던 시기였다. 교사들은 학생들이 지적인 관심을 버리고 이성을 깎아내리는 놀이를 즐기게 내버려두면서, 다른 누군가가 항상 문명화된 세상을 제공해줄 것이라 믿었다.

가장 큰 죄인은 콤프라치코스가 아니라 아이들의 부모들, 특히 아이들을 진보 유아원에 보낸 학식 있는 부모들이다. 이 부모들로 말하자면, 자녀들을 보낼 교육 기관에 대해 잠깐 생각하거나 한 시간이라도 조사하는 것 외에 무엇이라도 할 사람들이다. 주로 하루빨리 아이들을 떼어놓고 싶은 욕망에 최신 트렌드에 따라 옷을 고르듯 유아원을 고른다.

콤프라치코스는 자신들의 방법과 생각을 숨기지 않고 수많은 책과 강의, 잡지, 팸플릿 등을 통해 공개적으로 홍보한다. 홍보의 목적은 명확하다. 깊이 없는 감상적인 말들로 꾸며져 있지만, 핵심은 지성을 공격하고 이성을 증오하는 것이다. 힘없는 아이를 콤프라치코스의 손에 넘겨주는 사람은 누구라도 콤프라치코스의 목적을 공유하는 공범이다. 실수라고 한다면, 이 정도 규모의 실수는 결코 무고하다고 볼 수 없다.

하지만 너무 순진했던 부모들도 있다. 누구보다 열심히 일하지만 교육 수준이 낮은 이들로 자녀들에게 자신들보다 더 나은 삶을 물려주려고 진보 유아원을 선택한다. 이러한 유형의 부모들은 자녀를 대학에 보내기 위해 넉넉지 않은 형편에도 절약하고 매일 초과근무를 하며 평생을 보낸다. 이들은 고등교육을 받은 사람들과 교사 그리고 배움에 대해 깊은 선망과 존경심을 지닌다. 따라서 자녀들을 계몽하는 것이 아니라 불구로 만들어버리는 콤프라치코스형 교육자가 존재하리라고는 상상도 하지 못한다. 이러한 부모들이야말로 악의적인 사기의 피해자다.

(두 번째 유형의 부모들은 내가 이런 주장을 하게 된 주요 동기다. 소비자보호단체는 과대 포장된 시리얼에 대해서는 격렬히 항의하면서 왜 교육 서비스를 구매하는 일에 대해서는 수수방관하는가?)

콤프라치코스가 고등학교 졸업생들의 정신에 미친 영향을 이해하고 싶다면 우리가 흔히 지능을 시각에 비유한다는 점을 생각해보면 된다. 시력에 손상을 입어 중심 시야를 잃고 주변 시야밖에 남지 않은 상황이라고 가정해보자. 흐릿하고 무엇인지 알 수 없는 형태들이 당신의 주변에 떠다닐 것이다. 떠다니는 형태를 집중해서 보면 사라지고 주변 시야에 다시 나타나 유영할 것이다. 이것이 바로 진보 교육의 콤프라치코스가 만들어낸 청년들의 정신상태이자 청년들이 느낄 공포다.

청년들은 과연 정신을 회복할 수 있을까? 가능한 일이지만, 유아 시절에 즐겁고 자연스럽게 습득할 수 있었던 개념적 기능을 이제 와서 자동화하려면 뼈를 깎는 노력을 해야만 한다.

자연이 정한 시간표를 인위적으로 늦춘 결과는 다음과 같다.

유아기에는 신체의 다양한 감각기관을 통해 물질을 지각하는 방법을 배우고 통합하며 자동화한다. 유아를 관찰하면 알 수 있듯이 배움은 자연스럽고 고통 없는 과정이다. 눈이 먼 채 태어나 성인이 되어 수술을 통해 시력을 회복한 사람들이 있다. 이들은 시각적 감각은 경험하지만 시각을 통해 대상을 인식하지 못한다. 예를 들어

손으로 더듬어서 삼각형을 인식할 수는 있지만 눈에 보이는 삼각형을 삼각형이라고 연결시키지 못한다. 눈앞에 펼쳐지는 광경이 아무런 의미가 없는 것이다. 보는 능력도 타고나는 것이 아니라 습득해야 하는 기술이다. 이 사람들의 경우, 다른 감각이 너무나 철저히 통합되고 자동화되어 있기 때문에 새로운 감각인 시력을 즉각 추가하기는 어렵다. 새로운 감각을 추가해 통합하고 자동화하는 과정은 매우 어렵고 기간이 오래 걸리기 때문에 이런 재교육 과정을 거치려 하는 사람은 거의 없다. 끈기 있고 고된 노력을 통해 성공한 소수도 있지만, 대부분은 포기하고 익숙한 촉각과 소리의 세계에 머무르며 맹인으로 살아간다.

시력을 되찾으려면 비범한 정신력과 개인적인 야망(자존감)이 필요하다. 삶을 깊이 사랑하고, 불구로 살기를 거부하며, 자신이 할 수 있는 범위 안에서 최고를 달성하기 위해 헌신한다면 그에 상응하는 보상을 얻을 수 있다.

현대 고등학교 졸업생들이 이성적 능력을 되찾으려면 이런 종류의 헌신과 힘든 투쟁을 거쳐야만 한다. 하지만 보상은 훨씬 더 클 것이다. 삶은 여전히 불안하겠지만 어느 정도 자유의 순간을 경험할 수 있고, 자신감에 찬 기분 좋은 상태에서의 삶이 어떤지 살짝 엿볼 수도 있다. 무엇보다 자신에게 아무 문제가 없다는 사실을 확신하게 될 것이다. 여전히 연약하고 위태롭지만 도약판이 있어 정신을 회복하고자 하는 동기가 생긴다.

그리고 콤프라치코스는 세 번째 단계에서 이 동기마저 파괴한다. 다음은 대학의 이야기다.

4

대부분의 청년들은 대학을 졸업할 때까지 지적 능력을 어느 정도 유지하거나 적어도 유지하려는 욕구를 느낀다. 이 욕구의 증상은 삶에 대한 포괄적 견해를 탐구하고 싶어 한다는 것이다.

자신이 지각한 것을 정리하고 통합해 이해할 수 있게 만드는 것은 인간의 지성이며, 이해하는 수단은 개념이다. 인간의 다른 핵심 능력이 그러하듯 의식은 자신의 무능함을 잠자코 받아들이지 않는다. 그래서 청년들은 정신이 엉망인 상태에서도 여전히 근본적인 질문을 던지고 답을 찾으려 애쓴다. 그리고 자신이 아는 모든 개념적 내용이 아무것도 없는 허공에 위태롭게 매달려 있다는 사실을 감지한다.

이것은 '이상주의'의 문제가 아니라 정신-인식론의 필요에 대한 문제다. 청년은 의식 단계에서 수많은 선택지와 마주하지만, 무엇을 선택하고 어떻게 행동해야 할지 모른다는 사실을 깨닫는다. 그리고 그의 정신-인식론이 무기력한 자포자기 상태를 자동화해 만성적 고통을 느끼는 단계에 이른 것은 아니지만, 그가 겪는 내면의 모순과 자기 의심, 혼란의 뼈아픈 갈등이 내적인 합치와 정신적 질서를 미친 듯이 갈구하게 한다. 그리고 그의 탐구욕은 마치 정신이 마비되기 전에 힘껏 항의하듯 인지 능력의 경련을 보인다.

청년기에 해당하는 짧은 몇 해 동안 청년에게 미래는 희미하지만 갑작스럽게 눈앞에 다가온 현실처럼 느껴지고, 방법은 알 수 없지만 어떻게든 스스로 결정을 내려야 한다는 생각에 도달한다.

생각하는 청년에게는 자신이 필요로 하는 것의 본질이 무엇인지 확인할 수 있는 실낱같은 희망이 있다. 특히 도덕적 문제에 대한 광범위한 철학적 질문, 즉 행동 지침이 되는 가치 규범에 관심을 가지는 청년들이 이에 해당한다. 하지만 평범한 청년들은 무력감만 느낀다. 이들이 산만하고 변덕스러운 것은 '이해가 되어야 한다'는 절박한 감정 때문이다.

두 부류의 청년들은 대학에 입학할 무렵 이미 어른들과 오늘날의 문화가 보여준 비합리성으로 인해 학교 안팎에서 상처를 많이 입은 상태다. 생각하는 청년은 자신의 생각을 진지하게 받아들여줄 사람을 오랫동안 찾아왔지만 계속 실패했다. 하지만 이성과 지혜의 요새라 불리는 대학에서는 분명 찾을 수 있으리라 굳게 믿는다. 평범한 청년은 세상이 이해되지 않지만 이해하는 누군가가 있으리라 믿는다. 그리고 그 누군가가 언젠가 세상을 이해할 수 있게 해줄 것이라 생각한다.

이 두 유형의 청년들에게 대학은 마지막 희망이다. 하지만 대학에서 첫해를 보내면 그 희망은 사라지고 만다.

조사에 따르면, 학업에 대한 학생들의 관심은 1학년 때 가장 높고 그 이후 매년 감소한다고 한다. 교육자들은 이 사실을 안타까워하면서도 자신들이 제공하는 교육과정에 문제가 있으리라고는 생각지 않는다.

'학문적 주류'에서 벗어난 경우를 제외하고, 대학의 일반적인 인문학 과정은 학생들에게 필요한 지식을 제공하는 것이 아니라 오히려 지식 추구가 잘못되었고 쓸모없다는 확신을 준다. 정보가 아니라 이론적 설명만 제공한다. 이는 구체성具體性에 결박된 지각과 감정 지향적 사고를 하는 방법에 대한 설명이다. 수업 과정은 현상을 유지하도록 짜여 있다. 실존적·정치사회적 현상이 아니라 진보 유아원에서 형성된 학생들의 딱한 정신-인식론의 상태를 유지하는 것이다.

진보 유아원은 초등학교 입학 전 아동에게 인지 훈련을 하는 것이 이르다고 주장하며 교육을 연기했고, 그 결과 진보 유아원을 다닌 대학생들은 반反인지적 방법에 길들어 있다. 초·중·고등학교 과정에서 길들이기를 강화함에 따라 학생들은 무작위로 얻은 지식으로 고군분투하며 두려움, 분노, 자기 의심을 학습과정과 연관시키는 방법을 배웠다. 그리고 대학은 수용적인 청중들에게 이렇게 말한다.

"대학에서 배울 것이란 없고, 현실은 알 수 없으며, 필연이란 존재하지 않는다. 정신은 자기기만의 도구에 불과하고, 이성의 유일한 기능은 자신의 무력함을 증명하는 것이다."

비록 오늘날 대학에서 철학과는 다른 학과들의 멸시를 받고 있고 이는 철학과가 자초한 일이지만, 모든 학과 수업의 본질과 방향을 정하는 것은 철학이다. 왜냐하면 인식론의 원칙, 즉 인간이 지식을 습득하는 규칙을 정하는 것이 철학이기 때문이다. 당시에 지배적인 철학은 자연과학을 비롯한 모든 타 학과에 영향을 미치고 무의식적으로 받아들여지기 때문에 더욱 위험하기도 하다. 칸트의 등장 이후 지난 200년 동안 철학은 마치 철학을 공허하고 쓸데없이 장황한 말로 치부하는 이들의 태도를 정당화하기 위해 존재한 것처럼 보인다. 지식의 기초가 되는 철학을 이들에게 양도하는 것은 결코 사소한 일이 아니다. 소설『파운틴헤드The Fountainhead』에서 엘스워스 투히는 "어리석은 행동에 대해 고심하지 말고, 그것이 무엇을 이뤘는지만 자신에게 물어보라"고 말한다. 이 말은 철학에 적용돼야 한다.

철학의 내용적 측면이 아니라 정신-인식론적 목표의 측면에서 볼 때 현대철학이 진보의 어느 단계에 와 있는지 생각해보자.

실용주의가 현실에 대해 사람들이 원하는 것은 무엇이든 될 수 있는 불확실한 흐름이라고 주장할 때 이 말을 정말 믿는 사람은 아무도 없었다. 하지만 진보 유아원 졸업생들에게 그것은 지금까지 설명할 수 없었던 감정, 즉 무리의 전능함을 정당화할 수 있는 근거로 보였다. 그래서 그들은 필요에 따라 어떤 불확실한 방식으로 그것을 사실로 받아들인다. 실용주의는 진실이 결과에 따라 판단돼야 한다고 주장하는데, 이는 미래를 계획하거나 장기적인 행동 방침을 세우지 못하는 무능함을 정당화한다. 또한 순간의 충동에 따라 행동하고 시도한 뒤 진행 여부를 결정하려 하는 바람을 인정한다.

논리실증주의는 '실재實在', '본질', '실존', '정신'이 무의미한 용어이고, 인간이 확신할 수 있는 것은 현재 순간적으로 느끼는 감각적 지각 외에는 아무것도 없다고 주장한다. 논리실증주의에 따르면, "나폴레옹이 워털루전투에서 패배했다"는 명제는 당신이 도서관에 가서 이 문장이 쓰인 책을 보았다는 사실 외에 아무런 의미를 갖지 않는다. 이처럼 진보 유아원 졸업생들은 논리실증주의를 자신의 내면 상태에 대한 정확한 설명으로, 또 구체성에 결박된 지각적 사고 방식을 정당화하는 것으로 인식한다.

언어분석철학은 궁극적으로 실재하는 것은 심지어 지각하는 것도 아닌 말이며, 말은 사람들이 의미하고자 하는 것이 무엇이든 의미할 수 있다고 주장한다. 이러한 주장은 진보 유아원 졸업생들이 집에 있든 친숙한 세상인 학교에 있든 편안한 상태로 만족하게 해주었다. 이해할 수 없는 현실을 파악하기 위해 고군분투할 필요 없이 오직 사람들에게 초점을 맞추고 그들이 구사하는 말의 분위기를 관찰하면 되었기 때문이다. 그리고 자신이 관찰한 말에서 얼마나 다양한 분위기를 발견했는지에 대해 동료 철학자들과 경쟁한다. 더 나아가, 철학적 명성으로 무장해 사람들이 말을 할 때 그것이 의미하는 바를 가르쳐줄 수도 있다. 점차 사람들은 그의 도움 없이는 자신이 말하는 바가 무엇인지 알 수 없게 된다. 그리고 그는 스스로 무리의 의지를 알려주는 통역사라 여기게 된다. 한때는 진보 유아원 아이들의 우두머리에 불과했지만 이제는 달변가 사기꾼으로 위상을 떨치는 것이다.

그뿐만 아니라 언어분석철학은 언어분석철학자들이 성취하지 못하는 지적 업적을 맹렬히 부정한다. 모든 종류의 원칙이나 포괄적 일반화, 즉 일관성에 대항하고, 자명한 이치, 다시 말해 주장을 펼치는 데 필요한 모든 근거에 반대한다. 이것은 추상화 과정과 같은 개념의 계층적 구조를 부정하는 것이고 모든 단어를 각각 독립된 제1원칙으로 삼는 것이다. 결국 '체제 구축', 즉 지식의 통합에 반대한다.

진보 유아원 졸업생들은 자신의 정신-인식론적 결함이 미덕으로 바뀌었음을 알게 된다. 그리고 그 결함을 숨기지 않고 오히려 자신의 지적 우월성을 증명하는 데 사용한다. 이들은 진보 유아원을 다니지 않은 학생들의 정신상태를 자신과 같아지게 만들기 위해 고군분투한다.

언어분석철학은 언어분석철학의 목적이 특정 철학의 내용을 학생들에게 전달하는 것이 아니라 학생들의 정신을 훈련시키는 것이라고 주장한다. 콤프라치코스가 행하는 끔찍한 수술과도 같다는 점에서 이 주장은 사실이다. 중요하지 않은 사항들에 대해 자세히 토론하고, 무작위로 주제를 선택해 근거나 맥락 또는 결론 없는 하찮은 담론을 나눈다. 교수는 학생이 주장을 펼칠 때 '그러나' 같은 단어를 정의하지 못한다는 것은 자신이 하는 주장을 온전히 이해하지 못한다는 뜻이라고 설명한다. 이러한 교수의 폭로에 충격을 받은 학생은 자기 의심을 시작하며 다음 질문으로 대응한다. "그렇다면, 철학의 의미는 무엇입니까?" 이에 대한 교수의 대답은 "어떤 의미의 '의미'를 말하는가?"이다. 여기서 '의미'라는 단어의 열두 가지 사용법에 대한 담론으로 넘어가면서 본래 질문은 잊혀진다. 무엇보다도 시야가 벼룩의 시야만큼이나 좁아져서 수업을 따라가려는 학생들은 불구가 되어버린다.

'정신훈련'은 정신-인식론과 관련이 있다. 이는 정신이 특정 과정을 자동화해 영구적인 습관으로 바꾸는 것을 뜻한다. 언어분석철학은 어떤 습관을 길러줄까? 맥락은 무시하고, 개념을 훔치며, 목적은 시시때때로 잃어버리는 습관 그리고 추상성을 이해하거나 다루지 못하는 습관을 길러준다. 언어분석철학은 철학이 아니라 철학적 사고 능력을 없애는 방법이다. 또한 두뇌 파괴의 과정이며, 이성적인 동물을 사고하지 못하는 동물로 만드는 체계적 시도다.

현대 교육의 콤프라치코스는 왜 이렇게 할까?

빅토르 위고의 말을 인용하자면 다음과 같다.

"그 아이들로 무엇을 했을까?"

"괴물을 만들었다."

"왜 괴물을 만들었을까?"

"지배하기 위해서."

인간의 정신은 기본적인 생존 수단이자 자기방어 수단이다. 그리고 이성은 인간의 가장 이기적인 능력이다. 각자의 머릿속에 있고 본인만 사용할 수 있기 때문이다. 그뿐만 아니라 이성의 산물인 진리는 융통성이 없고 비타협적이며, 무리나 지배자의 권력에 휘둘리지 않는다. 사고능력이 결여된 인간은 유순하고, 유연하며, 무력한 진흙 덩어리가 된다. 그래서 인간 이하의 형태로 변형되고, 누구라도 마음만 먹으면 어떤 목적을 위해 이용할 수 있다.

이성을 공격하거나 제한하는 철학이나 이론, 교리는 없었다. 권위에 복종하라고 설득하지도 않았다. 그런데 왜 우리는 자신도 모르는 사이에 이성을 공격하고 권위에 복종할까? 정신-인식론적 측면에서 우리는 아주 오래전부터 그 이유를 감지해왔다. '빛을 발하는 자'인 루시퍼가 신의 권위에 도전한 죄로 몰락한 이야기, 인간에게 생존 기술을 알려준 프로메테우스의 이야기 등 옛 신화를 보면 알 수 있다. 권력을 좇는 자들은 인간을 복종하게 할 때 걸림돌이 되는 것은 인간의 감정이나 소망, 본능이 아니라 이성이라는 것을 이미 알고 있었다. 인간을 지배하려 할 때 적敵은 인간이 지닌 이성이다.

권력욕은 정신-인식론의 문제다. 잠재적 독재자나 예비 정치인만 권력욕이 있는 것이 아니라 지적 수준이나 직업에 관계없이 모든 인간이 만성적으로 또는 간헐적으로 권력욕을 느낀다. 허리가 굽은 학자, 시끄러운 한량, 보잘것없는 사무장, 허세 가득한 백만장자, 조곤조곤한 말투의 교사 등 누구라도 마찬가지다. 자기주장을 한 뒤 어른이나 아이에게서 "하지만 그 주장은 틀렸어요"라는 말을 들을 때, 설득해서 납득시키고 싶은 마음이 아니라 똑바로 바라보는 눈동자 뒤에 있는 정신을 주무르고 싶은 욕구를 느끼는 사람들이 바로 콤프라치코스를 존재하게 한 장본인들이다.

현대의 교사들이 모두 권력욕에 따라 행동하는 것은 아니지만, 상당수가 그렇다. 교사들이 모두 학생들의 정신을 불구로 만들고 이성을 말살하려는 목표를 가지고 있는 것은 아니다. 어떤 교사는 끊임없이 질문을 던짐으로써 지능적으로 학생들을 바보로 만들고 패배시키고 싶어 하는 반면, 자신의 지적 장비에 있는 모순과 결함을 숨기는 데 급급한 교사도 있다. 안정과 존경받는 지위 외에는 아무것도 요구하지 않고, 다수를 차지하는 동료 교사들의 의견이나 교재 내용에 대해 절대 반박하지 않는 교사도 있다. 또한 부자나 유명 인사, 성공한 사람들, 자주적인 사람들에 대한 질투심에 사로잡힌 교사도 있다. 그리고 칸트나 존 듀이의 이론으로 포장한 인도주의적 합리화의 허식을 믿거나 믿으려고 노력하는 교사도 있다. 이들은 모두 초기 단계이긴 하지만 동일한 교육체제의 산물이다.

현대의 교육체제는 자생력이 있고 악순환으로 이어진다. 무기력하고 우둔하며 아무 생각이 없는 학생들 때문에 절망에 빠지는 유망하고 지적인 교사들도 있다. 초·중·고 교사들은 이러한 학생들에 대해 가정교육을 제대로 받지 못했다고 말하고, 대학교수들은 초·중·고 교사를 탓한다. 하지만 교육과정에 문제를 제기하는 사람은 거의 없다. 전도유망했던 교사들은 몇 년간 고군분투한 끝에 학생을 포기하고 은퇴하거나 이성은 인간의 이해 범위 밖에 있다고 확신하게 된다. 그리고 콤프라치코스의 전진에 아무런 관심도 갖지 않게 된다.

과거와 현재의 콤프라치코스들은 자신들을 행동하게 만드는 본질이 증오라는 사실을 알고 있다. 자신을 속이기 위해 어떤 식으로 합리화하든 본질을 모르는 대상에 열정을 가지기는 어렵다. 진짜 증오가 무엇인지 알고 싶다면 전쟁이나 강제 수용소에 대한 자료를 찾을 것이 아니다. 이들은 단지 증오가 초래한 결과일 뿐이기 때문이다. 칸트와 듀이, 마르쿠제의 글과 그의 추종자들을 보면 순수한 형태의 증오를 확인할 수 있다. 이들은 이성과 이성이 함축하는 지성, 능력, 성취, 성공, 자신감, 자부심 그리고 인간의 모든 밝고 행복하고 자비로운 면을 증오한다. 그리고 이것이 오늘날의 모든 교육기관에 만연한 분위기이자 중심사상이다.

(인간을 콤프라치코스로 만든 것은 무엇인가? 바로 자기혐오다. 한 사람이 이성을 증오하는 정도는 자신을 증오하는 정도를 나타내는 척도다.)

콤프라치코스는 독재 정치가 역할을 원치 않으며, 그 역할을 자신의 후손인 생각 없는 야만인들에게 맡긴다. 콤프라치코스는 이성의 말살이라는 단 하나의 목표에 대한 열정만 있을 뿐 다른 것에는 아무 관심이 없다. 이성이 말살된 뒤의 세상은 현실성 없게 느낀다. 지배자를 배후에서 조종하는 주인이 되고 싶어 하고, 야만인에게 자신이 필요하다고 생각한다.

권력에 대한 강한 욕망은 복종의 기술 연구를 위한 기니피그[17]와 명령에 복종하는 총알받이를 필요로 한다. 그리고 오늘날의 대학생

---

17   실험실에서 흰쥐를 실험용으로 쓰기 이전에 실험동물로 사용되던 설치류.

은 두 가지 역할을 모두 수행한다. 뇌 손상을 입은 사람을 이용하는 가장 강력한 기술은 정신-인식론적으로 아첨하는 것이다. 진보 유아원 졸업생에게 연결된 이성의 마지막 고리, 즉 자신에게 문제가 있다는 느낌은 대학에서 완전히 끊긴다. 모두가 그에게 아무 문제가 없으며 건강하고 아주 자연스러운 상태라고 말하기 때문이다. 그는 인간 본성을 무시하는 '체제'에서 온전히 적응할 수 없는 이유가 자신은 정상이고 체제가 비정상이기 때문이라고 생각하게 된다.

체제라는 용어에는 경계가 없다. 교육체제, 문화체제, 가족체제 등 내면의 불행에 대한 책임을 돌릴 수 있다면 그 어떤 것도 될 수 있다. 편집증 환자처럼 자신이 미지의 힘에 박해당하는 무고한 희생자라는 기분도 느끼는데, 이것은 맹목적이고 무력한 분노를 유발한다. 자신을 늘 공격해왔던 결정론은 이제 자신의 기분을 정당화하는 데 쓰인다. 비참한 기분을 느끼는 것은 자신이 어찌할 수 없는 일이다. 자신은 사회적 산물이므로 사회가 그렇게 만든 것이다. 낮은 학교 성적, 성 문제, 만성적 불안까지 자신이 겪는 모든 문제는 정치체제가 야기한 것이고, 자본주의 체제는 적이 된다. 그리고 이를 자명한 것으로 받아들인다.

대학에서 사용하는 교수법은 고등학교에서 사용하는 교수법과 본질적으로 같지만, 더 높은 강도로 이성을 파괴한다. 교과과정은 연속성이나 맥락, 목표도 없이 뒤죽박죽으로 개념의 해체를 구현한다. 마치 발칸반도처럼 모든 강의실의 문을 굳게 걸어 잠그고 다른 강의실들과 어떠한 교류도 지도도 없이 추상성이 유영하는 개론 강좌나 교수가 좋아하는 주제에 대해 쓸데없이 구체적인 수업을 한다.

여기서 말하는 지도는 수업의 '체계성'을 가리키는데, 이는 원칙적으로 금지되어 있다. 반면, 암기와 벼락치기가 학생들의 유일한 정신-인식론적 수단이다. (비트겐슈타인의 초기 철학과 후기 철학이 어떻게 다르냐에 대해서는 암송할 수 있으면서 아리스토텔레스에 대한 강의는 한 번도 들어본 적 없는 철학과 졸업생들이 있다. 미로 속 생쥐 실험이나 무릎반사 실험, 통계 조사는 해봤으면서도 인간 심리학의 실제적 연구에는 단 한 번도 참여하지 않은 심리학과 졸업생도 있다.)

토론식 수업은 아첨의 기술을 배우는 과정 중 하나다. 아무것도 모르는 어린 학생이 자신이 공부하지 않은 주제에 대해 발표하는 것과 같은 상황인데도 대학생이라는 신분이 무식쟁이를 권위자로 탈바꿈시키고, 어떠한 이유나 지식 또는 근거가 없어도 누군가가 의견을 가지고 있다는 사실이 중요하다고 인식하게 만든다. (이것은 또한 무리의 정서적 분위기를 관찰하는 것이 중요하다는 사실을 정당화한다.)

이런 식의 토론은 개인의 창의력을 고무시키기보다는 상대에 대한 비판을 부추기는데, 이를 통해 콤프라치코스는 자신들의 목표 중 하나인 적대감을 조성하는 데 성공한다. 누구도 합리적 견해를 제시하지 못하는 상황에서 학생들은 상대의 헛소리를 공격하는 요령만 배우고, 나쁜 논증을 반박하는 것과 좋은 논증을 제시하는 것이 같다고 생각하게 된다. (어떤 발표나 토론에서 타인의 비합리적 주장을 반박하는 데는 탁월하지만 스스로 새로운 주장을 제시하지는 못하는 교수들이 대표적인 예다.) 지적 내용은 없고 학생들은 인신공격이라는 낡은 오류에 의존하며 논쟁을 모욕으로 대체하지만 처벌받지 않는다. 무뢰한의 무례함과 욕설을 표현의 자유로 받아들임으로써 악의는 보호받고 생각은 보호받지 못한다. 또한 토론의 본질을 무시한 채 아무리 심하게 공격하더라도 토론 참여자들은 '지적 관용'이라는 명목으로 좋은 친구 사이를 유지해야 한다. 이에 따라 학생들이 지닌 생각은 더욱 중요하지 않은 것으로 치부된다.

오늘날 생각하는 능력을 경멸하는 사회적 분위기는 이런 형태의 교육이 어떤 결과를 가져올지 아무도 몰랐다는 데서 초래되었다. 그리고 사람들은 대학생들이 배운 대로 실천하는 광경을 보고 충격을 받았다. 이런 교육을 받은 학생들이 대학의 운영권을 요구하는 것에 어떻게 반대할 것인가? 그들은 지적으로 권한을 부여받았고, 실존적으로 행사하기로 결정했다. 지식도 준비도 경험도 없는 생각의 결정권자로서 지식도 준비도 경험도 없는 관리자의 자격도 있다고 판단했다.

수업이 자신들의 실제 생활과 관련이 있어야 한다고 주장하는 학생들은 타당성을 제대로 따져볼 줄 모른다. 교육의 목적은 학생들의 사고력을 높이고 현실과 맞설 준비를 갖추게 하는 것으로 학생들에게 삶을 사는 방법을 가르치는 것이다. 학생들에게 필요한 것은 이론, 즉 개념이며, 이에 따라 생각하고 이해하고 통합하고 증명하는 법을 가르쳐야 한다. 오래된 지식의 정수를 배우고 노력을 통해 더 많은 지식을 습득할 수 있게 해주어야 한다. 하지만 이미 한참 전부터 대학들은 이 모든 의무를 포기한 채 이행하지 않고 있다. 오늘날 학교가 가르치는 것은 이론이나 실전, 현실 또는 인간의 삶과 아무 관련이 없다.

현재 학생들이 삶과 관련 있다고 여기는 문제는 지역사회활동, 대기오염, 쥐 개체수 조절, 게릴라전 등이다. 대학 교과과정을 결정하는 기준은 바로 그날의 신문 헤드라인이고, 관심 계층은 신문 사설 내용에 따라 설정되며, 현실에 대한 개념은 최신 TV 토크쇼에서 떠드는 것 이상으로 확장되지 않는다. 현대 지성인들은 만화가 아이들에게 나쁜 영향을 미친다고 평가하곤 했다. 그리고 이제, 그 아이들의 흥미는 신문 1면에 고정되었고 평생 그 자리에 멈춰 있게 되었다. 이것도 그들에게 성취라면 성취일 것이다.

콤프라치코스의 길들이기 작업은 모두 완료되었다. 학생들은 성장을 멈췄고, 동물들이 조련사의 휘파람에 움직이듯 학생들의 정신은 슬로건에 자동으로 반응하게 만들어졌다. 학생들의 정신은 자존감 대신 이타주의라는 시럽으로 방부처리가 되었다. 이제 학생들에게 남은 것은 만성적 불안, 물불 안 가리고 행동하려는 충동, 대상이 누구든 비난하고 싶은 마음, 세상에 대한 적개심뿐이다. 이들은 주인을 필요로 하고, 누구에게나 복종하며, 누가 되었든 자신이 무엇을 해야 하는지 알려주기를 바란다. 이제 공격하고, 폭탄을 던지고, 불태우고, 죽이고, 거리에서 싸우다 배수로에서 죽는 총알받이가 될 준비가 끝났다. 비참하고 무력한 괴물이 되도록 훈련받은 무리의 구성원으로서 누구에게나 대항할 준비가 되었다. 이제 이들이 '체제'에 대항해 싸우도록 콤프라치코스가 풀어주는 일만 남았다.

5

캠퍼스 폭동에 대한 논평이 쏟아지는 가운데 학생들에 대해 많은 말이 나왔다. 마치 그런 야만성은 학생들이 자발적으로 표현한 것이고 대학 당국이 내놓는 유화 정책은 억압적인 것으로 묘사되었다. 하지만 실제로 폭동을 일으키고, 조장하고, 조작하고, 관리하기도 했던 것은 일부 교수들이었다. 그리고 언론에서 이를 언급한 것을 거의 보지 못했다. 교수처는 일부 사안에 대해 학생운동가들의 견해를 지지했을 뿐 모든 사안을 지지한 것은 아니었다. 이에 대해 교수처를 모욕하고 강력한 영향력을 행사한 것은 소수의 콤프라치코스 교수들이었다. (소수의 무뢰한 교수들 앞에서 이른바 교양 있다고 하는 학자들이 도덕적으로 얼마나 비겁한지 보라. 철학적 신념이 없는 사람은 거수기 노릇만 할 수밖에 없다. 물론 철학적 신념을 지닌 교수들도 있었지만 그리 많지 않았다.)

이성의 파괴는 이성이라는 이름으로 위장한 채 여러 세대에 걸쳐 진행되었다. 임마누엘 칸트와 게오르크 헤겔, 윌리엄 제임스와 존 듀이를 거치며 철학의 중요한 축인 합리성이 무너졌을 때, 이를 기반으로 새로운 철학이 등장해 학생들의 정신상태를 합리화해주었다. 바로 실존주의 철학이다.

실존주의는 만성적인 불안을 형이상학의 영역으로 격상시킨다. 공포, 불행, 역겨움을 느끼는 것은 인간 본성에 내재돼 있어 개인의 잘못이 아니며, 인간이기 때문에 지워진 숙명이라고 주장한다. 행동하는 것이 유일하게 고통을 경감시키는 방법이다. 어떤 행동을 하라는 것인가? 여기서 행동이란 모든 행동을 말한다. 행동하는 방법을 모르는가? 겁먹지 말라. 용기란 아무것도 모르는 상태에서 행동하는 것이다. 목표를 무엇으로 정해야 할지 모르는가? 선택의 기준은 없다. 기분 내키는 대로 선택한 목표를 굳게 지키고 헌신해서 암울한 죽음에 이르는 것이 미덕이다. 비합리적으로 들리는가? 괜찮다. 이성은 인간의 적이라고 당신의 근육과 피, 직감이 말하고 있지 않은가?

자유의 탄압, 즉 자본주의의 파괴는 여러 세대에 걸쳐 잠행적으로 자행돼왔다. 대학에서 대거 생산되는 유순하고 지적인 순응주의자들은 독재를 끔찍이 혐오한다고 말하면서도 집단주의의 교리와 전제, 슬로건을 선전한다. 자본주의의 축이 무너지고 혼합경제 체제로 돌아섰을 때, 다시 말해 압력단체들이 합법화된 특권을 쟁취하려고 무력을 휘두르는 내전 상황이 되었을 때 합법성과 고상함을 버린 철학자를 위한 길이 열렸다. 현재는 이성과 자유의 적, 독재의 옹호자, 신비주의적 '통찰력'을 추구하는 원시사회로의 퇴행, 보편적 노예화, 무차별 지배의 옹호자인 헤르베르트 마르쿠제[18]의 시대다.

학생운동가들은 콤프라치코스가 만든 최대의 성공작이다. 콤프라치코스가 만든 과정을 착실히 밟았고, 진보 유아원에서 세뇌한 집단의 우월성에 아무런 반박도 하지 않았으며, 무리의 의지에 따르고 단체로 행동한다. 무리 안에서 또는 다른 무리들과 권력을 차지하기 위해 쟁탈전을 벌이는 일은 집단의 우월성에 의문을 품게 하지 않는다. 어떤 것에도 질문할 능력이 없기 때문이다. 따라서 그들은 인류가 행복하고 조화롭게 하나의 무리가 될 수 있다는 믿음에 집착하며, 무력을 통해 그것이 가능하다고 믿는다. 야만적 힘을 사용하는

---

18   Herbert Marcuse(1898~1979) : 독일 출생의 미국 철학자로 인간의 사상과 행동이 체제 안에 갇혀 변혁하는 힘을 상실했다고 주장했다. 자본주의를 획일적 산업사회로 보고 고도산업사회를 비판했다. 헤겔의 변증법, 마르크스의 노동자 소외 사상, 프로이트의 에로스 사상을 통합한 부정철학이론인 그의 비판이론은 신좌파 사상에 강력한 영향을 미쳤다.

것은 그들에게 매우 자연스러운 행태다. 인간이 이성을 버릴 때 물리적 힘은 교섭 및 분쟁을 해결하는 유일한 수단이기 때문이다. 학생운동가들은 이 법칙의 살아 있는 증거다.

학생운동가들은 폭력적인 시위, 방해, 파괴 등 무력을 사용하지 않고는 자신들의 주장을 관철시킬 수 없다고 말한다. 성질을 부리면 원하는 것을 모두 얻었던 진보 유아원 시절로 퇴보한 모습이다. 그들은 "지금 당장 내놔!" 하는 절대적이고도 신경질적인 외침에 세상이 반응하지 않자 입을 삐죽거린다. 세 살짜리 변덕쟁이가 스무 살짜리 폭력배가 된 것이다.

소수인 학생운동가들이 학교의 길들이기를 완전히 받아들이지 못하거나 거부한 다수와 대치하고 있다. 하지만 다수는 무력하고 혼란에 빠져 사기가 저하된 상태다. 이들은 학생운동가들과 뜻을 함께하는 히피족으로 전향할 가능성이 높다. 히피족은 진보 유아원 수준에 멈춰 있다. 진보 유아원에서 주입한 대로 형이상학을 받아들였고, 그에 맞는 세상을 찾아 헤매고 있다.

히피족의 라이프스타일은 진보 유아원의 이상을 철저히 구현한다. 아무 생각이 없고, 집중하지 못하며, 아무런 목적도 없이 일하지 않고, 순간적인 기분만 따르기 때문에 현실 감각이 전혀 없다. 히피족이 즐겨 듣는 음악은 최면을 거는 것처럼 단조롭고 원시적이다. 쿵쿵대는 비트마저도 뇌와 감각을 마비시키는 느낌이다. 형제애를 외치고 개성을 표현하는 척 가식을 떤다. 지저분한 카페에서 담배 연기와 악취에 쩔어서 '자신이 좋아하는 일'을 한다. 여기서 일이란 며칠 동안 다른 히피가 연주한 단조롭고 원시적인 음악을 똑같이

신좌파

이어서 연주하는 것이다. 이성보다 감성을, 물질보다 영성을, 기술보다 자연을 찬양하며 무엇보다도 사랑, 즉 자신들을 돌봐줄 사람을 찾아 누가 되었든 어떤 종류의 사랑이든 탐구하는 것을 찬양한다.

히피족은 유아적 이상에 집착하며 그 이상의 본질에 따라 생활한다. 그것은 사실 아무 노력도 하지 않는 것이다. 밝은 톤의 가구와 장난감이 없다면 축축한 지하실에 살며 바닥에서 잠을 잔다. 쓰레기통에서 찾은 음식을 먹고 위궤양에 걸리고 성병을 옮기고 다닌다. 즉 흥적인 기분에 따라 행동하는 것의 무자비한 적은 현실이므로 현실에 맞서는 것 빼고는 무엇이든 한다.

진보 교육의 결과로 다양한 변종이 탄생했고, 인간은 현재 자기 파괴의 과정을 겪고 있다. 이는 인간에게서 이성을 절대 분리할 수 없다는 사실에 대한 증거인 동시에 이성이 콤프라치코스와 그의 협력자에게 던지는 무언의 경고다. 인간의 정신을 파괴할 수는 있지만 정신을 대체할 수 있는 것은 없고, 인간을 비합리성에 길들일 수는 있지만 비합리성에 의지하게 할 수는 없다. 인간의 이성을 박탈할 수는 있지만 이성 외의 것으로 살아가게 할 수는 없다. 이에 대한 증거이자 경고로 나타나는 것이 바로 마약이다.

모든 히피, 학생운동가, 마르쿠제 추종자 무리가 주장하는 이론을 반박할 수 있는 가장 강력한 근거는 바로 그들의 마약에 찌든 눈이다. 올바른 삶의 방식을 가진 사람이라면 자각이 없는 상태로 도망가려 하지 않으며, 자신의 의식이나 존재를 약물로 없애려 하지 않는다. 마약중독은 자기 내면의 상태를 견딜 수 없다는 고백이다.

마약은 정치적·경제적 문제나 사회로부터 도피하는 것이 아니라 자기 자신에게서 도피하는 것이다. 정신이 훼손되고 불구가 되었지만 제거할 수 없는 채로 살아야 하는 존재가 마약 없이는 버틸 수 없다고 비명을 지르며 견딜 수 없는 상태에서 탈출하는 것이다.

한 세대 전체가 마약에 의존하는 현상은 오늘날의 문화, 즉 철학과 교육제도의 폐단을 증명하는 지표다. 더 이상의 증거도, 인과관계에 대한 설명도 필요치 않다.

무리에 속하는 것이 도덕적이고 사회에 필요한 일이라고 믿게 교육받지 않았다면 과연 고등학생이 마리화나나 피우는 '내집단'에 속하기 위해 자신의 뇌를 파괴하는 위험을 감수했겠는가?

이성이 무력하다고 믿게 교육받지 않았다면 과연 대학생들이 더 높은 인지 수단을 찾기 위해 정신을 확장하는 효과가 있다는 약물을 복용했겠는가?

현실은 환상에 불과하다고 믿게 교육받지 않았다면 과연 청년들이 자신들의 소원인 '더 높은' 현실에 도달하게 해주는 마약을 복용하고, 창문 밖으로 날아오르려다 보도 위로 떨어지는 일이 벌어졌겠는가?

같은 믿음을 공유하는 평론가 무리가 자기파괴를 '혁명적', '이상주의적', '새로운 라이프스타일', '새로운 규범', '마약 문화' 등으로 미화하지 않았다면 과연 청년들이 '마약중독은 개인의 무능함을 고백하는 것'이라는 마음속 깊은 곳의 진실을 모른 체할 수 있었겠는가?

이 국가적 재앙을 만든 것은 현대의 교육체계이고, 이 교육체계를 만든 것은 현대철학이다. 지난 200년 동안 철학은 반이성적 경향에 따라 궤도를 달리고 정점에 이르렀다. 이를 멈추려면 철학적 혁명이나 철학의 재탄생이 필요하다. 가정과 교회, 어머니와 전통을 생각하라는 호소는 소용이 없고, 소용이 있었던 적도 결코 없다. 사상은 사상으로만 싸울 수 있다. 교육체제는 아래에서 위로, 원인에서 결과로, 유아원에서 대학으로, 기초철학에서 캠퍼스 폭동으로, 안팎에서 대적해야 한다.

많은 지성인 청년들이 고등교육의 상태를 알고 혐오감에 빠져 대학 진학을 거부하거나 대학을 중퇴하고 있다. 이는 콤프라치코스의 손에 놀아나는 것이다. 국가의 최고 지성인들이 대학을 버리면 무능한 이류 지성인들이 지성이라는 공식 명찰을 달고 나오고, 일류 지성인들은 제 역할을 할 곳도 숨을 곳도 없는 상황에 놓이게 된다. 현대 대학 교육에서 정신을 온전히 보존하는 것은 용기와 인내를 시험하는 싸움이다. 하지만 그 싸움은 해볼 만한 가치가 있고, '이성의 존속'이라는, 인간에게 가장 큰 보상이 걸려 있다. 콤프라치코스에 대항하는 방법을 알면 대학에서 보내는 시간을 허비하지 않을 수 있다. 방법은 학교에서 가르치는 것을 반대로 생각하는 것이다. 모든 이론을 엄밀히 비평하고, 무엇이 참이고 거짓인지, 그 이유는 무엇이고 답은 무엇인지 주도적으로 알아내야 한다.

마약에 취한 히피족과 학생운동가 집단에 합류하고 그 집단의 구성원 중 아직 회복 가능성이 있는 사람들에게 다음 말을 전하고 싶다.

현대 콤프라치코스는 조상들보다 뛰어나다. 과거의 콤프라치코스 피해자는 누군가가 자신의 신체를 훼손했다는 것을 알 수 있었지만, 현대의 피해자는 정신적으로 손상을 입기 때문에 훼손 사실을 모른다. 그리고 자신의 정신을 파괴한 콤프라치코스에게 오히려 의존하고 심지어 주인으로 섬긴다. 자신이 느끼는 공포를 만들어낸 것이 콤프라치코스인데도 콤프라치코스가 공포로부터 지켜준다고 착각하기 때문이다. 그렇게 피해자는 콤프라치코스의 도구이자 장난감이 되어 부정한 돈벌이에 쓰인다.

무엇이 옳은지 모르는 혼란의 상황에서 정의를 위한 싸움에 참여하고 싶은 열망이 있다면 그 열망이 적절한 적을 향하게 해야 한다. 실제로 세상은 끔찍한 혼돈 상태다. 하지만 이 혼돈 상태를 낳은 것은 자본주의가 아니다. 우리는 지금 산산조각 난 자본주의의 잔해 위에 있지만, 자본주의가 있어 그나마 살아갈 수 있다. 오늘날 '기득권층'은 아무 생각 없는 위선의 썩은 구조로 돼 있다. 기득권층의 실체는 무엇이고 누가 지휘하는가? 기득권층은 교수들의 집단주의 슬로건을 따라 말하고 집단주의를 위해 수백만 달러를 쏟아붓는 기업가들이 아니다. 이성을 공격하고 집단주의·이타주의·신비주의 개념을 전파하며 교수들과 경쟁한 이른바 '보수주의자들'도 아니다. 복화술사의 인형처럼 당신이 하는 말을 그대로 전하는 워싱턴의 정치인들도 아니다. 당신의 대의를 알리고, 이상을 칭찬하고, 교수들의 교리를 설파하는 언론인들도 아니다.

이 모든 이들의 행동을 결정하는 것은 사상이며, 국가의 사상을 결정하는 것은 교육체제다. 따라서 개선이 아니라 파괴를 하며 지난 50년간 세상을 지배한 것은 대학교수들의 사상이었다. 그리고 오늘날, 이런 사상은 어떤 반대에도 직면하지 않고 당신의 정신과 자존감을 파괴한 것과 같은 방식으로 계속해서 세상을 파괴하고 있다.

비참하고 무력한 기분을 느끼고, 반란을 일으키고 싶은 충동이 든다면 당신을 지도하는 교수의 생각에 이의를 제기하라. 그보다 더 강력하고 고귀하며 영웅적인 반란은 없다. 당신이 가진 불안 외에 잃을 것은 없고, 무엇보다도 당신에게는 싸움에서 승리할 수 있는 정신이 있다.

마지막으로, 이러한 상황이 초래되는 데 한몫한 집단 중 하나인 부모들을 위해 소설『아틀라스』일부를 인용하고 싶다.

> "새끼에게 생존을 가르치는 동물들에 대해 생각해보았다. 새끼고양이에게 사냥하는 법을 가르치는 어미고양이, 새끼새에게 나는 법을 가르치는 어미새……. 하지만 인간은 이성이 생존 수단인데도 아이에게 생각하는 방법을 가르치지 않을 뿐만 아니라 아이의 두뇌를 파괴하는 교육에 헌신한다. 그래서 아이가 생각을 시작하기도 전에 생각하는 것은 무의미하고 사악한 것이라 확신하게 만든다."

> "인간은 아마 어미새가 새끼새의 날개에서 깃털을 뽑은 뒤 둥지 밖으로 밀어서 생존을 위해 악전고투하게 만드는 광경을 보면 몸서리를 칠 것이다. 하지만 자신들이 자녀들에게 하고 있는 교육이 정확히 이런 종류의 교육이라는 것을 그들은 알지 못한다."

> "아이는 아무런 장비도 없이 생존을 위해 싸우도록 세상에 내던져졌다. 비틀거리고 손으로 더듬으며 한 발짝씩 나아갔지만 허튼 노력에 불과했다. 아이는 울분에 차 소리 지르며 항의했다. 그리고 망가진 날개로 날아오르려던 첫 시도에 죽음을 맞이했다."

(1970년 8~12월)

Chapter **2** 문화

아폴론과 디오니소스

1969년 7월 16일, 플로리다주 케이프케네디에는 우주비행사를 달까지 데려간 아폴로 11호의 발사를 지켜보러 전미에서 100만 명이 모여들었다. 같은 해 8월 15일, 뉴욕주 베델에는 우드스톡 록 페스티벌을 보기 위해 전국에서 30만 명이 모였다.

이 두 사건은 철학적 사건이 아니라 뉴스였다. 우리의 실존에 관한 사실로 현대철학자와 실리적 기업가의 관점에서 철학과 아무 관련이 없는 일종의 행사였다. 하지만 이 두 사건이 지니는 의미, 즉 핵심과 결과를 자세히 살펴보면 이 둘은 철학적 추상성이 현실로 실현된 모습이라는 사실을 알 수 있다. 그리고 우리는 이 두 사건을 통해 이성 대 감정의 이분법이 제기되었다는 데 주목하고 이를 경계해야 한다.

이성 대 감정 이분법은 철학사에서 여러 가지 형태로 제시되었지만, 가장 권위 있는 주장은 프리드리히 니체Friedrich Nietzsche의 주장이다. 『비극의 탄생』에서 니체는 그리스 비극 안에서 두 가지 상반된 요소를 찾았다고 말한다. 그리고 그 두 요소를 현실에 내재한 형이상학적 원칙으로 보았는데, 그리스 신의 이름을 따서 각각

빛의 신 아폴론과 포도주의 신 디오니소스로 명명했다. 니체의 형이상학에서 아폴론은 아름다움, 질서, 지혜, 효능, 즉 이성을 상징한다. 그리고 디오니소스는 주취酒醉의 상징으로 거칠고 원초적인 기분, 환락, 어둠, 야만, 인간에게서 이해할 수 없는 요소, 즉 감정을 나타낸다.

니체의 말에 따르면, 아폴론은 인간에게 필요한 요소이긴 하지만 현실에 대한 피상적 관점, 즉 질서 정연한 우주라는 허상을 제시한다는 점에서 완전히 신뢰하기 어렵다. 반면 디오니소스는 술과 마약으로 인간에게 신비로운 직관을 제공하고, 인간의 정신을 해방할 뿐만 아니라 다른 종류의 현실에 대해 깊이 있는 시각을 갖게 해준다. 따라서 인간에게는 디오니소스가 아폴론보다 우월한 안내자다. 아폴론은 개별성의 원칙을 나타내는 반면, 디오니소스는 인간을 '완전한 자기 몰각'의 상태로 이끌고 자연과 '일체'가 되게 한다. (니체의 주장을 피상적으로 해석하고 니체가 개인주의의 옹호자라고 받아들이는 사람은 특히 주목하길 바란다.)

이러한 니체의 주장은 사실이다. 이성은 개인의 능력이고 개별적으로 행사하는 것이다. 그리고 인간을 무리나 부족으로 융화되게 하고, 합치고, 녹아 없어지게 하는 것은 비합리적 감정뿐이다. 이런 점에서 니체가 사용한 상징들은 납득할 수 있지만, 그 외에 각각의 가치에 대한 생각과 이성 대 감정 이분법은 받아들이기 어렵다.

이성과 감정은 서로 대립 관계라는 말과 감정은 거칠고 이해할 수 없는 요소라는 니체의 말은 사실이 아니다. 하지만 자신이 느끼는 것이 어떤 감정인지 알려 하지 않는 사람, 감정에 이성을 종속시키려는 사람에게는 사실일지도 모른다. 그리고 이와 비슷한 시도를 하고 그에 따른 결과를 얻는 사람들에게는 디오니소스의 상징이 타당하다고 느껴질 것이다.

상징적 인물은 철학의 소중한 부속물이다. 상징을 통해 사람들은 복잡한 문제의 본질적 의미를 쉽게 이해하고 기억할 수 있다. 아폴론과 디오니소스는 우리 시대의 근본적인 갈등을 나타낸다. 그리고 아폴론과 디오니소스의 상징을 제대로 이해하지 못하는 사람들을 위해 이 둘은 현실의 케이프케네디와 우드스톡에서 완벽히 극화되어 나타났다. 케이프케네디와 우드스톡 사건은 소설의 필수 요소를 모두 갖추었다. 행동과 관련된 두 가지 원칙의 본질을 순수하고 극단적인 형태로 구체화했다. 우주선의 이름이 '아폴로Apollo'라는 것은 우연의 일치라도 상황에 걸맞은 우연의 일치다.

이성과 감정의 충돌이 실제로 의미하는 바가 무엇인지 알고 싶다면 아폴로 11호와 우드스톡 페스티벌에 주목해야 한다. 또한 우리는 이 두 가지 중 하나를 선택해야 한다는 점과 오늘날의 문화 전반이 당신을 우드스톡의 진흙탕 속으로 밀어 넣고 있다는 점을 명심해야 한다.

〈객관주의자〉 1969년 9월호에서 나는 아폴로 11호의 달 착륙이 얼마나 위대한 공적인지에 대해 논한 바 있다. 기사에서 나는 이렇게 표현했다. "인간이 이성적 존재로서 대단한 성취를 이뤘다는 사실을 의심할 사람은 아무도 없다. 이성의 성취, 논리의 성취, 수학의 성취, 현실 절대주의에 대한 전적인 헌신의 성취……. 감정이나 기도, 충동, 본능 또는 재수 따위에 의존했다면 이 유례없는 위업을 달성할 수 없었을 것이다. 우리는 인간의 유일한 능력인 이성이 형체를 갖춘 모습을 목격하고 있다."

아폴로 11호에 대한 전 세계의 반응은 이와 다르지 않았다. 환호하던 관중들이 이성의 성취에 대해 인지했느냐는 중요하지 않다. 전세계는 영웅적인 인간의 모습과 성취에 오랫동안 굶주린 듯한 반응을 보였다.

케이프케네디로 백만 명이 모여든 것도 이런 이유에서였다. 그들은 원래 떼를 지어 움직이는 무리도 조종당하는 폭도도 아니었다. 플로리다 지역사회에 피해를 주지 않았고, 시골 지역을 황폐화시키지도 않았으며, 다른 관객들이 받아주리라 기대하며 속수무책으로 몸을 내던지지도 않았다. 그들은 희생자를 만들지 않았다. 책임감 있는 어른으로서 2~3일의 일정을 계획하고 케네프케이디로 왔다. 연령과 종교, 피부색, 교육 수준, 경제적 지위까지 모두 제각각인 그들은 무더운 날씨에 텐트나 차 안에서 불편하게 잠자고 생활하며 며칠을 지냈다. 그들은 행사 기간 내내 아주 즐겁게 지냈고, 확신에 찬 선의와 공통된 열정으로 결속을 표현했다. 개인들이 모여 책임감 있게 사생활을 누리는 공개 행사를 진행했고, 진행 요원의 도움 없이 각자가 떠나온 곳으로 돌아갔다.

나의 지인 중 하나가 당시 사람들이 어떤 종류의 기분을 느꼈을지에 대해 잘 표현해주었다. 뉴욕에서 우주비행사 퍼레이드가 있었을 때, 그녀는 길모퉁이에 서서 우주비행사들이 손을 흔들며 지나가는 광경을 보았다. 우주비행사들의 행진이 끝난 뒤에도 사람들은 자리를 떠나지 않고 서서 이야기 나누며 미소를 지었는데, 그 광경이 참

아름다웠다고 한다. 그녀는 인간이 악하지 않고, 서로 의심할 이유도 없으며, 선한 공통분모를 갖고 있다는 느낌을 받았다고 했다.

이것이 우리가 느낄 수 있는 진정한 인류애다. 우리는 진실하고 유일한 인류 통합의 형태로 가치를 공유함으로써 인류애를 성취할 수 있다.

아폴로 11호에 대한 대중의 반응을 다룬 언론은 없었다. 있었다고 해도 대부분 피상적이고 형식적이며 통계 수치를 제공하는 정도였다. 언론은 인류 통합이 어떤 원인 모를 신비로운 감정적 가치인 것처럼 묘사했다. 인류 통합을 통해 빈곤을 타파하고, 대기 오염과 자연보호 구역의 훼손을 막으며, 도시 교통체증을 해결해야 한다는 등 허튼소리만 해댔다. 이런 기사들은 얼마 지나지 않아 사라졌고, 아폴로 11호 이야기도 더 이상 의미 없다는 듯 사람들의 관심에서 멀어졌다.

우리 시대의 역설 중 하나는 언론의 목을 조르는 지식인들과 정치인들이 공익에 대한 자신의 헌신이나 가치의 최고 기준인 국민의 뜻에 대해 말할 때는 눈도 깜짝이지 않고 유창하게 말하지만, 실제로는 국민에게 전혀 관심이 없다는 사실이다. 그 이유는 집단주의 슬로건이 국민의 뜻에 따라서 정해지는 것이 아니라 국민을 지배하려는 자들의 입장을 대변하는 것이기 때문이다. 이 나라에서 가장 극명한 대립을 이루는 계층은 사실 부유층과 빈곤층이 아니라 일반 국민과 지식인 층이다. 그리고 지식인의 관점에서 보면 국민은 대부분 아폴론적이고 주류 지식인은 디오니소스적이다.

이 말의 뜻은 이렇다. 일반 국민은 현실 지향적이고, 상식 지향적이며 기술 지향적이다. (지식인들은 이를 '물질주의적'이라 하며, 이들을 '중산층'이라 칭한다.) 반면 지식인은 감정 지향적이어서 자신이 감당할 수 없는 현실과 자신들의 감정을 무시하는 기술문명으로부터 도망치기를 원한다.

이 사실을 낱낱이 드러낸 사건이 바로 아폴로 11호 발사였다. 지식인들은 대부분 이 위업에 분노했다. 1969년 7월 21일자 〈뉴욕타임스〉에는 무려 2면에 걸쳐 아폴로 11호 발사를 모욕하고 비난하는 기사가 실렸다. 이는 '기술'에 대한 비난이자 '이성'이 이룬 성취에 대한 분개였다. 대중평론가들도 같은 태도를 보였는데, 이들은 지적 경향성을 만드는 이들이 아니라 지적 경향성의 산물이자 바람이 부는 방향을 가리키는 풍향계 같았다.

CBS 방송의 뉴스 해설자인 월터 크롱카이트[01]는 이러한 경향에서 예외였지만, 에릭 세바레이드[02]는 이러한 경향의 전형이었다. 아폴로 11호 발사 전날인 7월 15일, 에릭 세바레이드는 케이프케네디에서 이렇게 해설했다. "미국과 전 세계 모든 곳에서는 마치 아폴로 11호의 성공이 이미 보장된 것처럼 비용이나 이익, 추가 발사 횟수에 대해 고민한다. 우리는 실패를 싫어하는 민족이다. 실패는 비非미국적이기 때

---

01   Walter Cronkite(1916~2009) : 미국의 언론인이자 뉴스 진행자로 '미국에서 가장 신뢰받는 공인'으로 불렸다. 1962년부터 1981년까지 19년간 CBS 방송사에서 뉴스를 진행했으며, 베트남전쟁, 케네디 대통령 암살, 워터게이트 사건 등 역사적 사건들을 객관적이고 시청자들이 알기 쉽게 보도했다.

02   Eric Sevareid(1912~1992) : 미국의 언론인이자 작가로 1939년부터 1977년까지 CBS 방송사에서 뉴스 기자 및 해설자로 활동했다.

문화   155

문이다. 아폴로 11호 발사가 실패하더라도 앞으로 우주사업은 축소되지 않고 활성화될 것이라는 데는 의심의 여지가 없다.”

“우리는 실패를 싫어하는 민족이다. 실패는 비非미국적이기 때문이다.” 이 문장을 주목하라. (전체적인 맥락상 이 두 문장은 아폴로 11호의 기술을 칭찬하려는 것이 아니라 빈정거리려는 것이었다.) 실패를 싫어하지 않는 민족이 어디 있는가? 누가 실패를 좋아하는가? 지구상에 실패를 싫어하지 않는 나라가 있겠는가? 이 말을 하려면 실패는 비非영국적이고, 비非프랑스적이며, 비非중국적이라는 말 등을 덧붙여야 한다. 결국 실패는 (정치 그 이상의 의미로) ‘러시아적’이라는 말을 하고 싶었던 것 같다.

그러나 에릭 세바레이드가 아폴로 11호의 실패를 의도하고 빈정댄 것은 아니었다. 그는 성공에 대한 미국인의 엄청난 헌신을 비꼬려 했다. 역사상 미국만큼 모든 면에서 성공한 국가는 없고, 성공은 미국에서 가장 위대한 덕목이기도 하다. 하지만 성공은 결코 저절로 얻어지는 것이 아니며, 노력한다고 즉각적으로 얻어지는 것도 아니다. 수동적으로 받아들이는 것은 미국인의 전형적인 특성과 거리가 멀다. 미국인은 좀처럼 포기할 줄 모른다. 그리고 세바레이드가 무시한 것은 바로 성공의 전제조건인 ‘시도하고 또 시도하기’ 수칙이다.

세바레이드는 아폴로 11호 발사가 성공하면 “천문학적인 돈이 우주개발뿐만 아니라 해양, 토지, 인간의 정신세계에 쓰여야 한다는 압박이 거세질 것”이라고 덧붙였다. 계속해서 “이러한 모험은 장엄한 드라마처럼 보이지만 실질적으로 도움이 필요한 곳에는 도움을 주지 않은 채 현실에서 도피하는 것일 뿐이며, 인간의 어두운 면을 통해 달의 밝은 면에 접근하고 있는 것"이라고 말했다. 또 "인간은 인간의 두뇌에 대해 아는 것보다 달이 무엇으로 구성되는지 더 잘 알게 될 것이다. (…) 도대체 왜 그런 행동을 하느냐"고도 했다.

마지막 말은 사실이다. 우리는 인간이 무생물계를 연구한 것과 동일한 합리적 수단을 통해 인간 본성을 연구해야 한다는 결론에 도달하게 될 것이다. 하지만 세바레이드는 이렇게 결론을 내린다. "인간 안에 있는 비범한 불꽃은 인간을 태워버릴 수 있다. 인간의 비대한 두뇌는 공룡의 비대한 몸처럼 결함이 있다는 사실을 스스로 증명할 것이며, 닐 암스트롱과 버즈 올드린이 달에 새긴 금속판은 인류의 묘비가 될 것이다."

그리고 7월 20일, 아폴로 11호가 달에 착륙하는 것을 전 세계가 숨죽이며 기다리는 동안 세바레이드가 중계한 내용은 다음과 같다. "이 사건이 아무리 대단하다고 해도 우리 일상은 크게 달라지지 않는다. 남자는 여전히 다리를 한 짝씩 넣어가며 바지를 입을 것이고, 아내와도 여전히 다툴 것이다." 사람마다 중요하게 생각하는 것, 가치 있게 생각하는 것은 다르기 마련이다.

같은 날 NBC 방송의 뉴스 해설자 데이비드 브링클리[03]는 "사람들이 감각과 지각을 통해 텔레비전에서 전달하는 것을 모두 직접 보고 들을 수 있기 때문에 뉴스 해설자가 더 이상 필요하지 않다"고 말했다. 이것은 인간이 일단 사건을 지각하면 적절한 개념적 결론에 저

---

03 David Brinkley(1920~2003) : 1943년부터 1997년까지 NBC·ABC 방송사에서 뉴스를 진행했다.

절로 이르게 된다는 것을 의미한다. 하지만 실제로 인간은 많은 것을 인식하면 할수록 해설자의 도움이 더 필요하게 되고, 특히 해설자의 개념적 분석을 필요로 한다.

캐나다에 사는 팬에게서 아폴로 11호에 대한 미국 방송의 해설은 캐나다 방송에 비해 상냥한 편이라는 내용의 편지를 받았다. 내용은 이렇다. "캐나다 방송에서는 이른바 '전문가'라는 패널들이 나와 아폴로 프로젝트에 대해 '어리석고 허세 가득한 우주 먼지의 기술적 재주'라고 말했습니다. 그리고 아폴로 11호가 임무에 성공할 경우 '지나치게 커질 미국의 자부심'에 대해서도 걱정했습니다. 임무에 실패하면 크게 안도할 것 같은 느낌이 들 정도였습니다."

이런 태도 뒤에 숨겨진 실제 동기, 즉 스스로 받아들이지 못하는 무의식적 동기는 무엇일까? 미국 CBS 방송의 뉴스 진행자 해리 리즈너[04]의 발언에서 이 동기를 찾을 수 있다. 당시에는 아폴로 11호가 달 탐사에 성공한다면 달의 시적이고 낭만적인 매력과 신비스러움이 사라지고, 더 이상 인간의 상상력을 자극하지 않게 될 것이라며 걱정하는 사람들이 많았다. 해리 리즈너는 약간 슬픈 어조로 다음과 같이 짧게 말하고 뉴스를 마쳤다. "만약 달이 치즈로 만들어져 있다고 밝혀진다면 과학계는 큰 타격을 입게 될 것이다. 하지만 그렇지 않을 경우 '삶이 질서 정연하지 않은 우리'가 큰 타격을 입게 될 것이다."

---

04 Harry Reasoner(1923~1991) : CBS·ABC 방송사의 뉴스 진행자로, CBS 유명 시사보도 프로그램 〈식스티 미닛60Minutes〉을 최초로 진행했다.

신좌파

어떤 사람들에게는 성취를 보는 것이 치욕이고, 자신의 삶이 비합리적이며 이성과 현실에서 빠져나갈 구멍이 없다는 것을 상기시켜주는 계기가 된다. 인간이 이룬 성취를 보고 분개하는 이들의 모습은 궁지에 몰린 디오니소스가 송곳니를 드러내는 것이다.

해리 리즈너의 발언이 함축하고 있는 의미는 이렇다. 디오니소스적 집단의 선봉들은 거칠고 난폭한 비합리주의자로 구성되어 있고 대놓고 이성을 혐오할지 몰라도, 디오니소스적 집단의 구성원은 대부분 이성에 반하는 어떤 중범죄도 저지르지 않는다. 이따금 은밀하게 비이성적인 변덕을 부리는 자신의 모습에 취할 뿐이다. 공개적으로는 변덕과 현실 사이에서 타협하고 '힘의 균형'을 추구한다.

하지만 이성은 절대적이라는 사실에 유념해야 한다. 이성을 배반하기 위해 머리에 나뭇잎만 얹은 채 발가벗고 길거리에서 춤을 출 필요는 없다. 뒷계단을 통해 몰래 아래층으로 내려가듯이 슬그머니 이성을 배반할 수도 있다. 그리고 이성을 배반하고 나면 인간의 수명을 연장시키는 과학의 발전이 어쩐지 달갑지 않은 자신을 발견하게 될 것이다.

디오니소스의 추종자들을 알아보기는 쉽지 않다. 이 집단을 대표하는 이가 누구인지도 바로 알아보기 어렵다. 역사상 가장 위대한 디오니소스적 인물은 매우 고지식한 사람이었다. 서른 살이 넘을 때까지 술과 담배를 한 번도 하지 않았고, 마을 사람들이 그를 보고 시계를 맞출 만큼 정확한 시간에 산책을 하는 단조로운 일상을 보냈다. 그의 이름은 바로 임마누엘 칸트다.

칸트는 역사상 최초의 히피였다.

하지만 이런 종류의 디오니소스 총사령관에게는 장교와 부사관이 필요하다. 부사관이 훈련시킨 병사만으로는 아폴론과 대적하지 못하고, 전 세계 디오니소스 추종자들을 동물원에서 탈출시키지도 못한다. 사육사의 눈을 속여 디오니소스 추종자들을 빼내려면 아폴론으로 위장한 이들이 필요하다. 세상 사람들이 보는 방향으로 반쪽짜리 아폴론 마스크를 써서 이성은 '타협'이 가능하다는 확신을 주고 방심하게 만들어야 한다.

동물원에서 탈출하는 데 성공한 디오니소스 추종자는 칸트의 여러 부사관들을 만나게 된다. 그중 한 명은 디오니소스와 우드스톡의 연결선 역할을 하는 찰스 린드버그[05]다.

42년 전, 린드버그는 영웅이었다. 대서양을 혼자 무착륙 비행한 그의 위업은 합리성과 미덕의 상징이었다. 하지만 합리성이나 미덕은 저절로 얻어지는 것도 영구적으로 유지되는 것도 아니고, 개인이 의지를 가지고 지속해서 실천해야만 지닐 수 있다. 1969년 7월 4일자 〈라이프〉지에 실린 린드버그의 글을 보면 이 사실을 알 수 있다. 린드버그가 아폴로 11호 발사를 앞두고 한 논평은 한때 영웅이었던 사람이 얼마나 타락할 수 있는지를 보여준다.

린드버그는 자신이 대서양을 횡단하겠다고 결심하게 된 동기를 사실 알지 못한다고 자백했다. (이는 자기 성찰에 실패했음을 자백하는 것이다.) 그리고 이렇게 말했다. "내가 확신하는 것은 우주비행사들이

---

05   Charles Lindbergh(1902~1974) : 미국의 비행사로 1927년에 단독으로 33시간 동안 비행해 대서양 횡단에 성공했다.

이성보다 직감을 따랐다는 것 그리고 비행을 사랑하는 마음이 현실적인 목적보다 더 중요하다는 것이다."

린드버그의 말에 따르면, 직업을 선택하고 그 직업을 사랑하는 것은 이성이나 현실적인 목적과 아무 연관이 없다.

"비행 기술에 과학이 더해짐에 따라 비행기에 대한 나의 관심은 줄어들었다. 나의 이성은 자동 시동기나 폐쇄형 조종석, 라디오, 자동조종장치 등이 탑재된 비행기의 발전을 환영했지만 직감은 그것을 혐오했다. 내 직업을 즐길 수 있게 만들어주었던 감각과 이성 사이의 균형을 무너뜨렸기 때문이다."

린드버그의 이러한 발언은 그가 말하는 '직감'과 그토록 신비하게 여기는 동기의 본질이 무엇인지 알 수 있게 해준다. 당신이 스스로 결론을 내릴 수 있도록 직접 언급하지는 않겠다.

"나의 직감이 나를 항공 분야로 이끌었듯이 직감은 다시 내가 어린 시절에 좋아했던 것, 즉 삶에 대한 사색으로 이끌었다."

그는 이성을 거부했는데 어떻게 사색을 했는지 알 수 없다.

"나는 삶의 역학이 삶이 지닌 신비한 성질보다 흥미롭지 않다는 사실을 발견했다. 이에 따라 초감각 현상을 공부하기 시작했고, 1937년 요가 수행으로 통찰력을 얻기 위해 인도로 갔다."

몇 년 뒤, 그는 아프리카·유라시아·아메리카 대륙의 황무지로 탐험을 떠났고, 그곳에서 새로운 시각을 얻게 되었다며 이렇게 말했다. "이성보다 본능이 우주적 관점에서 삶을 계획하도록 해준다는 사실을 깨달았고, 그것을 내 정신과 뼈에 새겼다."

아폴로 8호 발사를 참관하러 갔을 때, 린드버그는 순간적으로 깊은 인상을 받았다고 한다. "우주비행사, 엔지니어들과 이야기를 나누고 과학위원회실, 실험실, 공장, 보호실을 둘러보며 항공우주 분야에 다시 뛰어들고 싶은 열망을 느꼈다. 그들이 하려는 발명과 개척, 모험에 무궁무진한 가능성이 있다는 사실을 알고 있다. 하지만 나는 결코 돌아가지 않을 생각이다. 수십 년 동안 과학, 항공기와 함께한 경험은 내 정신과 감각을 그 이상으로 향하게 만들었다. 과학적 성취는 나에게 끝이 아니라 하나의 길이었다. 나를 신비로 향하게 하고 사라진 길이다."

자신의 동기가 이성 너머에 있다고 말한다. 터무니없어 보이는 이 말이 누군가에게는 만족스러운 설명이 되고, 추가적 근거를 요구하지 않는 인식론적 주장이 된다.

린드버그의 비논리적인 말에서 추측할 수 있는 것은 단 한 가지다. 그는 과학이 인간에게 전능함을 주지 못한다고 생각한다. "과학적 지식에 따르면 우주선의 속도는 절대 빛의 속도를 따라잡지 못한다. 인간의 짧은 수명으로는 우주의 아주 미미하고 보잘것없는 부분만 통과해 갈 수 있기 때문에 태양 주위를 공전하는 행성을 물리적으로 탐사하는 것은 거의 불가능하다. 설사 탐사에 성공해도 행성의 극히 일부분에 대해서만 밝히는 것으로 한정될 수밖에 없다. 과학적으로 확립된 원칙들은 우주에서 공전하는 한 작은 별의 영역 내로 제한된다. 한때 산소 부족이 우주탐사를 저지했듯 이제는 시간 부족이 우리를 막고 있다."

하지만 그는 한편으로 우리가 또 다른 시대의 입구를 열고 있는 것은 아닌지 궁금해한다.

"과학의 시대가 종교적 미신의 시대를 뛰어넘은 것처럼 우리는 과학의 시대를 넘어설까? 과학의 길을 걸으며 우리는 과학으로 밝힐 수 없는 신비를 더 많이 발견하게 되었다. 미래의 위대한 모험은 20세기에 얻은 우리의 이성으로는 이해할 수 없는 차원에 있을 것 같다. 태양계 너머의 먼 은하계, 아마도 시간과 공간의 영향을 받지 않는 우주 끝 주변부에 있으리라 생각한다."

여기까지 린드버그가 한 말이 잘 이해되지 않는다면 그것은 당신이 '20세기 이성'의 소유자이기 때문이다. 린드버그는 이제 또 다른 인지 수단을 쓸 것을 종용한다.

"우리는 수만 년 전 자연도태에 따라 직감을 잃었고, 다시 퇴화해 직감을 되찾기에는 지성의 힘이 너무 커져버렸다. (…) 우리는 인간의 유형적인 형태와 무형적인 확장이 만들어낸 무수하고 미묘한 요소들이 지성과 함께 조화를 이룰 수 있는 방법을 찾아야 한다."

이후, '야생'이 갑자기 등장한다. '자연'이 아니라 '야생'이다. 기술적 진보 및 문명과 대조되는 야생에서 린드버그는 인간이 나아갈 방향과 가치 인식 그리고 구원 수단을 찾는다.

이에 대해 『파운틴헤드』에 등장하는 엘리워스 투히의 이 말을 인용하고 싶다. "자신이 한 어리석은 행동에 대해 고심하지 말고, 그것이 무엇을 이뤘는지만 자문해보라."

린드버그가 도달한 결론은 다음과 같다.

"과학 지식과 야성을 결합한다면, 원시시대에 뿌리를 두고 문명을 발전시킨다면 인간의 잠재력은 무궁무진할 것이다. (…) 인간은 기적과 하나가 될 수 있다. 기적과 인간이 하나가 된 존재에 대하여 우리는 '신'보다 더 나은 이름을 붙일 수 있을까? 이러한 결합을 통해 우리는 이성으로 모호하게 인식했지만 직감으로 오랫동안 느껴온 바와 같이 삶을 동반하지 않은 경험을 할 수 있다.

그때가 되면 우리가 이제 막 알기 시작한 우주적 진화에서 삶은 한 단계에 지나지 않는다는 사실을 깨닫게 될까? 우주선 없이도 은하계에 도달할 수 있고, 사이클로트론 없이 원자 내부를 볼 수 있을까? 물리적으로 기막히게 멋진 경험을 하는 이 시대에 멋진 성취 이상의 모험을 하려면 감각적 인식과 초감각적 인식이 결합돼야 한다. 나는 감각과 초감각이 서로 다른 얼굴을 가지고 있을 것으로 생각한다."

이런 종류의 타협과 비교하면 오늘날 정치인들이 하는 타협은 아주 하찮게 느껴진다.

소설 『아틀라스』에서 나는 신비주의가 반反인간·반反이성·반反생명을 추구한다고 언급했고, 이후 나는 이것이 사실이 아니라고 주장하는 신비주의자에게 폭력적인 항의를 받았다. 린드버그는 삶, 우주선, 사이클로트론을 모두 없어도 되는 것으로 간주하고, '삶을 동반할 필요가 없는 경험'에 대해 이야기한다. 그리고 삶, 이성, 문명을 옹호하는 사람들이 얻은 것보다 직감을 통해 더 대단한 성취를 이룰 수 있다고 말한다.

그래서 현실이 그의 소원을 들어준 모양이다. 그는 더 이상 인간의 우주적 진화나 야생과의 재회, 은하계 여행을 위해 수만 년을 기다릴 필요가 없다. 우드스톡 근처의 가축 배설물이 흩어져 있는 진흙탕 언덕에서 30만 명이 뒹굴며 그의 목표와 이상, 구원을 이루고,

더불어 황홀감까지 느끼게 해주었기 때문이다. 삶을 동반하지 않는 경험이자 시공간의 영향을 받지 않는 우주 주변부로 떠나는 그 여행의 이름은 바로 'LSD[06] 여행'이다.

우드스톡 페스티벌은 우드스톡에서 열리지 않았다. 그 행사와 관련된 것은 페스티벌 이름처럼 모두 가짜였고, 우드스톡 지역의 예술적 명성을 이용해 돈을 벌려 한 장사치의 놀음에 불과했다. 페스티벌은 베델 지역의 농부에게 빌린 120만 평의 평원에서 진행되었다. 홍보비로 20만 달러를 쓴 결과 30만 명의 히피가 그곳에 모여들었다. (이 수치의 출처는 〈뉴욕타임스〉로 이보다 참가자를 더 많게 집계한 언론사도 있다.)

1969년 8월 25일자 〈뉴스위크〉에는 이런 내용이 있다. "당초 3일 동안 진행하기로 했던 우드스톡 페스티벌은 시작부터 일반적인 팝 페스티벌과 달랐다. 단순한 콘서트가 아니라 새로운 세대의 생각을 표현하는 부족 모임이라고 칭하는 것이 어울린다. 도시에서 벗어나 공동생활을 하고, 마약에 취하고, 옷과 장신구를 과시하고, 혁명적인 음악을 들었다." 이 기사는 페스티벌 기획자가 한 다음 말을 인용한다. "페스티벌 참가자들은 모두 각자 자기 일에 몰두할 것이다. 이것은 단순한 음악 페스티벌이 아니다. 새로운 문화와 관련된 모든 것의 복합체다."

〈뉴스위크〉의 표현은 틀리지 않았다.

식사나 주거·위생 시설은 제대로 준비되지 않았다. 기획자는 그

---

06 Lysergic Acid Diethylamide : 환각 증상을 일으키는 마약의 한 종류.

렇게 많은 군중이 모이리라고는 예상치 못했다고 했다. 〈뉴스위크〉는 당시 환경을 이렇게 설명한다. "주최 측에서 준비한 음식은 페스티벌 시작과 동시에 모두 소진되었고, 마을 우물에서 공급되던 물도 모두 말라버리거나 더러워졌다. 금요일 밤에 내린 폭우로 공연장은 진흙탕이 되었고 관객석은 물웅덩이로 뒤덮였다. 물에 젖고, 다치고, 병이 난 히피들은 감기, 인후염, 골절, 철조망에 베인 상처, 손톱에 긁힌 상처 등으로 괴로워하며 임시 의무실로 향했다. 임시 의무실에 있던 의사들은 '공중보건 비상사태'를 선언했고, 뉴욕시에서 50명의 의사가 추가로 파견되었다."

1969년 8월 18일자 〈뉴욕타임스〉에는 폭우가 내리던 상황이 이렇게 묘사되어 있다. "최소 8만 명의 젊은이가 무대 앞에 서거나 앉은 채로 어두운 하늘을 향해 마구 욕설을 내뱉었다. 빗물이 쏟아지면서 쓰레기가 진흙투성이 언덕을 굴러다녔고, 텐트나 임시 건물, 자동차로 대피하는 사람들도 있었다. 하지만 많은 젊은이가 몸에 진흙만 바른 채 벌거벗고 폭풍우 속을 헤매고 다녔다."

페스티벌이 진행되는 동안 사람들은 마약을 하고 이를 판매하거나 공짜로 나누어주기도 했다. 목격자들의 증언에 따르면 당시 군중의 99%가 대마초를 피웠다고 한다. 이에 그치지 않고 헤로인, 하시시, LSD 등 강력한 약물이 대놓고 판매되었다. 이른바 '나쁜 여행'이라고 하는 악몽 같은 경련을 겪은 사람들도 흔했다. 심지어 헤로인 과다복용으로 사망한 이도 있었다.

〈뉴스위크〉는 다음 말로 논평을 마무리했다.

"페스티벌 기획자는 뉴멕시코의 히피 공동체인 호그 팜Hog Farm

사람들을 고용해 페스티벌을 평화롭게 경비하게 했다. 페스티벌이 끝나갈 무렵 호그 팜 야영지 근처에서 흥분한 미치광이들이 개처럼 짖고, 손전등 불을 켠 채 둥글게 원을 그리며 기이한 춤을 췄다. 젊은 물병자리[07] 남자가 모든 역경에도 불구하고 믿음을 잃지 않은 것에 대한 노래가 흘러나왔다. '지금과 지금 그리고 지금이 전부다. 사랑이 전부다. 사랑은 사랑.'"

이것은 페스티벌의 주제였다. 하지만 이 사랑의 축제로 대가를 치른 사람들은 따로 있었다. 그들은 바로 사랑받지 못한 사람들이었다. 우리에게 '지금'보다 더 중요한 것이 있다는 것을 아는 사람들, 그것이 없으면 '지금'도 불가능하다는 것을 아는 사람들이었다.

베델 시민들은 사실상 법 집행기관으로부터 버림받은 희생자들이었다. 그들은 부랑자도 백만장자도 아니었다. 그들은 단지 생계를 위해 열심히 일하는 농부나 영세 상인들이었다. 8월 20일자 〈뉴욕타임스〉가 보도한 희생자들의 이야기는 마치 왜적에게 침략당한 토착민들의 증언 같다.

17B 구역에서 우체국과 잡화점을 운영하는 리처드 조이너 씨는 페스티벌 참가자들이 자기 집 마당에서 멋대로 불을 피우고, 야영을 하고, 뒤뜰을 화장실로 사용했다고 말한다.

20만 평의 낙농장을 운영하는 클래런스 타운센드 씨는 몸서리를 치며 이렇게 말했다. "농장 전체에 젊은이들이 널브러져 있었습니다. 여기저기 오물 구덩이를 만들고, 옥수수밭을 몽땅 헤집어

---

07   점성술에서 물병자리는 형제애와 자유, 평화를 뜻한다.

놓았습니다. 펜스는 하나도 남김없이 다 뽑아서 땔감으로 사용했더군요."

농부인 로이든 가브리엘 씨는 이렇게 말했다. "집에 있던 연못은 수렁이 되었습니다. 밭에는 펜스가 없었기 때문에 모두 그냥 들어와서 용변을 봤습니다. 옥수수를 따 먹고 여기저기서 야영을 했습니다. 서른 명 정도를 끌어냈습니다. 건초 더미 위에서 대마초를 피우고 있었으니까요. 내년에 또 이들이 찾아온다면 어떻게 해야 할지 모르겠습니다. 여기를 팔거나, 팔지 못한다면 다 태워버릴 생각입니다."

비위생적인 사랑의 사도들은 이 희생자들에게 사랑을 나누어주지 않았다. (생각 없이는 사랑도 있을 수 없다.) 페스티벌 기획자들은 심지어 서로에게도 보편적인 사랑을 베풀지 못했다. 1969년 9월 9일자 〈뉴욕타임스〉에는 우드스톡 페스티벌이 끝나고 '3일간의 평화와 음악'에 대한 행복감이 사라지면서 네 청년 사업가 사이에 다툼이 시작되었다는 보도가 실렸다.

우드스톡 페스티벌은 20대 청년 네 명이 기획했다. 그중 한 명인 유명 드럭스토어 상품 회사 상속자는 페스티벌이 적자로 끝날 경우 손실 비용을 대기로 약속했다. 하지만 페스티벌 참가자들이 티켓 판매 절차를 무너뜨렸고, 절반 이상이 입장료인 7달러를 내지 않으면서 페스티벌은 '재정적인 파국'을 맞게 되었다. 젊은 상속자의 말에 따르면 페스티벌의 적자액은 200만 달러에 달했다고 한다.

네 명의 기획자들은 현재까지 '우드스톡 벤처회사'의 소유권을 두고 다투고 있다.

그중 다른 한 명은 '항상 재계財界에 한 발을 걸치고 있는 히피', '신발과 셔츠, 이발을 싫어하는 청년(하지만 기사가 운전하는 캐딜락을 타고 전용 비행기로 해외여행 다니기를 좋아하며, 주식시장에 관심이 많은 청년)'으로 묘사된다. 분명한 것은 모두가 '젊은 층을 공략해 돈을 버는 것에 관심이 있는 대기업 및 월스트리트 투자회사'와 깊이 연결돼 있다는 사실이다.

또 다른 한 명은 이렇게 대놓고 말했다. "언더그라운드 산업은 자신이 물질주의자가 아니라고 주장하는 반체제적 세대를 이용해 반체제적 물질주의자가 돈을 버는 것이다."

우드스톡 기획자들은 페스티벌이 진행되는 동안은 물론 페스티벌이 끝나고 나서도 '젊은 세대를 이용해 돈을 버는 것'과 젊은 세대들이 페스티벌을 '혁명의 한 부분으로서 부족들 간의 근사한 만남이라고 믿게 하는 것' 이 두 가지를 적절히 혼합하는 데 골머리를 썩였다고 한다.

더 역겨운 것은 수십만 명의 반체제적 젊은이들의 정신 상태였다. 냉정하게 말해 기획자들의 정신 상태보다 더 심각하면 심각했지 더 낫지 않았다.

1969년 8월 25일자 〈뉴욕타임스〉에는 페스티벌에 참여한 젊은이 여섯을 인터뷰한 내용이 실렸다. 인터뷰에는 이름만 나온다. 스티브, 린지, 빌, 지미, 댄이라는 남학생 다섯 명과 주디라는 여학생 한 명이다. 대부분 대학생이었고, 가장 어린 학생은 열여섯 살로 도시에서 꽤 괜찮은 사립학교에 다니고 있었다. 모두 중산층 가정의 자녀들이었다.

일부를 다음에 인용한다. 이것은 놀라운 정신분석학 자료가 될 것 같다.

Q 페스티벌에 가고 싶었던 이유는 무엇인가?

린지 : 음악 때문에 가고 싶었다. 음악이 유일한 이유였다.

주디 : 참가하는 가수 라인업이 환상적이었다. 여태껏 본 적 없는 훌륭한 라인업이었다.

Q 어디서 자야 할지, 식사는 어떻게 해야 할지 계획이 있었나?

주디 : 캠핑카 두 대를 가져갔다. 여자 네 명과 남자 두 명이 캠핑카를 타고 가고, 뉴햄프셔에서 오는 스물에서 서른 명 정도의 사람들과 만나기로 되어 있었다. 그 사람들이 텐트를 가져오기로 했는데 만나지 못했다. 우리는 그냥 흩어져서 따로 행동했다.

Q 식사는 어떻게 했나?

주디 : 당근 한 봉지와 음료수를 가져갔다.

Q 페스티벌장에서 음식을 살 수 있을 거라 예상했나?

주디 : 별로 진지하게 생각해본 적 없다.

Q 현장에서 무엇을 느꼈나?

주디 : 아주 놀라운 기분을 느꼈다. 우리와 같은 사람들이 많다는 것, 우리가 힘이 있다는 것을 알게 되었다. 나는 언제나 내가 소수에 속한다고 느꼈는데, 그곳에서 우리는 다수였다. 우리를 일탈자라 부르는 사람들에게 답을 주는 공간 같았다.

Q 음악을 듣기 전에 느낀 감정이었나?

주디 : 페스티벌에서 음악을 전혀 듣지 못했다.

Q 페스티벌 기간 내내 음악을 듣지 못했단 말인가?

주디 : 그렇다. 페스티벌 기간 내내 듣지 못했다.

* 인터뷰 참가자들은 모두 '공동체 의식'이라 부르는 느낌을 강조했다.

스티브 : 우리는 모두 개인이 되기 위해서가 아니라 하나가 되기 위해 모였지만, 그곳에서 각자 자신만의 삶의 방식을 표현할 수 있었다.

Q 그곳에서 서로가 공유한 것이 많았나?

스티브 : 목소리. 그리고 그 밖의 모든 것을 공유했다.

빌 : 사람들 무리 속에 앉아 있었는데, 몹시 덥고 햇볕이 따가웠다. 그런데 갑자기 시리얼 한 상자가 옆구리를 쿡 찔렀고, 누군가가 "한 입 먹고 옆으로 전달하세요" 하고 말했다. 얼마 뒤에는 세 입 정도 크게 베어 먹고 남은 시원한 수박도 전달됐다. 마치 보통의 토요일 오후 같았다. 우리는 수박을 한 입씩 베어 먹고 다른 사람에게 전달했다. 세 줄 뒤에 있던 어느 남자가 "저 사람들에게도 먹을 것을 좀 나눠주세요" 하면서 시작된 일이었다.

* 페스티벌 참가자들은 모두 마약(대부분 대마초)을 소지하고 있었다. 공유하는 것을 좋아하는 젊은이들이 각자의 마약을 나누는 모습도 종종 보였다. 공짜로 얻지 못해도 마약상이 관객 사이를 활보하고 다녔기 때문에 마약을 손에 넣기는 어렵지 않았다. 참가자들 대부분이 마약과 페스티벌을 떼려야 뗄 수 없는 관계라고 생각했다.

Q 그 속에서 시간을 얼마나 보냈나? (즉, 얼마나 오랫동안 마약에 취해 있었나?)

린지 : 전체 시간의 약 102% 정도?

Q 페스티벌 기간을 마약 없이 보낼 수 있었을까?

스티브 : 마약이 없었다면 문제를 일으켰을 사람도 있다. 나이가 많

은 사람 중에는 코카인 중독자도 있었기 때문이다.

Q 나이가 많다면, 몇 살 정도였나?

주디 : 스물넷에서 스물여섯 정도로 보였다.

Q 장래에 무엇을 하고 싶나?

지미 : 지금까지 내 인생에서 나는 가지고 싶은 것은 모두 가져왔다. 그리고 남은 인생에서도 무엇이든 모두 가질 계획이다. 단, 지금부터는 그것들을 어떻게 가질지 생각해보아야 한다. 일을 하고 싶지는 않다. 오전 9시부터 오후 5시까지 한자리에 있어야 한다면 내가 원하는 모든 것을 가질 수도, 하고 싶은 것을 할 수도 없기 때문이다.

주디 : 나는 모든 것을 적어도 한 번씩은 시도해볼 생각이다. 케이프에 있는 농장에서 한 달간 산 적이 있는데, 즐겁고 재미있었다. 다시 돌아가서 토마토나 다른 것들을 재배해보고 싶다고 늘 생각한다.

Q 가정을 꾸리기를 원하나?

주디 : 아이는 한 명 있었으면 좋겠다. 번식을 위해서. 하지만 책임을 많이 지는 것이 싫어 가정을 꾸리고 싶지는 않다. 이곳저곳 돌아다니며 살고 싶다. 언제든 떠날 수 있고, 가능한 한 삶에 제약이 없으면 좋겠다.

Q 우드스톡 페스티벌에서 섹스도 중요한 요소였나?

댄 : 섹스는 일부에 불과했다. 중요한 부분인지 아닌지는 모르겠다.

스티브 : 솔직해지자. 인구 50만 명으로 구성된 사회가 3일 동안만 존재하는데, 어떻게 섹스를 하지 않겠는가?

지미 : 우드스톡이라고 해서 다른 곳보다 결코 더 자유롭거나 덜 자

유롭지는 않았다.

댄 : 사회적 약속이란 것이 있지 않은가. 내 말은, 그들도 밤까지 기다렸다가 거사를 치렀다.

Q 예의를 지켰다는 말인가?

댄 : 그랬다고 생각한다. 인간이라면 응당 지켜야 할 선이라는 게 있다. 철저할 정도는 아니라도 약간의 선은 지켰다.

그것이 과연 제대로 된 선이었을까?

투사投射라는 심리적 기제가 있다. 이런 종류의 사람들이 상대를 '행실이 나쁜 사람'이라고 비난한다는 사실을 생각해본 적 있는가?

언론은 이런 자들에게 '새로운 문화'와 도덕적으로 중대한 의미를 지닌 운동의 주역이라고 찬사를 보내고 있다. 이들은 아폴로 11호를 '한낱 기술'에 지나지 않는다고 깎아내렸던 바로 그 언론인, 지식인과 같은 자들이다.

여러 간행물 가운데 우드스톡을 가장 예리하고 냉정하게 판단한 것은 〈뉴스위크〉였다. 〈뉴스위크〉는 우드스톡에 대해 어떤 찬사도 보내지 않았다. 〈뉴욕타임스〉도 8월 18일자에서는 "캐츠킬의 악몽 Nightmare in the Catskills"이라는 제목의 사설로 우드스톡을 맹비난했지만, 바로 다음 날 입장을 바꿔 부드러운 논조의 기사를 실었다.

〈타임〉은 극단으로 치달았다. "역사상 가장 큰 사건이 남긴 메시지"라는 제목으로 다음과 같은 내용의 사설을 게재했다. "1960년대 미국 청년들의 특수한 문화가 지닌 힘과 매력이 공개적으로 드러났다. 우드스톡은 이 시대의 중요한 정치사회적 사건으로 자리매김할 것이다. 자발적으로 구성된 젊음의 공동체는 베델을 전설을 탄생시킨 명소로 만들었다."

여기에 한술 더 떠서 〈라이프〉는 우드스톡 페스티벌 특별판을 출간했다. 컬러 사진 분야에서 개발된 최고의 기술이 지저분한 야만인들을 아름답게 묘사하는 데 사용되었다. 발행인은 우드스톡 페스티벌에 대한 찬사를 연이어 남발한 뒤, 다음과 같은 경고로 글을 마무리했다.

"위대한 공연은 마약에 취할 자유를 대가로 군중을 길들이고 순응을 끌어냈다. 물론 그 누구도 마약에 취할 자유가 자신들이 원하는 모든 자유라고 생각지 않았다. (…) 차갑고 강렬한 불빛 아래서 망가진 들판은 전체주의적 강제수용소 같은 모습을 보였다. 마약과 음악, 매력적인 감시관들이 함께했고, 스피커에서 흘러나오는 구슬리는 듯한 목소리는 악몽을 더욱 생생하게 만들었다. (…) 광기에 찬 시장이 우리를 보지 않는 편이 좋을 무대로 이끄는 상황에서 이 페스티벌이 우리에게 점점 더 근사하게 기억될까 두렵다."

한편, 9월 3일자 〈뉴욕타임스〉의 독자투고란에는 이런 내용의 분별력 있는 글이 실렸다. "이 페스티벌의 상징성을 굳이 찾자면, 참가자들에게 공통적으로 보이는 독특한 측면이 있기는 하다. 이들의 외관과 행동은 끔찍하게 생각 없어 보인다. 그리고 이 외로운 순례자들은 우주적 본성에 따라 행동하는 것이 의지나 정신력의 부족 때문이라는 것을 스스로 증명한다."

모든 간행물에서 동의하는 히피의 주장 하나가 있다. 오늘날 기득권층 문화는 사실상 명을 다했다는 것이다. 속속들이 썩어 문드러져 있으므로 기득권층 문화에 반항하는 것은 죽은 말에 반항하는 것과 다름없다.

하지만 히피들은 스스로 반항아를 자처함으로써 자신들의 주장이 틀렸다는 것을 오히려 증명한다. 히피족이야말로 기득권 문화를 증류해 얻은 정수다. 기득권 문화의 전형이자 겉으로 드러나지 않는 디오니소스적 세대로 이제 막 세상의 문을 열고 나오려 하고 있다.

오늘날 젊은 세대는 다양한 유형으로 구성되어 있는데, 그중 히피는 가장 순종적인 유형에 속한다. 자신들만의 사상을 만들어내지 못하고, 이전 세대가 부흥시키지 못했던 철학적 신념을 아무런 반박 없이 절대적 교리로 받아들였기 때문이다. 그것은 바로 이전 세대 중에서 가장 나약한 사람만 따랐던 성경 근본주의[08] 교리다.

히피족은 부모와 이웃, 대학교수들, 언론으로부터 믿음과 본능, 감정이 이성보다 우월하다고 배웠고, 이에 순응했다. 히피족은 물질적인 것에 관심을 갖는 것은 악惡이고, 들판의 백합이 힘든 노동을 하지 않고도 피는 것처럼 국가나 주님이 필요한 것은 모두 줄 것이라 배웠으며, 이에 순응했다. 히피족은 이웃에 대한 사랑, 차별 없는 사랑이 최고의 미덕이라 배웠고, 이에 순응했다. 그리고 히피족은 자신의 무리, 부족 또는 공동체와 하나가 되는 것이 인간으로서 살아가는 가장 고귀한 방법이라 배웠고, 이에 순응했다.

기득권의 원칙 가운데 히피족이 공유하지 않는 원칙은 단 한 가

---

08   20세기 초, 개신교 내에서 일어난 보수파 신앙운동으로, 성경을 절대화해 성경의 모든 내용을 문자 그대로 믿는 것이 신앙의 근본이라고 주장했다.

지도 없고, 받아들이지 않는 믿음 또한 없다. 기득권의 철학이 쓸모 없다는 사실을 알아차렸을 때, 히피족에게는 그 철학에 도전할 요령도 용기도 없었다. 그 대신 기성세대의 위선을 자신들의 이상 실현을 막는 유일한 장애물로 취급하고 비난함으로써 좌절에서 벗어날 구멍을 찾았다. 자신들의 감정을 받아들여주지 않는 이해할 수 없는 현실 앞에서 무력하게 남겨진 그들이 할 수 있는 것은 사람이건 비 내리는 하늘이건 관계없이 자신의 신경을 거스르는 모두에게 욕을 퍼붓는 것뿐이었다.

적대감과 분노로 들끓는 자들이 사랑의 옹호자로 대변되는 것이 오늘날 문화의 전형이다.

물질주의에 반대하는 자들이 표현하는 기성세대에 대한 반항과 개성이 자신들이 입기로 선택한 옷을 입는다는 물질주의적 형태를 취한다는 사실은 꽤 우스꽝스럽다. 기존 체제에 순응하지 않는 젊은 이의 종류는 다양하고, 그중에서도 히피족은 가장 쉽고 안전한 방법으로 체제에 반항한다.

히피족이 어떤 옷을 선택하는지 잘 관찰하면 그들의 특별한 심리적 요소를 발견할 수 있다. 히피족은 매력적으로 보이지 않고 기괴해 보이려고 한다. 감탄이 아닌 조롱과 동정을 불러일으키려 한다. 자신을 진지하게 받아들이지 말아 달라고 애걸복걸하는 것이 아닌 이상, 외모를 만화 캐릭터처럼 보이게 만들 필요는 없다.

그리고 히피족을 영웅으로 칭송하는 대중의 목소리에는 일종의 악의와 경멸 섞인 조소가 담겨 있다. 이것을 나는 '궁정 광대 전제'라 부른다. 절대군주의 궁정에 있는 광대는 아무 말이나 하고 군주를 모욕하는 것조차 가능했는데, 이는 광대가 자신의 존엄성은 포기한 채 바보 역할을 하고, 자기 비하를 자기보호 수단으로 사용하기 때문이었다.

히피족은 자신을 데려가줄 주인을 애타게 찾는 무리다. 생각할 필요 없이 인생을 사는 방법을 알려주는 사람이면 누구라도 상관없다. 히피족의 정신은 폭압적인 군주가 지배해주기만을 기다리고 있다.

또한 히피족은 이성을 포기하고 태고의 '본능', '충동', '직관' 그리고 제멋대로인 감정에 의존하면 어떻게 되는지를 보여준다. 히피족이 의존하는 이 도구들만으로는 자신들이 바라는 일을 하는 데 무엇이 필요한지조차 제대로 파악할 수 없다. 페스티벌도 그중 하나에 해당한다. 지역 사람들이 식량을 베풀지 않았다면 그들은 어떻게 되었겠는가? 뉴욕시에서 50명의 의사가 목숨을 구해주러 달려오지 않았다면? 차가 없이는 페스티벌 장소까지 갈 수 없었고, 헬리콥터가 없이는 그들이 열광하는 스타들도 공연하러 올 수 없었다. 그들이 비난하는 기술문명의 성취가 없었다면 페스티벌도 열릴 수 없었다. 하지만 이러한 생각은 차치하고, 그들은 페스티벌에서 비를 피해야 한다는 판단조차 하지 못했다.

히피족은 '현재'를 숭배하는 일에 진지하다. 짐승처럼 지각적인 수준에서 사고하는 사람은 '지금 당면한 순간' 외에 다른 시간은 생각지 못한다. '미래'는 매우 추상적인 개념이기 때문에 의식의 개념, 즉 이성적 사고를 할 때만 이해할 수 있다.

히피족은 수동적이고 정체된 상태에 있으므로 누군가가 도와주지 않으면 진흙 속에 계속 주저앉아 있는다. 옆구리에 누군가가 시리얼 한 상자를 쿡 찔러주면 먹는다. 수박을 베어 먹으라고 주면 받아서 베어 먹는다. 대마초를 입에 물려주면 피운다. 그렇게 누군가가 해주지 않으면 아무것도 하지 않는다. 머릿속에 내일이나 앞으로의 시간이라는 개념이 없는데 어떻게 행동을 할 수 있겠는가?

그리고 어떻게 뭔가를 바라거나 느낄 수 있겠는가? 이 디오니소스적 욕망의 숭배자들은 진정으로 원하는 게 없다. 앞에서 인터뷰한 작은 기생충 같은 남학생은 "남은 인생에서 가지고 싶은 모든 것을 가질 계획"이라고 말했지만, '가지고 싶은 모든 것'이 무엇인지 알지 못했다. "모든 것을 적어도 한 번씩 시도해볼 예정"이라고 했던 여학생도 마찬가지다. 이들은 모두 자신이 즐기거나 열망할 수 있는 뭔가를 직접 찾는 것이 아니라 누군가가 갖다 바치기를 바라고 있었다. 무언가를 바라는 것 역시 개념적 능력을 필요로 하기 때문이다.

히피들이 공통적으로 강렬하게 경험하는 감정은 바로 '만성적인 두려움'이다. 두려움은 히피의 상표이자 품질보증마크이고, 서로를 알아보게 하는 특별한 분위기다.

나는 앞서 아폴로 11호 추종자들을 결속시키는 감정이 '가치를 공유하는 인류애'라고 말했는데, 히피들에게도 서로를 결속시키는 인류애가 있다. 바로 '두려움을 공유하는 인류애'다.

그들에게 무리의 온기와 안전, '보호'를 찾게 만드는 것은 두려움이라는 감정이다. '거대한 전체'를 외치며 까다롭지 않은 사람들 틈에서 힘들이지 않고 살기를 바라는 것도 두려움 때문이다. 그러면서 개인의 가치를 노력 없이 얻는 찰나의 환상을 바란다. 사실 히피족에 대한 토론이나 논쟁은 모두 무의미하다. 대부분의 히피는 마약중독자이기 때문이다.

마약중독은 자기의 내면 상태를 견딜 수 없고 현실은 감당하기 어려워 위축된 정신 상태에서 도피하는 것이다. 인간이 아폴론적인 이성을 따르는 것은 부자연스럽고 디오니소스적인 직감을 따르는 것이 자연스럽고 옳은 일이라면, 비이성을 추구하는 이들은 마약에 의존할 필요가 없어야 한다. 행복하고 자존감 높은 인간은 절대 약에 취하려 하지 않는다.

마약중독은 인간의 의식을 말살하는 것이고, 의도적으로 광기를 유도해 탐구하는 것이다. 마약중독은 너무나 외설스러운 악이어서 마약중독자의 도덕성을 따지는 것은 그 자체로 외설이다.

여기까지가 아폴론 대 디오니소스 갈등의 본질이다.

인간은 발을 진흙 속에 담그고 있으면서 눈으로 별을 바라본다는 오래된 이야기를 들어본 적이 있을 것이다. 이 이야기는 일반적으로 이성과 육체적 감각이 인간을 진흙탕 속으로 끌어내리지만 신비롭고 초이성적인 감성은 인간을 별로 데려가준다는 의미로 쓰인다.

이 의미가 전도된 사건은 인류 역사에서 수없이 일어났다. 지난여름에 일어난 두 사건 역시 마찬가지였다. 그리고 모두가 목격한 대로 실제 현실에서 인간을 진흙탕에 빠뜨린 것은 비이성적인 감성이었고 별로 데려가준 것은 이성이었다.

(1969년 12월~1970년 1월)

설명할 수 없는 인간적 마력

1968년 10월 13일자 〈뉴욕타임스〉에는 "3분간 나는 자유를 느꼈다"는 제목의 기사가 실렸다. 모스크바에서 헨리 캠Henry Kamm 특파원이 쓴 이 기사의 내용은 다음과 같다.

모스크바 — 지난주 사흘간은 모스크바의 음산한 거리에도 '프라하의 봄'이 찾아온 듯했다. 사회주의 반체제 운동가들이 거리에서 아침부터 저녁까지 제분소 및 비공식 집단과 관련해 급진적인 시위를 벌였고, 경찰들은 거리 통행을 금지했다.

체제에 불만들 품은 지식인들은 KGB(국가안보위원회)가 지켜보는 가운데 자신들의 주장을 강하게 내세웠다. 그들이 논쟁을 벌인 상대는 안보기관의 요원들(비밀경찰들)이나 안보기관에 시간제로 근무하는 직원들이었다. 다른 시간, 다른 장소에서 시위를 벌였다면 법원 앞에서 시위하다 체포된 다섯 명의 반체제 운동가들처럼 이들도 틀림없이 체포되었을 것이다.

라리사 다니엘, 파벨 리트비노프, 바딤 들로네, 콘스탄틴 바비스키, 블라디미르 드렘류가는 8월 25일 정오에 붉은광장에서 체코슬로바키아 침공에 대한 자신들의 생각을 몇 분간 공개적으로 말했다는 이유로 재판을 받고 있다.

어린 두 자녀가 있어서 재판을 면제받을 수 있었던 시인 나탈리아 고르바네프스카야도 마찬가지였다. 예술 평론가 빅토르 파인버그는 체포 과정에서 치아가 4개나 부러졌고, 비공개 정치 재판조차 받을 수 없었다. 그는 현재 정신병원에 수감돼 있다.

정부는 피고인 중 세 명에 대해 제정시대의 처벌을 부활시켜 급진적 정치 선동이라는 혐의로 국외 추방을 진행했고, 나머지 두 명은 정치범 수용소에 수감시켰다.

서른 살의 물리학자이자 스탈린 집권 시절 외교관을 지냈던 막심 리트비노프의 손자인 파벨 리트비노프는 5년 동안 러시아 외곽 지역으로의 유배를 선고받았지만, 아직 집행되지 않았다.

감옥에 수감 중인 작가 다니엘 율리의 아내 라리사 다니엘도 러시아 외곽 지역으로 4년 동안 유배되었다.

28세의 실업자 드렘류가는 3년의 실형을 선고받았고, 23세의 학생이자 시인인 들로네는 2년 6개월의 실형과 4개월의 집행유예를 선고받았다.

반체제 운동가들이 유일하게 공개적으로 모이는 때는 국가의 양심을 일깨우려 노력했다는 이유로 재판을 받을 때뿐이었고, 재판장의 청중들은 급진적 사상에 대한 내성이 입증된 사람들로만 구성되었다. 이 두 가지 사실은 소련 반체제 운동가들의 영향력이 얼마나 제한돼 있는지를 적나라하게 보여준다.

일반 시민들은 다섯 명의 남성과 두 명의 여성이 자국의 침략을 비난하고 아무도 다니지 않는 붉은광장에서 보행을 방해했다는 이유로 재판받고 있다는 사실을 전혀 모른다. 이 사실을 아는 사람들은 평범한 공산주의 청년이나 노동자의 모습을 하고 그 음산한 거리로 나갔던 사람들뿐이었다. 이들은 사회에 순응하지 않고 추방을 선고받은 자들이 발산하는 설명할 수 없는 마력에 이끌려 붉은 거리로 나갔고, 그들의 모습을 기억에 담았다.

반체제 운동가는 변할 수 없다. 라리사 다니엘이 남편의 재판이 열리는 동안 재판장 밖에서 한 말처럼 "달리 할 수 있는 일이 없다".

이들은 자신들의 존재를 아는 사람들은 자신들이 저항의 목소리를 높인다는 이유로 싫어하는 사람과, 자신들이 워낙 소수이고 동료가 필요하기 때문에 사랑하는 사람뿐이라는 사실을 안다. 지난주에 거리 시위대 중 두 명의 주요 인물에게(이들에게는 대표가 없다) 자신들이 뭘 하는지 알아주는 사람이 있느냐고 물었다. 이들은 대답 없이 어깨만 으쓱했다.

블라디미르 드렘류가는 자신이 붉은광장에서 한 일이 옳았다고 생각하느냐고 묻는 판사에게 이렇게 답했다. "내가 옳지 않다고 생각하는 일로 감옥에 가겠는가?"

소수 운동가들이 점점 목소리를 내기 시작한 것은 소련 사회가 반체제 운동가들에게 관대해졌기 때문이 아니다. 니키타 흐루쇼프 전 총리 시대에 보이던 희미한 자유의 불빛은 완전히 꺼지고 괴로움만 커지고 있다는 사실을 그들과 이야기하며 체감한다. 그들이 보인 용기는 깊은 절망에서 비롯되었다.

소련의 과학자들은 일상생활에 가해지는 많은 제약 때문에 짜증이 나 있기는 하지만 대부분 자유를 쟁취할 열정이나 정치사상을 가지고 있지 않다.

시인들 중에는 나라 밖에 있으면서 반체제 운동가라는 호칭을 즐기는 이들도 있다. 급진파는 이들에 대해 정말 반체제 운동가로 인정받고 싶다면 왜 국내에서 활동하지 않느냐고 묻는다.

돈키호테의 열정과 차원이 다른 고귀한 생각을 지닌 사람들이 소수 존재하긴 하지만, 사람들은 대부분 정치적으로 순진하지 않다. 하지만 과학자와 시인 모두 현실적이고 진실한 열정을 지닌 바딤 들로네의 뜻에 공감한다는 사실은 분명하다. 바딤 들로네는 판사가 선고를 내리기 전 이렇게 말했다.

"붉은광장에서 나는 3분 동안 자유를 느꼈다. 그 때문에 3년 동안 감옥에서 지내야 한다면 기꺼이 그렇게 하겠다."

당신이 소련에서 벌어지고 있는 상황에 대해 한번 생각해보기를 바라는 마음에서 이 기사를 발췌했다. 실제로 이 기사는 독자에게 좀 더 넓은 관점을 제공하는 훌륭한 언론의 한 예다.

이 기사는 기본적인 사항을 준수하면서도 중요한 문제를 명확히 제시했다. 단순 명료하고 직설적이며 사실적으로 묘사했지만, 가슴 아픈 상황을 통찰력 있고 담담하게 표현함으로써 독자로 하여금 단순한 뉴스 기사가 아니라 문학 작품처럼 느끼게 한다. 아름다움, 위엄, 절박한 솔직함, 도움을 부르는 조용한 외침……. 그 외침은 특정인을 향한 부탁이 아니었다. 모스크바의 얼어붙은 자갈밭에서 우주로 뻗은 황혼의 불빛이었다.

고국인 소련을 떠난 지는 아주 오래되었지만 이렇게 집중해서 소련 관련 기사를 읽은 것은 처음이다. 이 기사를 읽고 나는 오랫동안 잊고 지낸 고국에서의 일이 떠올라 고통스러웠다. 참으로 이상한 기분이다. 가슴이 저미고, 애석하며, 어찌할 수 없는 무력한 기분이 든다. 그리고 무엇보다도 슬픔, 그저 순수하고 고요한 슬픈 기분이 든다. 이 기사를 읽었을 때 내 머릿속에 떠오른 생각은 '미국의 은총이 없었다면 나 또한 저렇게 되었을 것'이었다.

내가 소련 법정의 피고인이 되었을 것이라는 뜻은 아니다. 나는 소련에서 대학을 다니던 시절에 정치적 저항이 무의미하다는 사실을 깨달았다. 하지만 그렇더라도 내가 비밀경찰들과 아무런 이득 없는 논쟁을 벌이는 거리의 시위자들 가운데 하나가 되었으리라는 것은 확신한다. 시위자들이 느끼는 감정과 시위자들이 저항하는 이유 역시 이해할 수 있다.

사상이 얼마나 중요한지 평생 알지 못하는 사람이 있다. 어떤 이는 젊은 시절에 깨닫고, 죽기 직전에야 깨닫는 사람도 있다. 젊었을 때 사상의 중요성을 확신하는 사람은 이를 자명하고 절대적인 이치로서 인식하고 경험하므로 사상의 중요성을 모르는 사람이 있다는 것조차 믿지 못한다. 사상이 중요하다는 것은 지식과 진실이 중요하다는 것을 뜻한다. 사상의 중요성을 인지하는 청년은 성장 과정에서 더욱 빛을 발한다.

사상의 중요성을 아는 사람은 악이 권력을 갖거나 승리하는 것을 믿지 않는다. 자기 주변에서 부패한 상황을 발견하면 그것을 정상적이거나 영구적인 것 또는 형이상학적으로 옳은 것이라고 받아들이지 못한다. 그들은 눈앞에서 목격하는 불의나 공포, 거짓, 좌절 또는 고통과 고뇌가 자연적인 규칙이 아니라 예외적으로 발생한 것이라 생각한다. 당장 자기 주변이 아니더라도 인간에게 합당하고 인도적인 생활 방식을 추구하며 정의를 중요시하는 곳이 지구상 어딘가에 있을 것으로 확신한다. 인간이 비인간적인 자들 사이에서 살 수도 있다는 개념을 받아들이기까지는 오랜 시간이 걸리고, 특히 젊었을 때는 그런 개념을 받아들이지 못한다. 정의가 중요하다고 생각하면 정의를 위해 싸운다. 누군가, 어딘가에서 이해할 것이라는 근거 없는 확신으로 목소리를 낸다.

여기서 가장 중요한 것은 청년이 어떤 사상을 가졌느냐가 아니라 사상에 대해 어떤 태도를 취하느냐다. 청년은 가장 심오하고 엄숙하며 열정적인 자세와 진지한 태도로 사상을 취해야 한다. (이러한 태도를 가지면 사상이 잘못되었거나 거짓인 경우에도 바로잡을 수 있으며, 세상 그 어떤 것도 사상에 대한 진실보다 우선할 수 없게 된다.)

헨리 캠 특파원을 혼란스럽게 만든 '설명할 수 없는 인간적 마력'은 사상이라는 최고의 가치, 즉 진실을 지키기 위해 전념하는 인간이 지닌 독립적 정신이었다.

사상에 대해 확신이 있는 청년들은 그들이 속한 사회가 순응을 요구한다고 해서 순응에서 벗어나려 애쓸 필요가 없다. 이미 처음부터 순응하지 않기 때문이다. 그들은 스스로 판단하고 평가한다. 사회의 추세를 일부 받아들인다 해도 그것은 순응이 아니라 이성적인 판단에 따라 동의하는 것이다. (물론 판단에 오류가 있을 수도 있다.) 그들은 자신들이 살아가는 사회의 악, 거짓 또는 모순을 발견하기 위해 다른 사회와 비교하지 않는다. 그들에게는 지적 정직함Intellectual honesty만이 필요한 도구다.

이러한 '인간적 마력'을 소유한 사람은 극히 드물다. 어떤 국가나 문화에서도 소수에 해당하고, 특히 소련에서 태어났다면 이들은 비극적인 순교자가 된다.

시위에 참여한 청년들 가운데 다수가 사회주의자이거나 그들이 지배를 반대하던 비운의 체코슬로바키아 반군처럼 '이상주의적 공산주의자'였을 가능성이 매우 높다. (과거에 나는 집단주의나 그와 비슷한 사상에 끌리지도 속지도 않았다. 하지만 40년이 지난 지금의 청년들은 경우가 다르다.) 시위자 청년들은 소련의 프로파간다를 진지하게 받아들였을 것이다. (막연한) 자유, 정의, 인류애를 찬양하고 군사적 침략을 비난하는 슬로건을 통해 소련에 그런 사회적 가치가 부재하다는 사실을 알게 되었고, 체코슬로바키아 침공을 잔인한 군사적 침략으로 인식하게 되었다. 그들이 소련의 사상을 진지하게 받아들였다면 자신들이 배운 사상대로 반란을 일으키는 것이 맞다.

(세상의 모든 독재자와 거짓말쟁이들이 받는 형벌이 있다. 자신들을 믿는다고 하는 자들이 항상 최대의 적이 되는 것이다. 독재정권은 지배와 국민의 희생을 정당화하기 위해 아주 먼 미래의 막연한 목표와 도덕적 이상을 공표한다. 독재정권이 내세운 목표와 이상의 모순이 드러나는 데는 그리 오래 걸리지 않으며, 독재자는 희생자들에게 준 확신의 정도만큼 위험에 빠지게 된다. 가장 유능하고, 지적이며, 정직한 최고의 부하가 적이 되는 것이다. 따라서 독재정권은 최고의 인적 자원을 계속 축출해야만 한다. 그리고 50년이든 500년이든 세월이 지나면 탐욕스러운 깡패와 무기력한 게으름뱅이만이 독재정권의 유일한 인적

자원이 된다. 이들 외에 다른 인적 자원은 육체적으로나 정신적으로 젊은 나이에 죽고 만다.)

사상에 전념하는 것은 인간에 대한 온정이나, 온정의 바탕이 되는 '존중'으로 이어진다. 이것은 또한 개인적인 조우에 있어서 상대를 이성적인 존재로 대하는 태도로 이어진다. 인간은 유죄가 입증될 때까지 무죄이고, 스스로 악하다는 사실을 입증하기 전까지는 악하지 않다는 것이 무언의 전제이다. 이러한 태도의 관점에서 악은 관념의 힘, 즉 이성의 힘으로부터 차단되어 있다는 것을 의미한다.

이는 젊은 반체제 운동가들을 비밀경찰들과 토론하게 만드는 정치적인 문제다. "이들은 인간이다"라는 표현할 길 없는 느낌은 "이들은 인간 괴물이다"라는 지식보다 우선한다. 반체제 운동가들은 "봤지? 이게 사실이야!"라며 경찰들에게 부정할 수 없는 호소를 한다. 상황이 어떻든, 얼마나 위험하든, 청중이 있건 없건 관계없이 절박하게 말할 것이다. 이유는 정확히 알 수 없지만 꼭 말해야만 하는 긴급한 문제라고 느끼기 때문이다.

총살형을 당하는 순간이라도 여전히 그런 느낌을 받을 것이다. 총살형을 당하는 상황이라면 자신들이 형이상학적 자기보호라는 고귀한 본능에 이끌렸다는 사실을 알 시간도 없다. 하지만 그들은 어떤 순간이라도 자신들의 생각을 버리고 멍청한 로봇으로 살아가야 하는 정신적 자살을 거부할 것이다.

남편이 수용소 수감을 선고받을 때, 라리사 다니엘은 남편을 지지하며 "내가 달리 할 수 있는 일이 없다"고 말했다. 인간으로서, 그녀는 그럴 수밖에 없었다.

블라디미르 드렘류가는 자신이 붉은광장에서 한 일이 옳았다고 생각하는지 묻는 판사에게 "내가 옳지 않다고 생각하는 일로 감옥에 가겠는가?"라고 답했다. 이 대답은 이성에 대한 호소이다. 권리가 중요하다는 전제 그리고 논리적으로나 도덕적으로 논쟁의 여지가 없는 답변을 판사도 중요하게 여길 것이라는 전제에서 즉흥적으로 한 대답이었다. 하지만 28세에 불과한 드렘류가는 자신이 마주한 판사가 얼마나 정신적으로 타락했는지 알지 못했다. 순수하고 정당했던 그의 대답은 판사의 마음에 정의감이 아니라 죄책감과 증오만을 불러일으켰다.

바딤 들로네가 판사에게 했던 말을 생각해보라.

"붉은광장에서 나는 3분 동안 자유를 느꼈다. 그 때문에 3년 동안 감옥에서 지내야 한다면 기꺼이 그렇게 하겠다."

나는 이것이 역사상 가장 숭고한 진술 중 하나라고 생각한다. 이 진술은 뜻한 바를 이루고야 마는 정신의 징표였다. 들로네는 판사 및 그가 나타내는 사회체제의 성격을 잘 알고 있는 것 같았다. 그렇다면 그 말은 누구를 향한 것이었을까?

젊은 반체제 운동가들은 결코 정치적으로 순진하지 않다. 거리에서 시위하던 반체제 운동가 두 명에게 자신들이 뭘 하는지 알아주는 사람이 있느냐고 물었을 때 대답 없이 어깨만 으쓱했다. 그럼에도 불구하고 이들은 선악에 무관심하고 노예가 되기를 자처한 국가의 양심을 일깨우려 했다.

그리고 의식적이든 아니든 소련의 반체제 운동가들, 특히 청년들은 자신들을 가둔 비인간적인 사회체제가 조장한 불공정과 야만, 가학적인 공포에 대해 심판할 수 있는 최종 재판소는 '해외'라는 결론에 도달하게 된다.

소련인에게 해외라는 단어가 어떤 의미인지 다른 국가 사람들은 잘 이해하지 못할 것이다. 당신이 공상과학소설에 등장하는 눈부시게 아름다운 문명의 행성과 약속의 땅 아틀란티스를 합쳐놓은 곳을 상상한다면 아마도 그곳이 소련인이 상상하는 해외와 가장 비슷할 것 같다. 소련인에게 해외란 다른 행성처럼 멀리 있고, 빛나며, 결코 도달할 수 없는 곳이다. 하지만 소련의 진창 속에서 잠깐 고개를 드는 이에게 해외라는 개념은 심리적 안정을 위해 꼭 필요한 생명선이다.

소련인에게 해외라는 개념은 국가가 쳐놓은 물리적·정신적 장벽을 넘어 살금살금 몰래 들어오는 화려한 조각들로 구성된다. 외국 영화, 잡지, 라디오 방송, 옷, 심지어 외국인의 자신감 넘치는 자세까지 밀반입되고 있다. 이 화려한 조각들은 너무나 비非소련적이고 생생해서 사람들을 자유, 풍요, 기술적 효율성과 성취에 눈뜨게 하고, 무엇보다 기쁨과 두려움, 흥겨움을 느끼게 한다. 해외라는 개념에서 유럽 국가가 빛나는 행성이라면 미국은 태양이다.

해외로부터 물질적 또는 물리적 도움을 바라는 것은 아니다. 단지 더 고귀한 삶의 방식이 있는 곳이 존재한다는 사실에 희망을 갖고 싶은 것이다. 절망의 순간이나 극한의 상황에서 그들이 내는 항의의 목소리는 특정 누군가를 향한 것이 아니라 우주 전체에서 정의가 존재할지도 모르는 어느 곳을 향해 내는 것이라고 생각한다. 하지만 그들의 무의식 속에서 그 우주는 해외를 뜻한다.

실제로 해외란 어디를 말하는가? 그리고 오늘날 미국의 역할은 무엇인가?

언론에 따르면, 미국에서도 젊은 운동가들이 자유를 위해 투쟁하고 있다. 극장 앞 거리를 걸으며 세계인들을 향해 시위를 벌인다. "여권 없이 왜 여행하지 못하는가!" "대마초를 왜 피우지 못하게 하는가!" "왜 옷을 벗고 다니면 안 되는가!" (1968년 10월 15일자 〈뉴욕타임스〉에 실린 이 내용은 1968년 10월 13일자 핸리 캠 특파원의 기사와 대조된다.)

미국의 젊은 반항아들은 주인을 찾는 꼭두각시처럼 아무도 잡으려 하지 않는 줄 끝에 매달려 돌봐달라고 구걸하고 있다. 이들은 시골 복음 전도사의 진부함과 폭력배들의 수단을 겸비한 아무것도 보여줄 것이 없는 노출증 환자들이다. 이들이 하는 '창의적 자기표현'은 자신들의 씻지 않은 몸만큼 더럽고 낡았다. 두뇌를 갉아 먹는 마약, 소리 높여 외치는 외설, 그들의 눈에서 유일하게 읽히는 감정인 모든 것을 집어삼킬 듯한 증오……. 이 모든 것은 자신들이 대적하는 기득권의 상징이다. 이들은 순응주의자보다 더 비겁하고 수준 낮은 유형으로 '유행을 좇는 비순응주의자'다.

다른 부패한 정신과 마찬가지로 미국의 반항아들은 퇴폐적 문화의 산물이다. 비非이성을 숭배하며 폐허가 된 대학 캠퍼스에서 기어 나온다. 박수 치는 교수 관람객들을 보며 '사랑', '빈곤' 같은 논쟁거리를 들고 더 이상 몸을 가누지 못하는 기성세대의 체제에 저항한다. 그들은 문을 때려 부수고, 강단에서 연사들의 마이크를 낚아채고, 교수들의 원고를 불태우며, 반대파의 두개골을 박살 낼 자유를 요구한다. 그리고 살해 의도를 공개적으로 선언함으로써 판사, 대학총장은 물론 자신들을 '젊은 이상주의자'라 부르는 언론까지 사과하게 만든다. 카페와 디스코텍으로 된 바리케이드 위에서 싸우고, 할리우드를 포위해 공격하며, 제트족[09]이 여는 칵테일 파티를 습격한다.

소련 청년들이 독재정권하에서 사상의 자유와 이성을 지키기 위해 목숨을 바치는 동안 미국 청년들은 깡패들처럼 반란을 일으키고 있다. 서구 문화는 사상과 정신의 힘을 파괴하는 대신 마약과 총, 범죄 조직을 제공하기로 담합을 한 듯하다.

젊은 불량배들보다 지적인 부패 수준이 더 심한 자들도 있는데, 그들은 자신들이 측은지심에 따라 행동한다고 말하는, 고상한 척 가식을 떠는 늙은이들이다. 측은지심? 정의? 인류애? 고통에 대한 공감? 억압받는 자들의 해방? 그들이 늘 강조하는 올바른 행동 동기 중에 하나라도 있다면, 그들은 왜 헨리 캠 특파원의 기사를 보고도 아무런 행동을 하지 않는가? 소련 대사관 앞에서 시위라도 해야 할 게 아닌가?

권태로움과 피가 혼합된 무거운 문화적 분위기, 무기력한 냉소주의, 회의적인 무관심, 도덕적 무능함 그리고 추잡한 슬로건을 내세워 맹목적으로 추구할 것을 요구하는 국가 전체에 대한 경멸. 이 모든 것을 아우르는 이타주의의 그랑기뇰[10]이 오늘날의 도덕을 신뢰할 수 없게 한다.

경찰에게 빈 병, 사제 폭탄을 던지는 맨발의 수염투성이 하버드

졸업생과 정글 치료소에서 아기들에게 음식을 떠먹이는 단정한 평화 봉사단원 중에서 도덕적인 영감을 주는 사람을 선택하라고 한다면 누구를 선택하겠는가?

아니다. 사실 이 두 유형의 청년은 소수에 불과하고 미국 대학교수들과 언론 매체에서 홍보를 위해 부각한 청년의 이미지일 뿐 실제로 미국을 대표하는 청년들이 아니다. 그렇다면 미국을 대표하는 청년들은 어디에 있는가? 사상을 위해 싸우고 체제에 순응하기를 거부하는, 즉 진리를 추구하는 독립적 정신을 지닌 '설명할 수 없는 인간적 마력'의 청년들은 어디에 있는가?

이들 대부분은 아무도 모르는 곳에서 조용히 시들어가고 있다. 비이성을 추종하는 오늘날의 학계나 문화 기득권층의 경향이 이들을 의식적으로나 무의식적으로 또는 철학적으로나 심리학적으로 붕괴시키고 있다.

이들은 자신들이 직면한 악의 본질을 파악할 새도 없이 이성 소실로 죽어가고 있다. 외로운 고뇌 속에서 그들의 자신감 넘치는 열망은 당혹감으로, 분노에서 체념으로 그리고 결국 무념무상으로 변해간다. 기성세대가 삼나무 숲을 보호하고, 청둥오리 보호소를 지으며 빈둥거리는 동안 끝없이 캄캄한 공간에서 꺼지는 불꽃처럼 청년들은 하나둘 사라져간다. 최고의 지성인들을 위해 보호소를 마련해주는 사람은 아무도 없다.

소련의 반체제 운동가들은 감옥에서 살아남는다 해도 정신적으로는 사망한 상태가 될 것이다. 이성에 충성한 대가가 감옥 수감인 상황에서 인간은 얼마나 오랫동안 이성의 신성한 불꽃을 태울 수 있을까? 동서양 사회에서 모두 이성에 대한 충성이 무의미하다고 가르치고 있다. 어떤 상황에서든 예외가 있는 법이지만, 이성 문제에 관해서는 인간에게 예외를 기대할 권리가 없다.

소련의 반체제 운동가들에 대한 뉴스를 읽었을 때, 내가 그곳에 있었다면 어떤 생각을 했을지 상상해보았다. 만약 누군가가 소련의 지옥에서 탈출했다는 소식을 듣는다면 나는 그 사람이 나를 대신해 이 상황을 널리 알려주길 바랐을 것이다. 비록 퇴폐적 문화 속에서 소수만이 들을지언정 소련을 탈출한 나는 정의를 위해 그들의 목소리를 대변해야 한다.

나의 목소리가 이 문제에 영향을 줄지는 알 수 없다. 하지만 인간성과 정의감과 측은지심을 가진, 그들을 걱정하고 관심을 가져줄 그누군가를 위해 지금 최선을 다해 알리고 있다.

반자유semi-free 세상에 사는 선인善人이 선택할 수 있는 저항은 단하나다. 바로 소련 지도자들을 인정하지 않는 것이다. 문명 세계에서 자신들이 도덕적으로 용인되는 지도자인 척 행세하는 것을 도와서는 안 된다. 또한 소련 정부의 후원을 받는 과학자, 교수, 작가, 미술가, 음악가, 무용수 등을 '문화교류'라는 사악한 구실로 지원하면 안 된다. 미국 내에서 소련을 지지하거나 변호하는 이들은 죄인들이니 결코 상종해서는 안 된다. 소련의 젊은 희생자들을 위해 공개적으로든 사적으로든 가능한 한 모든 목소리를 내야 한다.

1968년 10월 13일자 〈뉴욕타임스〉는 사설에서 소련의 젊은 반체제 운동가들에 대해 이렇게 썼다. "소련의 침략을 반대한 반체제 운동가들에게 대중의 찬사와 세계의 관심이 없었다면 훨씬 가혹한 처벌이 내려졌을 것이다."

선인들이 널리 알리고 오랫동안 항의한다면 소련의 사형수도 구할 수 있을 것이다.

그리고 선인의 그러한 항의가 붉은광장의 외로운 시위대에게 어떤 영향을 어떻게 줄지는 아무도 알 수 없다.

(1969년 1월)

신좌파

질투의 시대

　　　　　　　문화는 마치 사람의 인격처럼 삶의 감각 또는 지배적인 철학과 존재에 대한 관점이 만들어내는 정서적 분위기를 지닌다. 이러한 정서적 분위기는 한 문화의 지배적 가치를 나타낼 뿐 아니라 그 시대의 경향과 방식을 설정하는 중심 사상 역할을 한다.

　서구 문명에는 이성의 시대와 계몽주의 시대가 있었다. 이 두 시대에는 이성과 깨달음을 탐구하는 것이 사회의 지배적 경향이었고, 이에 걸맞은 가치 함양을 중요시하는 것이 정서적 분위기였다.

　오늘날, 우리는 질투의 시대에 살고 있다.

　나는 '질투'를 느끼지 않지만, 질투가 인간이 느끼고 식별할 수 있는 복잡한 감정의 하나인 것은 분명하다.

　사람들은 대부분 질투를 사소하고 피상적인 감정이라 여긴다. 질투는 질투를 느끼는 사람조차 쉽사리 인정하지 않는 감정이다. 이렇게 비인간적인 감정인데도 사람들은 이를 반쯤은 인간적인 감정으로 치부하고 덮어버린다. 인류는 질투와 함께 살아왔고, 질투의 발현을 지켜보았으며, 수 세기 동안 질투로 인해 파멸되는 일을 겪었다. 그런데도 여전히 질투의 의미를 제대로 파악하지도, 질투에 반항하지도 못하고 있다.

오늘날 질투라는 감정은 우리 사회의 문화이자 삶의 감각으로서 중심 사상 역할을 한다. 언제나 우리 주위에 있고 우리를 질투에 빠져 죽게 만든다. 하지만 원시인들이 한때 악마의 이름 부르기를 두려워했던 것처럼 사람들은 질투의 존재를 끊임없이 부정하고 자기 입으로 말하는 것을 두려워한다.

질투라는 감정은 선한 일을 행하는 선인에 대한 증오다.

선에 대한 다양한 관점 중 자신이 동의하지 않는 관점을 취하고 행하는 데 대해 분노하는 것이 아니다. 예를 들어, 한 아이에게 부모님 말씀을 잘 듣는 다른 아이를 가리키며 본받아야 한다고 끊임없이 말한 경우를 생각해보자. 그 말에 이골이 난 아이는 그 순종적인 아이 이야기만 나오면 몹시 분노한다. 그렇다고 해서 이 아이가 선인을 증오하는 것은 아니다. 아이는 그 순종적인 아이를 선인으로 여기지 않기 때문이다. 아이의 분노는 어른과 다른 가치의 충돌에 따른 것이다. 마찬가지로 이타주의를 선으로 여기지 않는 사람이 '박애주의자'에게 과도하게 쏟아지는 칭찬에 분노한다면 이는 선인을 증오해서가 아니라 타인과 자신의 가치가 충돌하기 때문이다.

선한 일을 행하는 선인에 대한 증오는 의식적으로나 무의식적으로나 자신이 선하다고 판단하는 일을 행하는 사람을 증오하는 것이다. 따라서 질투는 자신이 바람직하게 여기는 가치나 미덕을 지닌 타인을 증오하는 것을 뜻한다.

학교에서 좋은 성적을 받고 싶지만 그럴 능력도 의욕도 없는 아이가 성적이 좋은 아이를 미워한다면, 그것은 선인을 증오하는 것이다. 지성을 훌륭한 가치라고 여기지만 스스로 얻지 못하고 자기 의심으로 괴로워하다 지적인 사람들을 미워하게 된다면, 그것은 선인을 증오하는 것이다.

인생의 초점을 비이성적인 가치에 맞추는 것은 개인의 잘못된 감정 형성에 큰 영향을 줄 수 있지만, 어떤 가치에 인생의 초점을 맞추느냐는 여기서 중요한 문제가 아니다. 인간의 악덕이 아니라 미덕을 증오하는 감정적 메커니즘을 가졌는지가 개인의 특성을 구별하는 주된 요소가 된다.

사실 이런 감정적 메커니즘은 한 방향으로 설정되기 때문에 질투를 느끼는 사람이 악인에 대한 사랑을 경험하는 일은 없다. 그들이 느끼는 감정의 범위는 증오 또는 무관심으로 제한된다. 자신이 중요하게 생각하는 가치에 대해 스스로 느끼는 감정이 증오라면, 그 가치에 대한 사랑조차 경험하지 못한다.

증오의 감정에 대한 합리화야말로 증오의 전형이라 볼 수 있다. 증오하는 이유를 물으면 "나는 그 사람이 지적이어서 미워하는 것이 아니라 우쭐대기 때문에 미워한다"고 말하는 경우가 있다. 그래서 그가 우쭐댄다고 생각하는 이유를 말해보라고 하면 너무 무례하다는 둥, 고집이 세다는 둥, 이기적이라는 둥 보편적인 근거를 댄다. 그리고 결국엔 "그 사람은 유식하긴 한데 자신이 유식하다는 사실을 알고 있다"는 불확실한 비난으로 끝난다. 자신이 유식하다는 사실을 왜 알면 안 되는가? 알 수 없다. 그렇다면 그것을 숨겨야 하는가? 이것 역시 알 수 없다. 누구에게 숨겨야 하는가? 대답하지 않지만 암묵적인 답은 "나 같은 사람에게 티를 내지 말아야 한다"는 것이다.

혐오자hater는 자신의 선행이나 업적을 과시하고 자랑하는, 사실은 자존감이 낮은 사람이 자신에게 도움이 될 때 그가 우쭐대는 것을 받아주고 심지어 존경하기까지 한다. 이는 증오의 본질에 대한 단서다. 혐오자는 '우쭐대는 것'과 '자부심'을 개념적으로 구분하지 못하는 것처럼 보이지만 사실 본능적으로 차이를 인지하고 있다.

완벽하게 일관된 성품을 지닌 사람은 거의 없으므로 어떤 사람을 미워하는 경우, 그 이유가 그 사람이 지닌 미덕 때문인지 아니면 결함 때문인지 스스로 알기 어려운 경우가 많다. 철저하고 양심적이며 자기 성찰을 습관적으로 할 때만 자기 감정의 본질과 원인을 확실히 알 수 있다. 그러나 혐오자들은 자기 성찰을 극도로 피하고 끝없이 자기를 합리화한다. 특정 상황에서 타인에 대해 자신이 느끼는 감정의 이유를 설명하는 것은 어려우며, 특히 개인적으로 관계가 복잡하게 얽혀 있는 경우에는 더욱 어렵다. 따라서 낯선 사람이나 면식이 있는 정도, 공인이나 자신의 삶과 직접 관련이 없는 사건 등 광범위하고 특정 개인과 상관없는 영역에서 혐오자들이 선인을 순수하게 끝 간 데 없이 증오하는 것을 목격할 수 있다.

누군가의 성공과 행복, 성취, 행운에 분개하고 실패와 불행, 불운에 기뻐하는 것이 혐오자들의 기본 태도다. 혐오자들은 선한 일을 행하는 선인에게 순수하고 '타산적이지 않은' 증오심을 가진다. 또 분개하고 기뻐하는 데 잃거나 얻을 것이 없으며, 실존적 동기도 누군가가 성공하거나 실패했다는 사실 외에 아는 것도 없다. 부지불식간에 스쳐 가는 짧은 표현으로 나타나지만, 그것을 목격한 적이 있다면 당신은 악마의 민낯을 본 것이다.

누군가가 노력하지 않고 얻은 성공에 분개하거나 마땅히 실패해야 할 사람의 실패에 기뻐하는 것은 앞서 표현한 감정과 엄연히 다르다. 이러한 형태의 감정은 오히려 정의감의 발현으로 보아야 한다. 미움이 아니라 분노를, 고소하게 여기는 것이 아니라 안도를 표현하는 것이기 때문이다.

표면적으로 선인을 싫어하는 이유는 질투 때문으로 받아들여진다. 질투의 사전적 정의는 다음과 같다.

> 1. 타인의 장점, 성공, 소유 등을 부러워하거나 불만을 가지는 것.
> 2. 타인이 소유한 이점에 대해 자신도 가지길 바라는 것.

그리고 다음과 같은 설명을 덧붙인다. "질투란 자신이 소유하거나 성취하고 싶어 하는 것을 타인이 소유하거나 성취하여 분개하는 것이다."(『랜덤하우스 대사전』, 1968년)

질투는 다양한 동인 및 감정적 반응을 포함한다. 어떤 의미에서 두 번째 정의는 첫 번째 정의와 상반되고 더 순수하다.

예를 들어 가난한 사람이 부자를 보고 순간적으로 질투를 느낀다면 그 감정은 가난한 사람의 부에 대한 욕망이 잠시 구체화된 것에 불과하다. 특히 그 감정은 부자를 향한 것이라기보다는 그 사람이 소유한 부를 향한 것이라 볼 수 있다. 실제로 "나도 저 부자처럼 돈이 많았으면 좋겠어(또는 집이나 차, 외투가 있으면 좋겠어)" 하는 느낌일 것이다. 가난한 사람이 이런 감정을 느끼면 자신의 재정 상태를 개선하려고 노력하는 계기가 될 수 있다.

개인적 분노를 수반하면 그 감정의 순수함은 줄어든다. '나도 저 부자처럼 번드르르하게 하고 다니고 싶어' 하고 생각하는 순간, 황새를 따라가던 뱁새처럼 다리가 찢어질 수 있다.

이보다 더 감정의 순수성이 줄어든 상태로 '저 부자가 가진 차(또는 코트, 다이아몬드 셔츠 장식용 단추, 공장)를 갖고 싶어' 하고 생각한다면 결과는 범죄로 이어질 것이다.

여기까지는 부도덕의 단계 중 적어도 인간적인 단계에 속한다. 하지만 '나는 부자가 아닌데 저 사람이 부자라서 밉다'고 생각한다면, 비인간적 단계에 접어든 것이다.

질투는 인간이 느끼는 것이지만 피상적 감정에 불과하므로 과도하게 존중할 필요는 없다. 보이는 부분은 빙산의 일각이고, 생물체의 썩어 문드러져 가는 배설물 같은 부분이 의식 깊은 곳에 잠겨 있다. 질투는 인간의 물질적인 소유욕을 내포하므로 존중할 필요가 있지만, 의식의 깊은 곳으로 내려가면 소유욕 따위는 없어진다. 부자가 되기를 바라는 것이 아니라 그 부자가 가난해지기를 바란다.

가치나 미덕을 지닌 사람에 대한 증오를 질투로 가장할 경우 상황은 더욱 심각해진다. 아름답거나, 똑똑하거나, 성공했거나, 정직하거나, 행복하다는 이유로 어떤 사람을 증오하는 것이다. 이런 증오를 느끼는 사람은 결코 자신의 외모를 가꾸거나, 교양을 쌓거나, 성공하기 위해 고군분투하거나, 정직해지거나, 행복해지려고 노력하지도 그렇게 되길 바라지도 않는다. 그 사람의 흠이나 정신적 붕괴, 실패, 악행 또는 고통이 자신에게 그가 지닌 가치를 주지 않는다는 것도 알고 있다. 그는 가치를 열망하는 것이 아니라 단지 파괴를 원한다.

"그들은 당신의 재산을 원하는 것이 아닙니다. 당신이 그것을 잃기를 바랄 뿐입니다. 당신이 성공하기를 바라지 않고 실패하기를 바랍니다. 당신이 살기를 원하지 않고 죽기를 원합니다. 그들은 아무 것도 욕망하지 않습니다. 존재 자체를 증오할 뿐입니다."_『아틀라스』중에서

증오를 느끼는 사람에게 완벽한 악의 자질을 부여하는 것은 그가 가치에 대한 인식이 있고 가치를 지닌 사람들을 분별할 수 있다는 사실이다. 만약 도덕적 관념이 없다면 가치에 대한 무관심에 그칠 것이다. 미덕과 결함을 구분하지 못하기 때문이다. 하지만 도덕적으로 부패한 사람은 가치를 인식할 때 감정적 메커니즘을 통해 사랑이나 욕망 또는 존경이 아닌 증오로 전달받는다.

이러한 태도가 의미하는 것이 무엇인지 생각해보자. 우리는 가치를 얻거나 유지하기 위해 행동한다. 가치는 인간의 생존, 더 넓은 의미에서 모든 생명체의 생존에 필수적인 요소다. 삶은 한 인간이 온전히 자립하고 스스로 행동하는 과정이며, 성공적인 가치 추구는 생존을 위한 전제 조건이다. 인간이 필요로 하는 가치 규범에 대한 지식은 자연이 제공하지 않으므로 받아들이는 규범과 추구하는 목표는 다를 수 있다.

하지만 규범에 대한 것은 차치하고 '가치'만 생각해보자. 가치를 지닌 사람을 보는 것만으로도 증오와 파괴의 욕망이 들끓는다면 이런 감정을 느끼는 생명체의 본성은 어떤 것일까? 이러한 생명체는

물리적 의미가 아니라 형이상학적 의미에서 살인자의 본성을 지녔다고 볼 수 있다. 그는 당신이 지닌 가치뿐만 아니라 세상 모든 이들이 지닌 가치의 적이며, 인간의 생존을 방해하는 적이고, 모든 살아 있는 것들의 적이다.

살아 있는 존재들 간의 관계를 성공적으로 유지하려면 가치에 대한 공통적 이해가 필요하다. 동물을 훈련시키는 상황이라고 가정할 때 동물이 당신에게 복종할 때마다 그 동물을 다치게 하지는 않을 것이다. 아이를 키우는 상황이라면 아이가 바르게 행동할 때마다 처벌하지도 않을 것이다. 하지만 혐오자에 대해서는 어떨까? 당신은 그와 어떤 관계를 형성하고 그는 사회에 어떤 영향을 미칠까? 당신이 고군분투해 어떤 일을 성취할 때 인정과 감사가 아니라 증오를 표하는 사람이 있다면? 도덕적으로 행동하고 덕을 쌓으려 노력했는데 당신에게 돌아오는 것이 사랑이 아니라 증오라면? 그렇다면 당신이 베풀어온 자비는 어떻게 될까? 이러한 상황에서 당신은 사람들에 대한 선의를 유지할 수 있을까?

이 문제가 위험한 이유는 인간이 혐오자를 제대로 식별하지 못하거나, 더 나쁜 경우 식별하고 싶어 하지 않는다는 데 있다.

혐오자는 사악하지만, 더 사악한 자는 혐오자의 비위를 맞추려 하는 사람이다.

사람들 앞에서 자신의 악행을 숨기려는 행동은 이해할 수 있다. 하지만 혐오자 앞에서 자신의 미덕을 숨기려는 사람도 있다. 이러한 유형은 어리석고 부패하며, 악마 같은 자를 만족시키려 자신의 성취를 사과하고, 가치를 비웃고, 인격을 폄하한다. 어떤 실제적 이득을 얻기 위해 상급자의 허영심을 이용하고 아부 떠는 행위도 충분히 악하지만, 하급자의 허영심을 이용하는 것은 개인의 가치에 대한 반역행위로서 너무나 수치스러운 일이다. 그런 행위를 하면 지적으로나 도덕적으로 아무것도 남지 않게 될 수 있다.

존경하는 사람에게 잘 보이려 자신을 과장하거나 자신에게 없는 미덕까지 보이려 노력하는 것은 헛되고 정당하지 못한 행동이지만 이해할 수 있다. 하지만 자신에게 없는 악덕, 약점, 결점을 보이려고 노력하는 행위는 도대체 어떻게 설명해야 하는가? 자신을 얕잡아 보게 하거나, 낮추어 말하거나, 폄하하는 것은 또 어떠한가?

이러한 방법의 사회적 결과만 관찰하자. 비위를 맞추는 사람들은 어떤 대의에 동참하거나 자비를 구하는 일을 주저하지 않는다. 하지만 정의의 이름으로 직접 목소리를 내는 법은 없다.

비겁함은 내적으로 너무 품위가 없는 상태이고, 사람은 위험에 처했을 때 비겁함을 극복하기 위해 노력한다. 하지만 타인의 비위를 맞추는 사람은 위험이 없는 상황에서도 비겁함을 선택한다. 두려움 속에 산다는 것은 너무나 몰가치한 일이라 인간은 오랜 세월 동안 권력의 횡포에 저항하며 바리케이드 위에서 죽는 것을 택해왔다. 하지만 타인의 비위를 맞추는 사람은 만성적인 두려움 속에 사는 쪽을 선택한다. 인간은 자신의 신념을 포기하기보다는 고문실이나 강제수용소에서 죽거나, 화형 또는 총살을 당하는 것을 택해왔다. 그런데 타인의 비위를 맞추는 자는 인상을 찌푸리는 시늉만 해도 자신의 신념을 포기한다. 인간은 부나 명성, 권력, 심지어 자신의 목숨과도 영혼을 바꾸려 하지 않았다. 그런 반면, 타인의 비위를 맞추는 자는 영혼을 파는 것이 아니라 공짜로 내주고 아무런 대가도 받지 않는다.

타인의 비위를 맞추는 자는 일반적으로 '미움받고 싶지 않다'는 말로 자기 합리화를 한다. 누구에게 미움을 받고 싶지 않다는 뜻일까? 그것은 바로 자신이 싫어하고 경멸하며 비난하는 사람들로부터다.

1966년 9월 11일자 〈뉴욕타임스〉를 보면 멘사 회원을 모집하던 한 지성인은 인터뷰에서 이렇게 말했다. "사람들은 지능이 높은 것을 특별히 대단하게 생각지 않는다. 멘사 회원이 아닌 사람들과 논쟁할 때 우리는 논쟁에서 이겨 친구를 잃는 것을 걱정하고 조심해야 했다. 하지만 멘사 그룹 안에서는 우리가 우리 자신이 될 수 있고, 그 사실에 큰 안도감을 느낀다."

멘사 회원들에게는 친구가 진리보다 더 중요한 모양이다. 그런데 도대체 어떤 유형의 친구를 말하는가? 그 친구는 당신이 너무나 옳기 때문에 당신에게 화를 내는 친구다.

대학 학과장인 한 교수에게는 교수가 되려 하는 대학원생 제자가 있었다. 그는 그 제자가 강사로서 능력이 있는지 시험해보았고, 자질이 매우 뛰어나다는 결론을 내렸다. 제자의 부모와 대화하던 중에 교수는 이런 말을 했다. "이 학생의 미래에 단 하나의 장애물은 다른 교수들입니다. 너무 뛰어나면 다른 교수들에게 미움을 살 수 있기 때문입니다." 교수는 학생에게 강사 자리를 줄 권한이 있었지만, 학생이 박사 과정을 마칠 때까지 끝내 제안하지 않았다고 한다.

지적인 여성들은 남성들에게 인기를 얻고 남편감을 찾으려면 자신이 똑똑하다는 사실을 숨겨야 한다. 그렇게 얻은 남편이 그녀에게 어떤 가치가 있을지 알 수 없다.

오래된 하이틴 영화에 남학생이 좋은 성적을 받기 위해 여학생에게 교수실에서 시험지 훔치는 것을 도와달라고 하는 장면이 나온다. 여학생이 싫다고 하자 남학생은 경멸하는 투로 말한다. "도덕군자 납셨네." 그러자 여학생은 황급히 사과하듯 대답한다. "아니야, 내가 좀 촌스러워서 그래."

눈치가 있고 너그러운 것을 비위 맞추는 것과 혼동해서는 안 된다. 비위를 맞추는 것은 타인의 감정에 대한 배려가 아니라 타인의 부당하고 비합리적이며 악한 감정에 순응하는 것이다. 도덕적 판단을 할 때 타인에게 어떤 악한 감정이 있는지 고려하지 않고, 그 악한 감정으로 인해 무고하고 고결한 희생자가 생기는 것을 용인하는 태도다.

눈치는 이성적 감정을 가진 사람만 베풀 수 있는 배려다. 눈치 있는 사람은 실패나 불행을 겪은 사람 앞에서 절대 자신의 성공이나 행복을 강조하지 않는다. 자신과 대조되는 상황이 상대의 고통을 되살릴 뿐 아니라 더 심화시킬 수 있다는 것을 알기 때문이다. 눈치 있는 사람은 누구 앞에서도 자신의 미덕을 뽐내지 않는다. 오히려 타인에게 인정된 것을 당연하게 받아들인다.

일반적으로 성공한 사람은 자신과 동등한 사람이나 열등한 사람, 우월한 사람 할 것 없이 타인들 앞에서 자신의 성취를 과시하지 않는다. 자신을 타인과 비교해 평가하지 않기 때문이다. 마찬가지로 타인에 대해서도 누군가와 비교해 평가하지 않는다. '누구보다 낮다'가 아니라 그저 '훌륭하다'고 평가할 뿐이다.

하지만 자신의 성취를 무시하거나 모욕하는 질투쟁이들을 마주할 때 눈치 있는 사람은 자신의 업적을 자랑스럽게 말한다. "당신이 뭐라도 된다고 생각하느냐"는 질투쟁이 혐오자들의 질문에 망설임 없이 자신에 대해 이야기해준다.

실제로 과시하기를 좋아하는 오만한 사람이 평범함을 추구하는 척하는 경우가 있다. 이런 사람은 미덕이나 가치를 추구하는 것이 아니라 우월성을 추구한다. 남과 비교하는 것이 유일한 기준이므로 타인을 깎아내리는 데만 관심이 있다. 품위 있는 사람은 잘난 체하는 것을 싫어하지만, 질투쟁이와 혐오자들은 잘난 체하는 것이 일상이다.

무례하게 자기 자랑을 늘어놓거나 자신을 낮춰 타인의 비위를 맞추는 것은 모두 잘못된 행동이다. 모든 인간관계에서 그렇듯 올바른 행동의 기준은 객관성과 정의인데, 우리 사회는 이러한 이치를 가르쳐주지 않으며 가르친 적도 없다.

"머리를 쓰되 아무도 모르게 하라. 목표를 높이 세우되 높은 목표를 세웠다는 것을 인정하지 말라. 정직하되 정직함을 고수하지 말라. 성공하되 성공을 드러내지 말라. 훌륭한 사람이 돼라. 하지만 눈에 띄게 행동하지 말라. 행복하라. 신이 도울 것이니!"

우리는 이런 태도를 도덕률로 삼는 문화적 분위기에서 살아가고 있다.

우리는 정체를 알 수도, 정의할 수도, 설명할 수도 없는 악에 대해 비위를 맞추며 살아왔다. 이러한 태도는 시대를 막론하고 문화 흐름의 저변에 깔려 있다. 고대 그리스 문화를 포함한 초기 인류 문화에서 행복이나 성공은 인간이 열망해서는 안 되는 것, 오직 신만이 누릴 수 있는 특권이었다. 그리고 인간이 행복을 느끼거나 성공하면 신이 분노하기 때문에 우리는 신을 달래야 했다. 이는 자신의 행운을 타인에게 알리는 것에 대한 미신적 두려움으로 이어졌다.

한 예로, 건강하고 예쁜 아이가 태어났을 때 행복해하면 악마가 질투해 아이를 해칠 것이라는 믿음 때문에 아이가 못생기고 보잘것없으며 아무 쓸모도 없다고 외치는 전통이 있다. 악마는 전능해서 아이의 가치를 스스로 판단할 수 있을 텐데 어째서 속이려 하는 걸까? 이 전통의 의도는 "아이가 건강하고 예쁘다는 것을 악마에게 알리지 말라"는 것이 아니라 "당신이 아이가 건강하고 예쁘다는 것을 알고 있고, 그로 인해 행복하다는 사실을 악마에게 알리지 말라"는 것이다.

인간은 신과 악마를 자신과 닮은 모습으로 만들어낸다. 일반적으로 사람들은 이유를 알 수 없는 어떠한 현상을 설명하기 위해 신비적 환상을 꾸며낸다. 인간이 늘 불행 속에 살기를 바라는 악마 같은 신의 개념은 개인의 행복에 대해 주변 사람들이 이유를 알 수 없는 증오를 느낀다는 사실을 감지할 때 이해된다.

세상에 선인을 증오하는 사람이 많다는 의미는 아니다. 실제로 선인을 증오하는 사람은 특정 연령이나 문화에 관계없이 타락한 소수에 불과하다. 하지만 문제는 이런 증오가 이를 악용하려는 자들을 통해 확산되고 영속된다는 점이다.

타인을 정신적으로 황폐화하는 데만 관심이 있는 모리배는 도덕적·지적 리더십이 있는 곳에 자리를 잡는다. 그리고 악덕을 미덕처럼 보이게 하는 방법을 포함해 합리화, 위선, 변명, 속임수 등의 수단을 혐오자에게 제공한다. 선인을 비방하고 혼란스럽게 만들어 무장해제시키며, 인간이 스스로를 낮추게 하는 모든 사상이나 신념 체계를 장사 도구로 쓴다. 권력욕과 이들은 떼려야 뗄 수 없는 관계다.

오랫동안 전해져 내려오는 여러 신화의 본질을 살펴보자.

바빌론 사람들이 천벌을 받았던 이유는 무엇인가? 하늘까지 닿는 탑을 쌓으려 했기 때문이다.

파에톤이 죽은 이유는 무엇인가? 태양의 수레를 몰려고 했기 때문이다.

이카로스가 추락한 이유는 무엇인가? 날려고 했기 때문이었다.

아라크네가 거미로 변한 이유는 무엇인가? 직조 기술로 여신 아테네에게 도전해 이겼기 때문이다.

"열망하지 말고 모험하지 말라. 야망은 자멸로 이어진다."

이 교훈은 모든 시대를 거쳐 전해져 내려오는 전통음악처럼 가사는 바뀌어도 선율은 그대로 유지되고 있다. 성공을 위해 대도시로 간 소년은 돈 많은 악당이 되고, 작은 마을에만 머물렀던 소년이 성공한 소년을 물리치고 옆집 소녀의 마음을 얻는다는 내용의 할리우드 영화를 보라. 오랫동안 전해져 내려온 신화의 본질이 이제는 할리우드 영화로 선율을 달리해서 나타나는 것이다.

인간에게 내려지는 저주는 대부분 야심과 대담함 때문이 아니라 수동성과 무기력, 두려움 때문이라는 사실을 증명하는 근거는 아주 많다. 그리고 앞서 말한 전통음악과도 같은 교훈은 절대 인간의 안념을 위한 것이 아니다.

제2차 세계대전이 끝날 무렵 언론은 이렇게 보도했다. "소련군은 서쪽으로 이동해 마을을 점령했을 때, 은행 잔고가 100달러 이상이 거나 고등교육을 받은 사람들은 모두 처형했다. 그리고 나머지 주민들은 모두 항복했다." 정상에 있는 사람들을 무너뜨리면 나머지는 자동으로 포기하고 복종한다. 이것이 바로 도덕적·지적이라고 하는 인류의 지도자들이 행하는 방식이다.

독재자의 명령을 시행하려면 잘 세뇌된 깡패들이 필요하듯 인류의 지도자들에게도 자신들의 권력 유지를 도와줄 깡패들이 필요하다. 깡패들은 선인을 미워하는 혐오자들로 구성돼 있는데, 이들은 특별히 이타주의를 행하라고 세뇌를 당한다.

이타주의는 가장 사악한 동기와 가장 비인간적인 행동 그리고 가장 혐오스러운 감정을 합리화하는 원천이다. 이는 역사적·철학적·심리학적으로 증명된 명백한 사실이다. 이타주의는 선인을 희생해야 할 존재로 여기고, '이기심'에 대한 불명확한 비난으로 살아 있는 모든 것에 대해 저주를 퍼붓는다.

여기에는 우리가 주목해야 할 부분이 있다. 이타주의를 가장 소리 높여 외치는 혐오자들과 질투쟁이들은 이타주의의 기준에서 선인들이 생각하는 기준에 아무런 영향을 받지 않는다는 사실이다. 혐오자들과 질투쟁이들은 자신들이 미덕을 지닌 사람보다 열등하다는 사실이 드러날 때 이타주의를 과시하는데, 도덕적으로 우월하다고 인정하는 성인이나 영웅들의 이타주의에 대해서는 별 관심이 없다. 알베르트 슈바이처를 질투하는 사람은 없다. 그들이 질투하는 사람은 똑똑하거나 능력이 있으며, 성취를 이뤘거나 독립적인 사람이다.

이타주의가 측은지심에서 비롯되고 인간의 고통을 덜어주며 빈곤을 퇴치하는 것이 목표라고 믿는 사람이 있다면 자신을 속이는 것이라 말해주고 싶다. 오늘날 이타주의는 이성적 사고방식을 버린 채 미친 듯 날뛰고 있다.

이타주의자들은 물질적 부와 '부의 재분배'에 더 이상 관심을 두지 않는다. 이들의 관심사는 오로지 '파괴'다. 하지만 이마저도 목적이 아닌 수단일 뿐이다. 이들의 야만적인 분노는 지성, 즉 능력, 야망, 사상, 목표, 정의의 파괴와 도덕의 파괴 그리고 가치의 파괴로 향해 있다.

학문적 가식의 끝은 '평등주의egalitarianism'다. 평등주의는 평등으로 위장하는 것이 아니라 평등을 오히려 드러낸다.

평등주의는 모든 사람이 동등하다는 신념에 근거한다. 이성적인 접근 방식에서 평등에 대한 믿음의 기원은 약 100년 전(1870년 또는 그 이전 - 옮긴이)으로 거슬러 올라간다. 미국은 개인의 권리 원칙에 기반해 국가체제를 구축했지만, 평등은 이 체제를 시대착오적인 것으로 만들었다.

평등은 정치 용어로서 법 앞에서의 평등, 즉 모든 사람이 인간으로 태어났기 때문에 누릴 수 있는 기본적이고 양도할 수 없는 권리를 의미한다. 특정인에게 작위를 수여하거나 법으로 계층을 구분하는 등 인간이 만든 제도는 그 권리를 침해하거나 없애지 못한다. 그리고 자본주의의 부상에 따라 귀족제, 노예제, 농노제 같은 모든 계급 제도는 이미 사라졌다. 하지만 이것은 이타주의자들이 평등이라는 단어에 부여한 의미가 아니다.

이타주의자들은 평등을 반反개념적으로 해석한다. 정치적 의미의 평등이 아니라 형이상학적 평등을 주장한다. 개인이 타고난 재능이나 선택, 성과나 성격에 관계없이 개인이 지닌 특성과 미덕이 동등해야 한다고 말한다. 그들에게 인간이 만든 제도를 통해 싸우고 교정해야 하는 대상은 자연, 즉 현실이다.

자연은 모든 인간에게 아름다움이나 지능을 동등하게 부여하지 않으며, 인간의 의지는 각자가 다른 선택을 하게 만든다. 평등주의자들은 이러한 자연과 인간의 의지라는 '불평등'을 없애고 보편적인 평등을 확립할 것을 주장한다. 동일률[11]은 조작할 수 없는 논리이기 때문에 그들이 무너뜨리려고 하는 것은 인과율[12]이다. 개인의 속성이나 미덕은 '재분배'할 수 없기 때문에 그것이 이룬 결과, 즉 보상, 이익, 성취 등을 빼앗으려 한다. 이들은 법 앞에서의 평등이 아니라 불평등을 추구한다. 사회 계층의 역逆피라미드를 확립해 무가치한 사람을 맨 꼭대기에 앉힌다.

이러한 목표를 달성하기 위해 사용된 방법은 다양하다.

성과가 같지 않은 사람들에게 동일한 임금을 제공하는 것은 너무나도 명백한 부정이다. 여러 노동조합의 정책을 검토해보면 평등주의자들이 이러한 부정을 해결하는 방식을 알 수 있다. 바로 성과를 내지 못하게 만드는 것이다.

---

11 Law of identity : 사유 법칙 중 하나로, 동일한 말은 동일한 뜻과 내용을 지녀야만 한다는 법칙.

12 Law of causality : 실제 세계에서 발생하는 모든 결과에는 필연적인 원인이 있다는 법칙.

미국 철도회사 현황을 살펴보면 알 수 있듯이 평등주의자들은 누군가가 다른 사람들보다 빨리 승진하는 것을 막기 위해 '능률급'을 없애고 '연공서열'을 도입한다.

개인의 재산을 몰수하는 것은 사람들의 신뢰를 얻지 못하는 방식이다. 따라서 평등주의자들은 개인이 자기 재산을 사용하는 것에 제재를 가하고, 제재를 점점 늘려서 결국 사유재산 개념이 소용없어지게 만든다. 부자만이 최고의 의료 서비스를 누리고 최고의 교육을 받으며 좋은 집에 살거나 희귀한 제품을 사용하는 것은 불공평하다고 말한다. 따라서 평등주의자들은 이 모든 것이 경쟁을 통해 얻는 것이 아니라 배급을 통해 주어져야 한다고 주장한다.

여성해방운동을 보라. 평등주의자들은 아름다운 여성도 있지만 그렇지 못한 여성도 있기 때문에 미인대회를 없애고 텔레비전 광고에 화려한 모델을 쓰지 말아야 한다고 주장한다.

다른 학생들보다 똑똑하고 끈기 있게 공부하는 학생이 있다. 이에 대하여 평등주의자들은 학생들의 객관적 학업 성취도에 기초한 절대평가제도를 폐지하고 상대적인 기준에 근거한 상대평가제도를 도입해야 한다고 말한다. 상대평가는 집단적 성과에 대하여 상대적인 성적을 '분배'받는 것이다. 학생은 개인의 성취도에 상관없이 수업마다 A부터 F까지 정해진 비율대로 성적을 받는다. 따라서 동일한 노력을 기울여도 함께 수업을 듣는 학생들이 바보들이었는지 천재들이었는지에 따라 A를 받을 수도 F를 받을 수도 있다. 타인이 자신보다 열등하기를 바라고 우월한 사람을 미워하거나 두려워하도록 가르치기에 이보다 더 좋은 방법은 없다.

우리는 이 모든 방법이 우월한 사람이 지닌 미덕을 열등한 사람에게 나누어주는 것이 아니라 우월한 사람이 지닌 미덕을 못 쓰게 하는 방법이라는 사실에 주목해야 한다. 이 방법들의 공통분모이자 기본 전제는 '선한 일을 행하는 선인을 증오하는 것'이다.

이는 최근에 등장한 새로운 전제가 아니다. 이런 전제는 이미 오래전부터 문화 속에 침투해 새로운 형태의 혐오자를 계속 생산하고 확산해왔다. 오늘날 해당 전제가 만연해진 상황을 보라.

압력집단과의 전쟁은 혼합경제가 낳은 피할 수 없는 결과이며 철학적 문제로 이어진다. 보통 경제적 문제에서 시작하지만 그 끝에는 폭력배들이 주도하는 반이성과 반이념의 전쟁이 있다. 누군가의 약점은 그것이 무엇이든 새로운 압력집단을 결집시키는 동기가 될 수 있다.

오늘날 지적으로나 도덕적으로 또는 재정적으로 취약하다는 사실과 소수집단에 속한다는 사실은 가치와 권리의 기준이자 특권이다. 이에 따라 압력집단은 불평등에 대한 보상을 대놓고 요구하고, 이중 잣대에 대한 권리를 독선적으로 주장한다.

현실 정치에서 한때 다수로 혜택을 누리고 다수결이라는 사악한 원칙을 지지하던 집단주의자들이 이제 특정 문제에서는 다수를 부정한다. 자신들이 소수라고 주장하는 집단에 특권을 부여하는 것이다.

인종차별주의는 사악하고 원시적인 형태의 집단주의다. 다수인종이 소수인종을 차별하는 것은 범죄지만 소수인종이 다수인종을 차별하는 것은 양도할 수 없는 권리로 여긴다. 어느 다수 민족의 문화가 오랫동안 전해져 내려온 전통이라는 이유만으로 다른 문화보다 우월하다고 주장한다면 쇼비니즘[13]으로 간주돼 몰매를 맞을 것이다. 하지만 소수가 주장하는 경우 이는 민족적 자긍심이 된다. 변화와 진보에 대해 다수가 저항하면 반동주의反動主義[14]로 간주하면서 인디언들이 천막집에 사는 것처럼 소수는 과거로 퇴행하는 행위를 해도 훌륭하다고 한다.

우리는 일방적인 '관용'과 '이해'를 미덕으로 간주한다. 이에 따라 소수민족의 가치와 관습을 이해하고 지켜주는 것은 모든 사람, 즉 다수의 의무라고 하면서도 소수민족은 다수민족의 가치와 관습 또는 문화를 조금도 이해하려 하지 않는다. 그뿐만 아니라 자신들의 정신은 자신들 외에는 이해할 수 없고 다수민족과의 접점은 존재하지 않는다고 말하며, 끝없이 다수의 면전에 인종차별적 욕설(또는 그이상)을 퍼붓는다.

이처럼 인종차별의 피해자가 어떤 특권을 지닌 소수라는 관점에서 보면 인종차별을 철폐하려는 정책의 목표가 실제로 인종차별을 없애려는 것인가는 누구도 장담할 수 없다. 인종 폭동 사건 당시 실제로 보호받지 못한 피해자들은 작은 주택에 사는 집주인들과 상점 주인들이었다. 평등주의자들의 진두 지휘 아래 소수인종은 계속해서 도움을 요청한다. (평등주의자에게는 압력단체를 통제하는 능력이 필수다.) 소수인종 중 개인의 노력과 성취를 통해 차별을 극복하려는 사람은 배신자로 규탄의 대상이 된다. 무엇을 배신했다는 것인가? 생

---

13   chauvinism : 광신적 애국주의.

14   강압적인 방법으로 구체제를 유지하거나 부활시키려고 하는 태도.

리학적 (인종) 집단을? 아니면 집단의 무능함과 무기력함을? 단체로 꾀병 부리는 일을? 흑인의 경우 백인에게 굽실거리는 '엉클 톰'[15]이라며 비난한다. 특권을 누리는 소수인종은 흑인뿐만 아니라 모든 소수인종에 해당한다. 그리고 가장 거슬리는 집단은 백인들이다.

평등주의자가 소수자의 권리보다 더 중요시하고 깊이 관여하는 문제는 소수민족의 전통이라는 원시적 특성, 즉 소수자의 문화적 취약점이다.

사회는 우리에게 원시문화를 연구하고 인정하고 존중할 것을 요구한다. 그러면서 우리 문화는 등한시한다. 대대손손 똑같이 만들어진 도자기는 마치 대단한 업적인 것처럼 떠받들면서 플라스틱 컵은 대단하게 여기지 않는다. 곰가죽은 훌륭하다고 여기면서 합성섬유는 훌륭하다고 생각지 않는다. 달구지는 선인의 공적이지만 비행기는 그렇지 않고, 허브로 만든 수상쩍은 묘약은 업적이지만 심장절개 수술은 그렇지 않다. 스톤헨지는 성취이고 엠파이어스테이트빌딩은 성취가 아니다. 흑마법도 업적이지만 아리스토텔레스의 오르가논organon은 업적이 아니다. 뉴욕 고층 빌딩의 그림자가 드리워진 길모퉁이에서 가식적이고 자의식 과잉의 청년들이 슬라브 민속무용 공연을 하는 광경이 방송에 등장할 때가 있다. 나는 이보다 더 역겨운 장면은 없다고 생각한다.

왜 원시문화를 존중하라고 하는가? 그 이유는 원시문화가 존중받

---

15 소설 『톰 아저씨의 오두막Uncle Tom's Cabin』에 나오는 흑인 주인공으로 과거에 백인의 시중을 들거나 비위를 맞추는 흑인을 가리킬 때 종종 쓰였다.

을 만하지 않기 때문이다. 왜 원시인들이 서양의 업적을 무시하도록 부추기는가? 서양의 업적은 존중할 만하기 때문이다. 정신지체아의 자기표현을 권장하고 칭찬하는 이유는 무엇인가? 그 아이에게는 표현할 만한 것이 없기 때문이다. 그렇다면 수재의 자기표현은 왜 무시하거나 저지할까? 그 아이는 표현할 것이 많기 때문이다.

"사회는 미국인들이 회교도나 불교도, 식인종에게 사과하고 저개발되거나 미개발된 또는 개발 가능성이 낮은 문화에 대해 미안함을 가지도록 부추긴다. 미국인들은 고층 빌딩이나 자동차, 수도 시설을 만든 것, 미소와 자신감을 가진 것, 심지어 고문당하지 않고 산 채로 가죽이 벗겨지지 않은 것과 식인을 하지 않은 것조차 미안해해야 한다. (…) 미국인이 미움을 받는 이유는 미국인의 결함 때문이 아니라 미국인이 지닌 미덕 때문이며, 취약점 때문이 아니라 미국인이 이룬 업적 때문이다. 또한 미국인이 실패해서가 아니라 성공, 즉 장대하고 빛나는 성취를 이뤘기 때문이다."_〈객관주의자 소식지〉, 1965년 10월호, "자본주의의 말살" 중에서

평등을 이루는 방법에는 두 가지가 있다. 모든 사람을 피라미드 꼭대기로 끌어올리거나 그 피라미드를 파괴해버리는 것이다. 첫 번째 방법은 불가능하다. 개인의 위상과 행동은 그 사람의 의지에 따라 결정되기 때문이다. 하지만 미국 자본주의는 이에 가장 가깝다. 미국은 개인이 각자의 능력과 야망에 따라 성취할 수 있도록 자유와 보상을 제공해 사회 전체의 지적·도덕적·경제적 상태를 높인다. 두 번째는 좋은 방법이 아니다. 인류가 가장 무능한 구성원들로 평준화될 경우 생존이 어려울 수도 있기 때문이다. 하지만 이타적인 평등

주의자들이 추구하는 방식은 이에 가장 가깝다. 앞서 언급한 다양한 평등주의적 정책으로 인해 오늘날 세상에는 불행과 부정, 불평등이 만연하다. 이러한 결과는 평등을 위한 자애로운 열정 같은 것은 없으며, 평등을 주장하는 이유는 선인에 대한 증오를 감추고 합리화하기 위해서라는 사실을 다시금 증명한다.

평등주의자들이 주장하는 것은 마치 이런 것이다. 다리가 부러진 사람이 의사에게 고쳐달라고 했더니 다른 멀쩡한 사람 열 명의 다리를 부러뜨리고는 기분이 좀 나아지지 않았느냐고 묻는다. 열한 명을 불구로 만든 이 의사는 다음으로 세상 사람 모두가 똑같이 목발을 짚고 다녀야 한다는 것을 법으로 제정할 것을 주장한다. 의사는 이렇게 불구가 된 사람들을 기분 좋게 만들고, 자연이 부여한 불평등도 평등하게 만드는 데 성공한다.

말이 안 되는 이야기라고 생각할지 모르지만, 이처럼 건강한 사람을 증오하는 것, 즉 선을 행하는 선인을 증오하는 것이 오늘날 문화의 지배적인 흐름이다.

잠행성 질병으로 나타나는 피부 병변처럼 우리 사회에는 혐오로 인한 균열 증상이 무작위로 나타나고 있다.

평등주의 교육자들은 최근 취약계층 아동들을 위한 몬테소리 어린이집 건립 계획을 무산시켰다. 몬테소리 교육을 받은 취약계층 아동들이 다른 아동들보다 공립 유치원이나 초등학교 입학에서 더 유리할 수 있다는 이유에서였다. 평등주의 교육자들의 목표는 아동들을 빈곤에서 벗어나게 하는 것이 아니라 모두를 바닥으로 끌어내리는 것인 모양이다.

한 저명한 경제학자는 개인의 능력에 따라 차등적으로 세금을 부과할 것을 주장하며 "학력이 높은 사람에게 특별세를 부과해야 한다"고 말했다. 그렇다면 학업과 일을 병행하며 겨우 생계를 이어가는 수재들은 어떻게 되는가? 그리고 수재들이 어렵게 만들어낸 지성의 결과물을 사용하고 누리는 특권에 대한 세금은 없는가? 지성에 대해 특별세를 내는 상황이라면 가진 돈이 많든 적든 누가 자신의 지성을 펼치고 싶겠는가? 수재들이 지성을 죄처럼 숨기게 만드는 것이 과연 인류에 대한 사랑인가?

몇 년 전, 한 유명 사회복지사가 소련을 방문한 뒤 이런 황당한 글을 썼다. "거리의 모든 사람이 똑같이 초라한 모습을 하고 있는 것을 보는 일은 매우 멋진 경험이었다." 그러면서 도시 빈민가의 존재에 대해 미국을 비난하는 것은 타인에 대한 측은지심 때문이라고 말한다. 소련은 소수의 엘리트 통치자와 피범벅의 방대한 강제 노동 수용소로 이루어져 있다. 그렇다면 국가 전체를 거대한 빈민가로 만든 소련 체제에 대해 침묵하거나 동정만 보내는 것도 측은지심인가?

한 교수는 수업에서 학생들에게 보기를 주고 어떤 임금 체계를 선호하는지 물었다. 첫째는 개인별로 다른 임금 체계, 둘째는 모든 사람이 동일한 임금을 받지만 개인별로 다른 임금을 받을 때의 최저임금보다도 낮은 임금을 받는 체계다. 한 학생을 제외하고 나머지 학생이 모두 동일한 임금 체계를 선호한다고 말했다. 그 교수가 선호한 것도 낮지만 동일한 임금이었다.

'가난한 사람·흑인·청년'의 이익을 대변한다는 명목으로 의례적인 말을 청산유수로 암송하는 한 정당 당원이 있다. 고결한 척 오만을 떠는 그에게 왜 가난한 사람과 흑인, 청년의 이익을 보호하느냐고 물으면 그들이 약자이기 때문이라고 답한다. 그렇다면 약자가 아닌 사람들은 누구이고 이들의 이익은 어떻게 되는가? 알 수 없다. '부자·백인·노인'은 약자와 대립하는 계층이나 적敵이 아니다. (이들의 적인 극단적 보수주의자들은 부자가 아니고, '엉클 톰'은 흑인이며, 노인들은 의료보험제도를 도입한 영웅들이다.) 실제로 이 정당 당원이 가리키는 약자와 대립하는 계층은 나이나 성별, 신념, 피부색 또는 경제적 지위와 관계없이 오로지 '유능한 사람'이다.

사회주의 사상이 대두되던 세기의 전환기에 사람들은 유능한 자들을 노예로 만들어야 나머지 국민의 수준이 올라가고 물질적인 혜택도 동등하게 나눌 수 있다고 믿었다. 악한 믿음이지만 오늘날 평등주의자들의 믿음보다는 낫다. 남의 물건을 빼앗으려고 살인하는 자는 재미로 살인하는 자보다 낫기 때문이다. 사회주의는 역사를 통해 인간의 정신을 지배하는 것이 불가능하다는 사실을 증명했다. 그리고 이제 깊은 곳에 묻혀 있던 사회주의의 실제 목적이 드러나려하고 있다. 오늘날 평등주의자들은 가난한 사람들의 처우를 개선하는 데 별 관심이 없다. 유능한 사람을 착취하는 것도 원하지 않는다. 단지 파괴만을 바랄 뿐이다.

아직도 평등주의자들의 악랄한 목적을 의심한다면 환경보호론자들이 그 의심을 완벽히 해소해줄 것이다.

누군가가 인류에게 번영을 가져다준 기술을 인류의 적이라 규탄할 때, 미국이 노동자들을 착취해서가 아니라 물질적으로 번영해서 저주를 받는다고 할 때, 악당이 월스트리트의 거물이 아니라 회사에서 매달 월급을 받고 탐욕스럽게 사치품을 구매하는 미국 근로자들이라고 할 때, 경멸의 대상이 '재벌'이 아니라 '중산층'이 될 때, 가난한 사람들을 힘들게 만드는 것이 빈곤이 아니라 상대적 빈곤 즉 질투라고 여길 때, 이동의 제약에서 인간을 해방한 자동차와 고속도로가 자연을 파괴한다고 비난할 때, 농부의 노동력을 절감시키는 기계의 사용을 규탄하며 손으로 일일이 작물을 가꾸고 쓰레기까지 직접처리해야 한다고 주장할 때, 과학자들이 과학에 무지한 사람들을 혼란에 빠뜨리기 위해 과학적 증거를 억지 해석하거나 날조 또는 은폐할 때, 저명한 철학자가 노동은 시대에 뒤떨어진 행위이고 인류의 생활수준이 조금은 낮아져야 한다고 주장할 때, 잡다한 무리가 발전소 건설을 막고 뉴욕시를 전력난에 빠트리려고 할 때……. 이 모든 경우에 우리는 자애로운 인간이 아니라 살인자를 마주하고 있다는 것을 깨달아야 한다.

문화운동은 종종 운동의 본질을 강조하는 캐리커처를 만든다. 히피족도 그중 하나다. 히피족은 환경파괴를 반대하지만, 정작 자신들의 몸은 너무 더러워서 발을 담그는 것만으로 하천을 오염시킬 수 있다. 오늘날의 문화가 표방하는 정신을 물리적으로 구현한다면 아마도 히피족의 모습일 것이다. 히피족의 실제 동기에 대해서도 할 말이 많지만, 먼저 그들의 차림새가 의미하는 바를 생각해보자. 히피족은 일부러 추함과 더러움을 선택하고 이를 과시하며 타인의 기분을 상하게 한다. 이는 어떤 가치를 지닌 사람들에게 반항하고 그들을 모욕하며 화를 돋우려는 행위다.

캐리커처를 만드는 것은 히피족뿐만이 아니다. 여성해방운동은 다른 어떤 운동보다 인상적인 캐리커처를 만든다.

평등주의자들이 과거 정치적 평등을 위해 투쟁해온 사람들의 위신을 이용해 불평등을 이루려 하듯 여성해방운동에 참여하는 학생들은 국가 권력에 맞서 개인의 권리를 위해 싸워온 여성들의 위신을 이용해 국가 권력을 통한 특권을 향유하려 한다.

여성에 대한 편견을 타도해야 한다고 외치지만 사실은 여성 혐오자misogynist의 끔찍한 편견을 지지한다. 그에 대한 증거는 거리의 길모퉁이와 텔레비전의 대형 선전을 통해 확인할 수 있다.

미국 여성은 지구상에서 특권을 가장 많이 누리는 집단 중 하나다. 그들은 미국의 부를 통제한다. 아버지나 남편의 재산을 상속받고, 카드놀이나 칵테일 파티를 즐기는 사람들과 어울리며 호사를 누린다. 돈을 벌어오는 남편에게 해주는 것은 거의 없다. 여성해방운동 지지자들은 "오늘 저녁엔 쥐(식충이)를 굶기자!"라고 적힌 플래카드를 들고 남편을 위해 요리하는 것을 그만두라고 외친다. (쥐가 굶어 죽으면 고양이는 어디서 음식을 구하는가? 알 수 없다.)

여성의 자리가 가정(Kinder-Küche-Kirche : 자녀-주방-교회)이어야 한다는 것은 원시적이고 악한 생각이다. 하지만 이는 여성이 남성 못지않게 또는 남성보다 더 지지하고 영속시키는 개념이기도 하다. 직장 여성이 가장 무서워하는 적은 공격적이고 독선적이며 질투심 많은 주부이며, 여성해방운동은 이러한 공격성과 독선, 질투를 이용해 남성을 공격한다.

지구상에 미국만큼 직장 여성에게 많은 기회가 열려 있고 여성들이 성공할 수 있는 곳은 없다. 하지만 여성해방운동 지지자들은 여성들에게 성공이 성취의 대상이 아니라 보장돼야 하는 권리라고 말한다. 그들은 여성들이 원하는 직업을 가질 수 있게 법으로 보장해주어야 하며, 승진에 누락돼 소송을 하면 여성이라서가 아니라 다른 이유로 승진에 누락되었다는 것을 고용주가 직접 증명해야 한다고 주장한다.

지적이고 야망 있는 여성을 두려워하고 싫어하는 남성들도 존재한다. 하지만 여성해방운동 지지자들은 지성과 능력 따위는 상관없이 성별만 중요하다고 주장함으로써 이런 남성들이 느끼는 두려움과 분노가 사라지게 한다.

어떤 남성들은 여성이 비합리적이고 비논리적이며, 무능하고, 감정에 휘둘리기 때문에 신뢰할 수 없다고 생각한다. 여성해방운동 지지자들은 후줄근한 차림으로 짧은 슬로건을 반복적으로 외치고 거리를 행진하며 이 생각이 틀렸다고 주장한다. 이 여성들은 마치 터무니없고 단조로운 정글 의식을 행하는 원시인과 버릇없이 떼쓰는 아이를 합친 것 같은 모습이다.

여성해방운동 지지자들은 남성의 억압을 비난하면서 여성의 '성적 대상화'에 항의한다. 하지만 이를 외치는 연사들은 성적 대상화의 위험에 전혀 노출될 것 같지 않은 모습을 하고 있다.

또한 여성해방운동 지지자들은 남성으로부터의 독립과 평등을 주장하면서 남성들이 낸 세금으로 무료 낙태 수술을 하고 무료 탁아소를 운영할 것을 요구한다. 여성의 동의로 이루어졌을 성관계의 결과에 대해 남성들에게 모든 책임을 지라고 말한다.

성에 대한 여성해방운동 지지자들의 관점은 너무 끔찍해서 입에 담기조차 어렵다. 이들은 남성을 적으로 간주하고 여성이 가장과 잡역부 역할을 모두 떠맡고 있다고 생각한다. 계급 전쟁Class war보다 더 추잡하고 무의미한 성 전쟁Sex war을 벌이고, 권력을 쟁취하려는 압력집단이 성차별 문제를 정치에 끌어들이게 만들었으며, 레즈비언들과 자매결연해 남성들에게 영원히 적대감을 가질 것을 맹세했다. 혐오스러운 삶의 인식에서 출발하는 이들의 발상은 너무나 역겨워 두 번 생각하고 싶지도 않다.

여성해방운동을 지지하는 여성들보다 더 나쁜 이들은 이를 지지하는 남성들이다. 남성 지지자들이 존재한다는 사실 자체가 이 운동이 터무니없다는 증거다.

다른 압력단체들은 자신들의 존재에 대한 변명으로 조금은 그럴듯한 불만 사항이나 구실을 갖춘다. 하지만 여성해방운동은 존재해야 할 구실이나 해결을 촉구하는 불만 사항이 없다. 다른 압력단체들과 공유하는 단 한 가지 공통점은 기본적으로 약자를 이용한다는 것이다. 여성해방운동이 현대 지식인들의 공감을 살 수 있었던 것은 남성이 형이상학적으로 지배적인 성性이고 (잘못된 근거에 따라) 강하다는 사실이었다. 여성해방운동 지지자들은 남성적인 힘, 즉 물리적 힘을 기르려는 노력도 시도도 하지 않으면서 그 힘에 대해 항의만 한다.

대다수 미국 여성이 동의하지 않은 덕분에 여성해방운동은 별로 성공하지 못했다. 대학의 학생운동가들이나 히피들, 환경보호론자들도 마찬가지였다. 그런데도 우리는 이들이 공공장소나 방송에서 가장 큰 목소리를 내는 것을 듣고, 분노로 가득 차 주먹을 휘두르는 꼴을 보아야 한다. 이들은 혐오자 부대의 특공대원들이다. 수백 년 된 하수구에서 대중들 앞으로 기어 나와 몸을 흔들며 턴다. 그들이 튀긴 오물은 거리에 있는 행인들과 투명한 유리창, 깨끗한 신문 위로 떨어진다. 떨어진 오물은 대중들의 죄책감을 일으키고 동정을 얻으려는 긴 울음소리와 뒤섞인다.

여기서 행인들은 이러한 분위기에서 살고 숨 쉬고 일해야 하는 국민을 말한다.

사실 사람들은 대부분 선인을 싫어하지 않는다. 병적인 여러 현상이 우리 사회에 발현하는 것을 보고 혐오를 느낄 뿐이다. 하지만 사회에 대해 만성적인 혐오감을 느낀다면 인간 사이의 존경과 신뢰, 선의에 좋을 것이 없다. 말도 안 되는 가식, 이해할 수 없는 주장과 요구, 설명 불가능한 모순, 누구의 제지도 받지 않는 잔혹성, 냉소적인 불평등, 대놓고 드러내는 악의를 감상적으로 달래는 모습까지 만성적으로 일어나는 이 모든 광경은 사람들의 사기와 도덕성을 서서히 침식하고 있다.

사기와 도덕성을 침식당한 사람은 처음에는 어리둥절해하다 점차 낙담과 좌절, 괴로움, 두려움을 느낀다. 내적으로는 객관적 타당성이 없는 주관주의에 깊이 빠지고, 외적으로는 모든 인간을 믿지 못한다. 그리고 결국 가치 추구를 그만두고 절망감에 빠져 우주 만물을 맹목적으로 증오하게 된다. 이것은 이 모든 것을 조작한 실제 혐오자들이 하는 행동과 유사하다.

사람들을 이렇게 만드는 것은 지식인, 특히 사상을 전파하는 인문학 분야의 전문가들이다. 정체를 모르는 감정에 이끌린 대다수의 상식적이고 순진한 사람들은 여전히 이성이 인도해주기를 바라고 있다. 하지만 자신들이 따르는 지식인들이 이성을 버린 채 이해할 수도 믿을 수도 없는 감정을 추종한 지 오래라는 사실을 알지 못한다. 아폴로 11호에 대한 대중과 지식인들의 엇갈린 반응이 대표적인 예다.

지식인들 중에는 피해자도 살인자도 있다. 살인자에 해당하는 지식인들은 누구일까? 임마누엘 칸트의 은총을 받아 철학 분야를 독점하고 있는 소름 끼칠 만큼 적은 소수파 철학자들이다. 이들은 선한 일을 행하는 선인에 대한 혐오를 전파하는 데 인생을 걸었다.

이러한 형태의 혐오는 과거에도 존재했다. 현대철학은 혐오를 만들어낸 것이 아니라 단지 조직적으로 전파했을 뿐이다. 혐오는 인간 의식의 본질에서 비롯되었다.

인간은 단순한 지각적 수준에서는 현실에 대응할 수 없다. 생존을 위해서는 의식의 개념화가 필요하고, 의식을 개념화하려면 의지가 필요하다. 이는 인간의 선택에 따른 것이다. 유년기 인간에게는 지각 기능이 지배적이지만, 대부분 성인이 되면서 개념 기능을 발달시킨다. 개념 기능으로 전환하는 과정에서 비틀거리며 각자 다른 정도를 장착하는데, 결국 두 가지 기능이 혼합된 상태에 머무른다. 선인을 혐오하는 사람은 개념 기능 체계로의 전환이 전혀 이루어지지 않은 정신-인식론적 장애인이다.

혐오자의 정신 기능 체계는 유년기에 머무른다. 구체적이고 지각적으로 주어진 것만 이해하므로 혐오자에게는 과거나 미래가 없고 현재만 존재한다. 말하는 방법은 배웠을지 모르지만 개념화 과정을 이해하지 못한다. 혐오자에게 개념이란 자신은 잘 모르지만 타인들이 사용하는 일종의 부호로 되어 있는 신호, 즉 현실이나 자신과 관련이 없는 신호에 지나지 않는다. 혐오자는 개념을 지각처럼 다루기 때문에 상황이 바뀔 때마다 개념의 의미가 변한다. 배우거나 얻은 것이 무엇이든 혐오자의 머릿속에서는 그것이 마치 원래 있었던 것처럼 다루어진다. 언제 배운 것인지 기억조차 없다. 혐오자의 정신은 처리되지 않은 개념이 우연히 왔다가 사라져버리는 저장소 같다.

혐오자의 정신 기능 체계는 유년기에 머무르지만 사고방식은 어린아이와 극명하게 다르다. 아이는 지식을 구하는 데 매우 적극적인 반면 혐오자는 그냥 가만있기 때문이다. 혐오자는 지식을 추구하지 않는다. '경험'에 '자신을 노출'함으로써 자신의 머릿속에 지식이 저절로 들어오길 바란다. 아무것도 들어오지 않으면 독선적으로 분노할 뿐 자신이 할 수 있는 것은 없다고 생각한다. 혐오자가 배배 꼬인 채 삶을 살면서 평생 하지 않으려고 도망 다니는 것은 정신적 처리, 식별, 조직화, 통합, 비판적 평가나 통제 등 정신적 노력이 필요한 모든 종류의 정신활동이다. 따라서 혐오자의 정신은 극도로 침체되고, 수동적인 상태와 정신병 사이에서 아슬아슬하게 버티고 있다.

노력을 피하며 정신이 자동으로 기능하게 만들고 싶은 마음은 통제할 수 없는 내적 현상인 감정에 몰두하게 한다. 혐오자는 자신의 감정을 뜻대로 할 수 없고, 억제할 수 없으며, 의심하거나 거역할 수 없는 힘으로 여긴다. 사실 감정은 추상적이고 형이상학적인 전제에 따른 자동적 가치판단에서 생겨나는데, 혐오자는 지속적인 가치판단을 하지 못하고 매 순간 달라지는 충동만을 지닌다. 따라서 그의 감정은 지성을 희생시켜야 할 만큼 대단한 열정도 막강한 힘을 지닌 악도 아니며, 그저 일시적이고 피상적이며 믿을 수 없으리만큼 시시하고 하찮은 악마에 불과하다. 그는 어떤 욕망이 아니라 일시적인 기분에 따라 행동한다.

인간은 어떻게 그 지경이 되는가? 다양한 심리적 요인이 있지만, 보통 혐오자가 되는 과정은 어렸을 때 거짓말을 하고 상황을 모면하는 데서부터 시작한다. 인격이 형성되는 시기에 아동은 자기 주변을 둘러싼 미지의 실체, 즉 현실을 파악하는 데 필요한 정신 과정을 배워야 한다. 하지만 혐오자는 어린 시절에 현실을 적으로 인식한다. 원하는 것을 유심히 관찰하는 것이 아니라 지어내거나 속이고, 조르고, 떼를 써서, 즉 어른을 조종해서 얻을 수 있다는 것을 배운다. 원하는 것을 얻으려면 가짜로 지어내거나 속여야 하고, 진실이 밝혀지면 곤란하므로 생각하지 않으려 애쓴다.

그러다 보면 현실은 적이라는 결론에 도달한다. 현실은 그가 떼쓰는 대로 해주지 않고 바라는 것도 들어주지 않기 때문이다. 현실은 자신에게 휘둘리지도 어른들처럼 다정하게 대해주지도 않지만, 그래도 무시할 수 있는 적이라 생각한다. 무엇이든 할 수 있는 어른들이 자신의 명령대로 움직이기 때문이다. 어른들은 제멋대로인 아이의 기분을 모두 맞춰주어 아이가 어떻게든 현실을 마주하지 않고 우회할 수 있게 해준다.

현실을 무시할 수 있다는 아이의 착각은 점차 습관화되고 양가적 감정을 느끼게 한다. 교활한 승리감에 젖기도 하지만, 한편으로는 혼자 남겨지면 무력해서 열등감에 빠진다. 자신이 누구라도 속일 수 있는 우월한 사람이라고 스스로 안심시키며 거짓말을 더 많이 한다. 그리고 자연스럽게 자신의 생존 수단이 다른 사람들을 조종하는 능력이라고 믿는다. 발달 단계 중 특정 단계에 이르면 '두려움'을 경험하는데, 이는 아이가 느끼는 다른 감정들과 달리 진짜인 데다 영구적으로 느끼게 되는 감정이다.

두려움의 크기는 아이의 성장에 비례해 커진다. 어른이 된 뒤에도 어린 시절과 마찬가지로 이해할 수 없는 현실 앞에 무력감을 느끼지만, 이제는 더 이상 피할 수 없는 현실의 문제에 둘러싸이게 된다. (하지만 자신 외의 다른 사람들은 현실에 맞선다는 사실이 더욱 괴롭게 한다.) 주어진 현재 상황을 파악할 수는 있지만 그 무엇도 자신의 것으로 만들 수는 없다. 한 번도 고려하는 법을 배운 적 없는 '어제'와 '내일' 사이에 갇혀 있을 뿐이다. 위험이 갑자기 뒤에서 닥칠지, 아니면 앞에서 그를 기다리고 있을지 알 방법이 없다. (위험이 있다는 사실만 감지할 수 있다.) 자신의 정신에 결함이 있다는 것을 느끼지만, 타인뿐만 아니라 자신에게조차 그것을 꼭꼭 숨겨야 한다고 생각한다. 정체를 알 수 없는 상반된 두 욕망으로 괴로워하는데, 하나는 누군가가 지시하고 보호해주고 무엇을 해야 하는지 알려주길 바라는 정신 지체아의 마음이고, 다른 하나는 타인에게 명령함으로써 자신의 힘을 확인하고 싶은 통제자의 마음이다.

이 단계에서 선택할 수 있는 길은 두 가지다. 대부분은 이 상황에서 침체의 안정을 추구하고 방종한 주부나 무능한 가게 점원이 되어 무명無名으로 사라지는 것을 택한다. 이들은 상대를 불행하게 하고 인간과 존재를 저주하며, 누군가의 실패나 불행을 들으면 고소해서 깔깔거린다. 하지만 다른 길을 택하는 사람도 있다. 바로 야심 차고 허세 가득한 유형으로서 현실을 뻔뻔하게 대하기로 한 사람이다. 이 사람에게 언어란 현실을 마주하지 않고도 타인을 조종할 수 있는 일종의 부호로 된 신호다. 과거엔 타인을 통제하기 위해 언어를 사용했고 이제는 언어로 대중을 통제하려 시도한다. 사상을 기만의 도구로 믿는 지식인들은 보통 이렇게 탄생한다.

심리학자들은 '서번트신드롬Savant syndrome'이라는 현상을 관찰했다. 이는 지적 장애인 중 일부가 산술 등에서 천재적 재능을 보이는 현상으로, 서번트신드롬을 가진 이들을 '학자 백치Idiot-savant'라 한다. 선인을 혐오하는 자들도 학자 백치와 비슷한 상태로 보인다. 나는 이들을 '철학 백치Idiot-philosopher'라 부르겠다. 철학 백치는 사상과 현실의 관계를 이해하지도 못하면서 자신들의 가짜 자존감을 위해 사상을 만들고 전파하고 조작하는 데 일생을 바치는 사람이다.

철학 백치와 그 추종자들이 주장하는 사상은 놀랍게도 현실과 아무 관련이 없다. 사상은 연기로 만든 카드로 카드놀이를 하듯 진실이 한숨만 쉬어도 흩어져버린다. 복잡하게 꼬고 변형시켜 말하지만, 이들이 추구하는 유일한 목표는 인간의 정신과 현실 사이에 존재하는 심연을 파헤쳐 이성을 말살시키는 것이다. 이들이 취하는 방식은 단 한 가지다. 혐오자들이 어린 시절에 그랬듯 인간의 약점과 의심, 두려움을 이용해 장난치는 것이다.

임마누엘 칸트는 철학 백치의 전형이다. 그의 사상 체계는 일관되게 악하다.

정신적 노력에서 벗어날 수 있는 방법을 찾고 일생을 뒤틀린 채

지내는 지식인의 역설은 다음과 같은 은행강도의 역설과 유사하다. "멍청이들만 일해서 돈을 번다"고 믿는 사람이 은행강도가 되어 한 방에 부자가 되려 한다. 이후 감옥을 들락날락하며 일생을 보내고, 자신이 지닌 얼마 안 되는 자유마저 다음 범행을 위한 기발한 계획을 구상하느라 모두 써버린다.

부자가 되는 것과 강도짓을 하는 것에 필요한 정신적 맥락은 각각 다르고, 수반되는 정신 과정도 다르다. 부자가 되려는 사람에게는 현실을 다룰 수 있는 책임감이 필요하지만, 강도에게는 경비나 경찰을 속여 따돌릴 수 있는 능력이 필요하다. 그리고 철학 사상을 공식화하려는 사람에게는 현실에서 일어나는 사실을 관찰하고 판단하고 통합하는 책임감이 필요하다. 이와는 달리 사상을 날조하는 사람에게는 부주의하고 무지한 이들이 눈치채지 못하게 날조 사실을 속이는 능력이 필요하다. 따라서 은행강도와 철학 백치는 심리 상태가 같은 기생충들로 볼 수 있다. 이 둘은 모두 노력 없이 현실을 탐구하려 했기 때문에 정신을 발달시키지 못했고, 현실과 맞서기가 너무 두려워서 피하려 했던 마음이 이러한 정신지체의 동기가 되었다.

혐오자는 자존감 있는 사람을 이기지 못한다. 자존감은 인간의 생각하는 능력에 기초하며, 타인을 속이는 능력으로는 대체할 수 없다. 과학자의 자존감과 사기꾼의 자존감은 각기 다른 심리 상태에서 나온 것이므로 서로 맞바꿀 수 없다. 현실과 맞서는 사람은 성공할 때 자존감이 올라가지만 사기꾼은 성공할 때 혼란이 가중된다.

지적 사기꾼은 공황 상태에 빠지지 않으려고 계속해서 사람을 속이고, 속이는 데 성공하면 일시적 안도감을 느낀다. 그리고 자신이 우월하다는 착각에 집착하는데, 대체 무엇이 우월한 것인지는 자신도 알지 못한다. 개념 기능이 작동하지 않기 때문이다. 그는 사람과 사건, 행동을 본능적으로, 즉 실제 사실이 아니라 자신이 느끼는 대로 판단한다. 그리고 사람들에게 어떤 사상을 이해시키는 것에서 우월감을 느낀다. 그 이유는 잘 알지 못하고, 알았더라도 이미 오래전에 잊어버렸다.

지적 사기꾼에게는 사람을 평가할 수 있는 특별한 본능이 있다. 그는 사람들의 약점 냄새를 잘 맡는다. 자신이 부린 허세와 불확실성, 자기 의심으로 괴로워하고, 특히 현실에 공포를 느끼는 사람을 분별해낸다. 이러한 약점이 있는 사람들은 지적 사기꾼을 '높은 사람'으로 쉽게 받들기 때문에 이들을 속이는 것은 식은 죽 먹기다. 하지만 자신보다 더 우월한 사람을 만나면 지적 사기꾼의 자부심은 산산조각이 나버린다. 더 우월한 존재에 대한 자신의 공포를 통해 진정한 자부심이 무엇인지 깨닫기 때문이다.

진정한 자부심은 자신의 판단을 신뢰할 때 가질 수 있다. 자부심이 있는 사람은 타인의 사상에 영향을 받지 않는다. 실수도 하고 타인에게 속기도 하지만, 진실만을 추구하는 현실 절대주의적 사고방식에서는 양보하는 법이 없다. 따라서 타인을 조종하고 싶어 하는 지적 사기꾼은 자부심이 있는 사람 앞에서 무력감을 느끼는 동시에 자신의 생존 수단을 박탈당했다는 생각에 형이상학적 공포를 느낀다.

진정한 자부심의 원천은 이성이다. 따라서 지적 사기꾼은 이성과 이성의 발현, 이성의 결과로 나타나는 지성, 확실성, 야망, 성공, 성취, 미덕, 행복, 긍지를 끔찍이 싫어한다. 이 모든 것이 자신을 위협하므로 마치 심해에 사는 생명체처럼 이 세상에 혹시 자신이 숨을 쉬지 못하게 하는 공기 방울이 있는지 감지하며 돌아다닌다.

여기까지가 혐오자들이 성장하는 과정이자 선인을 혐오하는 원인이다.

마지막 단계에서 혐오자들은 자신이 느끼는 감정을 제외한 모든 것에 아무런 감흥을 느끼지 못하게 된다. 자신을 움직이는 것이 무엇인지 모른 채 증오와 파괴 욕망만 남는다. 어린 시절 제멋대로 굴었던 것에 대한 대가를 치르고 있다는 사실도, 어떤 목표를 성취하고 싶은지도 모른다. 목표도 욕망도 제멋대로 굴고 싶은 마음도 없고, 쾌락을 추구하려는 마음마저 시들하다. 얻을 것이나 추구할 것도 없다. 그가 지닌 증오 또한 목적을 알 수 없고, 단지 파괴해야 한다는 것만 안다. 밝고 빛나는 자, 미소 짓는 자, 순수한 자를 파괴하고, 어린아이의 얼굴에 가득한 호기심도 없애버려야 한다.

자신이 느끼는 감정의 본질을 설명하려면 평생 그래왔듯이 합리화가 필요하다.

"그 사람은 너무 거만하고 이기적이야!" "신의 뜻에 따르지 않아!" "고집스럽고 융통성이 없어!" "다른 사람들의 뜻에 따르지 않아!" "공익을 해쳐!" "동료를 위험에 빠뜨려!" "차갑고 정이 없어!" "관용이 없고 부도덕해!" "성인군자처럼 굴어서 우리에게 죄의식을 느끼게 만들어!" "세상 모든 불행의 원인이야!" "우리가 가난한 이유는 그 사람이 부자이기 때문이야!" "그 사람이 강하기 때문에 우리가 약한 거야!" "그가 행복하기 때문에 우리가 불행한 거야!" "우리는 어쩔 수 없었어! 어쩔 수 없었다고!" "모든 인간은 동등하니까 아무도 우리를 비난할 수 없어!"

여기서 그가 누구라고 생각하는가? 광란은 답에 대한 지식을 한쪽으로 치우치게 한다. 그는 바로 모든 인간이다.

이 질문에 대한 대답을 회피하고 싶은 마음은 지성인들의 전문 분야에 혐오자들을 끌어들이는 동기가 된다. 시대를 막론하고 철학이나 종교 분야에 혐오자들이 다수 존재하는 것도 이 때문이다. 현실을 두려워하면서 다른 사람을 무너뜨리는 기술을 통해 심리적 안정을 찾은 정신지체자들은 어느 사회에나 존재해왔다.

일반적으로 인간이 살아가려면 존재에 대한 포괄적 관점이 필요하다는 사실을 이해하는 데는 몇 년(인류 전체의 관점에서는 몇 세기)이 걸린다. 그리고 포괄적 관점을 공식화하는 것은 인간이 할 수 있는 가장 힘든 노력을 필요로 한다. 그리고 사자가 가기를 두려워하는 길로 겁 없는 생쥐가 뛰어들듯 다른 인간들은 살기 위해 분주한데 혐오자들은 인간의 생존 수단을 박탈하느라 바쁘다. 이는 원시 시대의 정글에서도 있었던 일이고, 고대 그리스에서도 현재 미국에서도 일어나는 일이다.

오늘날 미국의 인재들은 모두 자연과학 분야의 직업을 선택한다. 자연과학 분야는 비교적 현실을 조작하려 하지 않기 때문이다. 철학 분야는 칸트주의적 잡초가 무성하고 칸트주의적 불법 거주자들만 붐비는 버려진 들판의 형국이다. 잡초를 빨리 제거하지 않으면 꽃과 나무, 과수원과 농장을 모두 뒤덮어버릴 것이고, 결국 오늘날 우리 눈앞에 펼쳐진 난공불락의 고층 빌딩 시멘트를 뚫고 잡초가 자라는 광경을 보게 될 것이다.

혐오자들은 드러내놓고 우리 문화를 통제한다. 신, 인간, 미래, 심지어 사랑으로 위장하는 것은 이미 그만두었다. 이제 선인과 인간, 이성, 가치, 존재를 증오한다는 사실을 공공연히 선포한다. 이러한 그들의 주장은 강의실과 카페, 공회당과 극장, 책과 그림에서 거리, 육지와 바다, 공기와 배수로를 통해 모두에게 전파되고 있다.

혐오자들의 본부는 교육 분야에 있다. '진보' 교육이 혐오자들을 대량으로 찍어낸다. 그리고 혐오자들이 만들어낸 무리는 '지금 당장'의 법칙을 주장하며 거리를 배회한다. 하지만 '지금 당장'의 법칙이 미래를 예측하지 못하며, 이론이나 목적 또는 가치에 대해 생각지 못하는 정신지체자의 고백이라는 사실을 모른다. 이들이 할 수 있는 것은 다른 이들을 파괴하고 증오하는 것뿐이다. 이는 서구 문명에 대한 야만인의 침략이다. 야만인은 '해방'을 부르짖는데, 그들의 족장에게 물었을 때 실제로 원하는 것은 현실로부터의 해방이라고 했다. 이들이 현실로부터의 해방을 원하는 것은 아주 간단하고 뻔한 사실이잖은가.

야만인은 일반 사람들에게 어떤 영향을 미치는가? 야만인은 철학적 도움이 가장 필요한 시기의 인간에게서 철학의 존재를 지워버린다. 야만인의 생각을 이해하려 시도하는 순간 비이성을 마주하게 되고, 설명할 수 없는 혼돈으로 이어져, 결국 현실을 악몽으로 믿게 된다. 현실을 악몽으로 인식하는 인간은 현실을 포기하거나, 생각이 같은 무리에 합류하거나, 현실을 이해하지 못한 책임을 스스로 떠맡는다. 과거나 미래에 대한 생각 없이 하루하루를 허우적거리며 보내기도 한다. 현실을 이해하지 못하는 사람은 적의 본성을 미화시키려는 자들 틈에서 싸울 수 없다.

일반적으로 인간이 '잘못된 이상주의자', '반항적인 청년', '반反문화', '새로운 도덕률' 또는 '전환기의 세상'이나 '거부할 수 없는 역사적 과정'을 마주하고 있다고 믿는 경우, 혼란으로 인해 저항 의지는 약해지고 지적 방어기제는 무용지물이 된다. 지금은 미루거나 타협하고 자기를 기만할 때가 아니라는 점을 알아야 한다. 적의 성격과 심리도 충분히 이해해야 한다.

세상이 완전히 파괴되고 나면 인간이 올라설 수 있는 어깨를 가진 거인은 존재하지 않게 된다. 쿠키를 훔쳐 먹지 못해 부엌을 날려버리는, 얼굴에 주름이 쭈글쭈글한 아이만 남을 뿐이다.

"마지막 선택에 직면했을 때 적의 얼굴을 보십시오. 죽기로 결정했다면 그 적이 얼마나 적은 값을 치르고 당신의 목숨을 빼앗는지 충분히 알아야 합니다."_『아틀라스』중에서

적과 싸우기 위해 인간에게 필요한 무기는 무엇인가? 이번만은 사랑이라 답하고 싶다. 실제 사랑이라는 단어의 의미는 혐오자들이 사용하는 의미와 다르다. 진짜 사랑은 가치에 반응하고 선한 일을 행하는 선인을 사랑하는 것이다. 당신의 이성, 일, 아내나 남편, 아이들과 같이 당신이 사랑하는 가치에 대한 관점을 지킨다면 그리고 혐오자들이 노리는 것이 무엇인지 기억한다면 적과의 전투에서 필요한 도덕적 강단과 용기가 생길 것이다. 당신은 결코 혐오자들과 타협하지 않을 것이다. 이런 생각을 지탱하게 해주는 것은 무엇인가? 바로 무궁무진한 잠재력을 지닌 인간에 대한 사랑이다.

(1971년 7~8월)

Chapter **3** 정치

구좌파와 신좌파

〈이교도의 표시Sign of the pagan〉는 주인공 아틸라가 로마제국을 침략하는 내용을 담은 영화다. 영화에서 아틸라는 유일한 조언자인 점성가의 말에 따라 유혈 전쟁을 시작한다. 영화를 본 사람이라면 아틸라라는 서양인이 15세기에 하는 행동을 보고 "지금 같아서는 말도 안 되는 얘기지" 하며 일종의 우월감을 느낄 것이다. 점성가의 말에 의존하는 것을 보고 원시적이라고 또는 그저 재미있다고 생각할지도 모른다. 그러나 세상을 쓸어버릴 도구가 곤봉과 칼뿐이었던 아틸라의 입장에서는 점성가의 말에 의존한 것이 그리 부적절한 행동도 아니었다.

하지만 생각해보라. 아틸라가 핵폭탄 발사 버튼 위에 손을 대고 누를지 여부를 점성가와 상의하는 상황이라면 이 이야기가 과연 재미있을까?

우리는 이러한 상황을 서기 450년에 훈족Huns이 쓴 경전이 아니라 1969년에 그 나름대로 명망 있는 보수 잡지 〈타임Time〉에서 확인할 수 있다.

12월 19일자 〈타임〉에는 "향후 10년, 목표를 위한 탐색"이라는 제목의 기사가 실렸다. 기사는 다가오는 1970년대에 대한 예측의 근거로 점성가의 예언을 인용하며 시작한다. 현재 해왕성의 움직임이 '사람들의 생각과 행동 방식에 거대한 변화'를 일으킬 '이상주의와 영적 가치의 징후'를 나타내고 있다는 것이다.

(아틸라의 점성가가 아니라) 〈타임〉의 기사는 "단지 그럴 가능성도 있다는 것"이라면서도 "점성가의 말이 맞을 수도 있다"고 말을 이어 간다.

"장기적으로 볼 때 지난 10년과 향후 10년은 중세 시대에서 르네상스 시대로 넘어갈 때처럼 역사적 대전환의 시기가 될 수도 있다."

"합리성을 숭배한 것은 현대인의 특별한 신화였다. 이성을 토대로 만들어진 세계관은 개인주의와 경쟁에 대한 보편적 믿음을 수반한다. 그리고 현재 그 신화는 무너지고 있다. 과학과 기술에 대한 믿음이 과학과 기술이 가져올 결과에 대한 두려움으로 바뀌고 있다. 아폴론의 미덕보다 디오니소스의 미덕을 중시하는 60년대의 문화혁명은 70년대까지 계속될 것으로 보인다."

이런 진술을 정당화하는 근거는 점성술이다. 이에 대해 논평하는 것조차 부끄러운 일이지만, 잘 모를 수도 있는 사람들을 위해 몇 가지 자명한 사실만 지적하려 한다.

중세는 신앙이 이성보다 우월하다고 믿고 이에 순종하는 신비주의 시대였다. 반면 르네상스 시대에는 이성이 부활하고, 인간의 정신이 해방됐으며, 합리성이 신비주의를 뛰어넘었다. 비록 불완전하고 불안했지만 르네상스는 과학과 개인주의, 자유 탄생의 계기가 되었다.

나는 〈타임〉의 기사가 무지에서 나왔는지, 아니면 그보다 더 나쁜 생각에서 나왔는지 모른다. 하지만 적어도 이성의 우월성을 주장할 때 그것이 중세 시대가 아니라 르네상스 시대의 산물이라는 점은 구별할 줄 안다. 그리고 이성은 디오니소스가 아니라 아폴론이 상징하는 미덕이다. 기사는 합리성을 숭배한 1960년대가 디오니소스의 미덕을 중시한 시대라고 말하며 중세 시대에 비유하고, 1970년대에는 과학기술의 결과를 두려워하고 디오니소스의 미덕이 계속 강조될 것으로 예상하면서 르네상스 시대에 잘못 비유하고 있다.

〈타임〉의 기사 내용 중 사실인 부분이 있다. 이성이 개인주의와 경쟁해 자본주의의 토대가 되었다고 인정한 부분이다. 사실 자본주의의 적들은 이성이 자본주의의 토대가 된다는 사실을 부정하려 애쓴다.

이성은 인간의 감각이 보내는 자료를 식별하고 통합시키는 능력으로서 인간이 현실을 파악하고 지식을 습득하게 해주는 유일한 수단이다. 따라서 이성을 거부하는 것은 인간이 현실의 사실fact에 관계없이 또는 그와 모순되게 행동해야 한다는 뜻이다.

현실의 사실 중 하나는 핵무기가 존재한다는 것이다. 인간이 '합리성의 신화'를 버린 상황에서 이 무기를 언제, 어디서, 누구에게 쓸지를 어떤 수단으로 결정할까? 디오니소스적 본능과 점성가의 말에 따른다는 말인가? 〈타임〉 기사와 비교하니 아틸라는 매우 조심성이 많은 인물로 느껴진다.

기사에서는 사람들이 '과학과 기술이 가져오는 결과'를 두려워한다고 말한다. 여기서 우리가 유념해야 할 점은 핵무기의 발명은 과학 발전에 반대하는 자들이 지성을 두려워해야 하는 인간의 능력으로 만들 때 사용하는 주요 도구라는 점이다. 또 수소폭탄이 스스로 의지를 갖고 도시로 떨어질 수 없다는 것을 잠시라도 고려한다면 우리는 인간의 비합리성을 더욱 용납하면 안 된다. 오히려 이성을 열렬히 옹호하는 것이 맞다. 따라서 우리는 과학 발전을 반대하는 자들의 실제 동기가 과학기술이 가져올 결과에 대한 두려움 때문이 아니라는 것을 추론할 수 있다.

기사는 계속해서 이렇게 서술한다. "향후 10년간 인간이 살아가고 생각하는 방식은 히피족이 개척하기 시작했을 가능성이 있다. (…) 인간이 집단의 정체성에서 개인의 정체성을 찾기 시작하면서 개인주의는 점차 약해질 것이다." 이어서 마셜 매클루언[01]이 확신에 차서 이렇게 말한다. "부족주의는 순환하고, 우리는 부족주의를 또다시 맞게 되었다. 하지만 과거와 다른 점은 이번에는 우리가 빈틈없이 완벽하게 준비된 상태라는 것이다."

이성을 거부한 인간이 어떻게 빈틈없이 완벽하게 준비된 상태가 되는지, 특히 부족주의적 사고방식을 지닌 가수면假睡眠 상태의 좀비 같은 인간들이 어떻게 빈틈없이 완벽하게 준비할 수 있는지에 대해 기사는 따로 설명하지 않는다. 설명이 필요한 것은 아폴론적 인간들이지 디오니소스적 인간들이 아니니 어찌 보면 당연하다.

(75세의 총명한 청년) 버크민스터 풀러[02]는 다음과 같이 말한다. "산

---

01 Marshall McLuhan(1911~1980) : 캐나다의 사회학자이자 문화비평가.

02 Buckminster Fuller(1895~1983) : 미국의 건축가이자 작가, 발명가, 교수로 멘사mensa 회장직을 역임했다.

업기술이 포노비전[03]과 가정용 컴퓨터에 이르기까지 눈부시고 혁신적인 제품을 다양하게 제공하고 있다. 하지만 이 제품을 소유하려 하는 것은 그리 좋은 생각이 아니다. 원하는 물건이 점점 많아질 때 사람들은 물건을 사지 않고 빌리려 할 것이다. 소유라는 개념은 더 이상 쓸모없게 된다."

하버드대학 교수이자 사회학계 권위자인 피티림 소로킨[04]은 "미국이 후기 감각주의 사회Sensate society가 될 것"이라고 예측했다. 이는 사회가 청교도적 의무보다 쾌락을, 일보다 여가를 중시할 것이라는 의미다. 피티림 소로킨은 러시아 출신의 철저한 신비주의-이타주의자로 현재 81세. 이 부류 중에서 가장 젊고 이런 경향을 주도하는 사람은 59세인 마셜 매클루언이다. 점성술에 대해 이야기하면서 관련 권위자들을 이렇게 구체적으로 나열하는 데는 이유가 있다. 참신함이나 독창성이 없는 좀먹은 개념들을 내뱉으면서 히피족의 약해빠진 정신과 거짓된 영혼을 형성한 자들이 누구인지 알릴 필요가 있기 때문이다.

기사는 계속해서 설명한다. "전문적인 기술을 위한 교육이 아니라 즐거움이나 풍요를 위한 교육이 우리 인생 전반에서 이루어지게 될 것이다. (…) 마셜 매클루언은 노인들이 기본적인 기술을 배우기 위

---

03   Phonovision : 텔레비전과 전화를 합친 제품으로, 디지털 정보를 텔레비전 화면에 문자로 표시하는 기기.

04   Pitirim Sorokin(1889~1968) : 러시아 출신의 미국 사회학자로 하버드대학에 사회학부를 창설했다.

해 학교로 돌아가야 한다고 말한다. 사실 젊은 사람들은 기술문명을 다루는 데 필요한 지식을 습득하는 데 별로 관심이 없다. 세상이 계속 돌아가게 하려면 노인들이 배워야 한다."

왜 노인들은 배우고 싶어 한다고 단정하는가? 노인들이 별 관심을 보이지 않는다면 어떻게 하겠는가? 기사에는 이에 대한 답이 없다.

하지만 기사는 세계가 지속돼야 한다는 사실에는 관심을 잃지 않는다. "이 모든 것[미래의 디오니소스적 유토피아]은 미국 경제가 지속적으로 확장하는 데 달려 있다고 모든 전문가가 입을 모아 말한다. (…) 미국은 앞으로 새롭고 어쩌면 더욱 나빠진 환경에서 사업을 이어가야 할 것이다. 돈은 여전히 사회의 주요 동력이 되겠지만, 한때 회사 주주들의 것으로만 여겨지던 회사 수익금은 이제 사회와 환경보호를 위해 일부 쓰여야 한다."

이어 행복한 예언에 희미한 불안감을 드리운다. "아마도 1970년대 초는 젊은이들의 디오니소스적 경향을 억압하는 시기가 될 것이다. 또한 직업윤리가 약화되거나 물질적 재화에 대한 수요가 감소해 쾌락주의 문명의 기반인 경제가 붕괴될 가능성도 있다."

이러한 가능성에 대해 잠깐 언급한 뒤, 논평은 다음과 같이 결론짓는다. "물론 있을 수 있는 일이지만, 향후 10년 안에 벌어질 가능성은 낮다."

이 문장에서 언급한 기간을 주목하라. 그렇다면 10년 뒤에는 일어날 일이란 말인가? 미래를 멀리 내다보려 하는 것은 아폴론적 인간들뿐이다. 디오니소스적 인간들은 멀리 보려 하지 않으며, 무엇보다 멀리 보지 못한다.

향후 10년에 대한 또 다른 예측도 있다.

"1970년대의 가장 중요한 경향은 아마도 종교의 부흥일 것이다. (…) 세속화[즉 합리화] 경향에 대한 반작용으로 근본주의, 특히 펜테코스트파[05]의 부활이 예상된다. (…) 많은 사람이 서양의 종교를 거부하고 동양의 신비로운 의식이나 스스로 고안한 다양한 영적 체계를 통해 영감과 위안을 찾을 것이다. 점성술, 숫자점, 골상학 등이 일시적 유행이 아니라 생활 방식이 될 것이다."

예술에 대해서는 이렇게 예측한다. "사회 분위기의 변화는 예술에도 영향을 미칠 것이다. 미래 예술은 순간적이고 경향이 자주 바뀌며, 무엇보다도 한 번 감상하고 버리는 일회성 예술로 바뀌게 될 것이다." 여기서 이 예언자는 현재를 미래에 투사함으로써 오늘날의 예술에 대한 평가를 고백하고 있다. 현재를 미래라고 말한 점 외에는 평가가 적절했다. "순간적이고 경향이 자주 바뀌며, 무엇보다도 한 번 감상하고 버리는 일회성"이라는 말은 "하룻밤도 지속되지 않고, 누구도 필요로 하지 않으며, 파벌 선전 외에는 아무 기능도 하지 않는 쓰레기"의 완곡한 표현이다.

가장 추악한 형태를 취하는 이것은 예술의 형이상학적 본성에 대한 확증이다. 이성을 거부하고 순간적 감각에만 몰두해 살아가는 디오니소스적 야만인들에게는 삶에 대한 형이상학적 견해가 없다. 따라서 핼러윈 마스크나 신년 축하 모자처럼 다음 날 청소부가 치워버

---

05 Pentecostal : 기독교의 한 교파로 성령의 힘을 강조한다.

릴 예술 외에 진짜 예술은 필요 없다.

"인간과 환경"이라는 부제의 논평은 환경오염에 대하여 길게 다룬다. 허먼 칸[06]은 "정부와 기업이 대기오염과 수질오염을 통제하고 아름다운 자연의 파괴를 막기 위해 매년 100~200억 달러를 지출해야 한다"고 주장한다. 또 "모든 환경오염이 그렇듯 쇼핑센터나 고속도로를 지어 한번 자연경관을 해치면 다시는 되돌리기 어렵다는 사실을 머지않아 깨닫게 될 것이다"라고 말한다.

여기서 '환경오염'은 스모그가 발생하거나 수질이 나빠져 공공보건을 위협하는 상황을 말한다. 문제는 환경오염을 자연경관과 같이 묶어서 쇼핑센터와 고속도로를 공공보건을 위협하는 오염물질로 만든다는 점이다.

모병제 실시에 연간 40억 달러를 지출하는 것은 과하다고 주장하며 청년들이 언제 징병으로 끌려갈지 모르는 위협 속에 살게 만들면서 '자연경관'을 보존하기 위해 연간 100~200억 달러를 지출할 것을 제안한다.

환경보호운동의 실제 동기는 다음 문장에서 잘 나타난다. "10년 뒤면 생태계 보호를 위해 오늘날 존재하는 기술을 대부분 폐기하고 새롭게 발명한 기술로 대체해야 한다는 사실이 분명해질 것이다. [당신이 직접 발명해보라고 외치고 싶다.] (…) 가족용 차량보다 효율이 좋은 대중교통 수단이 점점 더 많아질 것이다. [예를 들

---

06   Herman Kahn(1922~1983) : 미국의 저명한 미래학자로 싱크 탱크 허드슨연구소Hudson Institute의 설립자다.

면, 뉴욕 지하철이 아닐까?] (…) 도시계획에 대한 관심도 더욱 커질 것이다."

이 말의 의도는 다음 문장에서 적나라하게 드러난다. "모든 기술이 유익하다는 현대인의 마음가짐은 근본적으로 바뀌어야 한다. 생화학자이자 노벨의학상 수상자인 조지 월드George Wald는 '우리 사회는 모든 새로운 기술을 진보로 받아들이거나 숙명으로 받아들이는 데 익숙해져 있습니다. 인간이 할 수 있는 모든 것을 해야 하는가에 대한 일반적인 대답은, 물론입니다. 하지만 사실 이에 대한 옳은 대답은, 물론 그래서는 안 된다입니다'라고 말했다."

베르트랑 드 주브넬[07]은 말했다. "서양인은 자연과 함께 살아오지 않았다. 단지 자연을 정복했을 뿐이다."

위대한 아리스토텔레스, 갈릴레오, 파스퇴르, 에디슨은 천 년 동안 이런 주장을 했다는 이유로 비난받았다. 서양인은 주브넬의 말과 같이 자연환경과 더불어 살아오지 않았다. 하지만 나머지 인류는 그렇게 살아왔고, 지금도 그렇게 살아간다.

아시아 농부는 성서에 나오는 시대에 만들어진 농기구로 여태 농사를 짓고, 깨어 있는 시간 동안 쉬지 않고 노동을 한다. 남미 원주민은 정글에 있는 강에서 피라냐 떼에 잡아 먹히기도 한다. 아프리카인은 체체파리에 물린다. 아랍인 중에는 이가 썩어 초록빛이 된 사람도 있다. 이들은 모두 자연환경과 더불어 살지만 자연의 아름다움을 감상하지 못한다. 중국인 아이가 콜레라로 죽어가는 상황에서 그

---

07   Bertrand de Jouvenel(1903~1987) : 프랑스의 정치철학자.

부모에게 "인간이 할 수 있는 모든 것을 해야 하는가? 물론 그래서는 안 된다"고 말할 수는 없다. 영하의 날씨에 식량 배급을 받으려고 국영 상점까지 걸어가 그 앞에서 몇 시간 동안 줄을 서야 하는 러시아 주부에게 미국은 쇼핑센터와 고속도로, 자가용 때문에 자연경관이 훼손되었다고 말할 수는 없다.

반反공해, 즉 반反기술을 주장하는 자들이 정복되지 않은 자연환경 속에서 인간이 어떤 상태로 사는지 모를 리 없다. 알면서도 기술이 없던 시대로 돌아가는 것을 주장할 리도 없다. 하지만 그런데도 그들은 기술이 없던 시대로 돌아갈 것을 주장한다.

사람들은 대부분 누군가가 광범위한 일반화를 하거나 추상적인 생각, 기본적인 원칙, 논리적으로 당연한 결과를 주장할 때 무효한 것, 무관한 것, 존재하지 않는 것으로 간주하는 경향이 있다. 반기술을 주장하는 사람들에 대해서도 "그들이 하는 말은 그런 뜻이 아닐 거예요. 그렇게까지 하려는 것이 아니라 단지 스모그와 하수만 처리하려는 거예요"라고 말한다. 글쎄, 히틀러도 자신의 추상적인 원칙과 목표를 당시 실용주의자들에게 알렸을 때 비슷한 반응을 얻었다. 소련은 지난 50년 동안 세계 정복을 공개적으로 선언해왔고, 현재 정복한 지역의 인구가 전 세계 인구의 30%를 넘지만, 아직도 사람들은 소련이 선언한 말의 뜻을 그대로 믿지 않는다.

(사실 환경 문제는 정치적 문제가 아니라 과학적 문제에 가깝다. 환경 문제가 정치적인 문제로 구분되는 경우는 다음과 같다. 비위생적인 상태나 소음 등 공해가 개인 사유지의 범위를 넘어 타인에게 위협이나 해를 가하는 경우, 관련 법에 따라 공해를 유발한 자에게 책임을 물을 수 있다. 혼잡한 도시와 같이 다

양한 공해가 집합적으로 발생하는 곳의 경우, 영공권이나 채유권이 그랬듯 적절한 법을 제정해 모든 관련자의 권리를 보호할 수 있다. 그러나 현실에서 불가능한 일은 법으로 제정할 수 없고, 기업가에게 책임을 묻는 것처럼 희생양을 하나로 정해 저격해서도 안 된다. 전체적 맥락, 즉 인명 보존이 목적이라면 산업의 존속은 필수적 전제라는 점을 고려해야 한다.)

언론은 베트남전쟁이 마무리됨에 따라 신新좌파 운동가들의 표적이 환경 문제로 이동할 것으로 예측했다. 십자군전쟁의 목적이 사실은 평화가 아니었던 것처럼 신좌파 운동가들이 주도하는 이번 전쟁의 목적도 환경보호가 아니다.

오늘날 좌파의 진보주의 이념에는 중대한 변화가 있다. 구좌파와 신좌파는 본질적인 목표나 근본적 동기가 아니라 형식에서 차이를 보인다. 〈타임〉의 기사가 이를 뒷받침한다.

어떤 의미에서 신좌파가 택하는 노선은 조악하면서도 정직하다. 여기서 정직하다는 말은 뻔뻔스러움을 뜻한다. 마치 알코올중독자가 몇 년간 술에 취하고 싶은 욕망을 억눌렀다고 고백하며 알코올중독에서 벗어날 수 있으리라는 믿음이나 희망을 품는 것과 비슷하다. 집단주의자들이 꾸며온 허식에는 금이 가고 심리적 동기는 점점 드러나고 있다.

구좌파는 아폴론, 즉 이성의 가면을 쓰고 유지하기 위해 오랫동안 노력했다. 좌파 사상의 선전에 수십억 달러를 쓰고 피의 상찬을 벌이기도 했다. 전통적인 마르크스주의자들은 자신들이 이성을 추구한다고 말하며, 사회주의나 공산주의가 매우 과학적인 사회체계라고 주장했다. 기술은 자본주의 사회에서 제대로 쓰이기 어렵고, 모든 사람이 최대한의 물질적 안락함과 높은 생활 수준을 누리려면 과학적으로 계획되고 조직된 인간 공동체가 필요하다는 것이 주장의 근거였다. 이들은 기술 면에서 소련이 미국을 능가하리라 예측했고, 자본주의 사회가 헛된 희망을 약속하는 정책으로 대중을 현혹한다고 비난했다. 심지어 공산주의 선전가 중 일부는 중국의 통치자나 인도를 점령한 영국인들이 대중을 무기력하고 고분고분하게 만들기 위해 의도적으로 마약을 유통시킨다고 주장하기도 했다.

그리고 구좌파들이 쓰고 있던 아폴론의 가면은 제2차 세계대전 이후 산산조각이 났다.

소련, 사회주의를 표방하는 영국, 유럽 사회주의 국가들의 산업발전 정도와 생활 수준을 고려해보면 사회주의가 자본주의보다 기술적으로 결코 우월하다고 볼 수 없다. 이제 "자본주의는 산업문명을 창조하기 위해 필요하지만, 유지하는 데는 필요하지 않다"고 말하는 사람은 찾기 어렵다. 미국산 제품과 기기에 열광하고, 할 수 있다면 헤엄을 쳐서라도 미국으로 건너오고 싶어 하는 젊은이들이 넘치는 세상에서 사회주의가 약속하는 풍요는 그리 설득력이 없어 보인다. 미국으로의 두뇌 유출에 대한 불안이 높아지는 상황에서 사회주의가 말하는 인간 정신의 해방도 공허하게만 들릴 뿐이다.

한때 미국 진보주의자들은 산업화의 필요성을 주장하며 소련에서의 대량학살을 포함한 모든 것을 정당화하려 했다. 하지만 진보주의자들은 더 이상 산업화의 필요성을 주장하지 않는다.

산업문명과 집단주의 사이에서 진보주의자들은 산업문명을 버렸다. 기술과 독재 사이에서 기술을 버리고, 이성과 감성 사이에서 이성을 버린 것이다.

결과적으로 오늘날 우리는 늙은 마르크스주의자들이 젊은 학생 운동가들을 지원하고 선동하는 광경을 목격하고 있다. 이 학생 폭도들은 이성보다 감정을, 지식보다 신앙을, 생산보다 여가를, 물질적 안락보다 영적 세계를, 기술보다도 원시 자연을, 과학보다 점성술을, 의식이 있는 상태보다 마약에 취한 상태를 선호한다.

과거 마르크스주의자들은 현대적인 공장이 하나만 있어도 전 세계 인구가 신는 신발을 생산할 수 있으며, 자본주의가 유일하게 그것을 못하게 막는다고 주장했다. 그리고 현실이 그렇지 않다는 것이 밝혀지자 신발을 신는 것보다 맨발로 다니는 편이 낫다고 말한다.

지구상의 빈곤과 인간의 삶을 개선하는 일에 대한 그들의 관심은 겨우 이 정도다.

아주 피상적으로 보면 도덕적으로 차별 없는 세상과 모두가 영구히 물질의 풍요를 누리는 상태를 만들기 위해 여러 세대를 희생시킨다는 개념은 어느 정도 그럴듯하다. 그러나 자연경관을 보존하기 위해 여러 세대를 희생시킨다는 개념은 전혀 그럴듯하지 않다. 그것은 피비린내 나는 깡패 집단과 상아탑에 사는 지식인으로 구성되었던 사회를 깡패 집단과 정원 가꾸기 모임으로 대체하겠다는 말이나 다름없다.

본질은 어떨지 모르지만, 적어도 형식에서는 과거의 마르크스주의자들이 더 깨끗했다.

좌파-진보주의자들의 본질, 즉 기본 원리나 심리적 동기, 궁극적 목표는 동일하다.

무력을 쓰는 신비주의자로 위장하든, 그 가면을 벗고 정글에 사는 '영성'을 택하든, 변증법적 유물론을 설파하든, 과학적 타당성 대신 점성술·숫자점·골상학에 의존하든 좌파-진보주의자들의 본질은 이성을 혐오하는 것이다.

형식은 다를 수 있고, 슬로건도 변할 수 있으며, 디오니소스적 관점에서 보아 쓸모 있는 것은 아무것도 없을 수도 있다. 하지만 신비주의-이타주의-집단주의라는 세 가지 기본 원칙은 절대 바뀌지 않는다. 그들의 심리 표현 역시 권력에 대한 욕망, 즉 파괴적 욕망으로 동일하게 나타난다.

신좌파 운동가는 구좌파 운동가보다 실체를 더욱 쉽게 드러낸다. 신좌파의 목적은 기술을 장악하는 것이 아니라 기술을 파괴하는 것이다.

〈타임〉의 논평가들은 신좌파의 주장에 담긴 철학적 의미와 결과를 파악하지 못하고 있다. 그들도 신좌파처럼 대학 시절에 주입된 실용주의로 인해 생각하는 법을 제대로 배우지 못했기 때문이다. 전형적인 현대 지식인이라면 혼합경제에서 힘들게 버티고 있는 자본주의나 기술을 파괴하려 안달복달하지 않는다. 논평가들은 단지 '주류'와 함께 이 사회를 유영하며 기업인들이 사업을 하기에 더 힘든 분위기를 조성하려 노력한다. 그런데도 기업인들은 논평가들에게 필요한 제품이나 그 밖의 모든 것을 공급하기 위해 최선을 다한다. 논평가들은 웨이터가 접시를 나르듯 생계를 위해 생각을 나르는 역할을 할 뿐이다.

문제는 논평가들의 기사를 읽는 독자들이 그 논평을 저항 없이 받아들이고 옹호한다는 것, 원시 자연과 점성술을 옹호하는 자들이 누구에게도 저지당하지 않은 채 목소리를 높인다는 것이다. 이를 통해 우리는 오늘날 사람들이 지성을 얼마나 경멸하는지 가늠할 수 있다. 칸트주의-실용주의-언어철학이 수 세대에 걸쳐 이성을 파괴하면서 우리는 지성에 대한 존중이 없는 문화적 공백 상태에 있다.

신좌파는 구좌파와 같이 현실을 두려워한다는 기괴한 특징을 나타낸다. 이성 혐오는 현실에 대한 두려움으로 이어지는데, 현실을 두려워하는 마음은 언제나 좌파의 강렬한 동기이자 선전의 주요 심리적 도구로 사용된다. 이는 자신들이 느끼듯 타인들도 현실을 두려워할 것이라는 믿음에서 비롯된다.

신좌파는 처음에 자본주의 파괴를 목표로 삼았다. 자본주의가 전반적으로 빈곤을 초래하고 부가 점점 더 소수에게 집중된다고 주장함으로써 사람들에게 경제적인 공포를 불러일으키려고 했다. 신좌파의 이런 노력은 유럽에서는 어느 정도 통했지만, 반박 증거가 너무 많은 미국에서는 실패했다.

좌파는 경제적인 공포에 이어 원자폭탄에 대한 공포로 노선을 바꾸었다. 전 세계적인 파괴를 피하기 위해 공산주의에 굴복하는 편이 낫다고 주장한 것이다. "죽기보다는 적화를!"[08]이라는 슬로건을 기

---

08 Better Red than dead : 1950년대 후반, 미국에서 반反공산주의와 핵무기 보유에 반대하며 사용된 냉전 시대 슬로건이다. 영국의 철학자 버트런드 러셀Bertrand Russell은 저서 『인간에게 미래가 있는가?Has Man a Future?』에서 이 문구를 인용하며 "공산주의의 지배나 인류의 멸망 외에 어떠한 대안도 남아 있지 않다면, 차라리 공산주의의 지배가 덜 악한 것이라고 볼 수 있다"고 말했다. 이 말은 반反공산주의와 핵무기 보유를 반대하는 데 중요한 논거로 사용되었다.

억하는가? 이 슬로건은 아직도 이 국가뿐만 아니라 전 세계의 자존 감을 지닌 인간에게 영향력을 행사하고 있다.

"자본주의는 당신을 가난하게 만든다." "자본주의는 전쟁으로 이 끈다." 이런 슬로건이 실패한 뒤 신좌파가 만들어낸 새로운 슬로건 은 고작 "자본주의가 시골의 아름다움을 파괴한다"였다. 이것만 보 아도 우리는 집단주의 운동이 가졌던 지적 권력은 명을 다했다는 것 을 알 수 있다.

하지만 좌파에게는 여전히 기회가 있다. 사회는 지적 진공 상태를 오래 허락지 않기 때문이다. 현재는 비이성을 추종하는 자라면 누구 든 문화적 기득권을 차지할 수 있는 상황이다. 문화적 진공은 흙탕 물에 사는 물고기 같은 다양한 변종을 만들어내는데, 이 변종들 가 운데 가장 더러운 자가 권력을 잡는다.

앞서 버클리대학 사건을 다룬 「학생들의 반란」에서 나는 이렇게 말한 바 있다.

"잡탕인 좌파 주동자들에게 학생들의 반란은 일종의 문화적 온도 를 측정하는 시범용 열기구와 같다. 얼마나 멀리 갈 수 있는지, 어떤 난관에 부딪히는지 시험해보는 것이다. (…) 정치적 논쟁을 해결하 는 수단으로 무력을 용인하도록 국가를 조종하는 것이 그들의 주된 이념적 목표였다."

버클리대학 사건 이후 폭력이 얼마나 만연해졌는지 보라. 오늘날 대중의 목소리라는 이름으로 자행되는 폭력을 우리가 얼마나 용인 하고, 지지하고, 옹호하고 있는지 한번 생각해보라.

〈타임〉의 기사는 신좌파의 전술처럼 일종의 시범용 열기구 같은 역할을 한다. 철학적으로 얼마나 일탈할 수 있는지, 즉 이성의 파괴가 어느 정도 진행되었는지 확인하는 것이다.

나는 대학생들에게 그런 터무니없는 논평을 읽고도 어떻게 이의를 제기하지 않느냐고 물었다. 대학생들의 대답은 "우리는 새로운 소식만 확인할 뿐 논평은 읽지 않는다"는 것이었다. 회사원들에게 물어도 대답은 같았다.

그리고 이것이 논평이 위험한 이유다. 언론은 독자들이 동의하지 않고 동의할 것 같지도 않은 생각과 지적인 문제 그리고 장기적 전망을 사실처럼 제시하지만, 독자들은 이에 관심을 가지지 않는다. 계속되는 무관심은 정신 위축으로 이어질 수 있다.

소설 『파운틴헤드』에 등장하는 엘리워스 투히가 오늘날 미국에 살고 있다면 피터 키팅에게 이렇게 말할 것이다.

"점성술을 믿는 자들이 떼를 지어 올 거야. 유약한 그들을 보호해 줄 수 있는 사람은 이성적인 우리뿐일 테니까. 점성술을 믿지 않는 사람들은 그들이 생각과 이성을 포기해버렸다는 사실에 분개하고 좌절을 느끼지. 지적 마비 상태 말이야, 피터. 마약 때문이든, 심각한 회의주의에 빠졌기 때문이든, 지성에 대한 참을 수 없는 혐오감 때문이든 이유는 중요하지 않아. 중요한 것은 그들이 생각하는 것을 멈췄다는 사실, 생각하는 것을 포기하고 포기하고 또 포기한다는 사실이야."

환경을 사랑하는 폭력단체가 쉽게 이용하는 돈줄이 되려 한다면 기업가들은 그에 따른 결과를 마땅히 감당해야 한다.

그러나 오늘날의 숨 막히는 분위기에서 이성을 찾으려 애쓰는 청년들은 결과를 감당해야 할 대상이 아니다. 청년들은 좌파가 조직적으로 무너뜨리는 이성의 발판을 지키기 위해 싸워야만 한다.

전투의 첫 단계는 자신들의 적이 시끄럽게 소리 지르는 디오니소스적 히피족이 아니라는 사실을 인지하는 것이다. 청년들이 맞서야 할 진짜 적은 생각과 의견 및 철학은 중요하지 않다고 부드럽게 말하는, "좌파의 주장이 꼭 그런 의미는 아니야"라고 하는 온건한 지식인들이다.

(1970년 2월)

우리는 제2차 미국독립혁명을 겪고 있는가?

-1970년 5월 17일자 〈뉴욕타임스〉, "우리는 제2차 미국독립혁명을 겪고 있는가?"에 대한 논평 중에서

언론은 신좌파가 혁명의 전조를 보인다고 말한다. 하지만 사실 신좌파는 쿠데타의 전조를 보인다. 혁명이란 오랜 기간에 걸쳐 발전된 철학 사상이 절정에 이르는 것으로 국민의 깊은 불만을 대변한다. 반면 쿠데타는 소수가 권력을 장악하는 것이다. 혁명의 목표는 폭정 타도이고, 쿠데타의 목표는 폭정을 하는 것이다.

재산권을 포함한 개인의 권리를 인정하지 않는 절대군주제나 파시즘, 공산주의 등의 정치체제는 모두 폭정에 해당한다. 그리고 무력으로 체제를 전복시키는 일은 폭정에 반대하는 경우에만 정당화될 수 있다. 이는 무력으로 통치하는 자들에 대한 자기방어이기 때문이다. 이를테면 미국독립혁명이 그랬다. 방어가 아닌 경우 개인의 권리를 침해하는 무력의 사용은 도덕적으로 정당화될 수 없다. 그것은 혁명이 아닌 폭력배 싸움이다.

지금까지 반反이성을 자랑스럽게 외치는 마약중독자들이 주도한 혁명은 없었다. 이 신좌파 혁명가들은 아무 계획도 없이 2억 명의 국민을 인수하겠다고 주장하고, 사람들의 근원적 불만을 이용하지 못하기 때문에 불만을 만들어내는 데 시간을 쏟는다.

미국은 겉으로 보기에는 괜찮을지 모르나 사실 지적으로나 문화

적으로 대단히 위험한 상태다. 신좌파의 탄생이 사회문화의 붕괴를 증명한다. 이들은 슬럼가가 아니라 대학에서 태어나고, 미래를 선도하는 게 아니라 과거에 산다.

지적인 관점에서 보면 좌파 운동가들은 고분고분한 순응주의자들이다. 좌파 선조들이 전수한 철학적 신념을 아무 저항 없이 그대로 받아들였기 때문이다. 좌파 운동가들은 신앙과 감정이 이성보다 우월하며, 물질을 추구하는 것은 악하다고 믿는다. 또한 그들에게 사랑은 모든 문제의 해결책이고, 공동체와 자신을 동일시하는 것이 가장 고귀한 삶의 방식이다. 오늘날 기득권의 기본 원칙 중 좌파의 지분이 없는 원칙은 단 한 가지도 없다. 좌파는 반란을 일으키기는커녕 지난 200년(또는 그 이상) 동안 철학적 경향을 이견 없이 따르고 구체화해왔다. 좌파는 신비주의-이타주의-집단주의의 축에 따라 임마누엘 칸트에서 게오르크 헤겔, 윌리엄 제임스 등의 철학가들이 서양철학을 오랫동안 지배하게 만들었다.

좌파의 철학적 전통이 무너진 것은 제2차 세계대전 이후였다. 집단주의적 이상에 환멸을 느낀 미국 지식인들은 지성을 포기했다. 그리고 현재의 혼합경제, 즉 자유와 통제가 불안정하게 혼합된 정치체제가 만들어졌다. 불평등, 불안정, 혼란, 압력집단과의 전쟁, 초超도덕, 초단기적 마구잡이식 정책은 혼합경제와 철학의 공백이 함께 만들어낸 산물이다.

국민은 이러한 상황에 불만이 있지만 신좌파는 그 불만을 대변하지 않는다. 국민은 이 나라의 지적-도덕적 상태에 대해 깊은 불안과 좌절을 느끼며 철학이 답을 찾아주기를 간절히 바라지만, 보수주의자들은 전통에만 얽매여 있고 진보주의자들은 철학을 포기해버린 상태다.

신좌파 불량배들이 이제는 못 쓰게 되어버린 지성의 잔해 아래서 기어 나오고 있지만 이를 저지하는 사람은 없다. 반反산업혁명, 즉 야만적 원시인들이 반란을 일으키고 있다. 이 원시인들은 자본주의에 반대하는 것이 아니라 자본주의의 근간인 이성과 진보, 기술과 성취에 반대하고 현실을 부정한다.

좌파 운동가들은 아무것도 추구하지 않는다. 목표가 끌어주는 것이 아니라 공포가 밀어내고 있기 때문이다. 적대감과 증오를 느끼고 파괴를 일삼는 것은 현실에서 도피하려는 순간적 욕망의 발현이다. 그리고 자신들을 이끌어줄 폭군을 필사적으로 찾는다.

'현재' 너머를 볼 수 없기 때문에 특정한 정치체제를 추구하지 않는다. 하지만 이들을 총알받이로 사용하고 조종하는 폭군은 다르다. 그는 공산주의 슬로건을 내세우며 파시스트 정책을 취하는 국가주의 독재 체제를 구축하려 한다. 그는 현재의 지적 공백을 자신이 메우지 못해 안달이 나 있다.

좌파는 지적 공백을 메우는 데 성공할까? 절대 성공하지 못할 것이다. 하지만 그들은 국가를 무의미한 내전으로 몰아넣을 수 있어 위험하다. 내전이 일어났을 때 이를 막을 수 있는 지성인은 존재하지 않고, 조지 월리스[09] 같은 비이성적 인물만 남게 될지도 모른다.

---

09   George Wallace(1919~1998) : 미국 민주당 출신의 정치인으로, 앨라배마 주지사를 네 차례 역임했고 대통령선거에도 여러 번 출마했으나 당선되지 못했다. 인종통합을 강력하게 반대하고 인종차별주의적 발언을 일삼았으나 말년에는 이를 참회했다. 하지만 이마저도 흑인 유권자의 힘을 더 이상 무시할 수 없었기 때문이라는 의견이 있다.

우리는 좌파의 체제 전복을 막을 수 있을까? 막을 수 있다. 체제 전복을 막으려는 국민의 사기에 가장 악영향을 미치는 적은 젊은 폭도들이 아니다. 진짜 적은 좌파 운동가들을 '이상주의자'라고 부르며 칭찬하는 언론의 냉소주의다. 비이성은 이상적이지 않다. 약물중독도, 공공장소에 폭탄을 터트리는 것도 결코 이상주의자가 취하는 행위가 아니다.

우리에게 지금 필요한 것은 미국이라는 국가를 탄생시킨 아리스토텔레스적 철학 혁명이다. 이것은 칸트적 전통을 거부하고 개인주의와 자유, 진보와 문명을 낳은 이성을 다시 최고의 가치로 여기는 혁명을 말한다. 아리스토텔레스적 철학 혁명은 완전하고 자유방임적인 자본주의 정치체제로 이어질 것이다. 그리고 완전한 자본주의를 위해서는 우리에게 히피족이나 록스타보다 더 나은 존재가 필요하다.

(1970년 5월)

정치범죄

실제 의미와 그 논리적 결과가 전복된 형태를 취하는 어떤 무서운 개념이 문화적으로 스며들고 있다. 그것은 바로 '정치범죄Political crimes'라는 개념이다. 정치적 목적을 위해 법을 어기는 범죄를 의미하는데, 사람들은 정치범죄자를 떠올릴 때 혐오가 아니라 동정을 느낀다.

미국 법체계 하에서 정치범죄는 있을 수 없다. 개인에게는 정치사상을 포함해 스스로 사상을 선택하고 선전할 권리가 있으며, 정부는 그 권리를 침해하지 않는다. 또한 개인이 어떤 사상을 가지고 있다는 이유로 처벌하거나 보상하지 않으며, 개인의 사상을 사법적으로 판단하지 않는다.

범죄는 타인의 이익이나 권리를 강제로 또는 속여서 침해하는 행위다. 자유 사회에서 어떤 사상을 가지는 것은 범죄가 아니며, 범죄를 정당화하는 수단이 될 수도 없다.

정치 원칙의 도덕적–법적 맥락을 생각하면 구체적 사례에 적용하기가 어렵지 않고, 모순도 찾을 수 없다. 예를 들어, 미국 시민은 종교의 자유를 가질 권리가 있다. 하지만 어떤 원시적 종교가 인신 공양을 행한다면 그것을 행한 종교인은 살인죄로 처벌받게 될 것이다.

이런 상황은 종교의 자유권을 침해한다고 볼 수 없다. 같은 이유로 대학 캠퍼스에서 연좌 농성을 벌이고, 방화를 저지르며, 공공장소에서 테러를 벌이는 이들은 '정치운동가'가 아니라 범죄자로 취급돼야 한다.

도덕적 관점에서 이들은 일반 범죄자보다 죄질이 나쁘다. 범죄자는 적어도 타인의 정신이나 사상을 타락시키려 하지는 않기 때문이다. 범죄자는 권리와 정의, 자유를 옹호하는 척하지도 않는다. 법적으로 범죄자와 무력을 사용하는 학생운동가는 모두 같은 처분을 받아야 한다. 사상의 자유권은 폭력이 시작되는 곳에서 끝난다.

오늘날 진보주의 기득권 세력은 도덕적 파산 상태다. 이들은 개인의 권리 침해를 허용해 폭력적인 학생운동권을 탄생시켰다. 학생운동권의 성장을 촉진한 것은 이들이 폭력단체인데도 정치운동가, 이상주의자 같은 칭호를 부여했다는 점이다. 만약 학생운동권이 폭력을 행하는 이유가 자신들의 가난 때문이었다고 해도 폭력은 결코 정당화될 수 없다. 하지만 이들 대부분이 부유한 집안의 자녀라는 사실이 드러남에 따라 이들의 폭력은 더더욱 인정할 수 없는 행위가 되었다.

이 행위를 지속하게 하는 유일한 교리는 바로 이타주의다. 나는 나의 소설 『아틀라스』에서 이타주의가 도덕의 반대말이라고 말한 바 있다.

"이타주의의 절대적인 행동 규범으로서 도덕 행위의 규칙은 다음과 같다. (…) 당신이 하려는 행동의 동기가 자신의 안녕을 위한 것일 때 그 행동은 하면 안 된다. 동기가 타인의 안녕을 위한 경우라면 무엇이든 하라."

우리는 오늘날 소설의 이 문장이 현실에서 구현되는 모습을 보고 있다. 폭탄 테러를 '이상적'인 것으로 여기는 이유는 테러리스트들이 '타인의 안녕'을 위해 테러를 했다고 말하기 때문이다. 진보 언론들은 이를 버젓이 옹호했고, 진보 언론의 자리는 여전히 건재하다. 이렇게 도덕의 마지막 흔적이 오늘날 문화에서 사라졌다.

진보주의자들의 의견을 조종하는 이들에게는 뚜렷한 동기가 있다. 이들은 국가주의자들로서 정치범죄자를 동정하는 분위기를 조성하고, 사상의 자유라는 이름으로 법의 관용을 요구해 자신들이 원하는 선례를 만들려 한다. 일단 정치 이념 문제가 법적 공방을 벌일 사안이 되면 정부는 사상의 중재자로 법정에 등장하게 된다. 그리고 정부는 정치사상을 근거로 죄를 지은 누군가에게 무죄를 선고할 권한을 갖게 되고, 같은 이유로 기소하거나 처벌하는 권한도 갖게 된다.

유럽에서는 절대군주의 폭정 아래 정치범죄와 비非정치범죄의 법적 구분이 이루어졌다. 여기서 정치범죄는 폭력 행위가 아니라 정부가 싫어하는 사상을 입 밖에 내거나 인쇄물로 발행한 행위를 가리킨다. 사상의 자유가 보장되어가면서 국민은 차차 정치범들 편에 서게 되었고, 정치범들은 무력 지배에 맞서 개인의 권리를 찾기 위해 싸웠다.

하지만 자유국가에 사는 국민이 정치범과 비정치범의 구분을 받아들인다는 것은 우리 사회에서 정치범죄를 용인하는 것을 뜻한다. 자신의 사상을 관철시키기 위해 무력을 휘두르는 것은 개인의 권리를 침해하는 행위인데도 이를 옹호한다면 우리는 잔학무도한 폭정의 시대로 돌아가게 될 것이다. 그리고 결국, 비극적인 역사의 과정을 되풀이하게 될 것이다.

(1970년 5월)

인종차별주의

        인종차별주의는 가장 저급하고 조악한 형태의 집단주의다. 이것은 인간의 도덕적·사회적·정치적 특징을 유전적 혈통에 귀속시키는 것이다. 즉, 어떤 사람이 지닌 지성과 기질이 신체의 화학적 성질에 따라 결정된다고 믿는 것으로, 개인을 판단할 때 그의 성품이나 그가 한 행위가 아니라 그가 속한 집단의 조상들이 지녔던 성품이나 조상들이 했던 행위를 기초로 판단하는 것을 뜻한다.

    인종차별주의자는 인간의 사고방식이 유전된다고 믿는다. 사람의 신념과 가치관, 성격이 태어나기도 전에 통제할 수 없는 물리적 요인에 따라 결정된다는 것이다. 철학과 과학 분야에서 그렇지 않다는 사실을 철저히 증명했지만, 타고난 생각이나 유전된 지식 개념이 존재한다고 여전히 주장한다. 인종차별은 야만인이 만든 야만인의 원칙이다. 이들은 동물 품종을 분류하듯이 인간도 품종을 분류해야 한다고 생각하는 집단주의 짐승들이다.

    모든 결정론이 그렇듯 인종차별주의는 인간을 다른 생물종과 구분 짓는 중요한 특징인 '이성'을 무시한다. 판단과 선택 또는 사고방식과 도덕성에 따라 달라지는 인간의 삶을 '화학적 성질에 따라 정해진 운명'으로 대체한다.

지체 높은 집안은 가문의 명성을 지키려고 쓸모없는 친척을 부양하거나 범죄를 은폐하려 시도하기도 한다. (한 사람의 도덕적 위상이 집안 내 다른 사람의 행동으로 인해 손상될 수도 있다.) 어느 건달은 증조부가 대영제국을 건설했다고 으스대며, 작은 마을에 사는 어느 꼬맹이는 외조부가 주 상원의원이고 팔촌이 카네기홀에서 공연했다고 자랑한다. (아무 보잘것없는 사람이 집안 내 다른 사람의 업적으로 후광을 누리기도 한다.) 사위를 맞기 전 족보부터 찾는 부모도 있고, 자서전이 가문의 내력으로 시작하는 유명 인사도 있다. 이 모든 것은 인종차별의 표본이다. 좀 더 극단적인 예시로는 선사시대의 부족 간 전쟁, 나치의 유대인 학살, 오늘날의 이른바 '신생국가'에서 벌어지는 국수주의적 잔학 행위가 있다.

도덕적-지적 기준을 '좋은 피'와 '나쁜 피'로 구분하는 것은 실제로 피를 확인하는 유혈 사태로 이어질 수 있다. 자신을 스스로 생각 없는 화학물질의 집합체로 여기는 사람이 유일하게 할 수 있는 행동은 무력을 쓰는 것이기 때문이다.

오늘날 인종차별주의자들은 몇몇 조상이 이룬 역사적 성취를 토대로 인종의 우월성이나 열등성을 증명하려 한다. 하지만 우리는 위대한 혁신가가 살아생전 같은 나라 사람들에게 조롱과 멸시, 비난을 받다가 사후에 추앙받는 경우를 종종 목격한다. 사람들은 그가 죽은 뒤 기념비를 세우고 자신이 속한 인종의 위대함을 증명했다고 생각하는데, 이는 역겹기 그지없는 집단주의의 모습이다. 마치 공산주의자들이 개인의 재산을 몰수하듯 인종차별주의자들이 개인의 업적을 몰수하는 것과 같다.

집단과 인종의 사고방식이 따로 존재하지 않는 것처럼 집단과 인종의 업적 또한 존재하지 않는다. 개인의 사고방식과 개인이 이룬 업적만 존재할 뿐이다. 문화란 국민이 집단적으로 만들어낸 익명의 산물이 아니라 개개인이 이룬 지적 성취의 총합이다. 특정 인종에 지능이 높은 사람들이 많다는 사실이 밝혀졌다 해도 이는 개인의 능력과 아무런 관련이 없으며, 그 사람을 판단하는 데 영향을 주지 않는다. 천재는 그냥 천재일 뿐 천재가 속한 인종에 바보가 몇 명인지와는 아무 관련이 없다. 이와 마찬가지로 인종적 기원을 함께하는 사람들 중 천재가 몇 명인지에 관계없이 바보는 그냥 바보일 뿐이다. 남부 인종차별주의자들은 흑인이 짐승 같은 인간들을 '생산'한 인종이기 때문에 천재라 해도 열등하게 대우해야 한다고 주장한다. 어느 독일인은 자신들이 괴테, 실러, 브람스를 '생산'했기 때문에 인종적으로 우월하다고 주장한다. 이들의 주장 중 어느 쪽이 더 터무니없는지 비교하기 어렵다.

이 둘은 동일한 기본 전제를 바탕으로 한다. 인종적으로 우월하든 열등하든 인종차별주의의 심리적 근간은 단 하나, 바로 열등감이다.

모든 집단주의가 그렇듯 인종차별주의는 노력으로 얻지 않은 것을 추구한다. 태어날 때 지식이 저절로 습득되길 바라고, 어떤 인간을 평가할 때 이성적 또는 도덕적 판단이라는 최소한의 노력을 기울이지 않기를 원하며, 무엇보다 자존감(실은 가짜 자존감)을 노력 없이 얻고 싶어 한다.

자신의 미덕을 자신이 속한 인종의 덕으로 돌리는 것은 미덕을 가지게 되는 과정을 알지 못하거나, 스스로 미덕을 가져본 적이 없음을 고백하는 것이다. 인종차별주의자들은 대부분 개인의 정체성에 대한 감각이 없고 개인이 이룬 성취의 가치를 알지 못한다. 그리고 다른 인종의 열등성을 주장함으로써 '인종적 자부심'이라는 환상을 추구한다. 남부 인종차별주의자들을 잘 관찰해보면 교육 수준이 높고 부유한 사람들보다는 지적 수준이 낮고 가난한 백인들 사이에 인종차별주의가 만연해 있다는 사실을 알 수 있다.

역사적으로 인종차별은 집단주의와 흥망성쇠를 함께했다. 집단주의에서는 개인의 권리가 인정되지 않고 개인의 일과 삶도 집단(사회, 인종, 국가 등)에 귀속된다. 집단은 집단의 이익에 따라 아무렇게나 개인을 희생시킬 수 있다. 이를 시행할 수 있는 유일한 수단은 무력이고, 집단주의는 언제나 국가주의로 귀결된다.

절대국가는 국가주의 사상을 기본 원칙으로 한다. 이는 폭력단에 의한 통치가 제도화된 형태로 어떤 폭력단이 정권을 차지하는지는 중요하지 않다. 합리적 타당성이 없고 누구도 타당성을 제시할 수 없으므로 절대국가에서 인종차별주의는 매우 중요한 요소다. 절대국가와 인종차별주의는 호혜적互惠的 관계다. 국가주의는 선사시대 때 부족 간 전쟁에서 패배한 부족이 다른 부족의 먹잇감이 되는 데서 생긴 개념으로, 귀족이나 농노처럼 출생에 따라 신분이 결정되는 계급제도인 인종차별주의라는 하위개념을 포함한다.

독일의 나치 정권은 비非유대계 혈통을 증명하게 하기 위해서 모든 국민에게 자신의 혈통과 집안의 역사를 적은 계보를 작성하게 했다. 그런 반면, 소련 국민도 비슷한 계보를 작성해야 했는데, 이들은 조상이 토지를 소유하지 않은 프롤레타리아였다는 것을 증명해야 했다. 소련의 이념은 모든 인간이 유전적으로 공산주의에 적응할 수 있다는 개념에 기초한다. 즉, 인간에게 몇 세대 동안 공산주의 체제를 겪게 하면 나중에 태어나는 인간은 날 때부터 공산주의 이념을 지닌다는 것이다. 특정 인민위원의 혈통과 기분에 따라 소수인종을 박해한 사실은 소련의 공식 기록에도 남아 있다. 반反유대주의는 너무나 만연했고 이제 공식적인 대학살만 '정치적 숙청'이라 부른다.

인종차별주의를 없앨 수 있는 것은 개인주의 철학과 자유방임적 자본주의 사상이다.

개인주의는 모든 인간을 독립적이고 자주적인 존재로 보고, 자기 삶에 대해 양도할 수 없는 권리와 이성적 존재로서의 권리가 있다고 간주한다. 개인주의에 따르면 모든 문명사회나 인간 사이의 유대와 협력, 평화로운 공존은 개인의 권리를 인정하는 데서 시작한다. 그리고 집단은 집단 구성원들이 개별적으로 가지는 권리 외에 어떠한 권리도 가지지 않는다.

자유시장경제에서 중요한 것은 어떤 인간의 조상이나 친척, 유전자나 신체의 화학적 성질이 아니라 인간 유일의 속성인 '생산능력'이다. 자본주의 체제 아래서 인간은 자신의 능력과 야망에 따라 평가되고 그에 따라 보상을 받는다.

법(또는 무력)을 통해 모두 똑같은 수준으로 합리적 사고나 행동을 하도록 강제하는 정치체제는 없다. 하지만 자본주의는 합리적 사고나 행동에 대해서는 보상하고 인종차별주의 같은 비합리적 사고나 행동에는 불이익을 가하게 만들어진 체제다.

완전한 자유를 제공하는 자본주의 체제는 아직 어디에도 없다. 하지만 중요한 것은 정치적 통제와 인종차별의 상관관계다. 19세기 반$\frac{1}{2}$자유주의 경제에서 소수인종이나 소수종교에 대한 탄압은 국가가 제공하는 자유의 정도와 반비례해 이루어졌다. 인종차별은 러시아나 독일처럼 국가의 통제 수준이 높은 국가에서 가장 심각한 것으로 나타난 반면, 유럽에서 가장 자유로운 국가인 영국은 인종차별이 가장 적은 것으로 나타났다.

인류가 자유를 누리고 합리적 방식으로 살아갈 수 있게 해준 것은 자본주의였다. 자유무역을 통해 국가와 인종 간의 장벽을 허문 것도 자본주의였고, 세계 모든 문명국에서 농노제와 노예제의 폐지를 이끈 것도 자본주의였으며, 미국 남부 농장의 봉건적 노예제를 없앤 것도 미국 북부의 자본주의였다.

약 150년이라는 짧은 기간 동안 세상은 점점 더 자유로워졌고, 이러한 변화는 인류에게 놀라운 성취를 가져왔다.

하지만 집단주의가 부상하기 시작하면서 이러한 추세는 다시 뒤집혔다.

집단주의 사회에서 개인은 어떤 권리도 가질 수 없다. 도덕적 권위와 무제한적 권력 및 패권을 가지는 것은 집단이며, 집단 밖의 인간은 아무 의미가 없다. 이러한 개념이 다시 주입되기 시작하면서 사람들은 무의식적으로 자신을 보호하기 위해 집단에 소속되기를 바라게 되었다. (특히 지적 수준이 낮은 사람들의 경우) 가장 간단하고 쉽게 합류할 수 있으며 소속감과 유대감을 느끼게 해주는 집단은 바로 인종 집단이다.

따라서 '자애로운' 절대국가에서 '인도주의'를 옹호한다고 주장하는 집단주의 이론가들은 20세기에 인종차별주의를 부활시켜 매섭게 성장시키고 있다.

위대한 자본주의 시대에 미국은 세계에서 가장 자유로운 국가이고 인종차별주의적 이론을 잘 반박해왔다. 이곳에는 모든 인종이 모여 있고, 그중에는 문화적 구분이 불명확해 어느 나라에서 왔는지 정확히 알 수 없는 사람들도 있다. 그리고 통제가 심한 자신의 고국에서는 절대 이루지 못했을 과업을 달성하고 생산능력을 끌어올리는 사람들도 있다. 수 세기 동안 서로를 학살해온 인종 집단이 평화롭게 협력하고 함께 살아가는 경우도 있다. 미국이 거대한 '용광로 Melting pot'라고 불리는 데는 그럴 만한 이유가 있다. 하지만 미국이 결코 인간을 녹여서 집단에 순응하게 주조한 것은 아니라는 사실을 아는 사람은 거의 없다. 미국은 개개인의 권리를 보호함으로써 국민을 통합시켰다.

인종차별의 최대 희생자는 흑인이었다. 자본주의의 영향을 가장 적게 받은 미국 남부에서 주로 발생했고 이미 고착화된 문제였다. 남부에서 벌어진 흑인에 대한 박해는 너무 참혹해서 말로 표현하기 어려울 정도다. 그러나 속도가 더딜지라도 인간에게 자유가 보장되는 한 사라질 문제였다. 계몽주의의 압력과 함께 흑인을 학대하지 않는 것이 경제적 이익이 되도록 점차 바뀌고 있었기 때문이다.

하지만 오늘날 남부 흑인 문제를 포함해 인종차별은 더욱 심각해지고 있다. 현재 미국의 인종 의식은 최악으로 19세기 유럽을 떠올리게 한다. 원인은 같다. 집단주의와 국가주의의 팽배 때문이다.

신좌파

지난 수십 년 동안 '진보주의자'들이 인종 평등을 강력히 주장해 왔지만, 최근 미국 인구조사국의 발표에 따르면 지난 20년간 흑인의 경제적 지위는 백인과 비교해 거의 개선되지 않았다고 한다. 자유 경제 체제에서 흑인의 경제적 지위가 상승했지만 '진보적' 복지국가 정책이 확대되면서 다시 하락한 것이다.

혼합경제 체제에서 인종차별은 정부의 통제 정도에 보조를 맞춘다. 또 혼합경제 체제에서 국가는 압력단체의 전쟁터가 되며, 국민은 합법적 특혜와 특권을 얻기 위해 서로를 희생시키는 싸움을 벌인다.

오늘날 압력단체가 공공연히 정치적 영향력을 행사한다는 것은 모든 사람이 인정하는 사실이다. 여러 국가주의 패거리들이 자신들만 누릴 수 있는 특권을 위해 맹목적이고 단기적인 권력 싸움을 벌이면서 우리 사회에는 정치철학이나 원칙, 장기적 목표에 대한 요구가 사라지고 있다. 그리고 그 모든 상황이 이 나라가 갈피를 잡지 못하고 있음을 여실히 보여준다.

일관된 정치철학이 없는 상황에서 모든 경제 집단은 일시적 특권을 누리려고 자멸하는 정책을 주장해 미래를 팔아넘겼다. 하지만 현재 흑인 인권운동단체 대표들이 내놓는 정책은 이를 능가한다.

흑인 인권운동단체가 정부에서 자행하는 차별에 맞서 싸울 때 정의와 도덕은 그들 편이었다. 하지만 그들은 더 이상 차별에 맞서 싸우지 않는다. 인종차별 문제를 둘러싼 혼란과 모순은 이제 절정에 이르렀다.

우리는 원칙을 명확히 해야 한다.

남부의 흑백 분리주의 정책은 이 나라의 기본 원칙에 반하는 수치스러운 사례다. 법이 인종차별을 행하도록 강제하는 것은 개인의 권리를 너무 노골적으로 침해하는 행위이므로 남부의 인종차별적 법령들은 이미 오래전에 위헌으로 결정되었어야 한다.

'주州의 권리'를 주장하는 남부 인종차별주의자들의 주장은 모순이다. 이 세상에 타인의 권리를 침해하는 권리는 있을 수 없기 때문이다. '주권州權'이라는 헌법 개념은 주정부와 연방정부 간의 권력 분배에 대한 것으로 연방정부로부터 주정부를 보호하는 역할을 할 뿐이다. 따라서 주정부는 시민에 대해 자의적 권한을 갖거나 시민 개인의 권리를 박탈할 권한을 가질 수 없다.

연방정부가 인종문제를 이용해 권력을 확대하고 주정부의 합법적 권리를 침해하는 선례를 만든 것은 사실이다. 이는 불필요하고 헌법에 반하는 일이었지만, 연방정부와 주정부가 모두 잘못했음을 의미할 뿐 남부 인종차별주의적 정책을 정당화하지는 않는다.

이와 관련해 이른바 '보수주의자'들은 가장 모순적인 태도를 보인다. 이들은 자유와 자본주의, 재산권, 헌법을 옹호한다고 주장하는 동시에 인종차별도 옹호한다. 원칙에 별로 관심이 없어서 자신들이 서 있는 기반을 허물고 있다고 생각지 못하는 모양이다. 개인의 권리를 부정하는 사람은 어떤 권리도 주장할 수 없고, 변호할 수 없으며, 지지하지도 못한다. 보수주의자들은 실제로 자본주의를 불신하고 파괴하는 자들이면서 스스로 자본주의의 옹호자라고 주장한다.

진보주의자들도 보수주의자들과는 다른 형태의 심각한 모순을 보인다. 이들은 개인의 권리를 희생시키는 무제한적 다수결의 원칙을 주장하는 동시에 소수자의 권리도 강력히 주장한다. 하지만 지구상에서 구성원 수가 가장 적은 집단은 개인이다. 따라서 개인의 권리를 부정하는 사람은 소수자를 옹호한다고 말할 수 없다.

다양한 종류의 모순과 근시안적 실용주의, 원칙에 대한 경멸, 터무니없는 비합리성이 축적돼 현재 흑인 인권운동단체의 요구는 절정에 이르렀다.

흑인 인권운동단체는 인종차별에 맞서 싸우는 것이 아니라 인종차별의 합법화를 요구하고 있다. 인종차별주의에 대항하는 것이 아니라 인종 할당제의 시행을 요구한다. 사회경제적 문제에서 인종차별을 없애는 것은 잘못이고, 인종을 우선적으로 고려해야 한다고 주장한다. 평등권을 위해 투쟁하는 것이 아니라 소수인종에게 특권을 부여해야 한다고 주장하는 것이다.

이들은 고용에서 인종 할당제의 실시를 주장한다. 기업이 직원을 뽑을 때 해당 지역에서 각 인종이 차지하는 비율에 따라 고용하도록 의무화하는 것이다. 예를 들어, 흑인은 뉴욕시 인구의 25%를 차지하므로 뉴욕시에 있는 회사는 직원의 25%를 무조건 흑인으로 고용해야 한다.

역사적으로 인종 할당제는 인종차별적 정권이 행한 최악의 정책 중 하나였다. 제정 러시아 시절 러시아 주요 도시의 대학에는 인종 할당제가 있었다. 그리고 미국에서도 일부 대학이 인종차별적인 인종 할당제를 비밀리에 실시하고 있었다는 것이 드러나 많은 비판을 받았다. 입사지원 시 작성하는 설문지 항목에 지원자의 인종이나 종교에 대한 질문이 사라졌을 때 사람들은 정의가 실현되었다고 생각했다. 하지만 오늘날 인종 할당제를 요구하는 쪽은 차별을 가한 집단이 아니라 차별을 받는 소수 집단이다.

진보주의자들마저도 인종 할당제 요구는 너무 지나치다고 생각했다. 그래서 많은 진보주의자가 이를 비난했고, 충격에 휩싸여 분노하기도 했다.

1963년 7월 23일자 〈뉴욕타임스〉에는 다음과 같은 기사가 실렸다. "흑인 인권 운동가들은 '숫자놀음'을 하는 데 악랄한 원칙을 따르고 있다. 25%(또는 다른 비율)의 일자리를 흑인(또는 다른 인종)에게 할당할 것을 요구하는 것은 '할당제' 자체가 차별적 제도라는 점에서 근본적으로 잘못되었다. (…) 우리는 판사직에 종교 할당제를 적용하는 것을 계속 반대해왔다. 사회적으로 가장 지위가 높은 직업에서부터 가장 보잘것없는 직업에 이르기까지 모든 직업에 대해 인종 할당제의 적용을 반대한다."

흑인 대표들은 인종 할당제 요구가 노골적인 인종차별인데도 충분치 않다는 듯 더 많은 것을 요구했다. 전미도시연맹National Urban League 이사인 휘트니 영 주니어Whitney Young, Jr.는 8월 1일자 〈뉴욕타임스〉에서 이렇게 말했다. "백인 대표들은 우리 사회에 아주 오랫동안 특혜를 누려온 특권 계층이 있다는 사실을 인정해야 한다. 그 계층은 백인들이다. 이제 우리는 다음과 같이 주장한다. 조건이 같은 흑인과 백인이 있다면 흑인을 고용하라."

이 주장은 단순히 인종을 근거로 한 특권을 요구하는 것이 아니다. 백인들에게 자신들의 조상이 지은 죄에 대해 벌을 받게 하려는 것이다. 백인 노동자는 할아버지가 인종차별을 했을 수도 있다는 이유로 일자리를 얻지 못하게 된다. 하지만 그 백인 노동자의 할아버지는 인종차별을 하지 않았을 수도, 심지어 미국에 살지 않았을 수도 있다. 모든 백인 노동자들이 자신의 피부색 때문에 인종적 죄책감에 시달려야 하는 것이다.

이는 남부 인종차별주의자들이 내세우는 주장과 같은 맥락이다. 남부 인종차별주의자들은 흑인 한 사람이 저지른 범죄에 대해 모든 흑인이 인종적 죄책감에 시달려야 한다고 주장하고, 흑인의 조상이 야만인이기 때문에 흑인 모두를 열등한 존재로 취급해야 한다고 말한다.

이러한 주장에 대해서는 "무슨 권리로?" "무슨 규범에 따라서?" "무슨 기준으로?"와 같은 질문 외에 할 말이 없다.

터무니없이 악한 정책이 흑인 인권 투쟁의 도덕적 기반을 파괴하고 있다. 흑인 인권 문제는 개인의 권리 원칙에 기초한다. 타인의 권리를 침해할 권리를 요구하면 자신의 권리도 침해당하게 된다. 남부 인종차별주의자들에게 했던 다음 비판은 흑인 대표들에게도 마찬가지로 적용된다.

"이 세상에 타인의 권리를 침해할 권리는 있을 수 없다."

그러나 흑인 대표들이 주장하는 여러 정책은 모두 인종 할당제 방향으로 흘러가고 있다. 예를 들어, 학교를 '인종적으로 균형 있게' 만들기 위해 흑인과 백인 아이들 수백 명은 집에서 멀리 떨어진 학교에 다녀야 한다. 다시 말하지만, 이것은 인종차별 그 자체다. 아이들을 인종에 따라 구분하고 특정 학교로 배정하는 것은 그 목적이 분리든 통합이든 매한가지로 나쁘기 때문이다. 그리고 무엇보다도 정치 놀음에 아이들을 이용하는 것은 인종이나 신념, 피부색을 막론하고 세상의 모든 학부모를 분노하게 만드는 일이다.

현재 의회에서 심의 중인 공민권 법안은 개인의 권리를 심각하게 침해하는 또 다른 예다. 정부 소유의 시설과 기관에서 모든 차별을 금지하는 것은 적절하다. 정부는 시민을 차별할 권리가 없기 때문이다. 같은 원칙에 따라 정부는 다른 시민을 희생시키면서 일부 시민을 차별할 권리가 없으며, 개인 소유의 시설에서 차별을 금지함으로써 사유재산권을 침해할 권리 또한 없다.

흑인이든 백인이든 타인의 재산에 대해 권리를 주장할 수 있는 사람은 없다. 그리고 어떤 사람이 특정 누군가와 일하지 않겠다고 결정한다고 해서 개인의 권리가 침해되는 것은 아니다. 같은 맥락에서 인종차별주의가 사악하고 비합리적이며 비도덕적인 신념인 것은 분명하지만, 그렇다고 해서 개인의 신념을 법으로 금지하거나 규정해서는 안 된다. 공산주의 신념이 아무리 사악해도 공산주의자에게 표현의 자유를 보장하는 것처럼 우리는 인종차별주의자에게도 자기 재산을 사용하고 처분할 권리를 보장해주어야 한다. 개인이 행하는 인종차별은 법적 문제가 아니라 도덕적 문제이며, 보이콧을 하거나 사회적으로 배척하는 등 개인적 수단을 통해 이를 철폐할 수 있다.

인종 할당제를 포함한 공민권 법안이 통과될 경우 이는 미국 역사상 가장 유감스러운 재산권 침해 사례로 남을 것이다. (하지만 이 법안은 1964년에 결국 통과되었다.)

공민권 법안은 우리 시대의 철학적 광기와 자멸적 경향을 여실히

신좌파

나타낸다. 개인의 권리 보호를 가장 필요로 하는 흑인들이 권리 파괴에 앞장서는 모순적 상황이다.

인종차별에 굴복하는 또 다른 인종차별주의의 희생양이 되지 말라. 일부 흑인 대표들이 비합리적 주장을 한다고 해서 모든 흑인을 비난하지 말라. 오늘날 존재하는 수많은 단체 중 지적이고 바람직한 리더십을 지닌 단체는 하나도 없다.

8월 4일자 〈뉴욕타임스〉 사설의 한 구절로 글을 마무리하겠다. 우리 시대가 추구하는 일반적인 생각과 매우 다르다는 점에서 인상적인 글이다.

"이것은 피부색이나 특성 또는 문화로 구분되는 집단이 과연 집단으로서 권리를 가질 수 있는지에 대한 문제가 아니다. 피부색이나 특성 또는 문화에 관계없이 미국인으로서 권리를 박탈하는 것과 관련된 문제다. 집단 내에서 개인이 법에 따라 합당한 모든 권리와 특권을 가질 수 있다면 우리는 걱정할 필요가 없다. 하지만 그런 집단은 현실에서 존재하지 않는다."

(1963년 9월)

세계의 발칸화

-1977년 4월 10일, 포드 홀 포럼에서 진행된 강연에서

문명이 붕괴되는 과정을 알고 싶은 가? 붕괴의 원인이 아니라 과정, 즉 수 세기 동안 축적된 지식과 업적이 세상에서 사라지는 과정 말이다.

서구 문명이 붕괴될지도 모른다고 하면 아마 누구도 믿지 않을 것이다. 핵폭발로 세상의 종말이 온다는 내용의 영화는 많은데, 사람들은 서구 문명의 붕괴 가능성을 잘 믿지 않는다. 물론 지금까지 인간이 초래한 재앙으로 인해 어떤 문명이 갑작스럽게 사라진 적은 없었다. 문명이 사라질 정도의 재앙은 절대 갑자기 이루어지지 않는다. 미리 눈치챌 수 있는 여러 징후를 보이며, 길고 느리게, 점진적으로 일어난다.

역사법칙주의[10]는 통하지 않는다. 따라서 세상이 재앙을 향해 나아가서는 안 된다. 하지만 철학의 방향을 바꾸지 않으면 인류는 머잖아 종말을 맞게 될 것이다. 문명이 붕괴되는 구체적인 과정, 즉 종말의 과정이 시작되고 있다는 것이 가시적으로 드러나고 있다.

1976년 1월 18일자 〈뉴욕타임스〉에는 칼럼니스트 C. L. 설즈버거

10　Historical determinism : 모든 현상은 역사성을 지니고, 역사적 제약을 벗어나는 현상은 존재할 수 없다고 보는 사상.

신좌파

C. L. Sulzberger가 쓴 "유럽의 다루기 힘든 종족"이라는 제목의 글이 실렸다. 인간의 상식으로는 도저히 이해할 수 없는 어떤 사회현상에 대한 글이었다.

"아프리카에서 돌아와 유럽 대륙이 부족주의 형태로 가라앉는 모습을 보는 것이 괴롭다. 유럽은 아프리카의 새 정부가 여러 부족의 권력을 억제해 민족국가라는 거대한 개념에 종속시키려 애쓰는 것과 별반 다르지 않은 모습이다."

설즈버거가 말하는 '부족주의'는 유럽 전역에 퍼지고 있는 분리주의 운동을 뜻한다. 그는 분명히 말한다.

"현대에 들어 독특한 현상이 나타나고 있다. 한때 세계에서 막강한 힘으로 중요한 역할을 했던 나라들이 이제는 자국의 힘을 줄이지 못해 안달이 나 있다. 스코틀랜드는 과거에 캘커타(콜카타)에서 케이프타운까지 영토를 지배해 해가 지지 않는 나라라 불렸던 대영제국의 심장이었다. 하지만 이제 그 위대한 전통에서 벗어나 유럽 연안의 작은 섬으로 남으려는 열망을 보인다. 이러한 열망에는 아무런 논리적 이유가 없다."

사실 영국이 무너져 내리는 데는 매우 논리적인 이유가 있는데, 설즈버거가 모를 뿐이다. 그는 유럽의 위대한 전통에 대해서도 제대로 알지 못한다. 설즈버거는 유럽 문제를 전문으로 다루는 〈뉴욕타임스〉의 칼럼니스트로서 마치 자신이 양심적인 기자인 양 사태의 심각성을 설명하지만, 진보주의자인 까닭에 제대로 설명하지 못한다.

같은 주제에 대해 1976년 7월 3일자 "국적 분열 증후군"이라는 제목의 기사에서도 계속해서 이렇게 설명한다.

"오늘날의 가장 모순적인 특징은 거대한 지리적 연합을 연방으로 통합하려는 움직임과 훨씬 더 작은 국가들로 해체하려는 움직임이 공존하며 갈등을 보인다는 것이다."

이에 대한 근거로 인상적인 예시를 든다. 프랑스에서는 코르시카 자치 운동 및 이와 유사한 바스크 운동, 브르타뉴 운동, 스위스 서부의 쥐라산맥에 거주하는 프랑스 주민들의 독립운동이 일어나고 있다.

"영국은 이제 '지방자치'라는 말에 집착한다. 이는 지방의 자치권이 약해졌다는 뜻으로 웨일스인들, 누구보다 스코틀랜드 독립주의자들을 만족시키기 위해 만든 말이다. (…) 벨기에는 프랑스어를 사용하는 왈롱 사람들과 네덜란드어를 사용하는 플랑드르 사람들 간의 언어 분쟁으로 분열된 상태다. (…) 스페인의 카탈루냐 지방과 북부 바스크 지방은 독립을 요구하고 있다. (…) 이탈리아의 알토 아디제에 거주하는 사람들은 독일어를 사용하고 로마를 떠나 빈에 종속되기를 바라고 있다. (…) 페로제도 주민 문제와 관련해 영국과 덴마크 간에 작은 분쟁이 있었다. (…) 유고슬라비아에서는 세르비아인과 크로아티아인의 분쟁이 계속되고 있다. (…) 마케도니아인들 사이에도 풀리지 않은 문제가 있다. (…) 그리스 살로니카와 불가리아 일부 지방에서는 독립국가라는 오래된 꿈을 다시 떠올리고 있다."

지금까지 이렇다 할 역사적 사건이 없었고 거의 들어본 적도 없는 부족들이 협소한 땅 위에 자주독립국가를 세우려 고군분투 중이다. 자신들이 어느 나라에 속해 있든 상관없이 분리 독립을 원한다.

신좌파

이렇다 할 사건이 없었다는 말은 정정하겠다. 이 부족들은 피비린내 나는 전쟁을 끝도 없이 이어오고 있다.

설즈버거의 기사로 되돌아가서, 그는 아프리카가 (정부의 노력에도 불구하고) 부족주의로 분열돼 있으며, 최근 아프리카에서 벌어진 전쟁들의 원인은 대부분 '부족 갈등'이었다고 말한다. 그리고 다음과 같이 결론짓는다. "진보와 통합이라는 명목으로 이루어지고 있는 유럽 내 독립에 대한 정신분열적 충동은 아프리카에도 영향을 미쳐 아프리카를 원자보다 더 작게 분열시킬 것이다."

설즈버거는 "서양 정신분열증"이라는 제목의 1976년 12월 22일 자 칼럼에서도 다음과 같이 말한다. "서양은 서로 가까워지는 게 아니라 흩어지고 있다. 유럽보다 북미가 덜 혼란스러울 수는 있지만, 고통의 정도는 더욱 강할 것이다."

설즈버거는 계속해서 이렇게 말한다. "캐나다는 비논리적이고 감정적인 이유로 나라를 산산조각 낼 준비를 하고 있다. 이는 벨기에를 분열시키고 있는 언어적 갈등과 형태가 매우 유사하다." 그는 프랑스어를 사용하는 퀘벡 지역이 나머지 지역과 공식적으로 분리될 것으로 예측하면서 안타깝다는 듯 이렇게 말한다. "결과가 어떻게 되든 서양 전체에 긍정적인 영향을 미치지는 않을 것이다." 이 말은 사실이다.

오늘날 부족주의의 본질과 원인은 무엇인가?

부족주의는 비합리성과 집단주의의 산물이자 현대철학의 논리적 결과다. 이성은 쓸모없다는 개념을 받아들이면 인간은 무엇을 따르고 어떻게 살아야 하는가? 인간은 분명 어떤 집단에 소속되려 할 것이다. 집단이 자신을 이끌어주고 불특정한 수단을 통해 얻은 지식을 제공해주리라 믿게 되기 때문이다. 개인으로서의 인간은 지적으로나 도덕적으로 무력하고, 아무 권리도 없으며, 집단이 전부이고, 도덕적 의미를 찾을 방법은 집단을 위해 봉사하는 것뿐이라는 개념을 받아들인다면 집단에 더욱 매달리게 될 것이다. 그렇다면, 어떤 집단에 소속되려 할까? 자신이 아무 생각도 도덕적인 판단도 할 가치가 없는 존재라고 믿는다면 자신이 하는 모든 선택에 확신을 가질 수 없다. 이때 유일한 선택은 자신이 선택하지 않은 집단, 즉 태어날 때 저절로 정해진 집단에 합류하는 것이다. 이 집단은 신체의 화학적 성질에 따라 속하게 되어 있으므로 골치 아픈 선택을 할 필요가 없다.

부족주의 역시 인종차별의 한 종류다. 그러나 집단 구성원이 적을 때 우리는 그것을 인종차별이라 하지 않고 '민족성'이라 부른다.

세상은 반세기가 넘게 진보주의자들이 공언한 목표와 반대로 흘러왔다. 소련 공산주의는 노동자의 '해방' 대신 피로 물든 독재를 낳았다. 중국과 쿠바, 인도(및 러시아)의 사회주의는 '번영' 대신 곤궁을 초래했다. 영국과 스웨덴, 그 외 아직 잘 알려지지 않은 여러 국가의 사회복지제도는 '인류애' 대신 경기 침체와 엘리트주의 권력 다툼을 가져왔다. 이타주의가 국제적으로 확산된 결과는 세계의 '평화'가 아니라 두 차례의 세계대전과 끝이 보이지 않는 지역 전쟁으로 이어졌다. 그리고 인류는 이제 머리 위에 핵폭탄을 매달아두게 되었다. 이러한 전력이 있는데도 진보주의자들은 자신들의 전제에 문제가 없는지 확인하려 하지 않는 것은 물론, 자신들이 파괴하고 있는 사회체제에 눈길도 주지 않는다.

이에 따라 우리는 진보주의자들이 공언한 목표가 사실 그들의 실제 목표가 아니었다는 것을 다시금 확인하게 되었다. 그들이 벌이는 지적 은폐 공작은 너무나 지저분하고 저급해서 워터게이트 사건[11] 조차 어린아이 장난처럼 보이게 한다.

제2차 세계대전 이후 인종차별주의는 잘못되었다는 것이 증명되며 거대한 악으로 여겨져왔다. 실제로도 인종차별주의가 거대한 악인 것은 맞지만 사회악의 근원은 아니다. 나의 책 『이기심의 미덕』에서 언급한 대로 사회악의 근원은 집단주의다. 그리고 인종차별주의는 가장 저급하고 조악한 형태의 집단주의다. 사람들은 히틀러를 통해 인종차별주의가 악하다는 사실이 증명되었다고 생각하지만, 오늘날 진보주의자들을 필두로 하여 사회 지식인들이 세상에서 가장 극악무도한 인종차별주의를 전파하고 있다. 그 인종차별주의는 바로 부족주의다.

진보주의자들은 '민족성'이라는 단어를 사용함으로써 부족주의에 내재된 인종차별주의를 숨길 수 있었다. 민족성은 인종차별주의라는 단어를 좋게 꾸민 일종의 반反개념으로서 의미가 명확하지 않다. 나는 민족성이라는 단어의 뜻을 알기 위해 1960년에 출판된 『랜덤하우스 대학생용 사전』을 뒤져보았다. '민족성ethnicity'은 없었고,

---

11 1972년 미국 대통령선거를 앞두고 공화당 출신의 닉슨 대통령이 재선에 승리하기 위해 민주당 본부가 있는 워터게이트 빌딩에 도청 장치를 설치했다가 발각된 사건이다. 이 사건으로 대통령직에서 물러나면서 닉슨은 미국 대통령 중 중도 사임을 한 유일한 대통령이 되었다.

'민족적인ethnic'이라는 형용사는 찾을 수 있었다. '민족적인'은 "어떤 주민과 관계되거나 주민 특유의 언어를 공유하거나 넓은 의미에서 인종에 해당하기도 하는"이라는 뜻이다. 그리고 '민족 집단Ethnic group'은 "미국 대도시에 있는 이탈리아인 공동체나 중국인 공동체처럼 인종적 또는 역사적으로 관련이 있고 독특한 문화를 공유하는 사람들의 집단"이라고 나와 있다.

'문화culture'라는 단어를 찾아보자. 사회학적 용법에 따라 주어진 문화의 정의는 "어떤 인간 집단이 구축한, 세대 간에 전승되는 생활 방식의 총체"다. '종족tribe'이라는 단어의 뜻도 찾아보면, "1. 조상이 같고 같은 관습, 전통, 지도자 등을 갖는 집단 2. 원시인 또는 야만인을 지역적으로 나눈 것"을 뜻한다.

이러한 정의가 총체적으로 의미하는 바는 명확하다. '민족성'이라는 용어는 집단의 생리학적 특성보다는 언어와 같은 전통적 특성을 강조한다. 그리고 생리학적 개념에 해당하는 '인종'은 민족과 관련된 단어의 정의에 포함된다. 따라서 민족성이란 인종차별주의에 '전통'을 더한 것, 즉 인종차별주의에 '순응'과 '진부함'을 더한 것을 뜻한다.

개인이 이룬 성취를 타인에게 인정받는 것은 민족의 의미가 아니다. 민족은 자유시장경제에서 노동자가 문화적으로 나뉘어 있는 것을 뜻하고, 민족의 구성원은 각자 의식적이고 독립적인 선택을 한다. 과학이나 기술, 산업, 학문, 예술 등의 분야에서 이루어지는 성취가 축적되고 합쳐져 자유롭고 문명화된 국가의 '문화'가 된다. 전통은 이와 아무런 관련이 없다. 자유롭고 문명화된 사회에서 전통은 매일 파괴된다. 사회 구성원이 조상의 생각이나 산물을 그대로 수용하고 따르는 것은 그것이 옛것이기 때문이거나 조상들이 모두 그렇게 했기 때문이 아니라 단지 그것이 진리이거나 좋기 때문이다. 사회를 구성하는 구체적 성질은 변할 수 있다. 하지만 개인의 신념에 따라 변하지 않는 것은 전통이 아니라 현실에 부합하는 철학적 원칙, 즉 진리다.

'오래되었다'는 것과 '조상으로부터 전해져 내려왔다'는 것은 전통의 기준이자 민족성을 수용하고 실천하는 가치 기준이 되어 현실을 대체한다. 현대 사회학자들의 관점에서 문화란 성취의 총합이 아니라 세대 간에 전승되는 생활 방식이다. 이는 구체적인 삶의 방식을 뜻한다. 아무리 세월이 흘러도 변치 않는 삶의 방식이라니, 공포스럽지 않은가? 하지만 이것이 민족성을 옹호하는 사람들이 주장하는 삶의 방식이다.

이런 삶의 방식과 이성은 양립할 수 없다. 독립성이나 개성과도 양립할 수 없고, 문명의 발전과도 절대 양립할 수 없다. 자본주의와 양립할 수 없는 것은 말할 필요도 없다. 우리는 도대체 몇 세기를 살고 있는가? 현재 우리는 선사시대 때 일어난 현상을 다루고 있다.

선사시대의 잔해와 반향은 문명국가, 특히 유럽의 후미진 곳에 늙고 기력 없고 시작하기도 전에 포기하는 사람들 사이에 항상 존재해왔다. 이 사람들이 '민족성'을 전수해왔다. 세대 간에 전승되는 '생활 방식'에는 민요, 민속무용, 전통요리, 전통의상, 전통문화 축제 등이 있다. 전문적인 '민족'들은 자신들의 전통음악이 다른 민족들의 음악과 다르다는 점을 두고 전쟁까지 벌였지만, 사실 그 두 음악에는 큰 차이가 없다. 모든 민속예술은 본질적으로 비슷하고 견딜 수 없으리만큼 지루하다. 한 무리의 사람들이 대충 손뼉을 치고 위아래로 점프하는 것이 전부라고 볼 수 있다.

민족의 전통이 이룬 업적을 살펴보면 그 결과물이 모두 인간 의식 중 지각 단계에 속한다는 점을 알 수 있다. 모두 구체성을 다루거나 조작한 것으로서 직접적으로 인식이 가능하다. 이는 인간 의식 수준에서 개념 단계에 도달하지 못한 인간이 만들어낸 결과물이 민족 전통의 업적이라는 사실을 증명한다.

나의 책 『철학 : 누가 그것을 필요로 하는가Philosophy: Who Needs It』 중에서 현대 부족주의의 정신-인식론적 근원을 다룬 「사라진 연결」이라는 글 일부를 다음에 인용한다.

"유한한 세계에서 구체성具體性에 결박된 삶을 사는 사람만이 구체성에 결박된 반反개념적 사고를 할 수 있다. 이러한 사고를 지닌 인간은 추상적 원칙을 다룰 필요가 없다. 추상적 원칙은 주어진 것들을 비판 없이 받아들이는, 즉 단순 암기를 통해 습득한 행동 규칙으로 대체되기 때문이다. 이런 사람들이 사는 세상이 '유한'하다는 것은 물리적 범위가 확장되지 않음을 의미하는 것이 아니라 사람들이 더 이상 정신적인 노력을 하지 않고 지각적으로 인지 가능한 것만 받아들인다는 것을 의미한다. 따라서 '유한'이라는 말은 '지각적'이라는 말과 같다."

"반세기 동안 공교육을 지배해온 존 듀이의 진보 교육론은 학생들의 개념 능력을 무력화하고, 학생들이 '사회 적응'을 통해 세상을 인식하게 만들었다. 이는 국민에게 부족적 사고방식을 주입하려는 체계적인 시도로서 오늘날에도 계속되고 있다."

부족적 사고방식은 지각 단계에서 인지발달을 멈춘다. 이 사실은 언어에 대한 부족주의자들의 입장에서 명확히 드러난다.

언어는 개념을 나타내는 시청각적 기호로 된 규범이다. 언어의 기능적 측면에서 특정 언어가 현실의 특정 부분을 정확히 정의하고 나타낼 수 있다면 그 언어의 소리는 크게 의미가 없다. 하지만 부족주의자들에게 언어는 조상으로부터 전승된 신비한 유산이고, 중요한 것은 언어의 의미가 아니라 그 언어가 내는 소리와 형태, 즉 구체적으로 지각하는 것에 한정된다. 이들은 자신들의 방언이 다른 언어와 다르다는 사실을 인정받으려고 죽음도 불사하지만, 목숨을 건 싸움의 내용은 우편에 '포스티지postage'라고 인장을 찍을지 '포스트postes'라고 찍을지 따지거나 우열을 다투는 식에 불과하다. 대부분 소수민족의 언어는 방언이거나 한 국가의 언어에서 파생된 것으로 사실 구분조차 명확지 않은 것일 수 있다.

물론 부족주의자들이 싸우는 실제 이유는 언어 때문이 아니다. 자신들의 낮은 의식수준과 정신적 수동성, 부족에 대한 충성심을 지키고 외부인들을 무시하고 싶은 욕망 때문이다.

외국어를 배우면 추상화 능력이 발달하고 시야가 넓어진다. 나는 3~4개 언어를 하는데, 영어·프랑스어·러시아어는 능통하게 구사하고 독일어는 읽을 줄 알지만 쓰지는 못한다. 글을 쓰기 시작하며 외국어를 배워두길 잘했다는 생각이 들었다. 그 덕분에 내가 알고 있는 개념의 범위가 크게 확장되었다. 표현할 수 있는 방법도 네 가지나 된다. 구체적인 표현법을 제외하고도 외국어 공부는 언어 자체의 본질을 이해할 수 있게 해주었다.

(모든 문명의 언어는 그 자체로 고유한 아름다움과 힘을 지니지만, 나는 개인적으로 영어를 가장 사랑한다. 영어는 내 모국어가 아니라 내가 선택한 언어다. 영어는 설득력이 있고 정확하며 경제적이기까지 한, 매우 강력한 언어다. 나는 다양한 서양 언어로 내 정체성을 표현하지만, 영어를 사용할 때 가장 제대로 표현할 수 있다.)

부족주의자들은 자신들의 언어가 '민족적 정체성'을 나타낸다고 주장하지만, 세상에 민족적 정체성이라는 개념은 존재하지 않는다. 인종차별적 전통에 대한 순응은 인간의 정체성을 형성시키지 않는다. 인종차별주의가 자존감 없는 사람들에게 가짜 자존감을 심어주듯 방언에 대한 부족주의자들의 발작적 충성도 이와 비슷한 역할을 한다. 혼란스럽고 불안한 정신상태를 지닌 부족주의자들에게 '집단적 자부심', 즉 안전이라는 환상을 심어주는 것이다.

자신들만의 언어나 문학작품을 보호하기 위해서라는 주장은 실제 목적을 숨기려는 작전에 불과하다. 자유국가에서는 누구나 자신이 원하는 언어를 쓰고 말할 수 있지만, 그것을 타인에게 강요해서는 안 된다. 국가가 공식 언어를 하나로 두는 것은 서로 간에 이해를 원활하게 하기 위해서다. 인간은 언어의 소리가 아니라 의미를 이해하며 살아가므로 공식 언어는 어떤 언어가 되든 상관없다. 하지만 다수가 사용하는 언어가 공식 언어가 되는 것이 가장 효율적이다. 문학작품이 보존되고 계승되는 문제는 정치적 수단을 통해 강제할 일이 아니다.

하지만 부족주의자들에게 언어는 생각과 의사소통의 도구가 아닌 모양이다. 이들에게 언어는 부족의 지위와 권력을 나타내기 때문에 모든 외부인에게 자신들의 방언을 쓸 것을 강요한다.

이와 관련해 나는 한 가지 가설을 제시하고 싶다. 나는 2개 국어를 공식 언어로 사용하는 이중언어 국가에 대해 전문적으로 연구한 적이 없으므로 이는 단지 가설이라는 점을 참고하길 바란다. 나는 이중언어 국가에 대한 조사 중에 단일언어국에 비해 이중언어국의 문화가 빈곤한 경향이 있다는 사실을 발견했다. 과학과 철학, 문화, 예술 등 모든 지적 분야에서 위대한 업적을 많이 남긴 나라는 단일언어를 사용하는 나라였다. 네덜란드어와 프랑스어가 공용어인 벨기에나 3개 공용어를 사용하는 스위스는 단일언어를 사용하는 프랑스, 독일, 이탈리아보다 지적 문화유산이 적다. 이는 프랑스어와 영어를 공용어로 사용하는 캐나다와 영어만 공용어로 사용하는 미국을 비교해도 마찬가지다.

벨기에나 스위스는 영토가 상대적으로 작기 때문일 수 있지만, 캐나다의 경우는 영토 크기로 설명되지 않는다. 이중언어국의 많은 인재가 다른 선진국으로 이민을 가기 때문일 수도 있다. 하지만 그래도 여전히 의문이 남는다. 인재들은 왜 타국으로 이민을 가는가?

이에 대한 내 생각은 다음과 같다. (국민이 어쩔 수 없이 2개 국어를 배워야만 하는) 이중언어 사용 정책은 국가 내에 민족-부족주의를 용인하는 것이자 영구적으로 보존하는 것이다. 민족-부족주의는 반反지성적이어서 문화 침체를 초래한다. 이런 나라에 사는 인재들은 타국으로 떠나려 할 것이다. 부족주의에 밀려 아무 기회도 잡을 수 없으리라는 것을 무의식적으로 감지하기 때문이다.

나의 가설과는 별개로 부족주의는 반지성적이며, 부족주의의 확산이 악이라는 사실에는 의심의 여지가 없다. '민족성'의 요소들이 문명국가 주변에 계속 존재해왔고, 수 세기 동안 사회에 아무런 해를 끼치지 않았다면 지금 갑작스럽게 재탄생해 전염병처럼 퍼지는 이유는 무엇일까? 비합리주의와 집단주의 세력은 인류가 이룬 위대한 과학적·기술적 성취를 집어삼키려 하는데, 이를 실질적인 정치 행동으로 실행할 필요가 있었다. 이에 따라 비합리주의와 집단주의 세력은 혼합경제 체제를 탄생시켰고, 혼합경제는 부족주의를 부활시켰다. 현재 서구 문명국은 과도기를 겪고 있다. 우리는 '영원히 끝나지 않는 부족 전쟁'이라는, 세상에 한 번도 등장한 적 없는 정치적 단계로 나아가고 있다.

철학 사상서인 『이기심의 미덕』에서 나는 '인종차별주의'에 대해 이렇게 말했다. "혼합경제 체제에서 인종차별은 정부의 통제 정도와 보조를 맞춘다. 또 혼합경제 체제에서 국가는 압력단체의 전쟁터가 되며, 국민은 합법적 특혜와 특권을 얻기 위해 서로를 희생시키는 싸움을 벌인다."

정부가 "파이(시장)의 큰 몫을 추구하다"라는 표현을 쓰기 시작했을 때, 우리는 이미 "국가 내에서 생산된 재화는 생산자가 아니라 모든 사람이 소유하고 정부가 분배하는 것"이라는 집단주의 신조를 받아들이고 있었다. 그렇다면 개인이 그 파이 한 조각을 얻을 기회는 얼마나 될까? 집단주의 사회에서 개인은 파이 부스러기조차 얻을 기회가 없다. 구성원이 모두 조직적 약탈자가 되는 사회에서 홀로 있는 사람은 좋은 먹잇감이 되기 때문이다. 따라서 사람들은 부족의 보호를 대가로 독립을 포기할 것을 강요당한다.

혼합경제일 때 국가는 압력단체를 만들어내고, 특히 '민족성'을 제조한다. 여기서 이익을 보는 사람은 압력단체의 대표들이다. 자기 '인종'들이 느끼는 무력감과 좌절을 이용하고, 조직을 구성해 정부가 자신의 요구를 들어주도록 표를 모은다. 그 결과 인종 집단의 대표는 정치가가 되고, 보조금을 받으며, 사회에 영향력을 행사하고, 명성까지 얻는다.

하지만 인종 집단 구성원들의 삶은 별로 달라지지 않는다. 인종이나 피부색에 따라 할당된 일자리나 대학 입학 정원, 국회의원 자리 등은 집단을 조종하는 사람들의 몫이며, 궁핍하게 생활하는 실업자들의 삶에는 아무런 변화가 일어나지 않는다. 하지만 이 추악한 현실에 대하여 "소수자의 승리"라는 제목으로 글을 쓰는 지식인들이 있어 압력단체 대표들은 계속 이 방법을 사용한다.

1977년 1월 17일자 〈뉴욕타임스〉에 "예술 지원을 제대로 받지 못하고 있다는 히스패닉 단체"라는 제목의 기사가 실렸다. 뉴욕주 상원의원 로버트 가르시아Robert Garcia가 청문회에서 주장한 다음 내용에 대한 것이었다. "우리는 돈에 대해 말하고 있습니다. 이 나라에서 우리가 창출하는 수익에 상응하는 공정한 몫을 가져가고 있는지에 대한 것입니다." 국가의 자금 지원을 요구하는 목적은 비주류 예술의 성장을 보장하는 데 있다. 비주류 예술이란 사람들이 보거나 지원하고 싶어 하지 않는 예술을 뜻한다. 청문회에서 결정된 권고안은 "예술 지원금 중 최소 25%를 히스패닉계 예술 지원에 배정하라"
는 것이었다.

당신의 세금은 이렇게 사용되고 있다. 이타주의의 수혜자는 가난하거나 병들거나 실직한 사람들이 아니라, 치마를 흔드는 형태의 오래된 스페인춤을 추는 소수인종 여성들이다. 이 여성들이 세금으로 새 치마를 두른다고 해도 별로 보고 싶을 것 같지 않다.

영국 잡지 〈인카운터Encounter〉 1975년 2월호에 미국의 저명한 사회학자 네이선 글레이저Nathan Glazer의 글이 실렸다. 제목은 "민족성의 보편화"로 민족 분리주의의 확산에 대한 현대 지식인의 태도를 짐작하게 해준다.

"마치 어떤 민족 집단에서 태어날지 선택하지 않듯 종교도 스스로 택하기보다는 태어날 때 정해지는 경우가 많다. 민족과 종교는 모두 '성취'하는 것이 아니라 '귀속'되는 것이라는 점에서 비슷하다. 민족과 종교 집단 내 개인의 지위 역시 삶의 활동을 통해 획득하는 것이 아니라 출생과 동시에 부여된다."

이는 끔찍하지만 사실이다. 그리고 '성취'보다 '귀속'을 선호하고, 노력으로 얻는 지위보다 생리학적으로 결정되고 저절로 부여되는 지위를 추구하는 사람들이 세상을 지배한다면 그것은 정말로 끔찍한 일이다.

네이선 글레이저는 '민족 집단'과 '카스트제도'의 관계에 대해 잠시 혼란을 보이다가 단지 단순한 의미의 차이라고 설명한다. 하지만 사실 카스트제도는 민족 분리주의가 내재된 개념으로 사람을 귀족, 평민, 불가촉천민 등의 계급으로 나눈다. 상위 계급과 하위 계급은 태어나면서 결정되고, 법에 따라 강요되며, 이는 죽을 때까지 변하지 않는다.

"미국은 미국인이 되기를 선택한 모두를 가리켜 '민족'이 아니라 '국민'이라는 용어를 사용하는 유일한 국가일 것이다." 비록 글레이저는 이에 대해 어떤 결론도 내리지 않지만, 이 말의 의미는 매우 중요하다. 미국은 민족 분리주의의 최대 적이자 파괴자였다. 모든 종류의 세습적 계급제도를 폐지했고, 집단을 그 자체만으로 인정하지 않았으며, 개인이 집단을 선택할 수 있는 권리만 인정했다. 개인이 집단을 만들고 선택할 수 있는 자유는 민족 분리주의의 반대 개념이다.

글레이저는 미국 철학의 파괴와 민족 분리주의 부상의 관계에 대해 언급하지 않는다. 그의 초점은 다른 데 맞춰져 있다. "미국의 사회주의자들은 초超민족적 계급투쟁을 하려 했지만 성공하지 못했고, 오히려 민족 갈등만 심화했다. (…) 대부분의 국가에서는 계급 이익보다 국익과 특정 민족의 이익이 우선한 것 같다."

글레이저는 이런 상황에 대해 다음과 같은 주장을 덧붙인다. "독특한 미국의 문화와 정체성을 일부 훼손하더라도 오래되고 친밀한 마을 또는 부족 연합과 함께 새로운 종류의 정체성을 개발하고 싶어 하는 것이 오늘날의 경향이다." 이에 대해 나는 핵폭탄을 개발하고 우주여행도 떠나는 현대 기술사회의 운영을 마을 또는 부족 연합에게 맡길 것인지 묻고 싶다.

글레이저 자신도 이런 종류의 문제에 대해 자신이 너무 간단하게 말하고 있고, 확실한 해결책을 제시할 수 없다는 것을 인정한다. "우리는 어둠의 중심에 있다. 사회에서 가장 문제가 되는 갈등이 어째서 계급 간의 갈등이 아니라 민족 간의 갈등인가? (…) 미국의 민족 분리주의는 민족을 중심으로 정체성과 충성심을 형성하는 데 초점이 맞춰져 있다." 글레이저는 민족 분리주의가 '비합리적 호소력'을 지닌다고 덧붙인다. 하지만 더 깊이 있게 접근하는 대신 이렇게 말한다.

"최근 수십 년간 마르크스주의적 계급투쟁을 벌인 집단은 인종이나 부족, 종교, 언어 등에 기초해 민족 투쟁을 벌인 집단보다 낮은 결집력을 보였다. 민족 갈등의 확산은 지도자들이 국민의 지지를 얻기 위해서는 계급 이익보다 민족 분리주의에 호소하는 편이 더 낫다고 생각한다는 사실을 반영한다."

지도자들이 민족 분리주의에 호소하면 더 많은 지지를 얻는다고 믿는 것은 사실이다. 하지만 그 이유는 무엇일까? 답은 마르크스주의가 지적 개념이라는 사실에 기초한다. 마르크스주의는 거짓으로 드러났지만, 추상성을 다루는 이론인 것만은 확실하다. 부족주의자들의 지각적 사고방식으로는 절대 마르크스주의를 이해할 수 없다. '국제적인 노동자 계급'의 현실을 이해하려면 상당히 높은 수준의 추상화 능력이 필요하다. 부족주의자들의 의식 능력은 너무 낮아서 옆 마을의 일조차 이해하고 받아들이는 데 어려움을 겪으므로 마르크스주의를 절대 이해하지 못한다. 미국 국민의 지적 수준은 처음부터 낮았던 것이 아니다. 현대의 반지성 교육과 비이성주의 철학이 끌어내리고, 지체시키고, 왜곡시켜 지금의 결과를 낳았다.

하지만 글레이저는 이 부분에 주목하지 않는다. 그리고 민족 갈등의 확산에 대한 해결책을 제시하려 최선을 다한다. "민족 집단별로 일정한 예산을 보장하거나 개인과 집단의 권리를 각각 보장하는 방법이 있다. 과거에 미국은 일정한 예산을 보장하는 것보다 '권리를 보장'하는 관점에서 접근하는 편이 더 적합하다고 여겼다. 하지만 오늘날 미국인들은 개인의 권리에 대해 진지하게 생각지 않고, 집단의 몫이 얼마인지에만 관심이 있다." 글레이저가 관찰한 미국인들이 대체 누구인지 알 수 없지만, 이 발언은 국가 전체에 대한 명예훼손에 해당한다. 그가 한 말은 미국인들이 돈, 즉 '파이의 큰 몫'을 차지하려고 자신들의 권리를 팔아버린다는 뜻이다.

글레이저는 마지막 문단에서 이렇게 말한다.

"국가 내 그리고 국가 간 갈등의 원인인 민족 분리주의 문제가 과거의 잔재이자 지난날의 수치에 불과한 것으로 여겨지고 있다. 하지만 나는 우리가 현재 가장 관심을 가져야 하는 문제가 민족 분리주의 문제라고 확신한다."

그가 민족 분리주의 문제를 두려워하는 것은 당연하다. 인류에게 증오를 전파하는 데 민족이나 부족으로 나누는 것보다 확실한 방법은 없다. 인간이 태어날 때부터 자신의 기질이 알 수 없는 방식으로 결정되고 타인도 그렇다고 믿는다면 서로 간의 소통도, 이해도, 설득도 불가능하다. 서로 두려워하고 의심하며 증오하는 일만 가능할 뿐이다. 어떤 부족이나 민족이 다른 부족이나 민족을 지배하는 일은 전 세계 어디에서나 특정 기간 동안, 일부 지역에서는 인류 역사가 시작된 이후 계속 존재해왔다. 증오의 역사도 같다. 역사상 가장 끔찍한 잔학 행위는 민족 전쟁과 종교 전쟁 중에 일어났다. 최근의 민족 전쟁 사례는 나치의 유대인 대학살이었다.

영원히 끝나지 않는 전쟁은 부족 존재의 특징이다. 규칙과 독단, 전통에 사로잡혀 있는 부족은 생산적 조직이 아니다. 부족들은 겨우 굶어 죽지 않고 근근이 살아가는데, 자연재해 앞에서는 속수무책으로 동물 무리보다 능력이 떨어진다. 다른 부족과의 전쟁에서 이긴 운 좋은 부족은 약탈한 비축물로 생활을 이어갈 수 있지만, 이는 일시적 생존만 보장할 뿐이다. 족장에게 필요한 주요 자질은 부족 구성원들로 하여금 다른 부족을 증오하게 만드는 힘이다. 부족 구성원들이 느끼는 불행에 대해 책임을 전가할 대상이 반드시 있어야 하기 때문이다.

민족 통치보다 더 나쁜 폭정은 없다. 농노제도가 그렇듯 개인이 스스로 선택하지 않은 지위를 가치로 받아들이게 하기 때문이다. 자존감이 높은 사람은 자신의 생각이 자신의 신체적 요소에 따라 결정된다는 개념을 받아들이지 않을 것이다. 자신의 조상들이라는 불특정 다수의 몸에 의해 결정된다는 개념은 더욱 받아들일 리 없다. 가장 바람직한 것은 생산수단에 의한 결정론이다. 이 이론도 거짓이긴 하지만 인간의 존엄성을 덜 해친다. 마르크스주의는 부패했지만, 낡고 퀴퀴한 부족주의에 비하면 훨씬 깨끗하다.

부족들이 지배해 침체 상태에 빠진 발칸반도를 보라. 금세기 초 발칸반도는 유럽의 망신으로 여겨졌다. 발칸반도는 6~8개의 주요 부족과 이름도 잘 알 수 없는 여러 작은 부족들로 구성돼 있었는데, 미세한 언어 차이를 이유로 부족들끼리 계속 전쟁을 벌이거나 정복하거나 또는 폭력을 위한 폭력을 휘둘렀다.

거대한 국가를 소수민족으로 분화시킨 '발칸화Balkanization'라는 용어는 당시 유럽 지식인들 사이에서 경멸적 의미로 사용되었다. 그리고 제1차 세계대전 이후 발칸 부족 대부분이 체코슬로바키아와 유고슬라비아라는 그 나름대로 규모 있는 두 국가로 통합되었을 때 유럽 지식인들은 매우 흡족해했다. 하지만 체코슬로바키아[12]와 유고슬라비아[13] 안에서도 부족들은 사라지지 않았다. 소규모 분쟁이 계속 일어나고 있고, 큰 규모의 전쟁은 언제 벌어지더라도 이상할 것이 없다.

역사적 사실로 미루어 볼 때 부족주의와 타협을 시도하거나 그들이 공정하게 자신들의 몫을 나누리라 기대하는 것은 터무니없는 일이다. 전쟁과 야만 외에 부족주의에서 기대할 수 있는 것은 없다. 하지만 다음 전쟁에서 부족들은 활과 화살로 무장하지 않을 것이다. 그들은 핵무기를 준비할 것이다.

1977년 1월 23일자 〈뉴욕타임스〉 기사를 보면 현대 기술문명에서 부족주의가 어떤 의미를 지니는지 알 수 있다. 캐나다 퀘벡에서는 프랑스어를 공용어로 사용한다. 퀘벡 주민들은 공항을 포함한 모든 지역에서 프랑스어를 공식 언어로 사용할 것을 요구했다. 하지만 캐나다 연방 교통부는 몬트리올에 있는 두 국제공항에서 항공기 착륙 시 프랑스어를 공식 언어로 사용하는 것을 금지했고, 연방법원도

12　체코슬로바키아는 1993년에 체코와 슬로바키아로 완전히 분리되었다.

13　유고슬라비아는 1990년대에 슬로베니아, 크로아티아, 마케도니아, 보스니아 헤르체고비나, 유고슬라비아 연방 공화국으로 분리되었다.

교통부 편을 들었다. (영어는 전 세계 모든 국가의 공항에서 사용되는 공식 언어다.)

최근 카나리아제도에서 항공기 두 대가 충돌한 끔찍한 사건이 있었다. 기장을 포함한 모든 승무원이 영어를 할 수 있었지만, 조사 결과 언어적 오해에서 충돌이 비롯된 것으로 밝혀졌다. 퀘벡의 캐나다인이 아니라 우간다의 이디 아민[14]이라 해도 전 세계의 비행기 조종사들에게 자신의 언어를 사용하라고 요구할 수는 없다. 덧붙이자면, 카나리아제도의 항공기 충돌은 작은 공항에 착륙하려는 항공기가 많아서 발생했다. 주변에 있던 큰 공항이 스페인으로부터 독립을 주장하던 소수민족의 폭탄테러로 폐쇄되었기 때문이다.

기술문명이 대단한 업적을 이룬다 한들 이런 부족주의자들이 통제하는 세상이라면 무슨 소용이 있겠는가?

지역이나 지방 단체가 국가로부터 분리 독립할 권리에 대해 묻는 사람이 있다. 민족을 근거로 한 독립은 안 된다는 것이 내 생각이다. 민족은 도덕적으로나 정치적으로 고려돼야 할 요소가 아니고 특별한 권리를 부여하지도 않는다. 권리는 개인에게만 있으며, 민족적 권리뿐만 아니라 '집단의 권리' 같은 것도 존재하지 않는다는 사실을 명심해야 한다. 어떤 지역이 독재 체제나 혼합경제 체제에서 벗어나 새로운 자유국가를 건설하려 한다면 그렇게 할 권리가 있다.

---

14 Idi Amin(1925~2003) : 우간다의 군인 출신 정치인으로 1971년에 군사 쿠데타를 일으켜 대통령이 되었다. 자신을 종신 대통령으로 임명해 독재자로 군림했지만, 1978년에 탄자니아군과 국내 반대파의 공격을 받고 리비아로 망명했다가 사우디아라비아로 거처를 옮겼다.

신좌파

그러나 민족적 근거가 아니더라도 지역의 폭력단이 자신들의 입맛에 맞는 정부를 수립하기 위해 독립하려 한다면, 그렇게 할 권리는 없다. 어떤 집단도 어쩌다 우연히 같은 지역에 살게 된 개인의 권리를 침해할 권리가 없으며, 개인이든 집단이든 누군가에게 무엇을 바랄 수는 있지만 그것은 바람일 뿐 권리가 아니다.

부족주의의 세계적 부활과 세상이 암흑기에 접어드는 것을 막을 방법이 있을까? 방법은 단 한 가지로, 민족 분리주의를 쓰레기통에 처박아버리는 능력을 갖춘 자본주의를 부활시키는 것이다.

자본주의의 역설에 대해 생각해보라. 자본주의는 이기심의 체제라고 하지만 모든 집단주의와 국제주의, 세계 정부One-World 체제가 세상을 발칸화하는 동안 전 세계 사람들을 하나로 결속시키고 국경을 넘어 평화적으로 협력하게 만들었다.

사람들은 자본주의를 탐욕의 체제라고 한다. 하지만 자본주의는 집단주의 체제가 범접하지 못할 수준과 부족주의 폭력단은 상상도 하지 못할 수준으로 사람들의 생활수준을 끌어올렸다.

사람들은 자본주의를 국수주의라고 한다. 하지만 자본주의는 미국 땅에서 민족 분리주의를 몰아내고 과거에 적대 관계였던 여러 민족이 더불어 살 수 있게 만든 유일한 제도다.

사람들은 자본주의가 무자비하다고 말한다. 하지만 자본주의는 오늘날 젊은이들이 찾지 못하고 믿기 어려워하는 희망, 진보, 공공의 이익을 사회에 가져다주었다.

부족 사회뿐만 아니라 자본주의를 제외한 모든 사회체제 아래서 개인은 자존심과 존엄성, 자신감, 자부심을 희생하도록 강요받는다.

오늘날에는 사라지고 없지만 부활시키기 위해 고군분투해야 하는, 민족적 자기 비하와 반대되는 미국의 근본정신이 있다. 이 정신은 찰스 뱃저 클라크[15]의 「서부인The Westerner」이라는 오래된 시에 잘 나타나 있다.

시는 "나의 아버지들은 동쪽 평원에 각각 떨어져 홀로 잠을 잔다"로 시작한다. 그리고 조상에 대한 짧은 존경을 표현한 뒤, 다음과 같이 이어진다.

> 하지만 나는 죽은 친족에게 의지하지 않는다
> 명성이건 경멸이건 나의 이름은 내 것이기에
> 세상은 내가 태어났을 때 시작되었고
> 세상은 내가 쟁취해야 하는 것이다

---

15 Charles Badger Clark(1883~1957) : 미국 시인으로 사우스다코타주 최초의 계관시인이었다.

신좌파

성性 종족주의

_피터 슈위츠

모든 형태의 집단주의는 어떤 형이상학에 기초한다. 집단주의 신조를 경제학의 관점에서 보면 생산은 주로 사회적 노력에 해당한다. 정치적으로 보면 개인이 아닌 단체가 권리를 가지는 것이고, 윤리학의 관점에서 보면 개인이 사회를 위해 자신의 이익을 희생해야 하는 것이며, 인식론적 측면에서는 개인의 판단이 집단적 합의에 종속되는 것을 말한다. 이 모든 접근법은 한 가지 전제에서 비롯된다. 인간은 혼자서는 현실에 대처하지 못한다는 것이다. 인간은 혼자 삶을 영위할 수 없고, 생존을 위해 집단에 의존해야 한다는 것이 집단주의의 전제다.

이 관점을 여성에게 적용하면 페미니즘 사상의 본질이 된다.

페미니스트들은 여성의 가치를 깎아내리는 가부장적 사회 분위기를 비난하지만, 사실 페미니즘만큼 여성의 위신을 떨어뜨리는 것도 없다. 페미니스트들은 현대 여성을 선천적으로 무력하고 끝없이 '희생'을 강요당하는 존재로 묘사한다.

페미니스트들은 여성의 급여가 평균적으로 남성이 받는 급여의 75%밖에 안 되므로 급여 격차만큼 정부가 보조금을 지급해야 한다고 주장한다. 직장 내 승진은 '유리천장'에 가로막혀 있으므로 이 또한 정부가 해결해주어야 한다고 말한다. 정부가 아이돌봄서비스를 제공하지 않는 한 여성은 어떤 정규직 일자리도 가질 수 없고, '사회적 약자 우대 정책Affirmative-action' 없이는 좋은 학교에 입학하거나 좋은 일자리를 얻지 못한다. 이뿐만이 아니다. 〈플레이보이〉 같은 성인잡지가 합법적으로 판매되는 한 여성의 자존감은 절대 높아질 수 없다고 말한다.[1] (1992년 캐나다 연방법원은 포르노그라피가 여성의 자기 가치감과 자아 수용에 부정적 영향을 미친다는 판결을 내렸다.)

이러한 주장은 결국 여성들이 스스로의 노력과 각 개인의 장점들로는 성공할 수 없다는 것을 나타낸다. 유모(정부)의 도움이 없으면 자신이 통제할 수 없는 힘 앞에서 아무것도 하지 못한다. 일자리를 얻거나 교육을 받지 못하고, 자부심도 생기지 않는다.

이는 단순히 현대 여성들이 처한 불행한 상황을 페미니스트의 관점에서 설명한 것이 아니다. 형이상학적 무력함의 일관된 유지를 기본 철학으로 삼는 여성들의 관점에서 설명한 것이다.

페미니스트들은 여성들이 각자의 목표를 달성하기 위해 개인의 능력보다 단체의 힘에 의존하기를 바란다. 페미니즘 사상에 따르면 여성들은 성공에 필요한 능력을 획득하는 데 관심을 두지 말아야 하며, 그런 능력 자체를 고려하지 않고 오로지 성별에 의존해야 한다.

의과대학 입학시험을 예로 들어보자. 여학생들의 의과대학 입학시험 성적은 평균적으로 남학생들보다 낮다. 남학생과 여학생에게 동일한 입학 기준이 적용되는 상황에서 의사가 되기를 바란다면 스스로 노력해서 합격해야 한다. 이는 성별과 무관한 논리적 결론이다. 하지만 페미니스트들은 입학 기준이 잘못되었다고 주장한다. 여학생들이 많이 합격하지 못하는 것은 입학시험이 잘못된 것이므로 기준을 바꿔야 한다는 것이 그들의 결론이다.[2]

소방관이 되고 싶어 하는 어떤 여성이 있다면 페미니스트들은 그 여성에게 신체 조건이 소방관 자격 기준에 부합하는지 확인하라고 하지 않는다. 가장 중요한 점은 그녀가 가려는 소방서에 여성이 있는지 확인하는 것이다. 만약 그녀가 소방관의 자격 기준에 부합하지 않는다면 페미니스트들은 자격 기준에 꼭 부합할 필요는 없다고 말한다. 여성들은 직종별로 정해진 인원만큼 고용이 보장돼야 하기 때문이다.

'여권 신장'에 대한 모든 말장난과 함께 페미니스트는 '여권女權'이라는 용어가 지니는 유일한 합법적 의미를 부정한다. 그것은 남성을 희생시켜 편의를 제공받는 것이 아니라 객관적 능력을 기초로 상호 이익이 되는 관계를 만들 수 있는 힘이 여성에게도 있다는 의미다. 여성 개개인은 자신을 가치 있게 만들 수 있고, 회사 고용주가 승진시키고 싶게 할 수도 있으며, 학교가 그녀의 입학을 원하게 할 힘을 지니고 있다. 하지만 이것은 페미니스트의 관점에서 지나치게 독립적인 접근법이다. 페미니스트들은 여성들에게 다음과 같은 암묵적 메시지를 보낸다. "여성은 스스로 성공할 수 없지만 성공할 필요도 없다. 여성단체가 원하는 것을 모두 이루어 줄 것이기 때문이다."

1960년대에 페미니스트 운동이 처음 시작되었을 때, 사람들은 페미니스트들이 여성에게 부여되던 전통적인 '주부hausfrau' 역할에 대한 선입견, 즉 여성은 부엌과 침실 밖의 존재를 다룰 수 없다는 (남성과 여성 모두가 지닌) 고정관념과 싸운다고 생각했다. 여성이 스스로 경력을 쌓고, 타인을 돌봐야 하는 의무를 거부하고, 자신의 행복을 추구할 도덕적 권리를 주장하고, 또 비행기 조종사나 신경외과 의사, 작곡가나 기업 최고경영자가 되어 현실 세계를 포용할 수 있다는 사실을 주장한다고 믿었다.

하지만 페미니스트 운동의 중심에 있는 집단주의가 수면 위로 떠오르면서 페미니즘의 실제 주장이 드러났다. 페미니스트들은 여성이 한 사람으로서 노력해 원하는 지위나 직업을 얻을 수 있게 해달라고 요구하는 것이 아니었다. 여성이라는 자격에 따라 노력하지 않아도 원하는 지위나 직업을 얻을 수 있게 해달라고 당당히 요구하고 있었다. 오늘날 페미니스트들은 여성의 역할을 가정주부로 한정하는 선입견과 싸우는 게 아니라 페미니즘을 통해 더욱 추악한 형태로 여성의 역할이 가정주부라고 주장하고 있다.

과거에 여성의 역할은 주부라는 선입견이 있었던 사람들은 여성은 남성처럼 힘든 일을 유능하게 처리할 능력이 없다고 말했다. 그런데 오늘날 페미니스트들은 여성에게 그런 능력을 요구해서는 안 된다고 주장한다. 이제 여성이라는 특징은 능력에 관계없이 부사장이라는 직위를 요구할 수 있는 자격이다. '신주부주의neo-hausfrauism' 아래서 여성들은 더 높은 임금을 받으려고 노력할 필요가 없다. 엄마 같은 정부에 해달라고 떼쓰면 되기 때문이다. 과거의 페미니즘과 결론은 같다. 성별이 모든 것을 결정한다는 것이다.

사회가 도덕적으로 병들어가는 현상을 '여성해방'이라 부르는 것은 집단주의의 영향 때문이다.

페미니즘은 여성들 가운데 가장 질이 낮은 사람들만 끌어들인다. 이들은 자신의 삶을 책임지기 싫어하는 사람들이다. 직장에서 경력 쌓는 일을 영원히 포기한 것에 대해 죄책감을 느끼는 주부들, 의사가 되려는 꿈을 버린 것을 후회하는 간호사들, 별 볼일 없는 직장에서 미래가 없는 삶을 사는 여성 근로자들은 모두 자신이 처한 상황에 대해 스스로 잘못했다고 생각지 않는다. 우리 사회에서 여성은 혼자서는 절대 성공할 수 없으므로 실패의 책임이 없다는 것이 페미니스트들의 주장이다.

자신의 실패에 대해 책임을 지는 여성들이 있다. 진정으로 독립적인 여성들이다. 개인의 능력에 따라 판단하고 판단되기를 원하는 여성들, 사회적 약자 우대 정책에 의지하는 것을 경멸하는 여성들, 스스로 성공하고 그 성공을 자랑스러워하는 여성들은 모두 성性 종족주의자들에게 반역자로 낙인찍힌다. 아울러 여성들이 힘을 합쳐 노력하지 않았다면 그 독립적인 여성이 전대 성공하지 못했을 것이라고 성난 목소리로 주장한다.

페미니즘은 의존에 의존한다. 의존적이고 자기 부정적인 여성들을 집요하게 설득해서 모은 다음 자신들이 원하는 형태로 만들어낸다. 이 여성들이 일단 형이상학적 무력함을 느끼기 시작하면 페미니스트 무리의 꼭두각시가 되는 것은 시간문제다.

페미니즘은 '여성을 해방시킨다'는 개념을 내포하고 싶어 한다. 주부의 사고방식, 즉 타인이 부양해주기를 바라는 사고방식을 계속 유지하며 의존 대상만 남편에서 '자매애'로 바꾼다.

페미니스트 대표들은 사회복지사의 신조를 옹호한다. 사회복지

사는 곤란에 빠진 사람에게 문제를 해결할 방법을 알려주는 것이 아니라 삶 자체에 본질적인 문제가 있다고 말한다. 그리고 자신의 도움 없이는 문제에서 결코 벗어날 수 없다고 설득한다. 페미니스트도 사회복지사와 비슷한 방식으로 여성들을 설득한다. 우리 사회에서 여성은 필연적으로 좌절하고 실패하게 돼 있으며, 페미니스트 단체에 합류해야만 좌절과 실패에서 벗어날 수 있다고 말한다.

여성에 대한 이런 악한 개념은 자유의지에 대한 잘못된 전제에서 비롯된다. 페미니스트들은 사실 여성들이 진정한 의지가 없고, 자유롭게 자신의 삶을 선택하지 못한다고 믿는다.

페미니즘 사상에 따르면 여성들은 자신을 파멸시키는 행동을 해도 죄책감을 느끼지 않는다. 사랑 없는 결혼, 마약중독, 매춘이나 폭력적 범죄로 삶을 내던진 여성들이 있다. 페미니스트들은 그 여성들이 어쩔 수 없는 선택을 했다고 말한다. 그 여성들이 겪는 불행은 그들 자신의 잘못이 아니라 사회가 그렇게 할 수밖에 없게 만든 탓이다. 바뀌어야 하는 것은 여성들이 아니라 사회이며, 따라서 여성들의 유일한 '선택'은 다른 여성들과 연대하는 것뿐이다.

페미니스트 운동의 영웅들은 스스로 노력해서 생산적 삶을 사는 성공한 여성들이 아니라 정부의 모성적 지원이 없었다면 자기 삶이 얼마나 공허하고 무력했을지를 피력하는 페미니스트적 감성을 지닌 여성들이다. 진정한 자아가 없는 여성, 자신의 '자매들'에게 돌보아줄 것을 애원하는 여성, 여성 할당제에 대한 믿음과 여성단체에 대한 복종을 설파하는 여성, 자신이 겪는 불행은 자신의 비합리적 선택 때문이 아니라 압제적인 문화 탓이라고 주장하는 여성 모두가 페미니스트가 떠받드는 우상들이다.

페미니즘은 여성의 의지를 실재하지 않는 미신 정도로 간주해 여성을 계속해서 희생자로만 묘사한다. 어떤 목적을 달성하지 못한 데 대해 스스로 책임을 지지 않기 때문에 자신이 느끼는 좌절감과 박탈감은 모두 희생의 징표이고, 그 징표는 여성이 마치 정당한 자기 몫을 받지 못하고 있는 증거처럼 여겨진다. 페미니스트 사상가 샌드라 리 바트키Sandra Lee Bartky는 자신의 저서 『여성성과 지배력 : 억압 현상학 연구』에서 '페미니스트의 의식'은 '피해의식'이라고 강조했다.[3]

페미니스트 여성들을 괴롭히는 실제 가해자는 현실 그 자체다. 어떤 여성이 회사나 대학에 들어갈 때 입사나 입학 조건을 충족해서가 아니라 자신이 속한 계급이 성취도가 낮은 집단이기 때문이라면, 입사나 입학 후의 현실은 그녀를 가로막는 장벽이 될 것이다. 현실은 객관적 능력을 요구하기 때문이다. 실제 현실은 인과율을 고집스럽게 추구하고 "일할 줄 아는 자만이 일해야 한다"는 법칙을 제시한다. 페미니즘의 진정한 적은 객관성, 즉 현실의 요구에 충실히 따라야 한다는 사실이다.

하지만 페미니스트들은 객관적 현실이라는 개념 자체를 무시해 버린다. 의지가 없는 여성은 객관적 현실 세계에서 살아남지 못하기 때문이다. 그녀는 객관적이지 않은 '융통성'을 원하지만, 세상은 그녀에게 끝없이 융통성 없는 요구를 하므로 적응하지 못한다. 그리고 객관적 현실 앞에서 무능을 느끼는 그녀를 위해 페미니스트들이 현실을 배척해준다.

뉴멕시코대학 로스쿨의 앤 스케일스Ann Scales 교수는 "페미니스트 이론은 객관적 현실이 허구라는 원칙에서 시작하고 끝난다"고 말했다.[4]

페미니스트들은 의사와 변호사, 군인의 자격을 심사하는 '배타적' 수단을 비난한다. 이에 대해 여성들을 왜 객관적 기준으로 판단해야 하느냐고 묻는다. 현실과 이성적인 방법에 따르는 것이라고 말하면, 여성이 왜 현실과 이성에 얽매여야 하느냐고 되묻는다. 그러면서 사회는 왜 여성들이 좀 더 융통성 있는, 여성들의 바람에 좀더 호의적인 세상을 건설하게 내버려두지 않느냐고 소리친다. 여성들은 왜 수술 능력보다 환자의 고통을 얼마나 이해하는지로 평가받지 못하고, 법리를 분석하는 능력보다 말을 조리 있게 하는 능력으로 평가받지 못하며, 완전무장을 한 뒤 장애물 코스를 통과하는 능력보다 동료들과 결속하는 능력으로 평가받지 못하느냐는 식의 질문을 퍼붓는다.

뉴욕시립대학 총장 욜란다 모세Yolanda Moses는 일간지 〈뉴욕포스트〉에서 우리 시대의 다양성 부족을 우려하며 이렇게 말했다. "미국의 고등교육기관은 협력이나 유대, 주관성보다 성취나 객관성 같은 남성적 가치를 중시하는 경향이 있다."[5]

페미니스트들은 불변하는 사실에 대해서조차 여성들이 추구하는 남녀평등주의를 막는다고 주장한다. 예를 들어 여성이 남성보다 기대수명이 길기 때문에 연금을 더 많이 내야 하는 것도, 출산 관련 비용이 들기 때문에 의료보험료를 더 많이 내야 하는 것도 불평등이라고 말한다.[6] 그리고 여성이 댈러스 카우보이스[16]와 빈소년 합창단에 들어가지 못하는 것도 불평등하다고 말한다. 페미니스트 단체는 이런 주장을 하며, "차별에 공정과 불공정을 따질 수 없다"고 설명했다.[7]

여성과 객관성, 즉 변덕과 현실 간의 전쟁에서 후자를 우선시하는 것은 '차별적인 것'으로 간주된다. 하지만 현실 자체는 정치적 시위를 한다고 해도 쉽게 바뀌지 않으므로 페미니스트들의 불만은 융통성 없는 현재의 세계를 만든 '남성'에게로 향한다.

페미니즘이 주장하는 바에 따르면 객관성이라는 개념은 여성을 종속시키는 수단이고, 객관성을 기준으로 밀어붙인 것은 남성이다. 여성을 성별이 아닌 능력으로 판단해야 한다고 주장하며 여성의 변덕에 휘둘리기를 거부한 것도 남성이다. 여성이 항공기 조종사가 아니라 스튜어디스가 되고, 미식축구 선수가 아니라 치어리더가 되며, 부사장이 아니라 비서가 되게 한 책임은 모두 남성에게 있다.

페미니스트들은 남성들이 현실에서 성공을 쟁취하는 모습을 지켜보았다. 남성들은 자신만의 방식으로 직업을 얻고 부와 명예, 행복을 쟁취했다. 하지만 페미니스트들이 추구하는 방식은 현실에 맞서는 것이 아니라 현실의 대리인인 남성을 이용하는 것이다. 아이처럼 떼를 써서 남성들이 자신의 요구를 들어주게 만든다. 핸디캡을 인정하라고 요구하며 취업과 승진, 대학 입학 등에서 정해진 만큼

---

16 Dallas Cowboys : 텍사스주 댈러스가 연고지인 미국의 프로미식축구팀으로 많은 팬을 보유하고 있다.

자리를 보장해야 한다고 주장한다. 이러한 종류의 여성할당제는 모두 남성이 만들고 자금을 조달해야 한다. (적어도 경제적 안정을 위해 남편을 꼭 붙들고 있었던 과거 주부의 의존방식은 현재 페미니스트의 의존방식과 비교하면 좀 더 정직한 형태였다.)

페미니스트 철학 전반에 걸쳐 함축돼 있는 사실은 여성을 의지가 없는 하찮은 사람으로, 남성을 극악무도한 압제자로 평가한다는 것이다. 이러한 관점은 특히 남녀 간의 '성관계' 영역에서 명확히 드러난다.

페미니스트들의 주장에 따르면 여성들은 겉으로 보이는 것과 달리 자발적 의지로 남성과 관계를 맺지 않는다. 서던캘리포니아대학 로스쿨 수센 에스트리치Susan Estrich 교수는 "여성이 남성보다 힘이 약하다는 사실을 고려할 때 관계 시 여성의 '예스'라는 대답은 실제 동의의 의미라고 볼 수 없다"고 말했다.[8]

여성이 관계를 맺기로 한 결정에 대해서도 책임질 수 없다고 주장하는 페미니스트도 있다. "남성이 접근할 때 저항하지 않았다는 이유로 원치 않는 관계를 맺게 되는 경우가 있다. 그 여성은 혼란스러웠을 수 있다. 아마도 그녀가 자라온 사회환경이 그녀를 남성에게 저항하기 어렵게 만들었을 것이다."[9]

다시 말해 여성은 성인이라도 원치 않는 관계를 거부할 능력이 없다는 것이다. 여성들은 수동적이고 결정론적인 '사회화'의 산물에 지나지 않고, 마치 아이들처럼 자신이 한 성관계에 대해 책임질 수 없다고 페미니스트들은 주장한다.

여성을 짓밟혀도 잠자코 참는 사람으로 만드는 이런 견해는 자발

신좌파

적 성관계와 강제적 성관계의 구분을 없앤다. 여성들은 자신의 성관계를 결정하는 이성 능력을 가지고 있는가? 페미니스트들이 '언어적 강요'를 강간이라 주장하는 것을 보면 여성들에게는 그런 이성 능력이 없는 모양이다. 언어적 강요는 "여성이 남성의 (협박이 아닌) 주장에 따라 원치 않는 성관계를 가지는 것"을 말한다.[10] 이것은 남성이 성관계를 원한다고 말하면, 이후 맺게 되는 성관계에 대해 언제든지 형사적 책임을 물을 수 있다는 뜻이다. 여성이 원했다고 해도 달라지는 것은 없다. 언어적 강요는 강간, 즉 범죄이기 때문이다.

1991년의 테일후크 스캔들Tailhook scandal[17]과 같이 남성들의 성적 위법행위로 비난받는 사건과 여성이 자발적으로 한 성행위 간의 구분이 사라진다. 페미니스트들에게는 이 둘이 모두 '강압'적인 성관계이기 때문이다.

성범죄 사건으로 재판을 하는 경우, 법적 쟁점은 객관적 사실이 아니라 여성의 주관적 감정이 된다. 미시간대학 로스쿨 캐서린 맥키넌Catherine MacKinnon 교수는 "여성이 성관계 후 유린당했다고 느낀다면 그것은 성폭력이다"라고 말한다.[11]

페미니스트들은 객관적 사실을 가볍게 무시한다. 여성은 의지를 행사할 수 없는 존재이므로 합법적 성관계와 성폭력의 결정적 차이는 여성의 동의 여부가 아니라 여성이 느낀 감정이 된다. 그리고 이 감정을 근거로 남성은 기소되고, 재판을 받고, 형을 선고받는다.

17　미해군 조종사들이 벌인 대규모 성폭력 사건으로, 거의 100명에 달하는 피해자는 대부분 여군들이었다.

1985년에 페미니스트 잡지 〈미즈Ms.〉의 후원으로 대학생들이 실시한 '캠퍼스 성폭력에 관한 프로젝트'라는 연구는 미국 사회에 만연한 성폭력에 대한 과학적이고 권위 있는 조사로 유명하다. 이 조사를 통해 여대생들의 25% 이상이 강간이나 강간미수를 경험했다는 사실이 밝혀졌다. 그 결과 여성의 천적은 남성이고, 여성은 남성에게 끊임없이 공격받기 때문에 지속적으로 보호해주어야 하는 존재라는 가부장적 사상이 강화되었다.

　　하지만 이 조사는 애초에 성폭력의 기준을 잘못 정의한 상태에서 실시되었다. 설문조사에서는 여성을 스스로 의사결정도 하지 못하는 사회화된 꼭두각시로 보았다. 예를 들어 설문지에 있는 성폭력의 정의 중 하나는 다음과 같았다.

　　"여성이 남성에게서 받은 술을 마신 뒤 관계를 가진 경우, 서로 동의했더라도 그 남성은 여성을 취하게 해서 판단 및 통제력 상실 상태로 만들어 간음한 것이므로 이는 강간에 해당한다."[12)

　　실제로 설문조사에서 강간당한 것으로 분류된 사람들 중 73%는 설문지에 강간이라고 정의된 성행위를 강간이라고 생각지 않는다고 답했다. 그리고 40%가 넘는 강간 '피해자'는 강간을 당한 이후에도 '가해자'와 또다시 성관계를 가졌다.[13)

　　신주부운동은 여성을 어린아이처럼 취급해야 한다고 말한다. 여성이 정보에 입각한 동의를 해도 그것을 믿어서는 안 되고, 스스로 강간당했는지 여부를 알 것으로 생각해서도 안 되며, 원하는 바가 충족되고 있는지 지속적으로 확인하고 부모같이 관심을 기울여주어야 한다.

전미여성기구NOW가 워싱턴에서 '여성에게 가해지는 폭력'을 알리기 위해 행진했을 때, 시위의 목적은 여성에게 가해지는 구타나 강간을 타도하는 것이 아니라 여성복지 예산과 사회적 약자 우대 정책 비용의 삭감에 반대하는 것이었다. 1995년 4월 10일자 〈뉴욕타임스〉에 "여성에게 가해지는 폭력을 멈추기 위해 워싱턴에 모인 수천 명의 사람들"이라는 제목으로 실린 기사를 보면 페미니스트들이 "정치적 폭력과 물리적 폭력을 동일시했다"는 내용이 있다.[14] 아이를 때리는 것과 아이에게 밥을 주지 않는 것이 모두 아동학대에 해당하듯 페미니스트들은 성인 여성에게 물리적 폭행을 가하는 것과 복지혜택을 주지 않는 것은 모두 여성을 학대하는 것이라 주장한 것이다.

페미니스트들의 주장에 따르면 강간의 본질이 무력으로 여성을 간음하는 것만 말하는 것이 아니듯, 악의 본질은 강압이 아니라 자신과는 다른 계급을 집단적으로 차별하는 데 있다.

이러한 원시적이고 종족주의적인 주장을 공개적으로 옹호하는 캐서린 맥키넌 교수는 이렇게 말한다. "성폭력은 남녀 불평등의 관행이자 지표이고, 사회적으로 여성이 남성의 지배 아래 있음을 나타내는 행위이자 상징이다."[15] 맥키넌은 실제 성폭력 범죄의 대상이 되는 여성을 독립적 인격체로 인식하지 않고 여성 부족의 구성원처럼 여김으로써 성폭력 범죄가 마치 그 부족 전체를 대상으로 가해지는 것으로 본다. 어떤 남성이 다른 여성에게 달려들었다거나 폭력을 가했다는 식의 문제가 아니라 한 집단이 다른 집단보다 열등하다고 판단하는 것과 같은 문제로 보는 것이다.

맥키넌은 강간을 '성차별 사건'으로 기소해야 한다고 주장한다.

강간 재판에서 남성 피의자에 대한 핵심 질문은 "피의자는 여성을 대할 때 성적으로 어떻게 대하는가? 피의자는 성에 대한 편견을 가지고 있는가?" 등이어야 한다고 말한다. 맥키넌은 법원이 이러한 접근법에 동의해 강간이 법적으로 성차별이라 불리게 된다면 그것만으로도 큰 의미가 있다고 결론짓는다.[16]

하지만 강간의 본질이 차별이라면 성행위와 강간의 차이는 무엇인가? 남녀 간의 성행위는 성에 따라 구분을 두는 명백한 '차별적' 행위다. 본질적으로 악하지 않은가?

"예스"라는 대답이 "노"와 같은 의미든 강간이 불평등과 동일하든 간에 페미니스트들은 성관계를 여성에 대한 남성의 전형적 공격 행위로 만들었다. 성관계 자체가 강간이고, 성관계를 한 남자들은 모두 범죄자가 된다.

'지인에 의한 성범죄 분야 전문가' 한 사람은 이렇게 말했다. "성범죄는 극소수 정신병이 있는 남성들이 저지르는 것이 아니다. 사실 성범죄는 우리가 사회적으로 용인하거나 칭찬하는 남성의 행동과 그리 많이 다르지 않다."[17] 또한 저명한 페미니스트 작가 수전 브라운밀러Susan Brownmiller는 성범죄를 "모든 여성이 모든 남성에 대해 공포를 느끼게 하는 의식적인 위협 과정"이라 말한다.[18]

남성에 대한 그리고 특히 남성과 여성 간의 성관계에 대한 이 엄청난 적대감의 근원은 무엇인가? 아인 랜드는 성관계를 형이상학적 주장의 행위라고 표현하며 이렇게 말한다. "이성을 갖춘 인간에게 성행위는 자존감의 표현, 즉 자신의 존재를 찬양하는 것이다. (…) 타인에게서 찾은 자신의 가치에 응하는 것이다."[19] 성관계는 개인의 자부심, 현실을 성공적으로 살 수 있는 능력, 그러한 성공의 기쁨을 경험할 수 있는 능력을 확인하는 것이다.

그렇다면 형이상학의 반대 관점에서 성관계는 어떻게 평가될까? 성관계가 개인이 현실을 다루고 가치를 획득할 능력이 있다는 것을 확인하는 행위여서 좋은 것이라면, 여성에게 근본적으로 그런 능력이 없다고 믿는 페미니스트들은 성관계를 어떻게 인식할까?

페미니스트들에게 성관계는 최고 가치를 공유하는 동반자와의 결합이 아니라 무자비한 폭군과 무기력한 희생자라는 두 적대적 힘의 결합이다. 무자비한 폭군은 여성에게 마땅히 주어야 할 것조차 주지 않으면서 세상에서 자기 지위를 알아서 찾으라 말한다. 그리고 무기력한 희생자는 기본적인 정체성도 없이 생존을 위해 타인에게 필사적으로 매달린다. 이러한 관점에서 보면 여성에게 성관계는 자신의 자부심을 확인하는 즐거운 과정이 아니라 무력감을 느끼게 하는 행위 또는 자신과 달리 무력하지 않은 남성을 보며 분노를 느끼게 하는 행위다.

페미니스트들의 주장에 따르면 성관계는 순수한 억압행위다. 여성은 자신들의 적으로부터 지배당하고, 착취당하고 있다. 성관계를 맺는 것은 본질적으로 여성이 희생하는 것이다. 이 여성들은 너무 무능하기 때문에 남성의 언어적 강요 앞에서 자기 의견조차 말하지 못한다.

남녀 간의 성관계를 '전시戰時 침략과 점령'이라 말한 페미니즘 사상가 안드레아 드워킨Andrea Dworkin은 1988년에 쓴 저서 『성교 Intercourse』에서 이렇게 말했다. "성관계 중인 여성의 몸은 물리적으로 볼 때 타인이 거주하거나 점유하는 공간이 된다. 저항하지 않거나 무력을 사용하지 않아도 여성은 이미 점령당한 상태다. 점령당한 사람이 아무리 좋아하고 원할지라도 이 사실은 달라지지 않는다." 그리고 여성이 성관계를 좋은 것으로 판단할 경우 상황은 더욱 나쁘다고 말한다. "자신의 열등함에서 쾌락을 느끼고 성교의 자유를 외친다. 여성이 점령당한 상태에서 할 수 있는 협조 중 이보다 더 저급한 형태의 협조는 없을 것이다."[20]

드워킨이 별난 비주류의 관점을 가진 것은 아니다. 성관계를 혐오스럽게 특징짓는 것은 페미니스트들도 마찬가지다. 여성 모두가 무력하고 의지가 없는 보잘것없는 존재라고 여긴다면 성관계는 무정한 침략과 비굴한 협조의 조합이 된다. 드워킨은 그 어떤 페미니스트 단체보다 더 일관된 주장을 하며 페미니즘 사상을 진지하게 받아들이고 있다.

* * *

페미니즘 사상은 오늘날 우리 문화에 만연해 있다. 정치적으로 올바른 신조로 여겨지는 페미니즘에 반대하고 의문을 제기하려면 학계는 독립적인 정신을 유지해야 한다.

스스로 생각하고 행동하는 것이 중요하다는 사실을 인식하는 사람이라면 성별에 관계없이 누구나 페미니즘을 거부해야 한다. 인간의 기본 정체성은 타고난 성별의 산물이 아니라 스스로 형성하는 것이라는 사실을 이해한다면, 자신의 노력으로 목표를 달성할 수 있는

신좌파

능력이 모두에게 있다는 사실을 파악한다면, 집단의 의지에 따라 살아갈 것을 요구하는 세상에 분개한다면 페미니즘이 우리 사회에서 저항 없이 받아들여지게 내버려두어서는 안 된다. 이 '해방' 운동이 키우는 자아소실적自我消失的 의존을 폭로하고 비난해야 한다. 무엇보다 페미니즘을 둘러싼 이념 투쟁은 여성과 남성의 싸움이 아니라 종족주의와 독립적인 정신의 싸움이라는 사실을 깨달아야 한다.

〈참조〉

1) "Canada Court Says Pornography Harms Women," *New York Times*, February 2, 1992, p. B7.

2) On the Medical College Admission Test—the only standardized test available to medical schools—women attain a mean score 88 percent that of men on the physical sciences section of the test; and 90 percent on the biological sciences. Yet in recent years, according to the Association of Medical Colleges, equal proportions of male and female applicants have been accepted to medical schools. ("Women seem to communicate better in the interview," says the associate dean of admissions at Harvard Medical School.) See Martin L. Gross, *The End of Sanity* (Avon Books, 1997) pp. 72-75.

3) Sandra Lee bartky, *Femininity and Domination: Studies in the Phenomenology*

of Oppression (Routledge, 1990), p. 15.

4) Ann Scales of the University of New Mexico Law School, quoted by David Brock in *The Real Anita Hill* (Free Press, 1993) p. 384.

5) Yolanda Moses, quoted in a *New York Post editorial*, "CUNY Does It Again," May 26, 1993, p. 18.

6) The Supreme Court has endorsed this view, ruling in 1983 that sex-segregated actuarial tabeles violate the Civil Rights Act of 1964 becase "under the statute, even a true generalization about a class cannot justify class-based treatment."

7) An Official of the National Federation of Business and Professional Women's Clubs, quoted in *The Intellectual Activist*, July 29, 1983, p. 3.

8) Quoted by Katie Roiphe in "Date Rape's Other Victim," *New York Times Magazine*, June 13, 1993, p. 30.

9) Charlene L. Muehlenhard and Jennifer L. Schrag, quoted by Norman Podhoretz in "Rape in Feminist Eyes," *Commentary*, October 1991, p. 33.

10) Roiphe, op. cit.

11) Quoted by Carol Iannone, "Sex and the Feminists," *Commentary*, September 1993, p. 31.

12) Christina Hoff Sommers, *Who Stole Feminism?*(Simon & Schuster, 1994), pp. 212-213.

13) Ibid., pp. 213-214.

14) "Thousands in Capital Protest Attacks on Women," *New York Times*,

신좌파

April 10, 1995, p. A1.

15) "The Palm Beach Hanging," *New York Times*, December 15, 1991, Section 4, p. 15.

16) Ibid.

17) Py Bateman, quoted by Podhoretz, op. cit., p. 30.

18) Ibid. (from Susan Brownmiller's book *Against Our Will: Men, Women and Rape*, Bantam, 1976).

19) Ayn Rand, "Of Living Death," *The Voice of Reason* (New American Library, 1998), p. 54.

20) Quoted by Podhoretz, op. cit., p. 31 (from Andrea Dworkin's book *Intercourse*, Free Press, 1988).

Chapter 4

반산업혁명

궁핍의 철학

_피터 슈워츠

칸트는 개인의 윤리적 행동과 개인이 얻는 이익을 의도적이고 분명하게 최초로 분리한 사람이다. 그는 도덕적으로 행동하는 사람은 물질적 이득이나 정신적 이득을 단순히 좇지 않는 것이 아니라 철저히 거부해야 한다고 주장했다. 그뿐만 아니라 인간이 추구해야 하는 선善과 인간 삶의 필요를 충족시키는 행위를 형식적 이분법으로 나누었다.

칸트의 철학은 서구문화에 서서히 퍼져서 200년이 지난 지금 특정 운동의 치명적인 신조가 되고 있다. 인간이 아닌 존재들에게 도덕적 의무를 다하기 위해 인간이 가치 추구 활동을 중단해야 한다고 주장하는 그 운동은 바로 '환경보호주의environmentalism'이다.

사람들은 대부분 환경보호주의 단체를 긍정적으로 생각한다. 마치 세상에 이로운 영향을 주는 일종의 세계 위생국으로 간주한다. '지나친' 환경보호운동에 대해서는 비판적이지만, 환경보호주의가 근본적으로 물과 흙, 공기를 정화함으로써 인간 삶의 질을 개선한다고 믿는다.

하지만 이러한 피상적 판단은 매우 위험하다. 인간과 자연 사이의 이해를 따지는 상황이 되면 우리는 환경보호론자들의 주장에 따라 언제나 일방적으로 자연에 희생해왔다. 수력발전용 댐을 건설할 때마다 담수어나 연어의 복지가 인간의 복지보다 우선시되었다. 집을 짓기 위해 나무를 베는 것과 점박이올빼미의 보금자리를 지키기 위해 나무를 베지 않는 것 중에서 선택할 경우 보호받는 것은 언제나 인간의 집이 아니라 새 둥지였다.

거대한 북극 땅에서 기업은 생산활동을 하지 못한다. 순록과 빙원의 보호를 위해 기업 진출이 제한돼 있기 때문이다. '습지'라고 완곡히 표현하지만 실은 모기와 악어가 들끓는 늪은 신성한 곳처럼 여겨져 인공적인 배수시설을 만드는 데 사용하지 못한다. 주택 개발부터 과학 관련 관측소 설치에 이르기까지 인류에게 유익한 모든 사업은 그 지역의 어떤 종이 멸종위기에 처했다는 주장이 제기되는 순간 중단된다.

환경보호를 위한 제재들로 인간이 입는 피해는 실로 어마어마하지만 환경보호론자들은 전혀 개의치 않는다. 인간은 궁극적으로 행복을 추구하는 존재라는 사실조차 거부하고 자연은 그 자체가 목적이라는 전제를 유지한다. 이 전제는 일반 대중이 받아들이지 못하는 공공연한 비밀인데, 자연이 인간을 위해서 있는 것이 아니라 인간에게 보호받아야 한다고 보는 것이다.

몇 년 전 항암제인 택솔taxol과 관련해 논란이 있었다. 택솔은 태평양 주목 나무껍질에서 추출되는 천연물질이다. 미 국립암연구소NCI 소장 새뮤얼 브로더Samuel Broder는 택솔이 "지난 15년간의 암 연구가 밝혀낸 것 중 가장 효과가 탁월한 물질"이라고 말했다.[1] 하지만 현재 환경보호론자들의 반대로 대부분 채취하지 못하고 있다. 태평양 주목이 희귀 품종인 데다 점박이올빼미의 보금자리라는 이유에서다.

정치가 앨버트 고어Albert Gore는 저서 『균형 잡힌 지구Earth in the Balance』에서 자신은 사람과 나무, 이 둘 중에서 한 가지만 선택할 수 없다며 이렇게 말한다. "인명을 구하기 위해 나무를 희생시켜야 하는 상황에서 사람을 선택하는 것은 당연해 보일 수 있다. 하지만 치료받는 환자 한 명당 세 그루의 나무가 생명을 잃어야 한다면… 이 상황에서 사람을 선택하기는 쉽지 않다."[2]

오리건 천연자원보호협회의 공식 입장은 다음과 같았다. "문제는 태평양 주목이 유한한 자원이라는 것이다. 따라서 이 문제에 접근하는 데 있어 우리에게는 다른 선택권이 없다."[3] 그렇다면 그 선택은 누구를 위한 것인가? 분명한 것은 이들이 환경운동가들의 반대로 효과가 증명된 항암제를 사용할 수 없게 된, 죽어가는 암환자들의 치료에 쓸 수 있는 나무가 부족할지를 염려하는 것은 아니라는 점이다. 이들은 향후 암환자들이 치료받지 못하는 상황도 물론 염려하지 않는다. 택솔을 얻기 위해 현존하는 태평양 주목을 모두 베고 새로운 태평양 주목을 심는 비상계획도 허락지 않았다. 그렇다면 협회는 누구를 염려하는 것인가? 적어도 인간을 염려하는 것은 아니다. 환경보호론자들은 나무를 위해 나무를 보존하길 원한다. 암으로 고통받는 이들 모두가 이 치료법을 포기하고 태평양 주목의 불가침성을 받아들이길 원한다.

환경보호론자들은 인간을 적으로 본다. 이들의 목표는 자연을 인간의 침략과 약탈로부터 보호하고 현재 상태를 유지하는 것이다. 판단의 기준은 인간의 안녕이 아니다.

동물권리론을 주장하는 철학자 톰 레건Tom Regan은 질병 치료 연구 목적의 동물실험을 중단해야 한다고 말한다. "동물실험을 중단함으로써 알지 못하게 되는 것이 있다면 모르는 채 내버려두어야 한다. 자연적으로 발생하는 질병에 대해 피해를 입지 않을 인간의 기본권 따위는 없다."[4]

환경운동단체 어스 퍼스트Earth First의 창립자 데이비드 포어맨 David Foreman은 이보다 더 직설적으로 말한다. "황야는 그 자체로 존재할 권리가 있고, 황야가 돌보는 다양한 생명체들을 위해서도 존재해야 한다. '황야는 일단 강 유역을 보호하고, 야영이나 사냥하기에 좋은 장소이기도 하고, 예쁘니까!' 정도로 말하며 황야의 존재를 정당화해서는 안 된다."[5]

미 국립공원관리청NPS의 생물학자 데이비드 그레이버David Graber 는 인간을 자연의 침입자로 매도하는 것을 대단히 즐기는 것 같다. 그는 자신을 "황야가 인류에게 뭔가 가치 있는 것을 주기 때문이 아니라 황야를 그 자체로 소중히 여기는 사람 중 하나"라고 말하며 이렇게 덧붙인다. "나와 같은 사람들은 특정 종種이나 자유롭게 흐르는 강물 또는 생태계가 인류에게 제공하는 유용성에는 관심이 없다. 자연은 적어도 나에게 그 어떤 인간, 아니 수십억 명의 인간보다 더 큰 가치를 지니고 있다. 인간의 행복과 번영은 지구를 자연 그대로 건강하게 지키는 것과 비교하면 사실 그다지 중요하지 않다. (…) 선진국이 화석연료를 난잡하게 소비하는 것을 멈추고 제3세계가 자연경관을 자멸적으로 파괴하는 것을 그만둘 가능성은 거의 없다. 호모 사피엔스가 자연과 다시 하나가 되기로 마음먹기 전까지 사태를 바로잡아줄 바이러스가 나타나기를 바랄 뿐이다."[6]

(럿거스대학 생태학 교수 데이비드 에런펠드David Ehrenfeld는 바이러스도 '권리'가 있다고 주장한다. 그는 세상에 남아 있는 천연두 바이러스가 인간에게만 치명적이기 때문에 박멸되어서는 안 된다고 말한다.)[7]

여기서 더 나아가 '생태운동 테러리스트'라는 비이성적 존재가 있다. 이들은 자연의 영역을 침범하는 벌목꾼과 다른 침입자들에 대해 폭력을 행사한다. 독일의 녹색당 대변인은 이렇게 말했다. "우리가 목표로 삼는 문화가 있다. 그것은 숲을 파괴하는 행위가 아시아 집창촌에서 여섯 살짜리 아이의 성을 파는 것보다 더 경멸적이고 심각한 범죄로 간주되는 문화다."[8] 또한 어스 퍼스트 소속의 환경보호론자는 산림 파괴자를 다치게 하거나 심지어 죽이는 것은 정당한 자기방어라며 다음과 같이 말한다. "환경과 생물에 대한 홀로코스트는 인간에 대한 홀로코스트와 같다"[9] (어스 퍼스트의 슬로건은 "홍적세洪積世로 돌아가자"다. 홍적세는 백만 년 전의 빙하시대를 말한다. 테러리스트 유나바머[01]가 어스 퍼스트의 목표를 공개적으로 지지한 것은 결코 우연이 아니다.)

황야가 그 자체로 존재할 권리가 있다면 인간이 존재할 권리는 사라진다. 인간은 자신에게 맞게 자연을 바꿔야만 생존할 수 있기 때문이다. 인간은 동물처럼 자연환경에 아무렇게나 놓아두어도 적응해서 살아갈 수 있는 존재가 아니다. 야생을 수동적으로 받아들이면

---

01 Unabomber(1942~) : 하버드대학 출신의 수학 천재이자 버클리대 교수를 지낸 인물로본명은 시어도어 카진스키다. 산업화와 현대문명을 혐오해 과학자, 사업자 등을 대상으로 1978년부터 1995년까지 우편물 연쇄폭탄테러를 벌였다. 16건의 테러로 3명이 사망하고 23명이 실명 등의 심각한 부상을 입었다. 현재 종신형을 선고받고 복역 중이다.

인간의 생명이 위협받게 된다. 인간은 자연적으로 주어진 것을 스스로에게 맞는 환경으로 변화시켜야 살아남을 수 있다. 농작물을 재배하고, 마트를 짓고, 나무를 베고, 주택을 건설하고, 광석을 캐고, 항공기를 설계하고, 미생물을 분리하고, 백신을 제조하는 등 인간의 삶이 요구하는 가치를 생산해내야 한다. 이러한 모든 가치 중에서 자연 그대로 만들어져 나오는 것은 없다. 인간은 자신이 처한 자연환경을 변형함으로써 존재할 수 있다.

인간으로 살려면 자연을 목적이 아니라 수단으로 생각해야 한다. 인간이 만든 수레, 배, 우주 왕복선은 '자연 상태'인 땅과 바다, 공기의 '권리'를 침해한다. 인간의 삶을 향상시키기 위한 모든 의식적 결정, 즉 동물 이상의 존재가 되려는 모든 시도는 자연 정복을 수반하는 동시에 모든 환경보호론자들의 신념과 충돌한다. 인간의 삶은 인간이 창출하는 생산성에 달려 있다. 아인 랜드는 『아틀라스』에서 인간의 삶을 "의식이 존재를 통제하는 과정, 끊임없이 지식을 획득하고 목적에 맞게 물질을 만드는 과정, 자신의 생각을 물리적 형태로 바꾸는 과정 그리고 자신이 지닌 가치의 형상으로 세상을 재창조하는 과정"이라고 말했다.[10]

인간은 지구를 재창조하는 과정을 통해서만 살 수 있는데, 이 과정을 포기할 것을 주장하는 환경보호론자들의 요구는 어떻게 해석해야 할까?

환경보호주의는 인간이 물질적 안락함과 기술적 진보를 포기해야 한다고 주장한다. 또한 현대 과학과 기술은 인간을 자연과 멀어지게 하므로 신뢰하지 말아야 한다고 말한다. 환경보호주의에 따르면 우리는 원자력과 유전공학, 자동차와 식품첨가물, 스티로폼 컵과 일회용 기저귀 등을 모두 포기해야 할 뿐 아니라 창의력을 억제해야 하며 인지적 한계를 축소시켜야 한다. 고대 조상들은 인위적 도구 없이도 그럭저럭 살아갈 수 있었다. 고대 조상들처럼 살아야 한다는 것이 환경보호론자들의 주장이다. 이 메시지의 본질은 인간이 자연과 진정한 조화를 이루는 존재가 되어야 한다는 것이다. 즉, 인위적인 것에서 완전히 자유로워져야 한다. 대부분의 인간은 단명해야 하고, 살아남은 인간은 힘든 노동을 하며 근근이 생활을 이어가야 한다는 뜻이다.

환경연구기관인 월드워치연구소Worldwatch Institute는 자신들의 이런 이상을 더 구체적으로 설명한다. "기근 시기에 에스키모인들은 포획한 물개나 바다코끼리를 마지막 한 점까지 요긴하게 사용한다. 이는 앞으로 우리 모두가 나가야 할 모습이다. 법과 사회적 압력을 통해 에너지와 식량을 과시적으로 과도하게 사용하는 습관을 멈추고 수요를 줄여야 한다."11)

과도한 소비에 대한 비난, 재활용과 에너지 절약, 환경보호 장려 등은 모두 에스키모인의 원시적 상태를 미래상으로 삼는 태도다. 환경보호론자들은 원시적으로 사는 상태를 열반nirvana이라 생각한다.

사람들이 이런 터무니없는 사상을 받아들이는 이유는 무엇일까? 산업사회의 편리함을 누리고 살아가면서 결핍을 미덕으로 여기는 사상을 어떻게 겁내지 않을까? 그 이유는 환경보호론자들이 관철시키는 두 가지 신념이 각각 형이상학적이고 윤리적이기 때문이다. 첫째는 생산이 지속될 수 없다는 것, 둘째는 자연을 착취하는 행위가 옳지 않다는 것이다.

첫째, 생산의 지속 불가능성은 오랜 집단주의적 믿음에서 비롯된다. 부富가 개인이 아니라 집단에 의해 창출된다고 생각하는 것으로, 개인의 이성적 능력과 생산 행위를 분리시킨다. 이는 카를 마르크스Karl Marx의 주장에서 발전한 생각이다. 마르크스는 무산 계급이 이미 만들어져 있는 생산시설만 이용해도 부를 창출할 수 있다고 주장했다.

마르크스와 환경보호론자들은 모두 생산을 이성이 관여하지 않는 과정으로 본다. 환경보호론자들은 자원을 이용해 필요한 것을 만들어내는 생산활동에 대해 마치 우연히 생산품을 찾아내는 것, 즉 땅을 파면 자연이 자애롭게 베푸는 것처럼 생각한다. 환경보호론자들에게 생산품이란 자연이 인간에게 준 유익한 선물이고, 생산 행위에서 자연이 주인공이라면 인간은 들러리에 불과하다.

하지만 마르크스는 부가 끝없이 창출되리라 믿었던 반면, 환경보호론자들은 어느 순간 우리가 아무것도 생산해내지 못할 것으로 믿는다. 생산을 이성적 행동으로 여기지 않는 환경보호론자들의 입장에서 대자연은 천연자원이라는 황금알을 무한정 낳아주는 존재가 아니기 때문이다. 따라서 환경보호론자들은 우리가 탐욕스럽게 자원을 긁어모으고, 땅을 개간하고, 욕조에 물을 받을 때마다 자원이 '줄어든다'고 말한다. 환경운동가들의 주장에 따르면, 목적에 맞게 환경을 개량하려는 인간의 노력은 인간을 돌보려는 자연의 의지를 이미 초월하고 있다. 인간이 자원을 소비하는 속도는 자연이 천연자원을 만들어내는 속도보다 훨씬 빠르다. 인간은 자연이 원래 상태로 회복할 시간을 주지 않으며, 스스로 지속 가능한 속도를 설정하도록 결코 내버려두지 않는다.

환경보호론자들은 생산을 희망 없는 노력이라 하고, 모든 것이 고갈되고 있다고 외친다. 전체적인 부를 늘리는 것은 고사하고 현재 수준을 유지하는 것도 불가능하다. 그러기에는 자연 생태계가 너무 연약하기 때문이다. 우리는 모두 빈곤에 몸을 맡겨야 한다. 지구가 소진되고 있기 때문이다.

마르크스는 어떻든 생산품이 '이미 여기'에 있으니 사회가 몰수해야 한다고 말했다. 환경보호론자들은 어떻든 생산품이 여기에 있지만 내일은 사라질 것이니 사회가 보존해야 한다고 말한다.

환경보호론자들은 생활수준을 낮추자는 것이 아니라고 말한다. 단지 자연은 내재된 한계가 있으므로 현실을 받아들여야 한다는 것이다. 여기서 현실이란 자연에서 얻을 수 있는 것에는 한계가 있으므로 더 많은 것을 가지려는 행위를 멈춰야 한다는 것을 뜻한다. 우리가 아끼며 사는 것 말고는 다른 대안이 없다고 하니 대중은 어쩔 수 없이 받아들인다.

이 환경보호론자들이 외면하는 어떤 현실에 대해 생각해보자. 서구 문명은 현재 물질적 풍요를 누리고 있는데, 10세기 말과 비교하면 물질의 규모가 엄청나게 커졌다. 인구는 기하급수적으로 증가했고, 개인이 사용하는 생산품은 더욱 많아졌다. 이유는 무엇인가? 분명한 것은 천연자원이 기적적으로 늘어난 것은 아니라는 사실이다. 앞으로도 철이나 물, 모래, 석유 등의 자원이 현재 우리가 보유하고 있는 양보다 크게 늘어나지는 않을 것이다. 이러한 상황에서 중요한 역할을 하는 것은 인간의 지성이다. 인간은 철로 도구를 만들고 물을 전기로 만드는 발전소도 지었다. 모래는 컴퓨터 칩으로 만들었고, 끈적끈적한 검정 액체는 휘발유로 바꾸었다. 자연을 지속적으로 재형성하고 무가치하게 존재하던 자원에 가치를 부여해왔다. 자원은 환경의 일부였을 때는 아무 가치가 없었다. 인간을 위해 존재하는 것이 아니었기 때문이다.

생산의 본질은 자연 그대로의 성분을 취하고 형태를 재배열해 인간에게 이익이 되게 만드는 것이다. 생산은 개념적이고 본질적으로 인간이 하는 행위다. 부는 한정된 양만큼 존재하는 것이 아니다. 역동적이고 무한한 생각을 창조해내는 부는 양의 제한이 없다.

경제학자 멜서스[02]의 이론을 포함해 유한자원의 고갈과 관련한 지구종말 시나리오는 끝도 없이 나온다. 이러한 예측은 모두 생산활동을 인간의 지적 능력과 분리해 생각한다. 예를 들어 미국 지질조사국은 1908년의 조사에서 향후 공급 가능한 미국의 원유량이 최대 225억 배럴이라고 했다. 하지만 그 이후로 87년 동안 원유를 마음껏 썼는데도 아직 남아 있는 원유량은 220억 배럴이 넘는 것으로 확인되었다. 또, 1914년 미국 광산국에서는 미국이 생산해낼 수 있는 석유량이 총 57억 배럴이라고 했지만, 이후 80년 동안 생산된 석유만

---

02   Thomas Malthus(1766~1834) : 영국의 인구통계학자, 경제학자. 저서 『인구론An Essay on the Principle of Population』에서 빈곤과 악덕이 인구과잉으로 발생한다고 하였다. 기하급수적으로 증가하는 인구로 인해 미래에 필연적으로 기근이나 빈곤이 발생할 것으로 보았고, 이는 인간이 사회제도의 개혁으로 해결할 수 없는 자연법칙의 결과라고 주장했다.

1천600억 배럴이 넘는다. 1939년 미국 내무부는 13년 뒤 석유 공급을 못하게 될 것이라 전망했지만, 약 30년이 지난 뒤 생산율만 3배를 넘어서게 되었다.[12]

생산이 인간의 지성에 근거하고 있다는 것을 이해한다면 현재 매장량에서 먼 미래의 매장량을 예측하는 것이 얼마나 자의적인 추론인지 알 것이다. 재생 불가능한 자원에 대해서도 마찬가지다. 재화는 이성을 지닌 인간이 지식으로 가치를 평가함에 따라 생산된다. 매장량을 조사하는 것은 단지 현재 가치 있는 어떤 자원이 필요할 때 쓸 만큼 있는지 양을 측정하는 것이다. 비축량이 유한하다고 해서 비축량이 모두 소진되었을 때 부족으로 인해 어려움을 겪게 된다고 단정 지을 수는 없다. 먼 미래 시장에 필요할 모든 상품의 원료를 지금 찾아놓는 것은 이성적으로 보아 무가치한 일이다. 10년쯤 뒤 지금 사용하는 텔레비전이 낡으면 어느 상가에서 새 텔레비전을 살지 고민하는 것과 같다. (만약 텔레비전을 살 시기가 되었는데 좋은 제품이 출시되지 않으면 대신 쓸 만한 제품을 파는 곳으로 갈 것이다.)

한정된 자원을 수천 년 동안 사용했는데도 아직까지 고갈되지 않은 이유는 바로 이것이다. 어떤 광물의 고유한 가치는 단지 존재하는 데 있지 않고 인간의 필요를 충족시키기 위해 어떻게 만들지 고민한 결과에 있다. 이러한 가치를 창조하는 모든 단계, 즉 채굴 방법부터 용도를 찾는 것까지 모두 이성적 행위다. 사람들이 많이 사용하는 어떤 재화의 양이 줄어들면 그 희소성은 커지고 가치는 올라간다. 그에 따라 생산자는 공급량을 늘리고, 더 나은 생산수단을 개발하며, 더 좋고 값싼 대체품을 고안하게 된다. 이는 매우 합리적인 수

신좌파

순으로서 쓸모 있는 어떤 재화가 소진돼 완전히 사라지는 것을 막는다. (사실 자원 매장량은 시간이 지나면서 늘어나는 경우가 많다. 예를 들어 1950년부터 1994년 사이에 이루어진 미국 내무부 조사에 따르면 '유한한 자원인' 아연의 매장량은 271%, 철광석의 매장량은 527% 증가했다.[13])

생산을 단순히 기계적 과정으로 생각한다면 오늘 존재하는 것이 내일에는 사라질 것이라는 말이 타당하게 느껴질 것이다. 하지만 향후 인간의 지식과 기술 수준이 현재 상태 그대로 유지된다 해도 이런 생각은 옳다고 보기 힘들다. 우리는 당장 내일 어떤 인지적 발전을 이룰지 알 수 없고, 그 발전이 모레 어떤 진전을 가져올지 모르기 때문이다.

지식은 계층적이다. 과거의 지식은 미래의 지식을 가능하게 만든다. 인간의 생각은 지속적으로 확장되고 있고, 새로운 사상은 무수히 많은 또 다른 사상의 문을 열어주는 열쇠가 된다. 모든 신선한 생각은 인식의 사다리를 한 단계 더 올라가 더 넓고 효율적인 관점에서 현실을 보게 해준다. 물질적인 재화는 이러한 생각이 낳은 산물이므로 인간의 지식이 증가하면 함께 늘어날 수밖에 없다. 인간이 정치적으로 자유로운 한, 즉 사상의 자유를 가지고 그에 따라 행동할 자유가 있는 한 물리적 재화가 지적 재화보다 부족할 일은 없을 것이다.

하지만 환경보호론자들도 이성과 생산활동 사이의 이런 연결성을 감지하고 있다는 사실은 아이러니하다. 그래서 이들은 물리적인 재화뿐만 아니라 지적 재화도 바닥나고 있다고 주장한다.

월드워치연구소는 '물리적 자원 고갈'에 대한 논의에서 이렇게 말했다. "미래에는 과학적 진보가 지금처럼 자주 쉽게 이루어지지 않을 것이다. 지금까지 알려진 분야의 연구는 이미 조사가 철저히 끝났다. 앞으로 새롭게 개척할 만한 연구 분야를 찾는 것은 힘들뿐더러 찾더라도 그 분야의 지식을 이용하는 것은 상당히 어려울 것이다."[14] (최근 몇 년간 눈부신 과학적 발전을 이룩한 분야는 헤아릴 수도 없이 많다. 그중 특히 유전공학과 컴퓨터공학 분야가 이런 헛된 주장 때문에 발전을 제지당하지 않은 것에 감사할 따름이다.)

식량을 생산하는 행위와 지식을 생산하는 행위는 근본적으로 차이가 없다. 이성은 각각을 창출하는 원천이다. 따라서 식량 생산에 대한 이성의 효용을 부정하면 지식 생산에 대한 이성의 효용도 부정하는 것이 된다.

자원의 희소성 속에서 불안정하게 살아가는 것이 우리의 운명이라는 주장, 즉 인간이 이글루에 살면서 바다코끼리를 사냥하는 데 만족하지 않으면 지구가 위태로워진다는 주장은 더 위험한 다른 주장을 제기할 길을 열어준다.

환경보호론자들은 인간이 궁핍을 피하는 것은 불가능하다고 말하고, 그렇게 사는 것이 바람직하다고 주장한다. 생산은 이성적 행동이 아닌 것을 넘어 이웃과 다음 세대 그리고 지구 자체를 대상으로 도둑질하는 것이라고 비난한다. 그리고 이것은 환경보호론자들이 대중에게 관철시키려 하는 두 번째 핵심 주장이다. 바로 생산활동, 즉 자연 '착취'가 도덕적으로 옳지 않다는 것이다.

환경보호론자들은 묻는다. 인간은 대체 무슨 권리로 자연의 자원을 몽땅 빼앗으려 하는가? 무엇을 근거로 자연의 자원을 빼앗을 권리를 주장하는가? 자신들의 만족과 이기적 목적을 달성하기 위해 자원을 빼앗는 것이 옳다고 생각하는가? 어떻게 인간은 자연의 자원을 빼앗을 권리가 있으면서 자연에는 그런 권리가 없다고 주장할 수 있는가?

환경보호주의에 따르면 인간의 가치를 자연의 가치보다 더 높이 평가하는 것은 윤리적으로 타당성이 없다. '생태평등주의'를 주장하는 환경철학자 로데릭 내쉬Roderick Nash는 자연과 인간이 적어도 동등한 윤리적 지위를 가지고 있다고 말했다.[15]

환경보호주의는 인간이 원시적인 에스키모인처럼 검소하고 엄격한 삶을 살아야 하며, 그것이 인간의 도덕적 의무라고 주장한다. 번영을 추구하는 것은 무분별한 자기파괴이며, 인간이 보잘것없는 생을 이어갈 권리가 신성한 습지의 권리보다 우선해서는 안 된다고 말한다.

이러한 생각을 가능하게 하는 윤리 규범은 단 하나, 바로 이타주의다. 이타주의 규범에서는 개인이 자신의 이익을 추구하는 행위를 악으로 낙인찍는다. 그리고 이것은 환경보호주의에 대한 믿음을 지지해주는 강력한 무기가 된다. 이타주의적 관점에서 생산 행위는 인간이 자신들의 가치 추구를 위해 자연을 변형시키는 이기적 행위다. 이타주의는 본질적으로 인간이 편안함과 안녕 그리고 자신을 포기해야 한다고 주장한다. 다시 말해, 인간은 행복해지고 싶은 욕망을 뒤로한 채 담수어나 점박이올빼미를 기쁘게 해줄 방법이나 신경 써야 한다.

이타주의는 인간이 스스로를 위해 존재할 도덕적 권리는 없다고 주장한다. '타자他者'라는 뜻의 라틴어 '알테르alter'에서 유래된 이타주의altruism는 타자를 위해 기꺼이 희생하려는 의지에서 삶의 정당성을 찾는다. 환경보호주의는 순수하고 꾸밈없는 이타주의 그 자체다. 과거의 이타주의가 가난하고 병든 사람들을 위해 희생해야 한다고 주장했다면, 현재는 타자라는 용어의 개념이 확대돼 인간이 비인간을 위해 희생해야 한다고 주장한다.

세상이 자신을 위해 사는 삶을 악으로 간주한다면 인간이 아닌 존재를 위해 희생하는 삶을 살지 않겠다고 선언할 수 있는 사람이 얼마나 되겠는가? 자기희생을 고귀하게 여긴다면 자신을 벌레와 잡초, 진흙보다 못한 존재로 낮추는 것이 세상에서 가장 훌륭한 행위가 되지 않겠는가?

자기희생의 대상이 되는 '환경'이라는 용어의 기만적 의미를 살펴보자. 논리적으로, 환경이라는 단어는 인간이나 동식물 따위의 주변 조건이나 상태를 의미하는 것으로 환경만 따로 존재하지는 않는다. 마치 재산이 재산의 소유자 없이는 따로 존재할 수 없는 것과 같다. 환경은 관계적 개념으로서 어떤 개체와 관련한 주변 상태를 가리키는 용어다.

하지만 환경보호론자는 이와 같은 환경이라는 용어의 의미를 전복시킨다. 인간과 환경의 관계를 분리함으로써 사람들이 이 둘을 별도로 평가하게 만든다.

처음에 사람들은 환경을 관계적 의미로 올바로 이해하고 환경 문제에 관심을 가질 필요가 있다고 생각한다. 즉, 환경을 자신의 환경이라 여기므로 인간의 운명과 연결되어 있다고 가정한다. 환경보호 운동의 초점이 비非관계적 개념인 자연이 아니라 환경인 이유가 바로 이것이다. 그리고 사람들이 자신과 관계된 환경에 어떤 문제가 있다는 것을 받아들이고 나면 환경보호론자들은 환경이라는 개념을 다시 설정한다. 이때 재설정된 환경은 인간과 별개로 존재하는 무엇이 된다.

환경보호론자들은 이타주의 윤리를 이용해 인류 보편의 가치가 인간에게만 가치를 둔다며 이기적이라고 비난한다. 환경에 인간만을 연결 지어 정의하는 것이 잘못되었다고 주장하듯 인간만을 연결 지어 평가하는 것도 잘못이라고 말한다. 우리가 보호해야 할 환경이 인간에게 유용한 환경일 것이라는 생각은 착각이라면서 대중이 이 말을 믿기를 바란다. 환경보호주의자들의 주장에 따르면 우리는 철광석 광맥, 삼림, 일출 등을 가치 있는 존재로 여겨야 한다. 인간에게 이익이기 때문이 아니라 자연에 유익하기 때문이다. 인간과의 관계나 평가와는 별개로 이 모든 것이 '가치'가 있다고 말한다.

이타주의 사상에 따르면 우리는 우리 삶에 아무 의미가 없는 것도 가치 있게 여겨야 한다. 자연에 존재하는 습지와 벌레가 우리에게 아무 가치도 없더라도 자기희생의 행동 수칙에 따라 우리는 그것이 모두 가치를 지닌다고 생각하며 다루어야 한다.

따라서 산업시설을 들이거나 상업화하지 않고 녹지로 남겨둔 국립공원도 환경보호론자들에게는 보물과 같은 공간이기 때문에 단지 인간의 즐거움만을 위해 사용해서는 안 된다.

예를 들어 1988년 옐로스톤국립공원 화재 당시 소방관들은 공원 관계자들의 반대로 몇 주 동안 진화 작업을 진행하지 못했다. 번개로 인한 자연발생적 화재이기 때문에 인간이 개입하지 말고 내버려 두어야 한다는 이유에서였다. 결국 진화 작업에 들어가게 되었을 때

공원은 이미 40만 헥타르 이상 불에 타버린 상태였다. 화재로 인한 피해액은 1억 5천만 달러에 달했다.

공원 관계자들이 드러낸 이 광기의 근원은 무엇일까? 이처럼 참혹한 상황에서 옐로스톤국립공원에 소속된 수석 생물학자는 "불은 악한 힘Malignant force이 아니라 온건한 힘Benign force"이라 말했다. 또한 공원 관계자들은 화재 시 자신들이 해야 할 역할은 피해가 확산되는 것을 막는 일이 아니라 '부자연스러운' 개입으로부터 공원을 보호하는 일이라 생각했다. 1988년 9월 22일자 〈뉴욕타임스〉에는 이런 내용이 실렸다. "공원 관계자들은 자신들이 원시 상태의 자연을 불도저와 소방차, 소화용수 공급관 등이 훼손시키는 것을 막고 있다고 설명했다."16)

옐로스톤국립공원은 인간에게 가치 있는 것이 아니라 자연 자체로서 가치 있는 것으로 여겨졌다. 불길이 자연 상태의 일부라면 왜 공원을 다 태워버리게 놔두지 않았을까? 글레이셔 국립공원협회 회장은 이 철학적 문제에 대해 이렇게 말했다. "문제의 답은 우리가 그 공원을 어떤 곳으로 생각하는지에 달려 있다. 국립공원을 인간이 이용하거나 즐기기 위한 공간으로 보아야 할까, 아니면 자연 상태를 유지해야 하는 공간으로 보고 불길이 뻗는 대로 놔두어야 할까?"17)

다시 말해 이 문제는 인간이 도덕적으로 자신들의 이익을 위해 자연을 이용할 자격이 있다고 볼 것인지, 아니면 인간이 자연의 미물이라는 것을 인정하고 자연에 대해 자기희생적 태도를 취할지에 대한 것이다.

환경보호론자들이 이 둘 가운데 어떤 태도를 선택할지는 명확하다. 환경보호론자들은 기술의 발전을 두려워하고 증오한다. 기술은 인간의 자연 정복을 의미하기 때문이다. 그들에게는 기술발전을 비난하는 것이 일상이다. 방부제부터 성장호르몬, 복제에 이르기까지 모든 기술발전을 반사적으로 위험하다고 생각한다. 인간이 기술적 성취를 이루었을 때 환경보호론자들은 심리적 위협을 느낀다. 기술적 성취는 인간이 유능하고 살 가치가 있는 존재라는 사실을 증명하기 때문이다. 자연을 숭배하는 환경보호론자들은 인간이 쓸모없고 살 가치가 없다고 주장해야 하므로 기술을 억압하려 한다. (그러고는 인간의 안전을 '현실적으로' 우려하는 것일 뿐이라고 합리화한다.)

환경보호주의는 인간을 보잘것없는 존재로 만들려는 체계적 시도다. 인간의 자존감에 반하는 설교를 늘어놓으며 인간이 스스로 하찮다는 것을 인정하고 산과 진드기 앞에서 벌벌 떨기를 바란다.

환경보호론자들은 현대인에게 원시시대 조상들처럼 자연에 대한 경외심을 가지라고 말한다. 자연의 지배자가 아니라 노예가 되어야 하고 자연을 신으로 숭배해야 한다고 말한다.

환경보호주의는 현대화되고 세속화된 형태의 종교에 해당한다. 이 종교는 우리가 형언할 수 없이 위대한 자연의 힘 앞에 납작 엎드려야 한다고 가르치고, 복잡한 세상 또는 '생태계'를 이해하기엔 인간의 지능이 너무 낮다고 말한다. 자연이라는 신성한 힘 앞에 인간을 복종시키려는 마음을 동력으로 하고, 자연으로부터 은혜로운 하사품을 받으려면 끊임없이 자연의 화를 달래고 경의를 표해야 한다고 주장한다.

환경보호주의 운동은 이런 신비주의 이념을 대놓고 설파하고 있다. 예를 들어 신좌파 정치가 톰 헤이든[03]은 산타모니카대학에서 '환경과 영성'이라는 수업을 했다. 그 수업은 성서 토론으로 시작해 앞으로 '환경 지향적 종교'라는 새로운 종교가 부상할 것이라는 기대로 끝난다. 이 수업에서 헤이든은 이렇게 말했다. "우리는 자연을 신성하게 여기며 경외심을 갖고 숭배해야 한다. 이러한 태도는 자연이 탐욕과 착취, 남용의 대상이 되지 않도록 보호해준다."[18)]

생태임업협회Ecoforestry Institute는 벌목 반대 광고에서 산림에 대해 이렇게 설명한다. "산림은 객관적으로 측정되는 것 이상의 가치를 내재하고 있다. 산림을 착취해야 할 자원이나 시장에 팔 상품으로만 보는 사회는 신성함에 대한 감각을 잃은 사회. 미국의 산림을 보호하는 것은 경제적·생태학적 문제를 넘어 영적인 문제로 보아야 한다."[19)]

종교와 환경보호주의의 이 해괴한 융합을 처음 시작한 것은 신좌파다. 폴 엘리히[04]는 저서 『인구 폭탄The Population Bomb』에서 이렇게 말했다. "많은 사람이 과학과 기술 분야에서 현재의 생태 위기를 해결할 방법을 찾으려 하지만 이는 헛된 노력이다. 우리는 훨씬

---

03 Tom Hayden(1939~2016) : 전 캘리포니아주 상원의원으로 1960년대 베트남전쟁 반대운동을 이끌었다. 1968년 시카고 민주당 전당대회에서 대학생들을 이끌고 폭력 반전시위를 벌여 선동혐의로 구속되기도 했다.

04 Paul Ehrlich(1932~) : 스탠퍼드대학 생명과학부 교수이자 저명한 생태학자다. 1968년에 발표한 저서 『인구 폭탄』을 통해 인류가 인구과잉과 식량고갈로 멸망할 것으로 예측했다. 하지만 예측과는 달리 의술의 발달과 환경개선 등으로 인류의 수명은 꾸준히 늘어나고 있고, 오히려 출산율 감소로 인한 인구 절벽이 우려되고 있다.

더 근본적인 변화가 필요하다. '히피운동'은 비록 천시되고 있으나 현 상황을 타개할 수 있는 좋은 해결책이다. 히피들은 기독교권이 아니라 동양의 종교사상을 대부분 받아들였다. 히피운동을 간략히 설명하면 선불교와 육체적 사랑을 중시하고 물질적 부를 경멸하는 것이다."[20]

매우 당연한 일이지만, 환경보호주의와 종교계는 긴밀한 유대 관계를 맺고 있다. 지금은 고인이 된 천문학자 칼 세이건[05]은 '과학과 종교의 협업을 촉구하는 호소문'을 발표했다. 환경보호주의를 종교운동으로 바꾸라고 말하는 이 호소문의 내용은 다음과 같다. "종교적 언어로 우리는 '우주 만물에 대한 범죄'를 행하려 하고 있다. 어떤 사람들은 우리가 이미 범죄를 저지르고 있다고 말한다. (…) 환경보호주의는 시작부터 종교적이고 과학적이었던 것으로 과학계와 종교계 모두에서 필수적인 역할을 해야 한다. 우리는 이 호소문을 통해 모두가 환경 보존이라는 공동의 대의를 위해 협업할 것을 촉구한다."[21] (한스 베테, 스티븐 제이 굴드를 포함한 여러 저명한 과학자들과 하버드신학대학원 학장, 전미이슬람위원회 위원장, 뉴욕 선수련원 원장 등 200여 명의 세계 종교 지도자들이 이 호소문에 서명했다.)

심지어 교황 요한 바오로 2세도 종교와 환경보호주의의 유대를 지지했다. 기독교 정신과 환경보호주의가 양립할 수 없다고 보는 사람도 있지만, 교황은 이 둘이 근본적으로 일치한다고 보았다. 교황

---

05   Carl Sagan(1934~1996) : 미국의 천문학자이자 과학저술가. 세계에서 가장 유명한 천문학자 중 한 사람으로 많은 저서 중 특히 『코스모스』가 대중적으로 널리 알려졌다.

은 1990년 세계평화일 메시지에서 이렇게 말했다. "세계 평화가 자연에 대한 합당한 존중의 결여, 천연자원의 약탈, 점진적인 삶의 질 하락으로 위협받고 있다. (…) 오늘날 생태계의 파괴는 우리의 탐욕과 이기심이 어느 정도인지 말해주고 있다. 인간 개개인과 집단[!] 모두 창조의 질서, 즉 상호 의존이라는 질서에 반하는 삶을 살고 있다. (…) 모두에게 건강한 환경을 만들기 위해 신자들은 헌신해야 하고, 이러한 마음가짐은 창조주 하나님에 대한 믿음, 원죄와 본죄의 결과에 대한 인식, 그리스도에 의해 구원받았다는 확신에서부터 비롯된다."[22]

가톨릭교회와 환경보호주의는 모두 인간이 자연을 스스로를 위해 변형할 수 있는 대상으로 보는 것을 규탄한다. 또한 인간이 생산력과 긍지의 미덕을 버려야 한다고 생각한다. 하나님을 섬기기 위해 자연을 이용하든 멸종 위기종을 섬기기 위해 자연을 이용하든 인간은 하인이 된다. 어느 쪽이든 원칙은 같다. 인간은 '전지전능한 존재'에 경의를 표하며 세속적 안락함을 즐기려는 이기심을 버려야 한다.

환경보호주의를 판단할 때 검토해야 할 마지막 문제가 있다. 바로 환경보호주의가 과학을 표방한다는 사실이다. 환경보호론자들은 특정 제품이나 활동이 위험하다고 알리려고 실험에 기초한 증거를 자주 제시한다. 이런 주장은 무시하기 어렵고, 반박하려면 제시된 증거를 면밀히 살펴야만 한다. 방대한 조사와 임상실험, 실험 연구, 복잡한 컴퓨터 시뮬레이션 등 어떤 기술이 가져온 심각한 결과를 입증하는 과학적 자료가 있다면 그 사실을 완전히 부정하기는 쉽지 않다. 엄격하고 냉정한 과학이 환경보호주의 편에 서 있다고 해도 과언이 아니다.

하지만 환경보호론자들은 과학을 왜곡해서 이용한다. 환경보호론자들이 입는 과학이라는 옷은 진실을 가리기 위한 변장에 불과하다. 이들이 과학을 표방하는 것은 자신들의 주장이 과학적 증거에 기초해서가 아니라 과학적 방법론을 전면적으로 배제한다는 사실을 숨기려는 것이다. 한 예로 환경보호론자들이 식물 성장 조절제 알라alar에 대해 제기한 소송이 있다.

알라는 사과 모양을 고르게 만들고 숙성을 지연시키는 화학물질로 1960년대 초에 개발되었다. 하지만 천연자원보호협회NRDC의 표적이 되어 1989년부터 사용이 금지되었다. 천연자원보호협회는 테스트 결과 알라가 암을 유발한다는 사실이 확인되었다고 발표했다. 뉴스는 탐욕스러운 회사가 아이들이 마시는 사과주스에 독성물질을 넣어 판매한다고 보도했고, 이에 놀란 농업인과 식료품 상인, 아이를 키우는 부모들까지 모두 사과를 구매하지 않게 되었다. 결국 사과 산업은 2억 달러 이상의 손실을 보았고, 알라는 시장에서 퇴출당했다.

이처럼 경제에 엄청난 파장을 불러온 주장의 과학적 근거는 무엇이었을까? 천연자원보호협회는 실험용 쥐에게 알라를 투약했을 때 종양이 생겼다는 사실을 증거로 제시했다. 그런데 사실 인간이 종양이 생길 만큼 알라를 섭취하려면 사과 14톤을 하루도 빠짐없이 70년 동안 먹어야 한다. (그리고 그 절반, 즉 7톤의 사과를 70년 동안 매일 섭취한 것에 해당하는 양만큼 실험용 쥐에게 알라를 투약했을 때는 종양이 생기지 않았다.)[23]

환경보호국EPA의 설치류 발암성 연구에서도 알라와 암의 연관성이 확인되었다. 연구 결과에 따르면 인간의 신체는 체중 1kg당 0.000047mg의 암 유발 물질에 노출되는 것으로 나타났다. 하지만 이 테스트를 위해 실험용 쥐에게 투약한 알라 양은 수컷과 암컷 각각 체중 1kg당 7mg과 13mg이었다. 이는 인간에게 노출되는 것으로 나타난 암 유발 물질량의 14만 8천 배, 27만 6천 배에 달하는 양이다. (심지어 알라를 이 정도의 양만큼 투약했는데도 실제로 암에 걸린 쥐는 없었다.)[24]

이는 대중을 공황에 빠지게 하고 산업을 마비시키는 충분한 근거가 된다.

살충제 DDT의 사례를 보자. DDT는 발암물질로 분류돼 1972년 미국에서 사용이 금지되었다. 실험용 쥐의 간에 양성 종양을 일으켰다는 실험 결과를 근거로 한 것인데, 이는 사람이 음식을 통해 섭취하는 DDT 양의 10만 배를 투약한 결과였다. (심지어 설치류 외의 다른 동물 실험에서는 종양이 발생하지 않았다.)[25]

어떤 물질이 약간이라도 유해하다면 무조건 유해한 것이라는 생각은 환경보호론자들 사이에서 당연하게 받아들여진다. 하지만 지구상에 완전무결한 물질이 어디 있겠는가? 과다하게 복용해서 위험하지 않은 물질은 없다. 물, 공기, 심지어 유기농 콩조차 그렇다. 사람 위로 1톤짜리 피아노가 떨어지면 죽을 수도 있지만, 그렇다고 해서 30g짜리 깃털이 하루에 한 번씩 88년 동안 어깨 위에 앉는다고 목숨이 위험해지는 것은 아니다. 감자는 비소를 함유하고 있고, 리마콩에는 청산가리가 들어 있다. 육두구에는 환각제가, 브로콜리에는 동물에게 암을 유발시키는 물질이 포함되어 있다.[26] 그렇다면 이 모든 것의 생산을 금지해야 하는가? 여기에는 환경보호주의 '과학자' 그 누구도 대중에게 알리려 하지 않는 명백한 사실이 숨어 있다. 안전한 물질과 위험한 물질의 차이를 만드는 것은 바로 복용량의 정도라는 사실이다.

환경보호론자들은 이 사실을 알면서도 결코 알리려 하지 않는다. 진실을 알리는 것보다 문제를 의제화하는 것이 중요하기 때문이다. 환경보호를 주장하는 여러 사이비 과학자 중 어떤 이는 부정직이 최선의 방책이라고 말한다. "우리는 먼저 아주 무시무시한 시나리오를 제시하고, 간단하고 극적인 의견을 내놓은 뒤, 이와 관련해 제기될 수 있는 의심에 대해서는 아무런 답도 하지 않아야 한다. 우리 모두 효과적인 것과 옳은 것 사이의 균형을 잘 찾아야 한다."[27]

환경보호론자들이 제기하는 산업과 관련된 위험들은 대부분 쉽게 알려지지만, 제기된 위험이 사실이 아니라는 것은 알리기가 어려울뿐더러 무시되기 십상이다. 예를 들어 폴 엘리히는 세계가 식량부족으로 종말을 맞게 될 것이라는 예측 하나만으로 생계를 이어가고 있다. 1968년 그는 자신의 책 『인구 폭탄』에서 이렇게 말했다, "모든 인류를 먹여 살리려는 전쟁은 끝났다. 1970년대에 전 세계는 기근에 시달리게 될 것이고, 지금 당장 어떤 비상조치에 들어가더라도 수억 명이 굶어 죽을 것이다. 지금 와서 세계 사망률의 증가를 실질적으로 막을 방법은 없다. (…) 국가에서 저출산을 장려하거나 출산에 대한 불이익을 주는 등 제도를 통해 인구를 통제해야 하지만, 이런 방식이 통하지 않을 경우 강제적인 방법을 동원해야 한다."[28]

(엘리히가 끔찍한 전체주의 방식을 '해결책'이라고 제시한 것은 말할 필요도 없이) 예측이 실제로 틀렸다는 사실이 계속 증명되었는데도 영향력 있는 학자로서 그의 입지는 여전히 건재하다. 그가 제시하는 종말론적 시나리오는 계속 갱신되고 있고, 환경보호론자들 사이에서는 지금도 여전히 중요하게 받아들여지고 있다. 『인구 폭탄』은 24쇄가 넘게 팔렸다.

다시 DDT 문제로 돌아와, 친환경 히스테리 환자들은 27개월 동안 하루도 빠짐없이 DDT를 섭취한 사람들에게서 아무런 이상이 발견되지 않았다는 실험 결과를 무시한다. 동시에 미국에서 DDT를 가장 많이 소비한 기간인 1944년부터 1972년까지 간암 발생률이 30% 하락했다는 사실도 무시한다.[29]

무엇보다도 이들은 DDT의 이점과 DDT 사용 금지로 인한 피해를 무시한다. DDT가 발명되기 전에는 세계에서 말라리아가 만연했다. 1948년 스리랑카의 말라리아 발생 건수는 280만 건에 달했다. 하지만 DDT가 질병을 옮기는 해충들을 박멸한 덕분에 발생 건수는 급감했고, 1963년에는 단 17건밖에 발생하지 않았다. 하지만 1960년대 후반부터 DDT 사용이 금지되면서 상황은 다시 나빠졌다. 1969년 집계에 따르면 스리랑카의 말라리아 발생 건수는 250만 건으로 돌아갔다. 인도의 경우 1951년에 말라리아가 7천500만 건 발생했고, 1961년 DDT가 도입되고 난 뒤에는 5만 건으로 떨어졌지만, DDT 사용 금지에 따라 1977년에 다시 3천만 건으로 급증했다.[30] 그리고 오늘날까지도 살충제에 대한 환경보호론자들의 반감 때문에 매년 전 세계에서 수백만 명이 말라리아로 죽어가고 있다.

환경보호론자들은 사실을 밝히기 위해서가 아니라 사람들의 판단을 흐리게 하려고 과학을 이용한다. 환경보호론자들은 합리성이라는 가면을 쓰고 파멸적인 주장을 하는데, 그 가면을 벗기면 반쪽짜리 진실과 맥락에서 벗어난 사실이라는 맨얼굴이 드러난다.

한 예로 환경보호주의 과학자들은 미국 북동부에 있는 수천 개의 호수가 산성도도 높고 물고기가 없는 원인에 대해 화력발전소에서 태운 석탄이 산성비를 내리게 했기 때문이라고 말한다. (애디론댁산맥에 있는 호수의 산성도가 가장 심각하다.) 하지만 이는 애디론댁산맥에 있는 호수 대부분이 천연 유기산으로 산성화되었다는 사실과 150년 전과 비교하면 현재 좀 더 알칼리성에 가까워졌다는 사실 그리고 아마존강 유역의 리오네그로처럼 산업 활동이 전혀 없는 지역에도 산성도가 매우 높고 물고기가 없는 곳이 자연적으로 존재한다는 사실을 무시한 주장이다. (리오네그로는 미시시피강과 크기가 같다.)[31]

또 다른 예로 환경보호주의 과학자들은 프레온가스가 오존층을 파괴해 우리가 자외선에 더 많이 노출되고 있다고 주장하면서 다음 사실은 무시한다. 첫째, 오존층이 줄어들고 있다고 한 기간에 실제 지표면에서 측정된 자외선 수치는 떨어졌다.[32] 둘째, 프레온가스의 연간 생산량이 최고조에 달했을 때 세계에서 생산된 프레온가스 양은 110만 톤이었지만, 같은 시기에 해수 증발로 인해 오존층에 도달한 천연 염소[06] 양은 무려 3억 톤에 달했다.[33] 셋째, 오존이 5% 감소하면 자외선이 늘어나면서 피부암 환자도 크게 증가할

---

06 염소Cl는 오존층 파괴에 촉매 작용을 한다.

것으로 예상하지만, 실제로 늘어나는 자외선 양은 우리가 적도 방향으로 약 100km를 이동했을 때 증가하는 자외선의 양과 같은 양에 불과하다.[34]

환경보호주의 과학자들은 인구과잉으로 지구가 고갈되고 있다고 주장하지만, 1인당 식량 생산량과 기대수명은 꾸준히 증가하고 있고[35] 산업화가 가장 많이 이루어진 곳의 생활수준이 가장 크게 향상된다는 사실은 무시한다. 늘어나는 인구가 거주할 공간을 찾는 것 또한 문제가 되지 않는다. 내일 당장 58억 명의 세계 인구가 몽땅 텍사스로 이주한다 해도 텍사스 인구밀도는 파리 인구밀도의 절반도 안 될 것이기 때문이다.[36]

환경보호론자들의 뒤틀린 연구 방식은 과학, 객관성과 반대된다. 이들이 추구하는 것은 과학적 진실이 아니고, 절대적이라 주장하는 것은 현실이 아니다. 이들은 이성적인 판단에 따라 결론을 도출하지 않는다. 이성은 실제 목표를 이루는 데 장애물일 뿐이며, 이 사실을 대놓고 인정하는 환경보호론자들도 있다.

조너선 셸[07]은 환경 문제를 결정짓기 위해 필요한 증거의 성격에 대해 이렇게 이야기한다. "과학자들은 어떠한 주장을 할 때 확실성과 정확성을 지양해야 한다. 그리고 우리는 절대 일어나지 않을 일이라도 예측 가능한 모든 위험을 미연에 방지하기 위해 단호하게 행동하는 법을 배워야 한다. (…) 과학자들은 불확실성에 대한 감식가

07　Jonathan Schell(1943~2014) : 핵전쟁으로 인한 지구의 멸망을 경고한 베스트셀러 『지구의 운명The Fate of the Earth』의 저자이다.

　　　　　　　　　　　　　　　　　　　　　　　　신좌파

이자 철학자가 되어야 한다. (…) 우리를 안심시키는 것과 거리가 먼, 구제 불능의 곤경에 빠질 수도 있음을 나타내는 불확실성이 우리를 불편하게 하고 행동하게 만들어야 한다."[37]

이 말을 해석하면 다음과 같다. 다가오는 종말에 대한 합리적 증거가 불충분하더라도 우리는 그것이 사실이라고 주장해야 한다. 다른 사안들을 다루는 데는 확실성과 정확성이 필요할지 모르나 환경 관련 문제에서는 필요치 않다. 어떤 기술이 우리에게 주는 방대한 혜택을 아는 것보다 그 기술과 연관돼 발생할 수 있는 위험을 모르는 것이 더 문제가 된다. 따라서 이러한 '불확실성의 철학자'가 자신의 주장이 사실인지 여부를 모르는 것은 중요하지 않다. 이들의 예측이 사람들을 불편하게 만들 수만 있다면 과학적 사실 확인은 차치하고 당장 행동에 옮기는 것이 중요하다.

환경보호론자들이 하는 연구와 실험의 목적은 정확하고 과학적인 사실의 확인이 아니라 사람들을 정신 발작적인 무지 상태로 만드는 것이다. 이런 상황에서는 이성이 아니라 맹목적인 감정이 결론을 도출하는 안내자 역할을 한다.

나는 과학자가 아니므로 이 문제에 대해 완벽히 알지 못한다. 프레온가스가 오존층을 파괴시키지 않는다거나 공장에서 배출되는 매연이 지구온난화를 야기하지 않는다는 결정적 증거가 있는 것도 아니다. 하지만 환경보호론자들의 주장과 관련해 확신하는 것이 있다. 그들은 주장을 할 때 인지적 주의를 기울이지 않는다는 점이다. 인지적으로 아무런 시도를 하지 않으므로 그들의 주장은 제멋대로 떠드는 것에 불과하다. 그들은 객관적 진실에 도달하려는 노력조차 하지 않으며, 현실을 조명하기 위한 것이 아니라 왜곡하기 위한 것이므로 과학의 영역으로 인정해서는 안 된다.

이러한 점에서 환경보호론자들의 방법론은 '과학적 창조론자'의 방법론과 같다.

창조론자들은 진화론에 오류가 있다고 주장하지만 이는 과학에 근거한 것이 아니다. 이들은 생명의 기원에 대한 진실을 밝히고 싶어 하지 않는다. 자신들의 주장에 힘을 실으려고 과학을 이용하지만, 이는 성경에 대한 믿음을 바탕으로 한 종교적 문제가 아니라면 의제로 삼지 않는다는 사실을 감추는 허울에 불과하다. 이들은 증거가 필요하지 않기 때문에 자신들의 주장을 지지해줄 진짜 증거를 찾으려 하지 않는다. 사실이나 증명에 근거한 것이 아니라 믿음에 근거해 매우 확고한 견해를 갖고 있으므로 어떤 사실이나 증명도 이들의 주장을 흔들지 못한다. 따라서 창조론자들이 진화론을 반박하는 증거를 제시하더라도 그 증거들은 결코 과학으로 인정받지 못한다.

창조론자들의 기본 방식을 믿지 못하는 상황이라면 이들이 어떤 새로운 주장을 하더라도 공들여 조사할 필요가 없게 된다. 진화론의 타당성을 반박하기 위해 새로 제기된 주장에 대응하지 않아도 되고, 사실 대응 시도를 해서도 안 된다. 창조론자들이 제시하는 모든 논증에 대하여 우리가 할 수 있는 이성적 대응은 그 논증이 이성의 영역 밖에 있다고 일축하는 것뿐이다. 단순히 진위 여부를 가리는 것을 포함해 그 논증에 대한 인지적 대응은 전혀 필요하지 않다.

이와 같은 관점에서 환경보호론자들의 주장은 비과학적으로 취급돼야 한다. 진화론에 대한 사실을 결정할 때 우리가 창조론자들의 견해를 실제 연구와 관련짓지 않는 것처럼 환경보호론자들의 견해도 같은 방식으로 취급해야 한다. 특정 환경 문제에 대한 사실을 알려면 환경보호론자들의 견해와는 별개로 조사하고 확인해야 한다. (앵무새 소리가 사람이 하는 말과 똑같이 들릴 수 있는 것처럼 환경보호론자들의 주장 중 일부는 우연히 사실로 밝혀질 수 있다. 이런 상황이 발생하는 경우, 우리는 합리적 검증을 거친 뒤 제기된 위험을 완화할 수 있는 적절한 조치를 취해야 한다. 하지만 그 조치가 결코 과학적 진보를 포기하는 것을 의미해서는 안 된다.)

인간이 만든 뭔가가 어떤 이의 건강을 해쳤거나 재산 피해를 입혔다는 진짜 증거가 있을 경우, 피해자는 인간 역사에 오랫동안 존재해온 법이라는 제도를 통해 구제받을 수 있다. 누군가가 당신의 집 뒤뜰에서 불을 지피거나 최루탄을 터뜨려서 그 연기로 피해를 보게 되었을 때 적용할 수 있는 법과 같은 종류의 법이다. 당신이 누군가의 행위로 인해 입은 피해를 보여줄 수만 있다면 법으로 구제받는 것이 마땅하다. 단 한 가지 요구되는 사항은, 자신의 피해 사례를 객관적으로 입증할 수 있어야 한다는 것이다.

하지만 환경보호론자들에게 이 요구사항은 넘기 힘든 장애물이다. 이들은 기술발전을 통한 생산을 막으려고 하면서 논리와 과학이라는 제약에 얽매이지 않으려 한다. 이성은 그들이 목적을 달성하는 데 이용할 적절한 수단이 아니다. 확실성과 정확성은 지양하면서 정부 규제 기관이 자신들의 입증되지 않은 주장을 의심하지 않고 받아들이길 원한다.

따라서 환경보호주의는 과학적 문제가 아니라 도덕적 문제로 보아야 한다. 환경보호론자들이 주장하는 여러 가지 기술로 인한 위험은 기본적으로 어떤 기준에서 유해한지를 물어야 한다. 이 세상을 사는 인간의 기준에서 보면 기술은 대부분 유익하고, 부富도 유익하며, 물질적 진보도 보통은 유익한 것이기 때문이다. 이성적 기준에서 보아도 인류의 안녕을 위협한다는 사실이 실제로 인류의 안녕을 책임지는 생산과 기술 그리고 자유를 파괴해야 할 정당성을 부여하는 것도 아니다. 이러한 위협은 생산공정 개선과 기술 향상, 자본주의를 통해 해결해야 한다.

하지만 문제는 환경보호론자들에게 이렇다 할 기준이 없다는 사실이다. 그들이 유해하다고 여기는 것은 인간이 원시적 노동과 최저 생활 수준에서 해방되는 것이고, 해악이라고 생각하는 것은 기술과 부 그리고 진보다. 다시 말해, 그들은 산업화 자체를 해악으로 본다. 한 예로 폴 엘리히는 이렇게 말했다. "미국은 너무 많은 경제성장을 이뤘다. 미국과 같이 부유한 국가에서 경제성장은 문제를 해결해주는 치료책이 아니라 문제를 만드는 질병이다."[38]

어스 퍼스트는 다음과 같이 말했다. "급진적 환경보호론자들이 인류를 온전한 상태로 되돌리기 위해서 질병을 개발한다면 그것은 아마도 에이즈AIDS와 비슷한 종류의 질병일 것이다. 에이즈는 환경파괴의 주범인 산업주의를 종식시킬 수 있는 잠재력을 가지고 있다."[39]

기본적으로 이런 식의 사고를 하기 때문에 환경보호론자들은 기술 부재로 인해 사람들이 고통받고 죽음에 이르는 것을 염려하지 않는다. 그들이 이상적이라고 여기는 에스키모인의 생활은 집 안에 화장실이 없거나, 난방이 되지 않고, 전기도 부족하며, 치과 치료나 심장이식 수술을 받을 수 없는 수준이지만 이런 사실에는 관심을 갖지 않는다. 인간으로부터 자연을 보호하고 싶은 욕망 때문에 모든 도로나 정유공장, 원자력발전소의 건설을 반대하고, 그것이 건설되지 않음으로써 초래되는 명백한 해악은 걱정하지 않는다.

또 환경보호론자들은 발견한 문제가 무엇이든 모두 기술발전 때문이라 말하고, 자연 친화적인 대안을 찾는다. 호수가 산성비로 인해 오염되고 있다고 주장할 때, 환경보호론자들은 호수를 알칼리성 물질로 중화하는 쉬운 방법은 놔두고 모든 공장을 폐쇄하는 것만 말한다. 표토 침식 문제의 경우 더 효율적인 농법을 개발하는 방법은 안중에도 없이 농작물 수확을 멈춰야 한다고 말한다. 교통량이 지나치게 많으면 더 나은 고속도로를 놓는 것이 아니라 자동차 생산을 중단해야 한다고 말한다. 어떤 문제를 주장하든 그들은 끊임없이 '반反산업화'라는 해결책을 내놓는다.

환경보호론자들은 화학물질이 무조건 나쁘다고 믿는다. 화학첨가제와 조미료, 방부제, 합성섬유는 모두 인간이 자연의 과정에 개입하는 것이므로 본질적으로 부도덕하다고 생각한다. 암을 유발하는 것으로 추정되는 식품첨가물의 사용은 강력히 반대하면서 암을 유발하는 물질을 자연적으로 포함하는 음식에 대해서는 무관심하다. 또 DDT 사용은 비난하면서도 실제로 우리가 어쩔 수 없이 섭취하는 살충제 중에서 자연적으로 만들어진 살충제가 인간이 만든 살충제보다 만 배 이상 많다는 사실은 무시한다.[40] 그리고 자연과 비기술이 '조화'를 이루는 오물과 질병투성이 사회를 칭찬하는 한편, 현대적인 하수처리 시설과 세탁기, 냉장고, 소아마비 예방접종 등으로 청결과 건강을 누릴 수 있는 사회는 비난한다. 결국 인간이 만든 상품은 모두 그 자체로 해롭고 자연적인 것은 모두 그 자체로 좋다고 여기는 것이다.

인간이 만든 것은 본질적으로 나쁘다고 보는 이런 관점은 자연이 본질적으로 선하다는 생각을 전제로 한다. 환경보호론자들은 왜곡된 가치기준을 지닌다. 이 기준에 따르면 인간은 세상에 유해한 존재이고, 인류의 안녕을 위하는 방법은 인간이 사라지는 것이다.

환경보호주의는 모든 진보와 쾌락을 포기하라고 말한다. 환경보호주의의 목표는 대기오염이나 수질오염 또는 인간에게 실제로 해가 되는 그 밖의 존재들을 타파하는 것이 아니다. (이런 목표를 추구하려는 사람이 있다면 기존 단체는 무시하고 기술적 진보를 지향하는 동시에 환경오염을 반대하는 새로운 단체를 만들어야 한다. 그리고 폴 엘리히나 데이비드 그레이버, 데이비드 포어맨에게 의견을 구해서는 안 된다. 생각 없는 '동조자'만이 이들의 독재적 목표에 선동된다는 사실에 유념해야 한다.)

환경보호론자들은 인간의 행복뿐만 아니라 다른 종의 행복도 증진시키기를 원치 않는다. DDT의 사용 금지로 매년 수백만 명의 사람들이 목숨을 잃지만, 이런 상황에 대해 무관심으로 일관하는 자들이 점박이올빼미가 둥지를 잃는 '불의'의 상황에 분노를 느끼며 행동할 리 없다. 환경보호론자들이 바라는 것은 사실 인간이 아닌 존재들의 안녕이 아니라 인간의 불행이다.

이타주의가 발현되는 모든 일의 본질은 이와 같다. 이타주의자들은 가난한 사람들이 빈곤에서 벗어나기를 바라는 것이 아니라 생산자들이 빈곤해지기를 바란다. (이들이 실제로 원하는 것이 빈곤 퇴치였다면 자유방임적 자본주의를 옹호했을 것이다.) 자기희생에 대한 요구가 환경보호주의의 형태를 띨 때 파괴적 욕망은 더 노골적으로 나타난다. 이타주의가 환경보호주의를 표방할 때는 인간의 가치 추구 따위의 가식을 떨지 않는다. 세상 모든 이가 똑같이 박탈감을 느껴야 한다고 사납게 주장할 뿐이다.

이 모든 사상에 철학적 영향을 미친 인물은 임마누엘 칸트다. 칸트는 종교의 세속화를 보여준 대표적 철학자로서 합리성을 가장한 신비주의를 주장했고, 환경보호주의는 그의 철학을 철저히 구현해냈다.

칸트는 인간이 알지 못하는 비물질적 세계, 인간의 인식과 이해관계를 초월한 세계, 인간의 이성으로 여과되지 않는 진정한 현실을 나타내는 세계로서 '본체적 세계Noumenal world'라는 개념을 정립했다. 이를 토대로 환경보호주의는 말로는 정확히 설명할 수 없는 생태계 개념을 정립한다. 환경보호주의에 따르면, 생태계는 앞서 생태임업 협회가 설명한 '신성함에 대한 감각'을 지닌 사람만 참여할 수 있는 세계다. 인간이 추구하는 가치들로 인해 오염되지만 않는다면 존재할 수 있는 실제 세계로서 인간이 생계를 위해 생산활동을 하는 것이 부자연스러운 행위로 간주되는 세계다.

칸트는 이성이 현실에 대해 왜곡된 관점을 만들고, 인간의 정신은 믿을 수 없기 때문에 인간은 결코 모든 존재를 '있는 그대로' 이해하지 못한다고 주장했다. 환경보호주의 또한 인간의 정신으로는 자연을 파악하고 지배하지 못하기 때문에 '확실성과 정확성을 지양할 때'

산업화가 초래한 황폐함을 실제로 이해할 수 있다고 주장한다. 또 합리적인 과학은 우리가 어떤 곤충을 죽이거나 덤불을 짓밟아 연약한 지구를 위험에 빠뜨린다는 사실을 보지 못하게 만든다고 말한다.

결국 환경보호주의가 인간에게 바라는 것은 자연에 대한 희생이다. 내세의 행복을 위한 종교적 염원이나 후세의 번영을 바라는 마르크스주의적 확신이 아니라 담수어나 습지에 대한 의무를 다하기 위해 인간의 이익을 포기해야 한다고 충고하는 것이다. 인간의 모든 것을 인간이 아닌 모든 것에게 굴복시키는 것, 인간을 위한 이유도 목적도 없이 복종 그 자체를 위해 도덕적 의무를 행하라는 충고가 칸트의 '정언명령'이 아니면 무엇인가?

칸트가 만들고 환경보호주의가 취하는 방법론에서는 이성과 비이성이 끊임없이 전도된다. 칸트의 방법론에 따르면 인간이 인지하는 것은 인간이 인지하기 때문에 실재가 아닌 것이 되고, 인간에게 가치 있는 것은 가치를 가지게 되기 때문에 도덕적이지 않다. 그리고 환경보호주의의 부패한 방법론에 따르면 생산은 파괴적 행위이고, 인간이 생산한 부富는 인간을 더욱 가난하게 만든다. 왜냐하면 인간이 만든 것이기 때문이다.

칸트가 이성과 객관성을 훼손하기 위해 이성의 명성을 이용했다면 환경보호주의는 과학과 인간의 생산능력을 훼손하기 위해 과학의 명성을 이용한다. 이 둘은 모두 합리성을 옹호하는 것처럼 행세한다. 칸트는 이성을 부정하면서 부정하지 않는 척하고, 환경보호론자들은 생산활동을 공격하면서 공격하지 않는 척(단지 '지속 불가능한' 생산활동을 공격하는 척)한다. 이 둘은 인간이 행복을 추구하며 삶을 지속할 수 없게 만들려고 한다는 점에서 근본적으로 같다.

환경보호론자들이 하는 말 중에도 진실은 있다. 바로 "자기 이익은 악이므로 자기 이익이라 생각되는 것은 모두 파괴하길 원한다"는 말이다. 그들의 이념은 인간의 삶에 필요한 것들을 없애야 한다고 주장했음에도 불구하고 유지된 것이 아니라 그러한 주장 덕분에 유지되었다. 자기희생을 가치 있게 생각하는 지배적 문화에 확고한 기반을 두고 있기 때문이다. 궁핍을 주장하면서도 자기희생을 추구한다는 도덕적 평가는 그들의 가장 강력한 무기가 되었다.

이제 그들을 무장 해제시켜야 할 때다.

환경보호주의와 싸우는 현실적 방법은 하나뿐이다. 바로 인간을 도덕적으로 옹호하는 것이다. 복지국가 체제에 반대하기 위해 자본주의가 노숙자 구제에 더 도움이 된다는 사실을 알리는 것이 아무 소용이 없는 것처럼 환경법 제정을 반대하기 위해 개인적이고 비요식적 수준에서 환경을 보호하려 노력하는 것이 훨씬 효과적이라고 설명하는 것은 아무 소용이 없다. 그 대신 우리가 당당하고 명확히 주장해야 할 것은 인간에게 가치 있는 것을 제외하고 자연에 가치 있는 것은 없다는 원칙이다. 즉, 이 세상에 인간의 환경이 아닌 별도의 환경은 존재하지 않는다.

문명과 진보를 이룩한 인간들은 이 전제에 따라 살아가는데, 환경보호주의의 오염된 철학이 이들을 질식시키고 있다. 이들은 자연 그대로의 지구를 숭배하는 자들의 손아귀에서 벗어나 자유를 찾아야 한다. 산업화의 해방된 공기를 마시며 자유롭게 생산활동을 할 수 있어야 한다. 산업화 이전 시대에 동굴과 정글에서 살던 인류를 구

제하고 엄청난 물질적 풍요를 가져다준 이들이 하던 일을 멈추게 해
서는 안 된다. 이들은 누구인가? 이들은 바로 인간이 가치 추구를 위
해 자연의 형태를 바꾸며 살아간다는 사실을 이해하고 자랑스러워
하는 모든 사람이다.

〈참조〉

1) Dr. Samuel Broder, director of the National Cancer Institute, quoted in
   "Trees Yield a Cancer Treatment, But Ecological Cost May Be High,"
   New York Times, May 13, 1991, p. A1.

2) Al Gore, *Earth in the Balance* (Houghton Mifflin, 1992), pp. 105-106.

3) Wendell Wood, quoted in "Trees Yield a Cancer Treatment, But
   Ecological Cost May Be High," *New York Times*, May 13, 1991, p.
   A14.

4) Tom Regan, quoted by David Hardy, in *America's New Extremists: What
   You Need to Know About the Animal Rights Movement* (Washington Legal
   Foundation, 1990), p. 8.

5) D. Petersen, "The Plowboy Interview," *Mother Earth News*, Jan./Feb.
   1985, p. 21.

6) David Graber, "Mother Nature as a Hothouse Flower," *Los Angeles Times
   Book Review*, Oct. 22, 1989, pp. 1, 9.

7) Cited by Joel Schwartz in "Apocalypse Now," *Commentary*, Aug. 1990, p.
   56.

신좌파

8) Carl Amery, quoted in *Trashing the Planet* (Regnery Gateway, 1990), by Dixy Lee Ray, p. 169.

9) Darryl Cherney, quoted in "Militant Environmentalists Planning Summer Protests to Save Redwoods," *New York Times*, June 19, 1990, p. A18.

10) Ayn Rand, *Atlas Shrugged* (Signet, 1957), p. 946.

11) Robert Fuller, "Inflation: The Rising Cost of Living on a Small Planet," *Worldwatch Paper* no. 34, Jan. 1980 (Worldwatch Institute).

12) "Doomsday and Inflation," *The Intellectual Activist*, May 1, 1980, p. 4. Oil data from: *U.S. Crude Oil, Natural Gas, and Natural Gas Liquid Reserves* (U.S. Energy Information Administration, 1995); *Historical Statistics of the United States: Colonial Times to 1970* (U.S. Dept. of Commerce, 1975); *Statistical Abstract of the United States* (U.S. Dept. of Commerce, 1996).

13) Mineral Facts and Problems (U.S. Dept. of the Interior, 1956); *Mineral Commodity Summaries* (U.S. Dept. of the Interior, 1994).

14) Fuller, op. cit.

15) Roderick Frazier Nash, quoted in "The Rights of Nature and the Death of God," by Joel Schwarts, *The Public Interest*, Fall 1989, pp. 3-4.

16) "Ethic of Protecting Land Fueled Yellowstone Fires," *New York Times*, Sept. 22, 1988, pp. A1, A24.

17) Ibid.

18) "Chronicle," *New York Times*, Aug. 3, 1991, p. 20.

19) Ad by Ecoforestry Institute of the U.S. (Portland, Oregon), *New York Times*, May 25, 1993, p. A9.

20) Paul Ehrlich, *The Population Bomb* (Ballantine, 1968), p. 171.

21) Carl Sagan, "Guest Comment: Preserving and Cherishing the Earth—an Appeal for Joint Commitment in Science and Religion," *American Journal of Physics*, July 1990, p. 615.

22) Pope John Paul II, " World Day of Peace Message," 1990 (published by the Vatican, Dec. 1989).

23) Dixy Lee Ray, *Trashing the Planet* (Regnery Gateway, 1990), pp. 78-79.

24) Eric W. Hagen and James J. Worman, *An Endless Series of Hobgoblins* (Foundation for Economic Education, 1995), pp. 10-11, 19.

25) Ray, op. cit., p. 73.

26) Elizabeth M. Whelan and Frederick J. Stare, *Panic in the Pantry* (Prometheus, 1992), pp. 66-76.

27) Stephen Schneider, quoted in "Our Fragile Earth," by Schell, op. cit.

28) Ehrlich, op. cit., p. xi.

29) Ray, op. cit. pp. 72-73.

30) Ibid., p. 69; also, Julian L. Simon, *The Ultimate Resource 2* (Princeton University, 1996), p. 261.

31) Edward C. Krug, " Acid Rain and Acid Lakes: The Real Story" (published in *Heritage Foundation Backgrounder*), April 19, 1990, p. 13.

32) Michael Sanera and Jane S. Shaw, *Facts, Not Fear* (Regnery, 1996), pp. 167-168.

신좌파

33) Ray, op. cit., p. 45.

34) Sanera and Shaw, op. cit., pp. 168-169.

35) Simon, op. cit., pp. 87, 320.

36) Calculations based on data in *Encyclopedia Americana*, 1996, Vol. 21, p. 430.

37) Jonathan Schell, "Our Fragile Earth," *Discover*, Oct. 1987, pp. 47-50.

38) Paul Ehrlich, quoted in "Journalists and Others for Saving the Planet," by David Brooks, *Wall St. Journal*, Oct. 5, 1989, p. A28.

39) From an Earth First newsletter, cited by Ray, op. cit., p. 168.

40) Hagen and Worman, op. cit., p. 101.

〈참고 서적〉

※ 다음은 환경 문제를 객관적으로 다루는 책들이다.

· *Animal Scam* (Regnery Gateway, 1993), Kathleen Marquardt

· *An Endless Series of Hobgoblins* (Foundation for Economic Education, 1995), Eric W. Hagen and James J. Worman

· *Environmental Overkill* (Regnery Gateway, 1994), Dixy Lee Ray

· *Facts, Not Fear* (Regnery, 1996), Michael Sanera and Jane S. Shaw

· *Panic in the Pantry* (Prometheus, 1992), Elizabeth M. Whelan and Frederick J. Stare

· *Rational Readings on Environmental Concerns* (Van Nostrand Reinhold, 1992), Jay H. Lehr, ed.

- *Science Under Siege* (William Morrow, 1996), Michael Fumento

- *The State of Humanity* (Blackwell, 1995), Julian L. Simon, ed.

- *Toxic Terror* (Prometheus, 1993), Elizabeth M. Whelan

- *Trashing the Planet* (Regnery Gateway, 1990), Dixy Lee Ray

- *The True State of the Planet* (Free Press, 1995), Ronald Bailey, ed.

- *The Ultimate Resource 2* (Princeton University, 1996), Julian L. Simon

다문화 니힐리즘 [08]

_ 피터 슈위츠

　　　　　　　　　원시적인 동굴 생활을 벗어나기 위
해 인간은 가치의 존재를 이해해야 했다. 진보를 위한 모든 과정에
서 인간은 한 걸음 더 나아가는 방법뿐만 아니라 한 걸음 더 나아가
는 것이 어떤 가치가 있는지, 즉 전진의 이유를 알아야 했다. 단순히
배우는 것만으로는 충분치 않았다. 예를 들어 칼이나 창을 이용해
사냥하게 되는 과정에서 단순히 무기 다루는 방법을 배우는 것만이
아니라 그 방법을 평가하고, 맨손으로 사냥하는 것보다 무기를 이용
하는 것이 더 낫다는 결론을 내려야 했다.

　인류의 모든 역사는 이렇게 매 순간 사실을 깨달으며 이루어졌다.
농사를 짓는 것이 수렵 채집을 하는 것보다 낫다는 사실, 실내에 배
관시설을 만드는 것이 실외에 만드는 것보다 낫다는 사실, 전기가
촛불보다 낫다는 사실, 과학이 미신보다 낫다는 사실 등 인류의 진
보는 단순히 과거와 '달라진 것'이 아니라 객관적으로 더 나아진 것
을 의미했다.

　인류가 발전할 수 있었던 것은 더 나은 방식을 창안해내는 여러

08　Nihilism : 허무주의. 모든 사물이나 현상, 진리에 아무런 가치가 없다고 주장하는 사상적 태도.

개인이 있었기 때문이다. (그리고 개인이 속한 사회가 이런 혁신의 타당성을 인정했기 때문이다.) 선사시대에 불을 사용하는 법을 알아낸 어떤 똑똑한 인간은 날고기보다 익힌 고기가 더 낫다는 사실을 이해했다. 그리고 그가 속한 사회는 그가 알아낸 사실을 존중하고, 그 발견에 대해 코끼리 고기를 날것으로 먹는 것을 선호하는 이들을 배려하지 않는 '불 중심주의자'의 편향된 산물이라고 비난하지 않았다. 발전하기 위해 인류는 뭔가가 가치를 지닌다는 사실, 즉 만들 가치, 사용할 가치, 옹호할 가치가 있다는 사실을 판단할 수 있어야 했다.

인류의 역사는 가치 창조의 역사다. 어떤 것들은 인간의 삶을 증진시키기 때문에 이로운 반면, 그렇지 않기 때문에 해로운 것도 있다는 판단이 문명을 가능하게 했다. 숫자점에서 수학으로, 점성술에서 천문학으로, 연금술에서 화학으로 발전할 수 있었던 것 그리고 동굴 생활을 하던 인간이 초고층 빌딩을 짓게 된 것은 모두 이런 전제 덕분이었다.

하지만 오늘날 지식인들은 이 눈부신 진보를 없었던 일로 만들고 싶은 모양이다.

이들은 객관적으로 현대 사회가 과거보다 더 나아진 것이 없다고 주장한다. 서구 문명이 마법을 믿는 원시부족의 문명보다 우월하다고 추켜세우는 사람, 초고층 빌딩은 대단하게 여기면서 동굴은 무시하는 사람들은 모두 왜곡되고 유럽 중심적인 프리즘을 통해 세상을 바라보는 것이라고 말한다.

이 지식인들은 바로 다문화주의자들이다. 다문화주의는 세상에 다양한 문화가 존재한다는 것이 아니라 모든 문화가 동등한 가치를 지닌다는 것을 기본 원칙으로 한다. 다문화주의자들은 모든 문화가 '다를' 뿐 더 우월한 문화는 없다고 주장한다. 이 이념의 궁극적 목적은 무엇일까? 바로 인간을 원시 상태로 되돌리고 문명화를 뒤집으려는 것이다.

다문화주의가 가장 치열하게 전투를 벌이는 곳은 학교다. 다문화주의자들은 교육과정을 바꿔 내용을 '확장'하고 학생들에게 '다른' 삶의 방식을 가르치라고 거세게 주장한다. 이런 식으로 그들은 합리적 가치에 대한 적대감을 당연하다는 듯 드러내고 있다.

1994년 6월 22일자 〈뉴욕포스트〉 기사에 따르면, 뉴욕의 한 학교 이사회는 다문화주의자들의 요구에 따라 학생들에게 타 문화를 가르치기로 결정했다. 하지만 이들은 미국이 이상적으로 생각하는 가치의 우월성을 바탕으로 타 문화를 가르치길 원했고, 결국 "모든 문화가 도덕적으로 동등한 가치를 지닌다고 교육해야 한다는 의견에 반대한다"는 내용의 결의안을 통과시켰다.[1]

다른 가치보다 우월한 가치가 존재한다는 사실을 결코 받아들이지 않는 다문화주의자들은 이 결의안이 통과된 것을 알고 분노했다. 한 학교 총장은 이사회의 태도를 비난하며 이렇게 말했다. "나는 다른 문화를 폄하하지 않고도 미국 문화와 가치를 이해하는 것이 가능하다고 믿는다."[2] (이 말의 뜻은 다음과 같다. 교사는 학생들에게 노예제나 식인 풍습을 행하는 문화에 대해 부정적으로 말해서는 안 되며, 나아가 문화적 문제에 대해 도덕적 중립을 유지하는 것이 미국 문화와 가치를 이해하는 것이라고 설득해야 한다.)

플로리다에 있는 한 학교 이사회도 다문화주의의 표면적 목표를 따르기로 결정했다. 학생들에게 타 문화를 가르치는 동시에 공화정 형태의 정부, 자본주의와 자유기업 체제와 같은 미국 문화유산을 이해하고 외래문화나 역사 문화보다 우월한 미국의 기타 기본 가치를 배울 수 있도록 교육과정을 정비했다. 교원노조는 이러한 교육과정이 다문화주의 정신에 위배된다며 분개했다. 노조는 학교 이사회가 "학생들이 자민족 또는 자문화 중심주의에 빠지지 않도록 특정 문화가 다른 어떤 문화보다 본질적으로 우월하거나 열등하지 않다고 가르쳐야 한다"는 주법을 위반했다고 주장하며, 학교를 고발할 것이라고 말했다.[3]

다문화주의는 세계 문화에 대한 우리의 지식을 확장시키는 것이 아니라 축소시킨다. 우리가 미국인이나 서구인으로서의 삶의 방식 또는 이성적인 삶의 방식을 가치 있게 여기지 않게 하고 그 반대의 방식은 경시하지 않게 만든다. 다문화주의가 원하는 것은 가치에 대한 모든 차별을 없애는 것이다. 규범적 척도가 정반대인 원시와 문명 사이의 구분이 사라지는 것을 바라는 것이다.

하지만 다문화주의자라 해도 사람들이 선택하는 모든 것에 무차별적으로 똑같은 타당성을 부여하고 모든 선택에 대해 보편적인 관용만을 요구하는 것은 아니다. 다문화주의자들도 가치에 대한 관심이 없지 않다. 오히려 '관용이 없다'거나 '배제시킨다'는 비난의 화살은 일관되게 특정 범주만을 향한다. 예를 들어 다문화주의자들은 미국인이 제3세계에 대해 무감각하다고 자주 비난하지만, 르완다인이 자본주의 문화를 이해하지 못한다고 비난하지는 않는다. 대학에서 서양철학이 이룬 업적이 정글 원주민이 무작위로 휘갈겨 쓴 낙서보다 낫다고 가르치면 다문화주의자에게 비난을 받지만, 반대의 경우는 받아들이는 듯하다.

다문화주의가 반대하는 차별은 문명화된 서구문화가 원시문화보다 우월하다고 여기는 태도, 이성은 존중하면서 비이성은 존중하지 않는 태도, 가치 있는 것은 수용하면서 가치 없는 것은 무시하는 태도에서 비롯되는 차별을 말한다. 이러한 차별에 대해서만은 결코 관용을 베풀지 않는다. 다문화주의자들은 콜럼버스Christopher Columbus가 인디언들을 '타락시킨다'고 표현하며 미국인을 비난한다. 이는 콜럼버스로 대표되는 문화가 지닌 선함, 이성과 과학이 신비주의와 야만보다 낫다는 생각, 유럽 사회의 선진적이고 생산적인 삶이 신세계의 야만적이고 호전적인 부족들의 삶보다 객관적으로 우월하다는 사실을 모두 공격하는 것이다.

학교 교육과정에 대한 모든 다민족의 공격은 비원시를 추구하는 것에 대한 적대감의 표현이다. 예를 들어 다문화주의자들은 수학과 문화의 관계를 연구하는 '민족수학'이라는 과목을 가르쳐야 한다고 주장하는데, 이는 학업에 뒤처지는 소수인종 학생들에게 자신들의 원시적인 수학(예 : 기하학적 구조를 지닌 아프리카의 모래그림)도 현대 수학만큼 가치가 있다고 설득하려는 것이다.[4] 한편, 뉴욕주의 고등학생들은 이제 미국의 헌법 제정에 이로쿼이족Iroquois이 영감을 주었다고 배우게 되었다.[5] (이로쿼이족은 뉴욕주에 살았던 토착 인디언으로 미국 독립전쟁 기간 동안 영국의 용병으로 싸웠다. 적의 머리 가죽을 벗기는 경향이 있었다.) 펜실베이니아대학의 한 교수는 대학에서 강조하는 읽기와 쓰기가 '통제를 위한 기술'이자 '학문적 계엄령'이라고 조롱한다. 그는 이런 교육 대신 '서구의 지적 패권'에 도전하고 구전 전통(예 : 랩 음악)을 지키는 '새롭게 부상하는 인종들의 목소리'에 더 초점을 맞춰야 한다고 말한다.[6]

　이처럼 노골적으로 무가치한 것을 옹호하는 목적은 진짜 가치를 훼손하려는 데 있다. 다문화주의자는 현대 수학이 가치 있고 원시적인 아프리카의 모래그림은 무가치하다는 생각을 받아들이지 못한다. 다문화주의자들은 사납게 묻는다. 너 따위가 뭐라고 그런 평가를 내리는가? 무슨 자격으로 콜럼버스를 칭찬하고, 현대 의학을 부족의 주술사보다 우월하다고 여기며, 구전 설화를 기억하고 들려주는 능력보다 읽고 쓰는 능력이 더 가치 있다고 말하는가? 어떻게 감히 서구권이 비서구권보다 낫고, 과학이 비과학보다 낫고, 합리성이 비합리성보다 낫다고 제멋대로 주장하는가?

　다문화주의는 가치와 무가치를 구분할 수 없다고 주장하며 가치라는 존재를 완전히 없애려고 시도한다. 다문화주의는 단순히 문화를 평가하는 데 반대하는 것이 아니라 가치 자체를 공격한다. 인간 삶의 필수 불가결한 요소, 즉 이롭다고 판단되는 모든 것을 공격하는 것이다.

　대표적인 예는 스미스대학 학생처에서 배포한 「억압의 구체적 발현Specific Manifestations of Oppression」이라는 회람에서 찾을 수 있다. 이 회람은 "타인과 다르다고 인식되는 사람은 다양한 방식과 다양한 이유로 억압받을 수 있다"고 설명한다. 그리고 "새로운 단어는 기존 언어로는 표현하지 못하는 개념을 표현하기 위해 만들어지는 경향이 있다"며, 억압에 대한 신조어를 다음과 같이 소개한다.[7]

종족 중심주의Ethnocentrism : 어떤 일을 하는 데 지배적으로 행해지는 방식이 우월한 방식이라 믿음으로써 지배적인 문화가 아닌 다른 문화를 억압하는 것.[8]

여기서 '지배적'이라는 단어는 다른 것보다 널리 퍼져 있다는 뜻일 뿐이다. 하지만 만약 어떤 문화가 실제로 더 낫고, 사람들이 그 사실을 알기 때문에 다른 문화보다 널리 퍼져 있다면 어떨까? 예를 들어 미국에서 널리 퍼져 있는 문화는 독재보다는 자유를 옹호하고, 신비주의 신화보다는 과학 법칙을 지지한다. 이것이 자유에 반대하는 문화를 억압하는 것이라고 말할 수 있는가? 수술을 통해 병을 치료하는 것은 칭찬하고 신앙을 통한 치료는 멸시하는 것이 억압인가? 실제로 어떤 일을 하는 데는 더 나은 방식이 존재한다. 스미스대학 학생들은 어쩌다 이런 당연한 사실조차 이해하지 못할 만큼 현실과 동떨어지게 되었는가? 인간이라면 응당 여러 관점을 비교해 어느 관점이 옳고, 따라서 더 나은지 판단할 수 있지 않은가?

하지만 다문화주의자들은 이런 판단을 하지 못한다. 뒷받침할 수 있는 합리적 증거가 있든 없든 상관없이 어떤 생각이 다른 생각보다 낫다고 믿는 것은 본질적으로 다른 생각을 억압하는 것이라 말한다. 다문화주의자들에게 평가는 포악한 행위다.

다음은 스미스대학의 회람에 실린 또 다른 신조어다.

외모 지상주의Lookism : 아름다움과 매력에 대한 기준을 정하는 것. 그리고 기준에 맞는 사람과 맞지 않는 사람 모두를 고정관념과 일반

화를 통해 억압하는 것.[9]

　고정관념은 사실을 지나치게 단순화하기 때문에 잘못된 일반화
라 할 수 있는데, 외모 지상주의와 상충되는 개념은 아니다. 한 예로
우리가 아름다운 사람은 쉽게 성공하고 행복할 것이라고 믿는 고정
관념을 들 수 있다. 하지만 일부 고정관념이 잘못되었다는 사실은
일반화 자체를 비난하는 근거가 되지 않는 반면, 외모 지상주의는
일반화를 비난할 수 있는 근거가 된다. "아름다운 것이 추한 것보다
낫다"와 같은 아름다움에 대한 일반화는 실제로 설득력이 있고, 이
런 종류의 일반화는 무수히 존재한다. 그리고 다문화주의가 금지하
려는 일반화도 이런 종류에 해당한다. 이는 아름다움을 이로운 것으
로 판단하는 데서 비롯된 평가이자 가치 기준을 판단할 수 있을 때
만 가능한 일반화이기 때문이다. 다문화주의는 근본적으로 가치와
무가치를 나누는 기준 그 자체를 반대한다.
　스미스대학의 회람에 실린 세 번째 신조어는 다문화주의의 악의
를 완전히 표출한다.

　　정상 신체 중심주의Ableism : 일시적으로 정상 신체를 가지고 있는
　　사람이 다르게 해낼 수 있는 사람Differently abled을 억압하는 것.[10]

　이 용어는 단순히 인간의 신체뿐만 아니라 지적·정신적·도덕적
능력 등 모든 능력을 포괄한다. 사람을 판단하고 그 판단에 따라 구
분하는 합리적 근거를 없애려는 의도로 볼 수 있다. 다문화주의자들

370　　　　　　　　　　　　　　　　　　　　　　　　　　　신좌파

은 이런 식으로 인간이 목적을 달성하는 방법뿐만 아니라 목적 그 자체에 맹공격을 퍼붓는다.

정상적인 신체를 지닌 사람과 그렇지 않은 사람을 구분하는 것이 억압이라면, 그 어떤 차별적 기준도 허용해서는 안 된다. 운동 경기에 운동 능력이 있는 사람만 참가해서는 안 되고, 대학 학위도 성적과 관계없이 주어져야 한다. 부동산 담보대출을 상환능력이 있는 사람에게만 승인해주어서도 안 되고, 앞을 볼 수 있는 사람에게만 운전면허를 발급해주어서도 안 된다. 또 무덤도 죽은 사람만 들어가서는 안 된다. 사실 삶이 죽음보다 낫다고 평가하는 것도 무신경한 편견, 즉 '생명 중심주의'적 편견이 아닌가? 그렇다면 대체 '다르게 해낼 수 있는 사람'보다 '일시적으로 정상 신체를 가지고 있는 사람'이 낫다고 판단할 자격은 누구에게 있는가?

가치에 대한 다문화주의의 반감은 인종차별주의라는 개념을 왜곡시켰다. 인종차별주의는 개인의 기질이 인종적 혈통에 따라 결정된다는 (잘못된) 믿음을 말한다. 하지만 다문화주의자들은 완전히 다른 맥락에 인종차별주의를 적용한다. 이들은 인종차별을 인종에 따른 차별이 아니라 오로지 차별로만 정의한다. 인종 간에 우열이 있다고 인식하는 인종차별주의자를 비난하지만, 인종차별주의자가 그렇게 생각하는 이유에는 전혀 관심이 없다. 다문화주의자에게 백인과 흑인을 구분하는 것은 천재와 바보, 영웅과 악당, 창조자와 살인자를 구분하는 것과 같다. 평가에 따라 구분하는 것은 모두 동일한 포악 행위다.

이러한 다문화주의자들의 생각은 펜실베이니아대학에서 일어난 한 사건에 잘 나타난다. 학교의 다문화 교육과정에 문제가 있다고 생각한 학부생이 대학 행정부에 편지를 보냈다. 그 학생은 편지에 "개인을 존중하고 사회 구성원 모두의 자유가 보호받기를 열망한다"고 썼다.[11]

학교 행정부 관계자는 이에 대해 매우 날 선 반응을 보였다. 편지의 '개인'이라는 단어에 밑줄을 긋고는, 이렇게 답장을 보냈다. "이 단어는 학생을 인종차별주의자라고 생각하게 만드는 위험한 단어입니다. 집단보다 개인을 옹호하는 것은 궁극적으로 다수 집단이나 지배 집단에 속한 '개인'에게 특권을 부여하는 것이기 때문입니다."[12]

이성적으로 따져볼 때 인종차별주의와 개인주의는 서로 배치되는 철학이다. 인종차별주의는 사람을 인종이라는 집단적 속성에 따라 평가하고, 개인주의는 개인이 지닌 특성에 따라 평가한다. 그렇다면 다문화주의자들은 왜 이 둘을 동일시할까? 그 이유는 인종차별주의와 개인주의 모두 어떤 기준에 따라 사람을 평가하는 것, 즉 구분을 짓는 것이기 때문이다. 다문화주의자들에게는 개인주의가 합리적 기준에 근거하는 반면 인종차별주의는 비합리적 기준을 근거로 한다는 사실이 중요하지 않다. 기준을 두는 것 자체가 금기이기 때문이다.

평등주의자는 마약에 중독된 부랑자를 도덕적 이상이라 여기지 않는다. 평등주의자에게는 도덕적 이상이 없다. 야망이 없고 비생산적인 것들을 옹호하는 것은 평등주의자의 실제 모습이 아니라 겉치

레에 불과하다. 실제로는 생산적이고 야망 있는 사람을 짓밟고 싶어 한다. 그리고 생산적인 사람과 비생산적인 사람을 차별하지 말아야 한다고 주장함으로써 부랑자와 빌 게이츠가 동등하게 안락한 삶을 누리기를 바란다.

평등주의자는 부자를 비난하는 독실한 종교인보다 훨씬 나쁘다. 독실한 종교인은 비록 비합리적일지라도 대안적 가치를 지지하는 것이기 때문이다. 독실한 종교인은 비물질적이고 초자연적인 차원의 가치를 최고로 믿어 부를 포기해야 한다고 주장한다. 하지만 평등주의는 비합리주의보다 낮은 수준의 유형으로서 허무주의에 해당한다. 가치를 존중하지 않을 뿐 아니라 가치 파괴를 추구한다. 평준화를 위한 평준화와 가치의 소거를 위한 소거, 즉 아인 랜드가 말한 '선을 행하는 선인에 대한 증오'를 조장한다.[13]

평등주의는 다문화주의가 입고 있는 철학의 옷과 같다. 다문화주의자들은 원시문화가 우월하다고 믿어서가 아니라 그것이 무가치하고 열등하다는 것을 알기 때문에 지지한다. 이들은 악이 아니라 선이라고 생각하는 것을 없애고 싶어 하고, 추함과 장애를 존중하는 가치 기준을 받아들이지 않는다. 다문화주의자는 아무것도 존중하지 않는다. 아름답지 않고 능력 없는 사람을 사랑하는 것이 아니라 아름답고 능력 있는 사람을 미워한다. 아름다움과 능력이 이롭다는 것을 알기 때문에 없애고 싶어 한다. 가치 있는 것이 무엇인지 어느 정도 분별할 수 있지만, 그것을 볼 때 느끼는 감정은 적대감뿐이다.

* * *

가치 있는 것에 대한 적대감은 '다양성'이라고 알려진 다문화주의 신조의 기저를 이룬다. 모든 가치를 거부하면서 다양성만은 의심할 여지 없는 절대적 가치로 여기는 다문화주의의 모순은 가치 있는 것에 대한 적대감에서 비롯된다.

왜 다양성을 가치로 여기는가? 다양성이 바람직하게 적용되는 경우는 많지만, 다양성 자체가 결코 합리적인 가치는 되지 못한다. 예를 들어, 사람들은 투자처를 다양화하는 것이 위험을 줄이는 좋은 투자법이라고 말한다. 하지만 여기서 다양화하는 것이 좋다는 말은 다양성 자체가 좋다는 뜻이 아니라 (재정적 안정성과 자산의 가치 등에 기초해) 투자를 분산시키는 것이 좋다는 의미다.

무엇을 다양화하는지와 관계없이 다양성 자체가 좋은 것이 될 수 있는가? 티끌만 한 문제도 없이 건강하기만 한 상태는 다양성이 없어 좋지 못한 상태이니 질병에 노출시켜야 하는가? 지식은 무지와 함께 존재해야 하는가? 온전한 정신을 지닌 사람은 주기적으로 미쳐야 하는가? 이것과는 다른 문제라고 한다면, 다양성 추구가 의미하는 바는 도대체 무엇인가?

다양성을 지지하는 사람들은 '배타적인' 정책을 타도하는 것이 목표라고 주장한다. 하지만 그들이 실제로 다양화하려는 것과 배척되지 않게 하려는 것은 따로 있다. 이를 이해하기 위해 먼저 인종 다양성의 개념을 살펴보자.

다문화주의자들이 인종 다양성을 지지하는 이유는 무엇일까? 소수인종이 인종차별로 인해 특정 영역에서 배척당하지 않게 보호하기 위해서일까? 결코 그렇지 않다. 예를 들어, 직장 내 인종차별을 막는 것이 다문화주의의 목표라면 회사에서 직원을 평가할 때 직원의 자질이나 능력만을 기준으로 평가하라고 주장해야 한다. 회사가 인종이라는 특성에 중요성을 부여하는 것을 비난하고, 인종별 직원 비율이 어떻게 되는지 신경 쓰지 않는 것이 옳다. 만약 회사가 직원 채용에서 자격요건을 갖추지 않은 흑인 대신 자격요건을 갖춘 백인을 고용한다면 그 결과를 당연하게 여겨야 한다. 인종이라는 특성을 그 무엇과도 연관 짓지 않고 타인도 그렇게 만드는 유일한 방법은 기준을 엄격히 준수하는 것임을 깨달아야 한다.

하지만 다문화주의자들은 인종이라는 특성이 그 무엇과도 연관이 없기를 바라지 않는다. 다양성을 요구하며 인종을 가장 핵심적인 특성으로 간주해주길 바라며, 소수인종에 대한 고용할당제를 주장한다. 이 제도에 따라 회사가 자격조건을 충족하지 못하는 사람을 특정 인종이라는 이유로 고용하게 되어도 어쩔 수 없다. 가장 중요한 것은 인종 '다양성'이기 때문이다.

대체 이유가 무엇일까? 진보주의자들은 수십 년간 인종 구분을 없애기 위해 싸워왔고, 인종차별이 없는 세상이 그들이 내세우는 이상이었다. 그들은 소수 집단에 속하는 어떤 사람을 판단할 때 객관적으로 중요한 특성이 아니라 전혀 중요하지 않은 인종이라는 특성으로 판단하는 이들을 비난했다. 그런데 지금은 인종 간에 우열은 없다고 떠들면서 백인 노동자 집단과 같은 강성 인종차별주의자들보다 더 피부색에 집착한다. 그 이유는 무엇일까?

그것은 바로 인종이라는 특성이 실제로 중요하지 않고 무가치하기 때문이다.

다문화주의자는 개인의 인종적 특성을 무시하고 능력에 따라 평가하는 방식을 용납하지 않는다. 회사가 인종차별을 철저히 금지한다 해도 다문화주의자들은 이를 인정해주지 않는다. '인종 블라인드 채용'을 통해서 실력에 기초해 직원을 뽑으면, 소수인종을 적극적으로 고용한 것이 아니기 때문에 오히려 분노한다. 그리고 이런 회사는 다양성 정책과 인종 할당제도를 도입해야 한다는 권고를 받는다.

어떤 회사가 인종에 관계없이 일과 관련된 자격을 갖춘 직원들로 구성된 상황에서 다양화 정책을 이행하는 방법은 자격이 없거나 미달인 사람을 고용하는 수밖에 없다. 업무에 적격인 직원들로만 구성된 상태에서 특정 인종의 직원을 교체하는 것은 특정 눈 색깔이나 귀 크기에 따라 직원을 교체하는 것과 마찬가지다. 기존 직원보다 업무에 덜 적합하더라도 인종적 조건이 맞는 사람으로 교체해야 하는 것이다. 다양화 정책에 따라 다양화하는 것은 결국 직원들에 대한 판단 기준이 된다. 다양화된 판단 기준이란 바로 능력 있는 사람과 능력 없는 사람을 '균형' 있게 고용하는 것이다.

1970년대에 진보주의자들은 소수인종에 대한 사회적 약자 우대 정책을 추진하기 시작했다. 흑인이 교육이나 취업, 재정 상태 등 여러 방면에서 취약하기 때문에 사회 각계에서 흑인을 우대해야 한다는 주장이었다. 흑인이 지닌 긍정적 가치가 아니라 취약성이 우대 정책의 기본이 되었다는 것은 전적으로 사실이다.

이때까지만 해도 진보주의자들은 가치 기준을 대놓고 부정하지 않았다. 오히려 '우대 정책'을 시행하면 '사회적 약자'의 수준도 사회에서 요구하는 적정 기준에 맞춰질 것이라고 주장했다. 그들은 흑인이 우대 혜택을 받으면 '사회적 강자'인 백인과 동일한 가치를 얻게 될 것으로 믿었다. 점차 기량이 높아져 학교 시험도 백인과 똑같이 통과하고, 동일한 일을 수행함에 따라 동일한 보상도 받게 될 것으로 생각했다.

하지만 오늘날의 다양성에 대한 주장은 가치에 대한 그 미약한 연결고리마저 없다. 이제 노동자를 능력 기준으로 판단해야 한다는 생각은 배타적이고 인종차별적이라는 비난을 받는다. 이제 그런 생각은 '정상 신체 중심주의'가 되어버렸다. 그리고 지금은 흑인의 수준을 사회의 객관적 기준만큼 끌어올리기 위해서가 아니라 그 기준을 대놓고 무시하기 위해 흑인을 우선적으로 고용해야만 한다.

왜 흑인들은 백인이 정한 기준에 맞춰야 할까? 졸업 여부를 결정하는 것이 왜 민족적 유산이 아니라 성적일까? 왜 회사는 직원을 고용할 때 지원자의 세상을 사는 지혜가 아니라 채용 시험 성적을 근거로 삼을까? 에보닉스[09]보다 영어가 더 나은 이유는 무엇인가? 기업의 세계에서 전통 북소리 해설가보다 컴퓨터 프로그래머를 더 나은 사람이라고 여기는 이유는 무엇인가? 다문화주의자들은 이 모든 것에서 더 나은 것은 없고 오직 다른 것만 존재한다고 말한다.

다문화주의자들의 입장에서 가치 기준을 지지하는 행위는 의심할 여지 없이 배타적 행위다. 무가치한 것을 배제한다는 뜻이기 때문이다. 모든 기준은 측정하지 못하는 것들을 제외시킨다. 능력이라

---

09   Ebonics : 흑인식 영어.

는 기준으로 직원을 채용하는 것은 무능력한 사람은 제외시킨다는 의미다. 다문화주의자들은 인종차별이 아니라 바로 이런 유형의 '배제 행위'를 타도하려 한다.

배제 행위를 타도하려면 기준 자체가 없어져야 한다. 따라서 다문화주의자들이 지지하는 다양성이나 균형은 가치의 기준standard과 무기준non-standard, 즉 기준과 반기준anti-standard 사이에 존재한다. 과거 인종차별주의자들은 인종 간에 우열이 있다고 생각했지만, 다문화주의자들은 인종이라는 특성에 대한 대안적 기준을 가지고 있지 않다. 다문화주의자는 인종이라는 특성이 중요하지 않다고 스스로 인정한다. 그리고 기준이라는 개념을 약화시키기 위해 무가치라는 개념을 이용한다. 실제로 무가치 개념을 이용하는 다문화주의자들은 이렇게 말한다.

"가치 기준에 부합하는 사람들만 채용하거나 대학 입학을 허락하는 이유가 무엇인가? 왜 우리는 기준이라는 개념을 초월해 다양성의 가치를 추구하지 않는가?"

무가치를 승격시키는 목적은 오로지 진짜 가치를 의미 없게 만드는 것이다. 인종 다양성을 주장하는 자들은 객관적 정의와 합리적 평가에 따라 인종이 혼합되는 것을 추구하지 않는다. 정의와 합리성은 평등주의와 다양성에 대해 일말의 자비도 베풀지 않는 개념이기 때문이다. 따라서 이들에게는 정의와 불의, 합리성과 비합리성, 능력에 기초한 판단과 인종에 기초한 판단이 균형을 이루는 다양성이 필요하다.

결국 다양성은 사람들이 무가치한 것에 따라 평가되어야 한다는 뜻이다. 능력이라는 기준이 인종이라는 무기준보다 나을 것이 없고, 회사에서 어떤 사람을 채용할 때는 그 사람이 유능해서가 아니라 유능한 사람과 무능한 사람이 다양하게 공존해야 하기 때문에 채용하는 것을 의미한다. 인간적 가치를 지닌 사람과 가치가 없는 사람은 당연히 구분할 수 없다. 이것이 다양성을 주장하는 자들이 추구하는 혼합이다.

최근 미국방부는 이런 인사 정책을 발표했다. "장애가 없는 백인이 승진할 때는 특별 허가가 필요하다." 그리고 미연방항공청은 다음과 같은 지침을 발표했다. "성과에 따른 승진 절차는 (…) 다양성 목표에 부합하지 않는다면 따르지 않아도 된다."[14]

장애가 있기 때문에 승진하고, 성과가 없기 때문에 승진하며, 가진 것 때문이 아니라 가지지 못한 것 때문에 승진한다. 진짜 가치를 부정하려면 반反가치를 지지하라는 것이 다문화주의의 교리문답이다. 능력은 무능력으로 다양화하고, 타인에게 가치가 아닌 반가치만 제공하는 사람을 배제해서는 안 된다. 회사의 채용 자격 기준에 미달해 입사를 거절당하면 그 지원자는 부당하게 배제된 것이지만, 채용 자격 기준을 충족하는 사람이 인종이라는 무기준에 맞지 않아 입사를 거절당하면 그는 다양성이라는 공정한 기준에 따라 탈락한 것이다.

이런 방식으로 다문화주의자들은 어떤 가치를 강화하는 것이 아니라 약화시키려 할 때 다양성을 언급한다. 예를 들어, 학교에서 다른 언어로 인해 어려움을 겪는 학생들에게 더 많은 관심을 기울여야 한다고 주장하면서 영재 학생들을 위한 과목을 따로 개설해야 한다고 주장하는 경우는 없다. 학교는 상향이 아니라 하향으로만 다양화가 가능한 모양이다. '정치적 올바름Political correctness'이라는 통설이 다양성을 위해 페미니즘이나 사회적 약자 우대 정책 등에 반대하는 관점도 동반해야 한다고 주장하는 것 또한 보지 못했다. (반이성, 반이기주의를 가르치는 과목이 존재하지만, 이를 객관주의 사상을 가르치는 과목으로 다양화하지 않는 문제에 대해 철학과가 쥐 죽은 듯 침묵하는 것은 말할 것도 없다.) 이런 주장이 존재하지 않는 이유는 간단하다. 다양성은 무가치한 것을 모두 합쳐 가치 있는 것을 파괴하는 것이기 때문이다.

소수인종은 평등주의 운동에 이용당하는 편리한 노리개일 뿐이다. 진보주의 선전은 소수인종에게 무력하고 결핍된 존재라는 프레임을 씌웠다. 이들은 가망 없고 무능한 사람들의 대리인이자 가치 부재의 대변인이 되어버렸고, 인간을 객관적 기준에 따라 판단하는 것이 흑인을 배제한다는 뜻이라는 다문화주의자들의 주장을 더욱 견고하게 만들었다. 다문화주의자들은 인종 할당제가 없으면 소수자들이 제대로 된 직업을 갖지 못한다고 대중들이 믿기를 바란다. (사회적으로 성공한 유능하고 독립적인 흑인들이 다양화의 가장 큰 희생자들이다. 하지만 이들은 좌파가 마치 그들이 세상에 존재하지 않는 것처럼 말하는데 아무 관심이 없다.)

이제 다양성에 대한 요구는 인종을 뛰어넘어 영역을 더 확장하고 있다. 문법 규칙을 지키는 것은 언어적 다양성을 용인하지 않는 것이라 비난하고, 웅변대회에 언어 장애인이 참가할 수 있게 해야 한다고 말한다. 다문화주의자들은 뭐든 싸잡아 "차별하지 말라"고 주장한다.

기준으로 억압하는 것은 유럽 중심적 족쇄이고 다양화는 해방이라고 외친다. 무엇으로부터 해방된다는 것인가? 아마도 가치가 무가치보다 나은 것이 진실이라고 말하는 현실로부터의 해방이 아닐까?

이러한 철학은 다문화주의자들이 문화라는 용어에 부여하는 왜곡된 의미의 기초가 된다. 원시적이고 부족적인 사고방식을 지닌 이들은 사람을 인종, 언어, 혈통 등으로 분류하는 것을 중요시한다. 합리적인 사람이라면 이런 특성들을 결코 중요하게 생각지 않는데, 실제로 중요하지 않기 때문에 다문화주의자들이 선택하는 것이다. 다문화주의자들은 이런 무가치한 특성을 어떤 집단의 특징으로 왜곡해서 정의한다. 그리고 그 왜곡을 심화시키기 위해 문화를 이용한다.

진짜 문화는 특정 집단이 선택한 생각이나 가치를 나타낸다. 사회 구성원들이 열성적으로 성취하는 발전된 기술 주도 문명이든 조상들의 생각을 전통이랍시고 노예처럼 그대로 따르는 침체된 부족 문명이든 문화는 의지의 산물이다. 사회 구성원들이 선택하고 구성원들의 기본적인 삶의 방식에 영향을 미치는 것이다.

하지만 다문화주의는 문화를 우리가 자발적으로 선택하는 것이 아니며, 삶의 방식에도 거의 영향을 미치지 않는다고 주장한다. 다문화주의는 인간의 두 가지 측면에 초점을 맞추는데, 하나는 순수하게 생리학적인 특성(예 : 인종이나 성별)이고, 다른 하나는 바꿀 수 있는 무작위의 특성(예 : 영어가 아니라 프랑스어를 쓴다거나 크로아티아가 아니라 세르비아에 사는 것 등)이다. 생리학적 특성은 개인이 선택할 수 없는 특성이고, 무작위의 특성은 합리적인 사람이라면 굳이 선택하는 수고를 하지 않을 만한 특성이다. 그리고 다문화주의자들은 어떤 집단이 지닌 속성의 가치가 낮으면 낮을수록 그것을 더욱더 거세게 문화라고 주장한다.

과거 인종차별주의가 보였던 비합리성은 다문화주의가 드러내는 비합리성 앞에서 무색해진다. 다문화주의에 따르면 흑인과 히스패닉, 동성애자, 장애인들은 각자의 문화를 가진다. 이 문화는 이들이 선택하지 않았고, 무가치라는 미덕을 지니는 것이 특징이다. (여담으로, 오늘날 좌파는 동성애 성향이 개인의 선택이 아니라고 끊임없이 주장한다. 동성애 성향이 개인의 자발적 의지에 따른 것이었다면 오늘날 '동성애 문화'는 공식적으로 인정받지 못했을 것이다.)

다문화주의자들은 인간이 선택하지 않은 것들을 인간 정체성의 핵심으로 만든다. 그와 동시에 우리의 성격과 가치를 형성하는 것들을 하찮게 취급하는데, 그것은 바로 인간의 의지로서 근본적으로는 생각하는 능력을 의미한다. 다문화주의자들은 개인의 생각이 허상이고 개인이 선택하지 않은 민족적 기질의 일부일 뿐이라 말한다. 다른 집단주의자들과 마찬가지로 다문화주의자들은 (주관적인) 결정론을 지지한다. 각 문화, 즉 모든 종족 집단들에게는 그 종족 구성원들 사이에서만 공유되는 고유한 정신이 있다고 믿는다. 흑인 과학, 여성 법학, 동성애자 음악학, 백인 해석학이라는 학문명을 만들고 모든 개념을 독단적으로 종족화한다.

다문화주의자들은 영광스러운 문화적 업적을 무자비하게 폄하하고 있다. 고대 그리스인들이 이성과 행복을 함양한 것, 우리가 계몽주의를 통해 과학과 자유를 발전시킨 것, 산업혁명 때 기술과 기업가 정신으로 자연을 극복할 수 있게 된 것 등 세상에는 인종이나 피부색, 성별에 관계없이 합리성을 추구하는, 모두가 더없이 귀중한 가치를 지닐 수 있게 한 다양한 발견과 발명이 존재한다. 하지만 다문화주의자들은 이에 대하여 다음과 같이 경멸적으로 반응한다.

"그 업적들은 모두 유럽 백인 남성들의 산물이다. 따라서 비백인, 비유럽인, 비남성은 그 업적과 아무런 상관이 없다."

다문화주의자가 집단주의자라는 사실은 명확하다. 다만 다른 집단주의와 구별되는 점은 현대 평등주의의 양상을 띤다는 점이다.

평등주의는 모든 인간을 평준화시켜 다수에게 없는 것이라면 무엇이든 아무도 누리지 못하게 하는 신념이다. 부, 지능, 재능, 외모 등 어떤 가치든 모두 똑같이 가진 것이 아니면 그 누구도 그것에서 얻을 수 있는 혜택을 누려서는 안 된다. 아인 랜드는 평등주의자들에 대해 이렇게 설명했다.

"평등주의자들은 정치적 평등이 아니라 형이상학적 평등을 추구한다. 즉, 타고난 재능이나 개인의 선택, 성과나 성격에 상관없이 개인의 기질과 개인이 지닌 미덕이 같기를 바란다."[15]

이 철학을 열렬히 지지하는 자들은 다문화주의자들이다. 이들은 가치에 기반한 형이상학적 평등이 세상에 존재하지 않는다는 사실을 알고 있다. 가치 없는 것에만 평등이 존재할 수 있고, 이러한 평등은 스스로 성취하려는 자를 굴복시켜 얻을 수 있다는 사실도 알고 있다. 다문화주의자들은 이러한 평준화를 두 단계로 나눠 이룬다.

먼저, 이들은 개인이 자신의 정체성을 포기하고 종족 집단의 구성원으로 살아가길 바란다. 모든 정당한 자기 가치를 짓밟는 것이다. 그런 다음, 집단의 구성원이 되면서 습득한 가짜 가치에 대한 감각조차 상실하게 만들기 위해 한 집단은 다른 집단을 위해 희생해야 한다는 사실, 즉 '가진' 종족은 '가지지 못한' 종족을 위해 희생해야 한다는 생각을 주입시킨다.

예를 들어, 회사 최고경영자CEO 중에 백인 남성의 비율이 높거나 대학생 중에 아시아인의 비율이 높다면 백인과 아시아인은 타 문화 구성원들을 위해 자신들이 누리는 혜택을 내려놓고 희생해야 한다. 비백인이나 비아시아인이 그 혜택의 수혜자가 되는데, 그럴 만한 자격이 있어서가 아니라 자격이 없기 때문에 혜택을 누리는 것이다. 즉, 다양성의 규범은 가치와 무가치를 차별하지 않기 때문에 그 혜택을 누리게 된다. 특혜는 회사에서 승진할 자격이 없거나 학교에 입학할 자격이 없는 '문화' 구성원들에게 자격이 없다는 이유로 주어지는 것이다. 따라서 다문화주의자들은 어떤 집단도 특정 지어 선한 집단이라 말하지 않는다.

이는 과거 집단주의자들의 견해와 매우 다르다. 예를 들어, 마르크스는 프롤레타리아 계급이 고귀한 선을 상징하는 반면 개인은 아무것도 아니라고 주장했고, 히틀러는 아리아인[10] 집단이 이상적인 인간의 형태이기 때문에 아리아인 집단이 아닌 개인으로서의 자아는 말살하도록 명령했다. 미국 남부의 초기 인종차별주의자들은 백인이 흑인보다 도덕적으로나 지적으로 우월하다고 생각했다. 이 모든 집단주의자들은 자신들이 속한 집단을 가치의 기준으로 삼고 지지했다.

---

10   Aryan : 독일 나치당에서 주장한 비유대계 코카소이드인.

이와는 달리 다문화주의자들은 가치에 대한 지지를 완전히 포기해버렸다. 최초로 평등주의와 집단주의를 결합시킨 다문화주의 이념은 집단 간의 우열을 나누는 주장을 피하는 동시에 집단주의를 지지한다. 다문화주의자들은 개인과 집단이 모두 무가치하게 존재한다고 믿는다.

(이것은 앞서 언급한 펜실베이니아대학 행정부가 개인주의에 대해 해괴한 비판을 하게 된 원인이기도 하다. 집단을 옹호하는 그의 생각은 차치하고, 개인주의 체제 아래서는 '지배적인 [즉, 객관적으로 우월한] 집단'이 성공하는 반면, 평등주의적 집단주의 체제 아래서는 우월한 집단이 열등한 집단을 위해 희생해야 한다는 사실을 그는 이미 알고 있었던 모양이다.)

다문화주의가 모든 문화에 대한 보편적 평등을 추구하는 동시에 특정 집단에 대한 특혜를 주장하는 것을 모순이라고 생각하는 사람이 있을 수 있다. 또한 평등주의는 허울일 뿐이고, 실제로는 자신이 선호하는 특정 집단의 이익을 도모하는 것이라고 결론짓는 사람도 있을 수 있다.

이것은 심각한 오해다. 사실, 평등 요구와 특혜 요구는 일맥상통한다.

평등주의는 모든 인간의 평준화를 바라는데, 상향이 아니라 하향 평준화를 바란다. 열심히 일하는 사람이 아무 일도 하지 않는 부랑자보다 즐거운 삶을 누려서는 안 되고, 사회는 이 둘을 똑같이 대우해야 한다고 주장한다. 방법은 무엇일까? 바로 불평등이 완전히 사라질 때까지 기생충 같은 사람에게는 혜택을 주고 생산적인 사람에게는 벌을 주는 것이다. 이 둘에게는 동일한 평등주의 원칙이 적용되었다. 보편적 평등을 위해 가진 사람이 가지지 못한 사람이 될 때까지 끊임없이 착취하는 것이다. 합리성과 비합리성을 동일한 수준으로 만들려면 객관적으로 보아 비합리성이 우대를 받아야 한다.

이것은 다문화주의가 추구하는 목표다. 다문화주의는 끊임없이 가치와 무가치의 균형을 통해 다양화를 이뤄야 한다고 말한다. 특정 문화에 대한 우대를 주장하는데, 우월하다고 생각되는 문화가 아니라 아무런 가치 기준에도 맞지 않는 문화를 우대해야 한다고 말한다. 그렇게 해야 그 문화가 다른 문화와 동등해진다는 것이다.

다문화주의는 과거 문화 상대주의보다 훨씬 급진적이다. 문화 상대주의자들은 모든 사회가 각각의 가치 기준을 만들 권리를 지닌다고 주장했다. 이런 주장은 잘못되었지만, 적어도 문화 상대주의자들은 가치를 추구하고 무가치는 지양해야 한다는 사실은 알고 있었다. 또한 그 문화가 무엇을 선택하든 그 사회에서는 이로운 것이므로 사회는 그 문화를 지지해야 한다고 주장했다. 그런 반면, 다문화주의자들은 '이롭다'는 개념 자체를 거부한다. 그것이 주관적인 개념일지라도 상관치 않는다. 이들이 설파하는 것은 모든 이와 모든 것에 대한 도덕적 평등이 아니라 투쟁을 위한 비도덕적 평등, 즉 가치를 무가치보다 우월하게 여기지 않는 사회체제다.

문화와 정체성을 선택하지 않은 것과 중요하지 않은 속성에 따라 정의하는 허무주의적 관점을 통해 다문화주의는 인간과 가치 사이의 연결을 완전히 끊어버린다. 어떤 문화가 이성적인 실제 가치를 지니지 않은 것으로 드러날 때, 다문화주의자들은 그 문화를 더욱 찬양하고 문화를 공유하는 집단 구성원에게 자신의 정체성을 없애도록 강요한다. 다문화주의의 의미와 본질은 인간의 삶에 해를 끼치는 반가치의 숭배다.

이 사실에 대한 혐오스러운 예로, 현재 진행 중인 난청 치료에 관한 논쟁이 있다.

난청은 환자가 어린 경우에 특히 끔찍하다. 아동에게 개념적 사고의 도구가 되는 언어 학습을 고통스러우리만큼 어렵게 만들기 때문이다. 하지만 최근 인공와우 이식 수술이 개발되어 청각장애 아동들이 청력을 되찾을 수 있게 되었다. 이 수술은 생명을 구하는 축복과도 같다. 청각장애인 자녀를 둔 부모라면 누구라도 얼싸안고 기뻐할 만한 매우 획기적인 발명이다.

하지만 이 수술은 청각장애인 단체의 반대에 부딪혔다.

미국 농아인협회는 이 수술에 대해 '무방비 상태의 아동에게 가하는 외과적 수술'이라고 비난했다. 1993년 5월 16일자 〈뉴욕타임스〉에는 이런 내용이 실렸다. "농아인협회를 지지하는 사람들은 아동의 두개골을 열고 와우(또는 달팽이관)에 전선을 감아 고요함이라는 생득권을 빼앗는 것은 너무 잔인한 일이라고 말한다."[16]

청각장애인을 대상으로 발행하는 정기 간행물 〈사일런트 뉴스 Silent News〉의 편집자는 이렇게 말한다. "들을 수 있는 부모가 청각장애 자녀의 고유한 정체성을 부정하고 강제로 듣게 만드는 것은 잘못된 일이라고 생각한다."[17]

시사잡지 〈아틀란틱The Atlantic〉의 기사는 동일한 관점을 취하되 다음과 같이 형이상학적인 말로 표현한다. "난청은 장애가 아니다.

많은 청각장애인들이 주장하는 바와 같이 난청은 다른 여러 문화처럼 문화의 한 종류일 뿐이다. 청각장애인은 언어적 소수자(수화 사용자)로서 아이티인이나 히스패닉이 그러하듯 치료가 필요한 존재가 아니다."[18]

이 기사의 제목은 "문화로서의 난청"이다.

우리는 여기서 다문화주의 철학의 악의를 확인할 수 있다. 반가치도 문화적으로 보존되어야 한다는 근거에 따라 그 무엇으로도 대체할 수 없는 청력이라는 명백한 가치를 적나라하게 공격하고 있는 것이다.

다문화주의자들은 사람들이 들을 수 있는 것은 듣지 못하는 것보다 이롭다고 생각한다는 사실에 분노한다. 이런 생각이 난청을 억압하는 것이라 주장하고, 청력과 난청은 서로 다른 문화적 특성일 뿐이며, 다르다는 것은 우열을 가릴 수 있는 개념이 아니라고 말한다. 들을 수 있는 사람은 정상으로 여겨지고 청각 교정술의 대상이 아니면서 청각장애인은 비정상으로 여겨지고 청각 교정술의 대상이 되어야 하는 이유는 무엇인가? 다문화주의자들은 인공와우 이식 수술을 하는 것이 차별이라고 말한다. 이 수술은 청각장애인 문화 그리고 어떤 기자가 묘사한 대로 '청각장애인의 자부심'을 부정하는 것이고, 정상 신체 중심주의에 해당한다. 하지만 어쩌면 '청력 중심주의Audioism'일지도 모른다. 이들은 왜 청력을 보편적인 가치로 취급하는가? 이들의 주장대로라면 사람들 사이에 청각적 '다양성'이 존재하지 않아야 하는 이유는 대체 무엇인가?

잡지 〈데프 라이프Deaf Life〉의 편집자는 이렇게 설명한다. "인공와우 이식은 난청에 대한 근본적인 부정이자 청각장애 아동이 농아로 성장하는 것을 근본적으로 거부하는 것이다."[19]

이는 매우 정확한 말이다. 인공와우 이식은 난청이 고칠 수 없는 병이라는 생각을 의학적으로 부정하고, 난청이 바람직하다는 의견을 도덕적으로 거부한다. 하지만 농아 '문화주의자들'은 자신의 병을 붙잡고 늘어지려 한다. 청각장애는 자신들의 문화적 생득권이라 배웠기 때문이다. 농아 문화주의자들에게 청각장애는 자신들의 정체성을 의미하며, 그 정체성을 보전하기 위해 무고한 청각장애 아동들이 평생 난청에 시달리게 만든다.

이들은 여기서 멈추지 않고 청각장애인들에게 장애에 대한 자부심을 가지라고 설득한다. 또 장애를 극복하는 것이 아니라 장애의 극복을 거부해야 한다고 충고한다. 장애 아동들이 청각장애를 지닌 채 계속 살아가고, 장애를 숭상하며, 장애 자체를 소중히 여기고, 들을 수 있는 것이 듣지 못하는 것보다 결코 낫지 않다는 다문화주의 신조를 신봉하길 바란다.

다문화주의의 목표는 모든 가치와 가치에 대한 열망을 약화하는 것이다. 인간의 삶을 지탱하는 것과 무너뜨리는 것 사이의 평등을 추구하며, 소수자나 저교육층 및 청각장애인의 곤궁한 삶을 개선하는 것이 아니라 소수자와 다수자, 지식인과 무식쟁이, 건강한 사람과 아픈 사람 모두를 똑같이 곤궁한 상태로 끌어내리려 한다.

그러나 다문화주의가 추구하는 허무주의, 즉 니힐리즘의 표적은 평가를 통한 구분 너머에 존재한다. 그것은 평가의 핵심인 인식 자체에까지 파고든다. 다문화주의자는 가치뿐만 아니라 가치를 인식하는 수단을 공격한다. 인종 평등주의와 똑같은 근거로 논리와 비논리, 이성과 신비주의를 차별적으로 인식하는 것을 허용하지 않는다. 이러한 차별적 인식은 '특정 종족에 대한 선호'에 지나지 않는다고 말한다.

이는 다문화주의자들이 믿는 종족 결정론이 지닌 깊은 의미다. 모든 문화에는 각자 고유한 정신 작용 방식이 있다고 믿는 것이다. 마르크스나 히틀러의 폴리로지즘Polylogism[11]을 기본 전제로 해서 이성과 객관성을 백인 남성이 지닌 편견 정도로 취급한다.

듀크대학의 한 교수는 "인간의 정신을 스쳐 가는 것 중에서 성별이나 경제력, 종족에서 비롯되지 않은 것은 없다"고 말한다.[20] 그리고 페미니스트들은 과학 조사를 '남성의 방식으로 아는 것'이라 일축해버리고, 아이작 뉴턴Isaac Newton의 신기원적 저서 『프린키피아Pnincipia』[12]를 '강간 설명서'라고 폄하한다.[21] 뉴저지주에서 만든 '페미니스트 장학금 지침'은 과학에 대한 오늘날의 성인지적 관점을 보여준다. 이 지침에는 다음과 같은 내용이 포함되어 있다. "이성은 남성이고, 본성은 여성이었다. 그리고 지식은 여성에 대한 남성의 침략 행위로 탄생했다. 여성의 비밀을 파헤치려는 남성에

---

11 모든 집단이나 계층이 각자의 논리와 사고방식을 가지고 있다는 믿음.

12 1687년 아이작 뉴턴이 연구한 역학 및 우주론을 체계화해 출판한 저서로, 원제는 『자연철학의 수학적 원리Philosophiae Naturalis Principia Mathematica』이다. 뉴턴은 이 책을 통해 만유인력의 법칙을 처음으로 세상에 알렸다.

의해 수동적인 본성은 심문당하고, 발가벗겨지고, 간파당하고, 결국 굴복했다."[22]

이제 지식을 추구하는 행위조차 '이성-남근중심주의logophallocentrism'라는 조롱을 당한다. 페미니스트 사상가 캐서린 맥키넌 교수는 이렇게 사실적이고 간결하게 표현했다.

"아는 것은 성교하는 것이다To know has meant to fuck."[23]

철학자들은 수세대에 걸쳐 논리가 쓸모없는 원리이고 이성적 인간은 허상이라고 가르쳤다. 다문화주의자들은 이런 가르침이 낳은 인식론적 혼란을 이용하고 있을 뿐이다. 인간의 생각을 조악한 '종족화'로 나누는 목적은 대중들이 이성을 신뢰하지 못하게 하려는 목적과 같다. 바로 비이성과 싸우려는 사람들의 의지를 약하게 만드는 것이다.

회사에서는 인종 할당제도를 시행하고, 학교에서는 '민족 수학' 교육을 하며, 아동의 청각장애는 찬사를 받는 불합리한 상황이 계속되고 있지만, 사람들은 좀처럼 의분을 느끼지 않는 듯하다. 이런 무분별함이 계속되는데 왜 아무런 반응도 보이지 않는 것일까? 그것은 사람들이 지적으로 무장 해제되었기 때문이다. 우리는 다문화주의를 도외시하는 것이 이성 쪽으로 편향된 종족 중심주의를 나타낸다고 배웠고, 많은 사람이 이런 생각에 동의하지 않으면서도 반박할 만한 답을 내놓지 못한다. 철학자들이 답을 주길 거부했기 때문이다. 그로 인해 사람들은 이 문제에 대해 속수무책이다. 계속 절망감을 느끼면서도 맞서 싸우지 못한다.

이 지적 평화주의자들을 상대로 다문화주의는 독특한 전략을 구사해 이성을 공격한다. 전략은 두 가지 행위로 구성되는데, 처음에는 자기 모순적으로 보일 수 있다. 먼저, 인종과 같이 사람들 간에 서로 다른 점을 강조한다. 이렇게 하면 사람들은 실제로 인종을 어떤 인종의 하위 인종으로 분류하고, 그 하위 인종의 하위에 있는 인종까지 분류하며 즐거워한다. 다음으로, 사람들 간에 서로 다른 점을 인정하는 데 대해 극심한 반감을 표출한다. 예를 들어 청각장애인과 비장애인, 유자격자와 무자격자를 나눈 다음 인간의 구분에 초점을 맞추는 모든 시도를 '배타적'이라고 비난하는 것이다.

언뜻 보기에는 제멋대로인 것 같지만 매우 일관된 관점을 드러낸다. 다문화주의자들은 인간의 인지력 발달 단계 중 개념화 이전 단계로 돌아가고 싶어 한다. 이들이 받아들이는 구분은 인종이나 성별처럼 순수하게 지각 단계에서 인지할 수 있는 구분이다. 그리고 인종이나 성별이라는 특징을 편협하고 야만적인 관점일지언정 구별하고 받아들인다는 것은 사람들 간의 다른 차이도 받아들일 수 있다는 것을 뜻한다. 하지만 그들이 비난하는 것은 지각 단계가 아니라 개념화 단계에 있는 구별이다.

다문화주의자들은 전적인 사실(예 : 들을 수 있는 것과 듣지 못하는 것)을 지각적인 수준에서 차별하는 것은 문제 삼지 않는다. 그들이 반대하는 것은 그 사실을 개념적으로 식별하는 것이다. 다시 말해, 그 사실에 대한 필수적 정보를 추상화해서 관련 지식과 연관 짓고, 각 사실에 대한 원인과 결과를 이해한 다음, 들을 수 있는 능력이 있으면 그 사람의 삶이 크게 확장되리라는 사실을 판단하는 것 그리고 무엇보다 들을 수 있는 것은 이롭고 듣지 못하는 것은 해롭다는 원칙적 구별에 반대한다.

'평가'라는 의지적 행위는 개념적 사고방식을 지닌 사람만 할 수 있다. 사고 수준이 지각 단계에 머물러 있는 사람은 자신이 가진 다른 정보와 연결되지 않은 원시 상태의 정보만 가지게 된다. 다문화주의자들이 "다르다는 것은 우열을 가릴 수 있는 개념이 아니다"라고 주장하는 것은 정신 상태가 구체具體에 묶여 있음을 나타낸다. 따라서 이 말은 인간의 의식에서 개념화 과정을 삭제한 뒤 인간의 삶에서 평가 행위를 없애자는 의미다.

다문화주의자들이 지각 수준에서의 차별에 집착하는 이유는 그것이 인류를 종족별로 나누려는 자신들의 목적에 중추적 역할을 하기 때문이다. 피부색이 흰지 검은지, 성별이 남자인지 여자인지 등 다문화주의자가 주시하는 원시적 수준에서의 구별은 모두 부족이나 무리 또는 '문화'를 구성하는 기준이 된다.

일반적인 이타주의자들은 이렇게 말한다. "우리는 모두 형제이자 서로를 돌보는 보호자이기도 하다." 그리고 다문화주의자들은 이를 차용해 이렇게 말한다. "우리는 모두 원시 종족주의자들이고, 종족을 돌보는 수호자이기도 하다." 이들은 사람들이 흑인이든 동성애자든 청각장애인이든 관계없이 자신들이 속한 종족에 애착을 갖기를 바란다. 개인이 종족의 노예가 되는 것이다.

예를 들어 흑인 청소년에게는 학교에서 공부를 열심히 하지 말라고 한다. 그것은 백인의 방식으로 생각하는 법을 배우는 것이기 때문이다. 청각장애 아동에게는 들을 수 있는 기회를 포기하라고 한다. 그것은 자신이 속한 청각장애인 문화를 등지는 행위이기 때문이다. 장애인 운동가들은 전신마비의 고통 속에 살고 있는 크리스토퍼 리브[13]처럼 장애에 대한 치료법을 찾기 위해 사회운동을 벌이는 사람들을 (장애를 안고 살아가는 방법을 터득한 사람들에게 불쾌감을 줄 수 있기 때문에) 비난하고, (치료를 원한다는 사실에) 가엾어한다.[24]

다문화주의는 개인이라는 존재를 말살시키려 한다. 개인이 아니라 종족이 법률 제정자가 되고, 희생의 수혜자가 되고, 개인의 정체성을 형성하는 자가 되고, 세상의 기본단위가 되길 바란다. 다문화주의자들이 추구하는 사회에서는 개인이 존재하지 않고 종족이라는 유기체만 있다. 그리고 그 유기체 안에 존재하는 종족 구성원들은 모두 교환 가능하고 사라져도 괜찮은 세포들이다.

다문화주의자들은 문화적 차이를 무시하면 안 된다고 말한다. 즉, 그들이 다양성이라고 부르는 종족주의가 영원히 보존되어야 한다는 뜻이다. 모든 종족이 자신들을 다른 종족과 구분하는 조악한 특성에 정신없이 빠져서 자신들이 지닌 특성보다 우월한 특성도 있다는 사실을 모른 채 살아가길 바란다. 하지만 이조차도 종족이라는 가치를 지지하는 것에 해당하며, 가치 평가는 종족의 정체성을 파괴한다. 가치 평가를 지지하는 것은 청각장애인에게 들을 수 있도록, 추한 사람에게 아름다워지도록, 문맹자에게는 글을 읽을 수

---

13 Christopher Reeve(1952~2004) : 미국의 영화배우이자 사회운동가. 영화 〈슈퍼맨〉 시리즈에서 슈퍼맨 역할로 일약 스타덤에 오른 뒤, 낙마 사고를 당해 전신마비 장애인이 되었다. 하지만 낙담하지 않고 재활치료를 계속했고, 인터뷰 도중 손가락을 움직여 보여 미국 국민들에게 영화보다 더 큰 감동을 주었다. 재단을 설립해 장애인들의 재활치료를 도왔으며, 의료보호 확대를 요구하는 사회운동을 벌였다.

있도록 노력하라고 말하는 것이나 다름없다. 다시 말해, 종족적 성질은 사라지고 구성원 각자가 자신의 합리적 가치를 추구하게 되는 것이다.

다문화주의자들은 이에 맹렬히 저항해 "좋고 나쁜 것을 따지지 말라"고 소리친다. 자신들은 단지 "다른 종족들과 구별되는 특수한 차이점을 보존하고 싶은 것뿐"이라며 이렇게 말한다. "왜 모두가 들을 수 있고, 아름답고, 글을 읽을 줄 알고, 유능해지려고 노력해야 하는가? 그것은 다양성에 반하는 것이다."

이것은 순수한 평등주의로 종족에 따른 구별을 방부 처리하는 수단이 된다. 침체된 삶을 영속시키고, 개인이 집단의 속박에서 벗어나는 것을 끊임없이 두려워하게 만든다. 평등주의는 잘못된 종족의 관습에 의문을 제기하고 독립적으로 생각하며 인생을 살아갈 책임으로부터 꽁무니를 빼는 사람들이 추구하는 것이다. 또 평등주의는 '더 낫다'는 생각 자체가 억압이라고 철석같이 믿기 때문에 더 나은 삶에 대한 욕구가 없는 사람들이 소중하게 여기는 것이다.

이 종족들은 자신들의 독특한 원시성에 대한 찬사를 받으면 굳어버린 정신 상태에서도 안전함을 느낀다. 독특한 원시성을 구별하는 데는 개념화 과정도 평가도 필요하지 않다. 다양성에 대한 사회의 요구는 어떤 집단이 타 집단의 특성을 거부하지 못하게 하고, 졸업률이나 소득수준, 인공와우를 이식받을 환자 수까지 모두 동일하게 유지하게 만든다. 즉, 보편적이고 종족적인 '평등'의 '안보'를 보장한다.

다문화주의는 이성적인 사고방식을 배척하려 하므로 개념적 차별을 비난한다. 어떤 사람이 노인과 청년, 유능한 사람과 무능한 사람, 인간과 동물이 본질적으로 차이가 있다고 판단할 경우 그는 졸지에 '노인차별주의자', '능력중심주의자', '동물차별주의자'가 되어버린다. 사실상 모든 인지적 구분에 대해 이런 평등주의적 '반개념'[25]은 끝도 없이 존재한다.

다문화주의자들은 본질적 요소와 비본질적 요소의 구분을 거부한다.

예를 들어, 남성과 여성을 본질적으로 같거나 다르게 취급해야 하는 특정 맥락에 대해 이해하려 하지 않는다. 연애하거나 옷을 디자인할 때는 남성과 여성을 본질적으로 다르게 취급해야 하는 반면, 지적 능력이나 자동차 운전 능력 등에 대해서는 본질적으로 동일하게 취급해야 한다는 사실을 인정하지 않는다. 청각장애인에 대해서도 마찬가지다. 청각장애인의 의사소통 능력은 타인들과 다르게 취급되어야 하고, 인권에 대해서는 비장애인과 동일하게 취급되어야 한다는 사실을 받아들이기를 거부한다.

지각적 수준에서 정신 성장이 멈춘 경우 비본질적 요소 외에 본질적인 요소는 생각지 못한다. 정신지체의 다문화적 사고방식을 지닌 이들은 오직 종족적 특성이 사회에 확산되기만을 바라며, 모든 종족이 동등하게 대우받고 있는지, 행여나 차별당하는 종족이 있지는 않은지 예의 주시한다.

가치는 사실에 기반하므로 평등주의는 결국 도덕이 아니라 인식론에 해당한다. 평등주의는 현실에 대해 특별한 인지적 접근 방식을 취하는데, 그 접근 방식은 본질이 다른 존재들 간의 개념적 구분을 거부하는 것이다. 그리고 가치 있는 것과 무가치한 것 사이에 평등을 옹호하는 다양성의 원칙은 이 접근 방식을 더 넓은 영역에 적용하는 것에 불과하다. 인간의 의식 수준을 짐승 수준으로 유지시킴으로써 다문화주의는 개념적 구별을 위한 인간의 인지 수단을 작동하지 않게 만든다.

다문화주의는 인간의 의식을 원시 상태로 되돌리려 한다. 다문화주의 이념은 인간의 정신을 야만인 상태로 만드는 것이다. 다문화주의가 우리 사회에서 상식으로 받아들여지게 될 때 실제로 벌어질 일은 단 한 가지다. 세계적인 종족 전쟁이 발발하고, 히틀러가 벌인 학살을 능가하는 대학살이 일어날 것이다.

종족적 주관주의가 다스리는 세상에서는 다른 목적도 결과도 있을 수 없다. 객관적인 진리가 없고, 그것을 찾아낼 객관적인 방법이 없으며, 이성이나 논리가 '문화적 편견'에 해당하는 세상이라면, 모든 인간 간의 교류는 결국 타 종족에게 뭔가를 바라거나, 바라는 것을 얻기 위해 공격하는 일로 귀결될 것이다.

모든 문제에서 유일하게 고려하는 사항은 문제와 관련된 종족을 식별하는 것이다. 대학에 지원할 때 받는 질문은 "당신은 어느 종족 출신이며, 우리 학교에 그 종족 출신 학생은 몇 명인가?"일 것이다. 그리고 자기 생각을 논리적이고 유창하게 말하면 "당신은 어느 종족 소속이며, 그런 생각은 어느 종족에게 영향을 받은 것인가?"라고 물을 것이다.

종족주의는 인간을 고기 한 덩어리를 놓고 서로 으르렁거리는 짐승 같은 상태로 전락시킨다. 특히 분쟁이나 갈등 상황에서 타인과 이성적으로 해결할 수 없게 만든다. O. J. 심슨[14]은 재판에 회부되었지만 유죄를 입증할 객관적 증거는 없었고, 단지 한 종족(흑인) 구성원이 다른 종족(백인)에 의해 기소되었다는 인식만 존재할 뿐이었다. 그리고 가지지 못한 자를 대표하는 종족은 가진 자에 해당하는 종족을 이기는 것이 정당하다는 평결로 이어졌다.

종족주의 세상에서 사람들은 개념적 시대의 산물인 법과 이성에 구속되지 않고 다문화주의가 가르친 대로 짐승 무리처럼 행동하면 된다. 종족 구성원이 배심원의 평결에 동의하지 않거나 마트에서 파는 우유 가격이 마음에 들지 않으면 어떤 행동을 취할까? 아마도 반대 측에 해당하는 종족에게 불만을 품고 폭력적인 보복을 행할 것이다.

다문화주의는 수 세기에 걸쳐 진보한 문명을 거부하고 인간을 퇴행시킨다. 개인이 독립적인 존재로서 참과 선을 구별하고 추구하는 것이 아니라 야만인 무리의 구성원이 되어 아무 생각 없이 족장의 명령에 따라 끊임없이 서로의 목을 뜯어먹게 만든다. 결국 다문화주의는 동굴로 돌아가는 길을 닦고 있다.

미국은 거대한 '용광로Melting pot'라고 불렸다. 국적과 언어, 혈통이 다양한 이민자들이 자신의 배경을 버리고 공통된 자유를 선택함

---

14   O. J. Simpson(1947~) : 미국 프로풋볼 선수 출신의 흑인 배우다. 1994년, 여자친구였던 니콜 브라운을 살해한 유력 용의자로 지목되었지만, 백인 경찰들이 흑인인 심슨의 살해 정황 증거를 조작했다는 인종차별 프레임을 씌워 무죄를 선고받았다.

신좌파

에 따라 하나가 되었다는 뜻이다. 과거 삶에는 자유가 필수적이지 않았더라도 필수적이라는 사실을 깨달았기 때문에 그런 선택을 한 것이었다. 이들은 민족적 유산이 아니라 미국이 상징하는 가치가 자신들의 문화를 구성하고 그 뜻을 함께하는 모든 이를 단결시킨다는 사실을 알았다. 용광로는 정치적·사회적·인식론적 통합의 원리를 나타낸다.

하지만 오늘날 미국에서는 용광로라는 말이 정치적으로 옳지 않은 표현으로 쓰인다. 이제 우리의 학생들은 '인종 모자이크Ethnic mosaic'가 적절한 표현이라고 배운다. 해체는 기본 전제가 되었고, 종족에 따른 발칸화는 논리적 현상이 되어버렸다.

사회가 원시주의로 회귀하는 것을 막으려면 우리는 자유와 진보를 억압하지 않던 용광로의 시대로 돌아가야 한다. 정확히 말해 엄청난 도약을 해야만 한다. 이는 개인주의 철학에 헌신해야만 가능한데, 미국은 단 한 번도 개인주의를 완벽히 실천한 적이 없었다. 사실, 시작조차 하지 못했다. 우리는 모든 도덕적·정치적 문제에서 개인이 기본단위라는 사실과 인간을 정의할 수 있는 특성은 이성적 사고라는 사실, 가치의 객관적 기준은 인간의 삶이 되어야 한다는 사실, 인간의 삶에 필요한 모든 인지적 구분 가운데 가치와 무가치의 구분이 가장 중요하다는 사실에 대해 확신을 가져야 한다.

이러한 개인주의 철학을 분명히 주장할 수 있는 사람이 많아진다면 다문화주의 현상은 빠르게 사라질 것이라 확신한다. 다문화주의가 굽힘이 없는 이성의 빛과 마주하는 상황이 되면 그것은 원래 생겨났던 원시의 습지 바닥으로 다시 가라앉을 것이다.

〈참조〉

1) "Cortines Vows To Stop Board's 'America Best' Plan," *New York Post*, June 22, 1994, p. 20.

2) Ibid.

3) "School Board Will Recognize Other Cultures, but as Inferior," *New York Times*, May 13, 1994, p. 16.

4) Claudia Zaslavsky, "Integrating Mathematics with the Study of Cultural Traditions" (paper presented at the International Conference of Mathematical Education in Budapest, Hungary, summer 1988).

5) William A. Henry III, *In Defense of Elitism* (Doubleday, 1994), p. 45.

6) Dinesh D'Souza, *Illiberal Education* (The Free Press, 1991), pp. 6-7; and "Illiberal Education," *The Atlantic*, Mar. 1991, p. 53.

7) John Taylor, "Are You Politically Correct?", *New York magazine*, Jan. 21, 1991, p. 34.

8) Ibid.

9) Ibid.

10) Ibid.

11) Ibid., p. 35.

12) Ibid.

13) Ayn Rand, "The Age of Envy," *Return of the Primitive* (Meridian, Revised Edition, 1997), p. 130.

14) Paul Craig Roberts, "The Rise of the New Inequality," *Wall St. Journal*, Dec. 6, 1995, p. A20.

15) Rand, op. cit., p. 140.

16) "Pride in a Soundless World: Deaf Oppose a Hearing Aid," *New York Times*, May 16, 1993, pp. 1, 22.

17) Ibid.

18) Edward Dolnick, "Deafness as Culture," *The Atlantic* magazine, Sept. 1993, p. 37.

19) Ibid., p. 43.

20) Dinesh D'Souza, "Illiberal Education," *The Atlantic* magazine, March 1991, p. 63.

21) Christina Hoff Sommers, *Who Stole Feminism?* (Simon & Schuster, 1994), p. 66.

22) Taylor, op. cit., p. 38.

23) Hoff Sommers, op. cit.

24) "Eager To Bite the Hands That Would Feed Them," *New York Times*, June 1, 1997, pp. 1, 6 (Section 4).

25) See Ayn Rand's discussion of "anti-concepts" in "'Extremism,' or the Art of Smearing," *Capitalism: The Unknown Ideal* (Signet, 1967), p. 173.

반산업혁명

        어떤 추상적 관념을 구체적인 용어로 옮겨보겠다. 오늘날의 사회는 기술을 인간의 적으로 여긴다. 기술을 제한해야 한다고 보는 것이 사회의 지배적 의견이다. 이러한 생각이 실제로 의미하는 것이 무엇인지 상상해보자.

  당신은 1975년 미국에 살고 있는 젊은 남성이다. 결혼해서 두 아이가 있고, 대도시 외곽에 괜찮은 집도 한 채 소유하고 있다. 기술이 존재하지 않는 사회에서 당신이 보내는 평범한 일상을 생각해보자.

  당신은 도심에 있는 회사로 9시까지 출근하기 위해 5시에 일어난다. 아침식사는 가볍게 토스트와 커피로 때운다. 커피머신은 없다. 커피머신은 전력을 소비해 발전소에서 더 많은 전력을 생산하게 만들고, 결국 대기오염을 일으키는 인간의 방종한 사치품이기 때문에 생산이 중단되었다. 그래서 구식 주전자를 전기 레인지가 아닌 기름 난로 위에 얹어서 커피 물을 끓인다. 전기 레인지 사용은 법으로 금지되어 있다. 전기 토스터기도 사라졌다. 대신 화덕을 이용해 토스트를 굽는데, 잠시 한눈을 판 사이에 타버렸다. 하지만 다시 구울 시간은 없다.

차가 있을 때 회사까지 가는 데 걸리는 시간은 고작 45분이었다. 하지만 개인용 차량을 소유하는 것이 법으로 금지되었기 때문에 대중교통을 이용할 수밖에 없다. 이제는 회사까지 이동시간만 2시간 30분이 소요된다. 제시간에 마을버스를 탈 수만 있으면 1시간이 조금 넘게 걸린다. 하지만 제시간에 도착할지 알 수 없기 때문에 회사 도착 시간에서 30분 정도는 여유를 두고 출발해야 한다. 추운 아침에 거센 바람을 맞으며 10블록 떨어진 버스 정류장까지 걸어가서 버스를 기다린다. 방법이 없다. 다른 이동 수단이 없기 때문이다.

회사가 있는 도심에 도착하면 터미널에서 사무실 건물까지 12블록을 걸어가야 한다. 그렇게 출근 시간에 맞춰 도착하고 나면 점심 시간까지 일하고 집에서 싸 온 도시락을 사무실 책상에서 먹는다. 과거에는 사무실 건물 주변에 음식점이 여섯 군데나 있었지만, 음식점이 쓰레기를 대량으로 배출해 환경을 오염시키는 주범이라고 알려진 뒤 모두 사라지고 이제 한 군데만 남았다. 하나 남은 음식점은 맛이 별로인데 줄까지 서서 기다려야 한다. 그래서 당신은 도시락을 싸 와 돈을 아끼기로 했다. 종이로 된 신발 상자에 도시락을 싼다. 금속 용기는 정부가 광물 채굴을 엄격히 제한하면서부터 사라졌다. 플라스틱 용기나 비닐봉지, 보온병도 인간의 방종한 사치품이므로 당연히 없다. 샌드위치는 신선미가 없고 커피도 차갑게 식었다. 하지만 이런 식사에 익숙해진 지 오래다.

오후가 되자 몸이 뒤틀린다. 계속 시계를 보며 지루함이라는 적의 반복되는 공격과 맞서 싸운다. 당신은 이 회사에서 8년간 일해왔다. 3년 전 팀장이 되었지만 더 이상 승진은 없을 것이다. 이 회사 말고 달리 갈 곳도 없다. 회사는 오래전부터 사업을 확장하지 않아 성장이 멈춰버렸다. 다닐 회사가 있는 것만으로도 운이 좋다고 자신을 위로하며 지루함을 이겨보려 애쓰지만, 별로 도움이 되지는 않는다. 지루함 속에는 인정하고 싶지 않은 두려움도 있다. 즉, 회사가 문을 닫을지도 모른다는 사실이다. 종이는 나무를 원료로 사용하고, 나무는 환경 보존에 없어서는 안 될 중요한 요소이기 때문에 인간의 방종한 사치품으로 쓰이면 안 된다. 그리고 안타깝게도 당신이 일하는 회사는 종이 용기를 만드는 회사다.

집으로 돌아가기 위해 버스를 타러 버스 정류장으로 터벅터벅 걸어가며 지친 자신을 자책한다. 사실, 정말 고생하는 건 아내다.

아내는 오전 6시에 일어난다. 내가 먼저 일어나 석탄 난로에 불을 켜고 집에 온기가 약간 돌면 침대에서 나와 일을 시작한다. 아내는 다섯 살 난 아들이 먹을 아침을 준비한다. 시리얼은 영양가가 충분치 않다는 이유로 금지되어 없고 캔에 든 오렌지 주스도, 냉장고도 물론 없다.

생후 6개월 된 딸에게는 모유를 먹여야 한다. 플라스틱 젖병이나 분유는 없다. 일회용 기저귀도 없어서 매일 몇 시간씩 기저귀를 손으로 빨아야 한다. 아내는 가족 모두의 빨래를 하고 설거지도 한다. 식기세척기나 세탁기, 전기다리미 같은 인간의 방종한 사치품은 없다. 진공청소기도 없어서 빗자루로 집안 전체를 쓸어야 한다.

대형 쇼핑센터는 자연경관을 해친다는 이유로 모두 사라졌고, 가장 가까운 식료품점은 집에서 3km 정도 떨어진 거리에 있다. 식료품점까지 겨우 걸어서 도착한 뒤에도 물건을 사려면 한 시간 이상

줄을 서야 한다. 장을 다 보고 나면 집으로 가져가야 하는 짐이 꽤 무겁지만 불평하지 않는다. 신문에서 어떤 여성 칼럼니스트가 장을 보고 짐을 나르는 것이 몸매 관리에 좋다고 했기 때문이다.

간편하게 요리할 수 있는 통조림이나 냉동식품이 없기 때문에 식사 시간에 맞추려면 세 시간 전부터 요리를 시작해야 한다. 모든 채소의 껍질을 일일이 깐 뒤에 작게 썬다. 과일은 자주 먹을 수 없다. 냉장 차량이 더 이상 생산되지 않기 때문이다.

당신이 집에 도착하면 아내는 지친 모습을 보이지 않으려 애쓰지만 쉽지 않다. 인간의 방종한 사치품인 화장품이 없어 초췌함을 감추기가 더욱 어렵다. 저녁을 먹고 설거지를 한 뒤 아이들을 재우고 약간의 집안일만 끝내면 당신과 아내는 달콤한 자유시간을 얻는다. 밤이 깊어서야 주어지는 짧은 여가시간에 무엇을 할까? 집에는 텔레비전이나 라디오, 레코드도 없다. 자동차 극장도 없고, 그나마 하나 있는 영화관은 10km 떨어진 시내에 있다. 마을버스를 제시간에 탈 수 있으면 영화를 한 편 보고 와도 좋겠지만, 마을버스 시간 때문에 마음 졸이고 싶지 않다.

결국 그냥 집에 있기로 한다. 아내와 대화를 하려 해도 딱히 할 말이 없다. 마음을 어지럽히는 여러 사건이 있지만 아내에게 이야기해서 아내까지 우울하게 만들고 싶지는 않다. 아내도 당신과 같은 이유로 침묵하고 있다는 것을 잘 알고 있다. 아이는 인후염을 앓고 있어 저녁을 많이 먹지 못했다. 한때는 디프테리아가 완전히 사라졌다고 믿었지만, 최근 전국 학교를 중심으로 다시 유행하기 시작했다. 다른 주에서는 아이가 73명이나 죽었다고 한다. 마지막으로 아버지를 뵈었을 때 가슴 통증을 호소하셨던 것이 기억난다. 제발 심장병이 아니길 간절히 바라고 있다. 어머니는 쉰다섯 살에 심장병으로 돌아가셨는데, 의사는 어떤 장치만 있으면 살 수 있다고 했다. 그 장치는 '심박조율기'라는 것으로, 기술이 눈부신 발전을 이루었을 때 존재했던 장치다.

침침한 조명 아래서 아내를 바라본다. 전기는 정부가 정한 양만큼 배급되고, 방 하나당 전구 하나만 쓸 수 있다. 방은 어둡지만 아내의 축 처진 어깨와 입꼬리가 보인다. 아내는 이제 겨우 서른두 살이다. 대학에서 처음 만났을 때는 너무나 아름다웠다. 그녀는 변호사가 되기 위해 공부하고 있었는데, 아내이자 엄마로서의 역할은 일을 하면서도 충분히 잘 해낼 수 있었을 것 같았다. 하지만 중노동인 가사와 직장 일을 병행할 수 없어 변호사가 되고 싶은 꿈을 접었다. 오늘만 해도 15시간 동안 12대의 기계가 하는 일에 달하는 중노동을 했다. 브라운 펠리컨이나 북극곰이 지구에서 멸종되지 않게 하려면 어쩔 수 없다.

저녁 10시가 되면 애써 잠을 청해보려 한다. 다른 욕구는 생기지 않는다. 당신과 똑같은 감정을 느끼고 있을 아내 옆에 누워 자연으로 돌아가자고 주장했던 사람들이 말한 구속받지 않는 성생활이 무엇이었는지 잠시 생각해본다. 역시나 잘 떠오르지 않는다. 당신이 잠들 때 지붕 위의 공기는 북극 눈처럼 깨끗하고 맑다. 하지만 당신은 앞으로 얼마나 더 그 맑은 공기를 마실 수 있을지가 궁금할 뿐이다.

신좌파

이 이야기는 물론 허구다.

현실의 우리는 문명사회에서 원시사회로 내리막길을 걷고 있지 않다. 길고 긴 혼돈의 고통 속에서 무력하게 죽음을 맞으며 회복할 수 없는 추락을 하고 있을 뿐이다. '약간'의 퇴행 같은 것은 존재하지 않는다. '제한된 발전' 역시 존재하지 않는다. 오늘날 '발전에 제한을 두지 않는 기술'에 반대하는 목소리가 높아져가고 있지만, 기술 발전에 제한이 있다는 말은 매우 모순적이다.

허구가 아닌 것은 우리가 삶을 살아가는 수많은 방식과 삶을 통해 찾을 수 있는 모든 의미, 편안함, 안전, 행복 등이 기술에 달려 있다는 사실이다. 앞에서 묘사한 예시로 모든 것을 설명하기엔 턱없이 부족하지만, 기술이 사라진 세상은 어떨지 구체적으로 알려주고 싶었다. 우리의 노동력과 시간을 아껴주고 생명까지 살리는 기술의 산물을 사용할 때마다 잠시라도 고마운 마음을 가지길 바란다.

누군가가 사회를 앞에서 예로 든 상태로 만들겠다고 한다면 당신은 비명을 지르며 안 된다고 항의할 것이다. 지금은 왜 그러지 않는가? 오늘날에도 누군가는 매일 공공연하게, 심지어 인류애라는 이름으로 사회를 앞서 예로 든 상태로 만들어야 한다고 주장한다.

당신을 포함한 사람들 대부분이 항의하지 않는 이유는 크게 세 가지다.

첫째, 기술이 삶에 기여하는 공헌을 항상 우리 곁에 존재하는 자연적 현상처럼 당연시하고 있다. 하지만 기술은 항상 존재하는 것이 아니며, 사라질 수도 있다.

둘째, 악한 본성에 대해 매우 자비롭거나 단순하게 생각하고 있을

지도 모른다. 세상에는 오로지 인간의 파멸을 위한 파멸을 주장하는 사람도 있다. 당신은 이들의 주장을 들으며 실제 의미는 다를 것이라 생각할 것이다. 하지만 그것은 모두 진심으로 하는 주장들이다.

셋째, 당신은 지금까지 받아온 잘못된 교육으로 인해 추상적 관념을 실제적 의미로 치환하지 못한다. 따라서 어떤 관념이나 사상에 대해 무관심하고, 심지어 업신여긴다. 이것이야말로 진정한 미국의 비극American tragedy이다.

당신이 이 세 가지 이유 중 하나에 해당하지 않는지 확인해보아야 한다.

기술을 공격하는 의견은 '환경보전'이라는 끈으로 연결돼 당신을 속이고 있다. 생태운동가들의 주장을 자세히 살펴보면 그들의 실제 목적이 무엇인지 드러난다.

1970년 1월 26일 시사주간지 〈뉴스위크〉에는 "파괴된 환경"이라는 제목의 조사가 실렸다. 이 조사를 통해 우리는 환경운동의 본질과 정신, 인식론적 유형을 파악할 수 있다.

조사는 이렇게 시작한다. "인간은 스스로가 만든 위험에 직면해 있다. 유해 화학물질과 쓰레기, 매연, 소음, 하수, 열기, 추악, 도시 과밀화 등이 인간을 둘러싼 자연환경을 오염시키고 있다."

유해 화학물질을 소음, 추악과 함께 인간이 만든 위험이라고 열거한 것은 이상하다. 이처럼 불균형한 개념의 혼합은 생태운동가들의 주장 전반에 걸쳐 나타난다. 그 목적은 나중에 설명하겠다.

조사가 계속해서 강조하는 위험은 미국에만 국한된 것이 아니다. 전 세계 사람들이 지구와 모든 생명체의 생존을 위협하고 있다는 것을 의미한다. 어떤 종류의 예와 근거로 이런 주장을 하는 것일까?

"로스앤젤레스 근해, 태평양 연안에서는 해양 동물인 성게의 개체수가 크게 증가했다. 유기물이 포함된 하수가 바다로 흘러들어갔기 때문이다. 일반적으로 성게의 개체수는 바다 밑에 있는 켈프[15]의 양과 관련이 있다. 과거에는 성게가 켈프를 다 먹어치우고 나면 죽기 때문에 그 틈에 새로운 켈프가 자랄 수 있었다. 하지만 이제는 하수로 인해 성게 개체수가 증가하면서 켈프가 다시 자라날 시간 여유가 없어졌다. 결과적으로 샐러드나 맥주 원료 등 수백 가지 용도로 쓰였던 켈프가 사라지게 된 것이다. 물론 켈프가 사라지게 되면 특정 생태계에 어떤 영향을 미칠지 확인할 길은 없다."

생태계는 "특정 지역 내에 생명 사슬을 지원하는 모든 생물과 무생물의 집합"으로 정의된다. 여기서 생태학자들이 말하는 특정 지역은 대체 어디일까? 그 지역이 전 세계 다른 지역에 미치는 영향과 영향을 미치는 기간은 어떻게 정하는가? 그에 대한 대답은 주어지지 않는다.

또 다른 예가 등장한다.

"현재 알래스카 노스슬로프North-Slope에서 벌어지고 있는 유전 개발 경쟁이 에스키모인들에게 미칠 영향에 대해 생태학자들은 우려를 표한다. 얼어붙은 바다에 유출된 기름은 물과 얼음 사이 좁은 공간에 괴어 그곳에 사는 플랑크톤을 죽이는데, 플랑크톤이 죽으면 플랑크톤을 먹고 사는 물고기와 연체동물이 죽고, 그다음으로 물고

---

15   kelp : 다시마과의 해조류.

기와 연체동물을 먹고 사는 북극곰과 바다코끼리, 물개, 고래가 죽는다는 것이다. 그리고 결국 이 동물을 먹고 사는 에스키모인들의 생명까지 위협하게 된다. 이 조사가 인간이 생태계에 개입한 잠재적 결과를 이해하는 데 도움이 되길 바란다."

이 조사의 실제 결과가 무엇인지 생각해보자.

에스키모인들은 아무 노력도 하지 않고 석유 로열티로 막대한 수입을 얻게 되었다. 이들은 이제 최저생계만 유지하던 생활에서 벗어나 문명화된 삶을 누리며 안락하게 살 수 있다. '행여라도' 생태학자들의 우려가 현실이 된다면 에스키모인들은 더 살기 좋은 환경으로 이주하게 될 것이다. 이런 상황에서 우리는 에스키모인들이 우리의 삶의 방식보다 자신들의 삶의 방식을 더 선호할지도 모른다는 사실을 고려해야 할까? 만약 그렇다면 에스키모인들은 자신들이 선호하는 삶의 방식대로 살면서 우리는 그러지 말아야 하는 이유는 과연 무엇인가? 에스키모인들은 삶을 살아가는 방식에 대해 양도할 수 없는 권리를 가지지만, 토머스 에디슨Thomas Edison 같은 사람들은 그런 권리가 없다고 생각해야 할까? 아니면, 플랑크톤이 물고기와 연체동물을 죽게 만들고, 물고기와 연체동물은 북극곰·바다코끼리·물개·고래를, 결국 에스키모인들까지 죽게 만들어야 하는 것일까? 그렇다면 그 이유는 무엇인가? 이 질문은 뒤에서 이어가겠다.

조사에는 이런 주장이 등장한다.

"인간이 없는 자연환경은 놀라우리만큼 빠르게 회복된다. 어류나 설치류는 전염병이나 자연재해로 25%에서 심지어 50%까지 개체수가 감소해도 1~2년이 지나면 원래 개체수대로 돌아온다. 생태계의 평형을 심각하게 무너뜨리는 것은 바로 인간의 개입 또는 인간이 만들어낸 환경오염이다."

여기서 짚고 넘어가야 할 부분이 있다. 공장은 환경오염의 주범으로 취급하면서 전염병은 오염으로 보지 않는다는 것이다.

"토지 보호론자들이 가장 두려워하는 것은 쓰레기 매립으로 인해 땅이 일시적으로 손상되는 것이 아니다. 광산과 도로, 도시를 건설해 토지를 완전히 착취하는 것이다. 녹지를 침해하면 할수록 인간이 숨 쉴 수 있는 산소의 양은 줄어든다."

세계지도를 보고 산업화된 도시와 인간의 손길이 닿지 않은 원시 정글의 면적을 비교해본 적 있는가? 인간이 관리하는 녹지의 면적은? 인간이 가꾸고 돌보지 않았다면 이미 오래전에 멸종되었을 곡식과 과일, 꽃들은? 사막을 비옥한 목초지로 바꾸는 대규모 관개사업은 어떤가? 이러한 질문에 대한 답은 주지 않는다.

조사에는 "루이지애나주를 상징하는 새인 브라운 펠리컨을 더 이상 연안에서 볼 수 없게 되었다"고 한탄하는 내용이 이어진다. 새의 멸종이 DDT 때문이라는 것이다.

공룡과 같은 시대를 살았던 생물들은 기업가를 포함한 모든 인간이 등장하기 전에 사라졌다. 자연의 회복력은 그들을 되살리지 못했다. 그렇다고 해서 지구상의 모든 생명체가 사라지게 된 것은 아니다. 생태학자들의 주장과는 달리 자연은 현상을 유지하지 않는다. 특정 종이 계속 생존할 수 있게 '평형' 상태를 유지하지도 않는다. 적어도 자연의 산물 중 가장 훌륭한 동시에 연약한 존재이기도 한 인간의 생존은 절대 보장해주지 않는다.

하지만 인간을 사랑하는 것은 생태학자들의 특징이 아니다. 조사에서는 인간을 "시대를 막론하고 언제나 말썽인 동물"이라고 표현한다.

"고대 로마인들은 검은 연기가 도시를 뒤덮은 것에 대해 항의했다. 그리고 로마의 학자이자 정치가였던 플리니우스는 1세기에 호수의 물을 빼는 것과 강물의 흐름을 바꾸는 것이 기후를 변화시키고 결국 농작물을 파괴한다고 말했다."

로마가 멸망한 뒤 찾아온 암흑시대에는 이런 사건들이 일어나지 않았다.

도시가 만든 공해인 소음에 대한 내용을 보면 이들이 인간을 사랑한다고는 절대 생각할 수 없다.

"도시에 거주하는 사람은 실내에서도 정적을 즐길 수 없다. 바깥에서 꾸준히 들려오는 자동차 소리를 망치질하듯 쾅쾅거리는 록음악 소리와 윙윙거리는 에어컨 소리로 대체할 뿐이다. 식기세척기, 음식물 쓰레기 처리기, 믹서기 등이 있는 현대식 주방은 거리의 소음과 마찬가지로 원치 않는 소리를 만들어낸다."

앞서 예로 든 세탁기와 음식물 쓰레기 처리기, 믹서기가 없을 때 인간의 삶을 다시 한번 생각해보라. 에어컨이 발명되기 전 실내와 실외에서의 생활이 어땠는지 생각해보라. 우리가 이런 놀라운 혜택을 누리는 대신 지불하는 대가는 '원치 않은 소리'를 듣는 것이다. 글쎄, 묘지에 가면 아마도 원치 않는 소리는 들리지 않을 것이다.

모두가 보편적인 불운을 겪기를 바라는 마음은 이런 종류의 불평에 산재돼 있다. 그리고 이 조사뿐만 아니라 다른 어떤 조사에서도 지구가 위험한 상태라는 것을 증명할 만한 과학적 증거는 없고, 타당한 가설조차 존재하지 않는다. 그런데도 우리는 다음과 같은 과학자들의 말을 믿는다.

"일부 과학자들은 환경오염을 막지 않고 지금 상태가 지속되면 전 지구적 재난이 발생할 수 있다고 말한다. 한 시나리오에 따르면 지구의 온실효과는 이미 고도로 진행되었다. 이산화탄소를 흡수하는 초목이 줄어들어 대기 중 이산화탄소의 농도가 계속 높아지고 있다. 이 이산화탄소는 거대한 막을 형성해 대기에 열을 가둔다. 이에 따라 세계의 평균기온이 점차 높아지고 있는데, 기온이 4~5℃ 높아지면 극지방의 빙하가 녹아 해수면이 100m까지 상승하고 전 세계적으로 홍수가 발생하게 된다. 이것은 온실효과 이론가들의 주장이고, 이와 반대되는 위험을 제기하는 과학자들도 있다. 이들은 극지방의 얼음이 증가해 빙하가 온대 지방으로 떠내려갈 것이라고 말한다. 원인은 공장과 항공기에서 발생하는 먼지와 매연, 수증기다. 이것이 계속해서 대기로 방출되면서 두꺼운 구름이 되어 지구를 뒤덮는다. 이 구름은 태양열이 지표면에 닿지 못하게 막고 지구 온도를 떨어뜨린다. 온도가 낮아지면서 대기 중의 수증기가 얼고, 지구는 결국 새로운 빙하기에 접어들게 된다."

이것이 오늘날 '과학'이라 불리는 주장들이다. 우리에게 새로운 암흑시대를 맞게 만드는 것은 이러한 종류의 주장에 기반한다.

이제 생태운동가들의 선전에 주목해보자. 생태운동가들은 우리에게 자연과 조화를 이루며 살라고 호소한다. 인간의 필요와 생존을 위한 조건에 대해서는 어떤 논의도 하지 않는다. 인간의 존재는 마치 자연스럽지 않은 현상처럼 다뤄지고 있다. 인간은 생태운동가들이 그리는 이상적인 자연 상태, 즉 성게나 북극곰이 사는 환경 수준에서는 생존할 수 없다. 이러한 관점에서 보면 인간은 동물 중에서 가장 나약한 존재다. 사나운 송곳니나 발톱, 뿔도 없고 '본능적인' 지식도 없이 알몸으로 태어난다. 물리적으로 인간은 고등동물뿐만 아니라 하등한 생명체인 세균에게도 아주 쉬운 먹잇감이 된다. 인간은 가장 복잡한 유기체인 동시에 야만적 힘의 세계에서는 극히 연약한 존재다. 인간이 지닌 기본적인 생존 수단은 단 한 가지인데, 그것은 바로 생각할 수 있는 능력이다.

인간은 살아남기 위해서 필요한 모든 것을 발견하고 만들어내야 했다. 다시 말해 인간을 둘러싼 환경을 자신에게 맞게 바꾸고 조정해야 했다. 자연은 인간이 동물처럼 환경에 적응해서 살 수 있게 만들어놓지 않았다. 가장 원시적인 문화에서부터 가장 진보된 문명을 탄생시키기까지 인간은 끊임없이 필요한 것을 생산해왔다. 그리고 인간의 안녕은 그 생산의 성공 여부에 달려 있었다. 원시 인류는 환경오염의 근원으로 여겨지는 불을 발견하지 못했다면 살아남지 못했을 것이다. 프로메테우스가 신에게서 훔쳐다 인간에게 준 것이 불이라는 말은 단순한 상징이 아니다. 생태운동가들은 이 불을 끄기 위해 몰려오는 독수리 떼다.

산업혁명 전 수 세기와 수천 년 동안 인간이 어떤 삶을 살아왔는지 다시 설명할 필요는 없다. 생태운동가들이 이 사실을 무시하고 회피하는 것은 인류에게 자행하는 너무나도 끔찍한 범죄여서 사람들은 오히려 '생태운동가들이 설마 그럴 리가 없다'고 생각한다. 이 문제와 관련해서는 역사를 돌아볼 필요까지도 없다. 여러 낙후된 국가, 즉 서구 문명의 축복이 닿지 않은 곳에서 사람들이 어떤 모습으로 살아가는지 보라.

환경오염과 생태계에 대해 어느 저개발국 대사가 했던 인상 깊은 말이 있다. 다음은 실론[16] 대사 올리버 위라싱헤Oliver Weerasinghe가 유엔 심포지엄에서 한 말이다.

> "전체 인류의 3분의 2에 해당하는 저개발국 사람들은 나머지 3분의 1에 해당하는 선진국 사람들만큼 환경 문제에 대해 고민하지 않는다. 기본적인 생필품 문제를 해결하는 것이 이들의 주된 관심사이기 때문이다. 따라서 이런 국가들이 환경보호를 위해 경제발전을 늦추거나 제한하라는 권고를 이행하리라 기대하는 것은 매우 비현실적이다." _ 1979년 6월 29일자 〈인더스트리 위크Industry Week〉

산업화 이전 중세시대에 서유럽 사람들의 기대수명은 30세였다. 19세기에 유럽의 인구는 무려 300%가 증가했는데, 이는 산업이 수많은 사람에게 생존 기회를 주었다는 사실을 전적으로 보여주는 인류 역사상 최초의 증거다.

산업이 과도하게 집중되는 것이 인간에게 해롭다면 선진국일수

---

16   Ceylon : 스리랑카의 옛 이름.

록 기대수명이 낮아져야 한다. 하지만 선진국의 기대수명은 꾸준히 높아지고 있다. 다음은 메트로폴리탄 라이프 생명보험회사에서 조사한 미국인 기대수명의 변화다.

1900년 - 47.3세

1920년 - 53세

1940년 - 60세

1968년 - 70.2세 (가장 최근에 집계된 수치)

현재 30세가 넘은 사람이라면 근처에 가장 더럽고 그을음이 많은 공장 굴뚝을 향해 조용히 감사를 표하라.

물론 공장들이 모두 더러운 것은 아니다. 하지만 기술의 존폐가 달린 상황에서 공장이 더러우냐 아니냐는 중요한 문제가 아니다. 그리고 공기를 맑게 하는 것 또한 생태운동가들에게 중요한 문제도 아니고 환경운동의 실제 목적도 아니다.

다음은 1970년 『뉴욕타임스 연감』에 실린 나라별 기대수명이다.

영국 - 70세

인도 - 50세

동아프리카 - 43세

콩고 - 37세

베트남 - 35세

낙후된 국가에서 살면 단지 기대수명만 짧아지는 것이 아니다. 살아가게 되는 삶의 종류, 즉 생태운동가들이 자주 사용하는 문구인 '삶의 질'이 어떨지 한번 생각해보라. 불결함, 비참함, 공포, 이루 말할 수 없이 고된 노동과 지겨운 질병, 전염병, 굶주림을 상상해보면 인간의 삶에 기술이 존재하는 것이 얼마나 감사한 일인지 느끼게 될 것이다.

자연을 사랑하는 이들이 파괴하려는 것은 기술과 진보라는 사실을 잊어서는 안 된다. 〈뉴스위크〉 조사에는 이런 내용이 있다.

"사람들이 지금은 환경 문제를 심각하게 여기지만, 환경 문제를 해결하기 위해 결국 또다시 기술을 찾게 될지도 모른다. 그리고 생태학자들은 이 부분을 염려한다."

기술은 해결책이 아니라 새로운 문제를 만들어낼 뿐이라는 주장은 글 전체에 계속해서 등장한다.

"오늘날 많은 환경 개혁가들은 과학기술에 인류의 희망이 달린 것이 아니라 출생률이 떨어지고 기계도 함께 줄어 과학기술이 완전히 사라질 때 인류에게 희망이 생긴다고 생각한다. 태평양 연안 지역은 'GNP 제로 성장' 운동을 시작했다. 샌타바바라 민주제도연구소의 하비 휠러Harvey Wheeler는 미국이 10년 뒤면 'GNP 제로 성장'에 도달할 수 있다고 믿는다. 그 지점에 도달하면 성장률은 완전히 바닥을 찍고 경제성장도 함께 멈춘다."

"닉슨 대통령 시절에 환경보호국 국장이었던 러셀 트레인Russel Train은 삶의 질을 높이려면 싫더라도 사치품을 줄여야 한다고 경고했다. 하지만 사람들은 '사치품인 텔레비전과 기계 장치를 포기할 의향이 전혀 없어 보인다'고 지적했다."

히피형의 젊은 생태운동가들이 나와 현대 사치품들을 거세게 비난하는 모습을 텔레비전에서 보았을 것이다. 그들은 전동칫솔이 전기를 과도하게 소비함으로써 환경을 오염시킨다고 주장한다. 하지만 전동칫솔은 사실 여러 치과의사들이 설명하는 바와 같이 잇몸을 마사지해서 치아 건강을 유지하는 데 도움을 주는 귀중한 도구다. 전동칫솔의 이러한 장점은 차치하고 전기 소비 문제만 생각해보자.

보통 가정에서는 100와트 전구를 사용한다. 하루에 8~10시간가량 켜놓는다고 가정할 때, 하루 전기 소비량은 800~1,000와트시Wh에 해당한다. 반면 제너럴일렉트릭사[17]의 무선 전동칫솔의 경우, 완충하는 데 사용되는 전기 양은 고작 2와트시로 전기를 과도하게 소비한다는 오명에 비하면 아주 미미한 소비량이다. 생태운동가들이 전동칫솔 사용을 비난하는 실제 동기는 따로 있는데, 대기오염을 진심으로 걱정해서 그러는 것만은 절대 아니다.

〈뉴스위크〉 조사를 보면, 생태운동가들의 실제 동기는 아니지만 지금 당장 행동하게 하는 것이 무엇인지 알 수 있다.

"생태운동가들은 정부가 토지 사용 계획을 바탕으로 국가의 인구 계획을 세워야 한다고 주장한다." "환경오염에 대항한 전쟁은 각자 별도의 주권을 가지고 지구를 나누고 있는 국경을 넘어서야 한다."

생태운동가들의 계획은 자유기업체제와 선택의 자유라는 아주

---

17 General Electric Company : 세계 최대의 종합 전기 회사로, 1878년에 발명가 토머스 에디슨이 설립한 에디슨제너럴일렉트릭Edison General Electric을 모태로 한다.

신좌파

중요한 미국 전통을 수정하지 않는 한 결코 달성할 수 없다.

"환경 개혁의 걸림돌은 성장과 주권, 개인주의 그리고 시간에 대한 인간의 전통적 관념이다." "환경운동가들은 공동체 정신이 새로 거듭나야 한다고 주장한다. 사람들 사이의 공동체 정신이 아니라 자연의 모든 존재를 포괄하는 공동체 정신을 실천해야 한다고 말한다."

서로를 잡아먹으며 존재하는 동식물들이 어떻게 공동체 정신을 가질 수 있다는 말인가? 그에 대한 답은 나오지 않는다.

생태운동가들을 행동하게 하는 지금 당장의 목표는 명확하다. 오늘날 혼합경제에 남아 있는 자본주의 잔재를 완전히 없애고 전 지구적인 독재체제를 구축하는 것이다. 이들의 목표를 애써 추론하려 할 필요는 없다. 생태운동가들이 연설이나 책을 통해 반복적으로 명확하게 말해왔기 때문이다.

집단주의에서 신좌파로 노선을 전환한 이들이 보이는 중요한 특징이 두 가지 있다. 하나는 구좌파가 쓰고 있던 낡아빠진 지성의 가면을 벗어버리고 대놓고 지성인들과 절연을 선언한다는 점이다. 생태운동가들은 마르크스의 경제 결정론 대신 '자연의 아름다움'을 도구로 삼는다. 이보다 더 터무니없게 위상이 떨어진 운동이나 자신들의 지적 파탄을 고백하는 행위는 있을 수 없다.

그리고 이러한 노선 전환 뒤에 숨은 실제 이유가 생태운동가들이 보이는 두 번째 중요한 특징이다. 신좌파로의 전환은 소련과 전 세계 소련의 복제판인 국가들 그리고 모든 정치적 동조자들이 다음을 인정하는 것을 의미한다. 집단주의는 산업 분야와 기술 분야에서 실패했다. 그리고 집단주의 체제는 아무것도 생산하지 못한다.

생산의 근간이 되는 것은 인간의 이성이다. 그리고 역사가 증명하듯 이성은 개인이 지닌 속성으로서 명령이나 통제, 강압에 따라 작동하지 않는다. 인류의 진보는 정부의 계획에 따라 진행되지 않는다. 여러 국가 통제주의statism 체제가 증명한 바와 같이 진보는 정부가 제한하거나 늦출 수 없고 단지 멈출 수 있을 뿐이다. 우리가 만약 자연을 먼저 생각해야 한다면 집단주의가 인간 자연의 본성인 정신적 자유를 누릴 수 없게 만든다는 사실은 어떻게 설명해야 할까? 과거의 영적 신비주의자들이 인간의 이성을 신성한 능력이라 여기며 부자연스러운 것이라 생각했던 반면, 오늘날 무력의 신비주의자들은 다른 동물에게 이성이 없다는 이유로 이성을 부자연스러운 것이라 여긴다.

인간의 가난과 고통을 염려하는 마음이 집단주의자들을 행동하게 하는 동력이었다면, 이들은 이미 오래전 자본주의의 옹호자가 되었어야 한다. 풍요를 가져올 수 있는 유일한 사회경제 체제가 자본주의라는 것을 이미 발견했어야만 한다. 하지만 이들은 자본주의가 경제적 풍요를 가져올 수 있는 체제라는 것을 나타내는 여러 증거에도 불구하고 이에 대한 논의를 계속 회피했다. 전 세계적으로 자본주의에 대한 사실이 압도적으로 명확해졌을 때, 집단주의자들은 선택의 기로에 놓이게 되었다. 인간애라는 이름으로 오른편에 서거나 독재 권력이라는 이름으로 왼편에 서는 것이었다. 이들은 왼편을 선택하고 신좌파가 되었다.

과거의 집단주의가 모두에게 보편적 풍요를 가져다주겠다는 약속을 하고 자본주의가 빈곤을 야기한다고 비난했다면, 이제는 자본주의가 풍요를 가져온다고 비난한다. 모두에게 안락과 안전을 약속하는 대신 이제 사람들이 안락과 안전만을 추구한다고 비난한다. 동시에 사람들에게 죄책감과 두려움을 느끼게 하려고 고군분투한다. 이는 집단주의자들이 아주 오랫동안 사용해온 심리 조종 기술이다. 과거에는 가난한 노동자들을 착취하는 것에 대해 죄책감을 느끼도록 강요했다면 이제는 땅과 물, 공기를 착취하는 것에 대해 죄책감을 느끼라고 강요한다. 무산계급의 피비린내 나는 반란으로 위협하는 대신 이제는 야만인 부족에게 주술사가 주술을 읊듯 막연하고 정체를 알 수 없는 대재앙과 확인도 검증도 불가능한 위협으로 사람들을 두려움에 떨게 한다.

집단주의자들의 심리 조종 기술에서 변하지 않은 부분이 있다. 이 부분이 없었다면 집단주의는 사회에서 지금처럼 영향력을 가지지 못했을 것이다. 그것은 바로 자기희생을 호소하고 인간이 존재할 권리를 부정하는 이타주의를 내세운다는 점이다. 오늘날의 이타주의는 과거보다 규모가 커진 데 반해 타당성은 줄었다. 40여 년 전(1930년대 - 옮긴이) 프랭클린 루스벨트[18]는 국민 3분의 1에 해당하는 소외된 계층을 위해 우리 모두가 희생해야 한다고 말했다. 그 뒤 50여 년이 지난 지금(1980년대 - 옮긴이), 우리가 희생해야 하는 대상의 범위는 전 세계로 확대되었다. 오늘날 우리는 해조류나 무생물에조차 희

---

18 Franklin Roosevelt(1882~1945) : 미국의 제32대 대통령. 민주당 출신으로 1933년부터 1945년까지(4선) 재임했다. 대공황 극복을 위해 뉴딜정책을 추진했다.

생해야 한다고 강요당하고 있다.

사실 미국인 대다수는 생태 문제를 심각하게 받아들이지 않는다. 생태 문제는 자본주의를 공격할 만한 다른 근거를 찾지 못한 좌파가 인위적으로 부풀리고 선전을 통해 조작해서 만든 것이다. 하지만 다른 문제들에 대해서도 그렇듯 국민 대부분은 이 문제에 그저 침묵만 유지한다. 그리고 우리를 위험하게 만드는 것은 바로 이런 침묵이다. "반대가 없는 오늘의 부조리는 내일의 강령이 된다." 이 터무니없는 문제는 어느 순간 국민에게 당연한 것처럼 받아들여지게 될 수 있다.

하지만 이번만은 좌파가 자기 꾀에 스스로 넘어간 것일지도 모른다. 좌파는 생태 문제에 대한 주도권을 빼앗겼다. 그리고 문제는 일반적인 상식에 따라 해체되었다. 사람들은 좌파가 던지는 미끼 가운데 어느 정도 타당한 미끼는 물었고, 나머지는 뱉었다.

어느 정도 타당한 미끼란 무엇일까? 도시에 실제로 존재하는 오염과 쓰레기 문제를 말한다. 스모그와 오염된 하천은 (생태 공황을 조장하는 이들이 말하는 정도까지는 아니더라도) 인간에게 해롭다. 이것은 정치적 문제가 아니라 과학기술적 문제로 기술발전을 통해서만 해결할 수 있다. 스모그가 인간의 생명에 위협을 가하더라도 기술이 없는 자연 그대로의 삶은 인간의 파멸을 의미한다는 사실을 기억해야 한다.

환경오염을 막기 위한 정부의 역할은 관련 법률을 제정하는 것이다. 미국에는 환경보호법이 이미 있고, 심지어 19세기에 통과된 것도 있다. 하천에 산업 폐기물을 버리는 것을 금지하듯 특정 종류의 환경 파괴 행위를 금지하는 법을 시행해야 한다. 환경보호를 주장하는 사람들이 요구해야 하는 것은 이런 법이 하루빨리 시행되도록 하는 것이다. 인명이나 재산에 실제로 피해를 주는 것이 입증된 파괴행위는 특정 법의 집행을 통해 해결해야 한다. 하지만 좌파는 환경 문제의 해결을 원하는 것이 아니다. 그들이 원하는 것은 통제다.

산업발전은 현대사회에서 일어나는 모든 문제의 원인인 것처럼 여겨진다. 환경 문제에 대해서도 마찬가지다. 하지만 환경 문제가 발생하게 된 것은 단지 발전된 산업 때문만은 아니다. 예를 들어, 하수와 쓰레기 처리 문제는 지방자치단체가 다뤄야 하는 문제다. 하지만 자연을 사랑하는 이들은 산업 자체를 없애거나 규제해야 한다고 말하고, 이를 위해 중앙 정부가 통제 권한을 더 많이 가져야 한다고 주장한다. 그리고 쓰레기 문제도 마찬가지다. 미국 고속도로에 맥주캔이나 음료수병 등을 제멋대로 뿌려놓는 것은 산업계의 거물들이 아니다.

복지국가 체제의 이론가들이 부과한 통제의 무게가 미국의 산업발전을 막고, 부담을 주고, 부패하게 했다. 그런데도 산업이 아직 완전히 파괴되지 않은 탓에 집단주의자들은 환경보전이라는 새로운 변명거리를 찾아냈다. 환경보전은 무책임한 압력단체들이 미국의 산업을 통제하고 영향력을 행사하게 하는 새로운 구실에 불과하다.

언제나 그렇듯 기업들은 이에 항의하지 않을 것이다. 혼합경제에서 살아남기 위해 무엇이든 받아들이고 사과할 것이다. '환경'이라는 밴드왜건에 비굴하게 올라타는 것은 기업들이 지난 40~50년간 취해온 방식과 크게 다르지 않다. 기업들은 철학적·도덕적 원칙에 따라 문제에 맞서기보다는 실용주의가 가르친 대로 소수 관료들과 거래하는 쪽을 택할 것이다.

현대 기업들이 우리 사회에 짓고 있는 가장 큰 죄는 공장 굴뚝에서 매연을 뿜어내게 하는 것이 아니라 이 나라의 지성이 오염되는 것을 용납하고 지지하는 일이다.

한편, 정치인들은 환경 문제가 노다지라는 사실을 알아차리고 크게 한몫 잡기 위해 열을 내고 있다. 환경 문제야말로 누구에게나 의미 있고 논쟁의 여지가 없으며 안전한, '공공심'을 발현시키는 문제다. 환경오염에 반대하지 않는다고 '스모그의 옹호자'라며 전 국민에게 비방당하는 정치인도 간혹 있지만, 유명세를 타기 위해 '환경보호' 개혁안을 들고 텔레비전 프로그램에 출연하는 무명 정치인도 여럿 보인다. 캘리포니아주 하원의장 제시 운루[19]는 환경 문제에 대해 이런 말을 했다.

"어머니라는 단어의 정치적 대체어는 환경보전이다."

생태운동가들의 주장과는 다른 의미에서 생태 전쟁의 깊은 의미는 인류를 심각한 위협에 노출시킨다는 사실에 있다. 생태 전쟁은 집단주의자들을 행동하게 만드는 실제 동기가 인류의 성취에 대한 증오, 즉 이성과 인간, 삶에 대한 증오라는 것을 만천하에 드러낸다.

5년 전, 이스트코스트에 대규모 정전사태가 발생했을 때 〈라이프 Life〉지에는 다음과 같은 글이 실렸다.

---

19   Jesse M. Unruh(1922~1987) : '빅 대디 운루Big Daddy Unruh'라는 별명이 있었던 민주당 출신 정치인으로, 캘리포니아주 하원의장과 재무장관을 지냈다.

"매일 저녁 정전 사태가 벌어지면 곤란하지만, 가끔 겪는 불편함에는 좋은 점이 있다. 우리가 기적처럼 여겨왔던 기술이 적어도 전력 분배와 관리 부분에서는 결함이 있다는 사실이 드러났으므로 인간의 오만한 기세를 꺾을 수 있다. (…) 인간의 멋진 두뇌와 훌륭한 계획, 경탄할 만한 기계 장치들이 모여 만들어진 시스템이 불완전하다는 사실을 생각하면 어쩐지 매우 재미있다."

최근 〈뉴스위크〉에는 미국의 눈부신 성장을 비난하는 이런 글이 실렸다.

"사회의 보상 체계는 더 많이 생산하고 자연을 더 많이 착취하는 사람에게 유리하게 만들어져 있다. 자의로 자연환경을 있는 그대로 놓아두겠다는 결정을 한 이들에게는 부도 명예도 따르지 않았다."

여기서 '보상 체계'는 불변하는 자연의 진리가 아니라 마치 사회가 아무렇게나 임의로 정하는 것처럼 취급된다. 자연을 착취하지 않기로 결정한 사람에게 경제적인 부가 주어져야 하는 이유는 무엇인가? 생산도 성취도 하지 않은 사람에게 주어져야 하는 명예는 대체 어떤 것인가? 인간의 삶을 자연환경보다 더 가치 없게 취급한 것이 부나 명예를 얻어야 할 일인가? 자연환경을 그대로 놓아두었던 선사시대에 인간의 기대수명은 불과 15~20년이었다.

"자연환경을 그대로 놓아둔다"는 표현은 눈과 귀가 먼 채 무기력함과 두려움에 휩싸인 혐오자들의 정수를 잘 보여준다. 이들은 지난 수천 년간 인류의 생존과 진보의 원동력이 된 이성을 먹잇감으로 삼아왔다.

산업혁명은 이들에게서 인간의 정신을 해방시킨 획기적 사건이었다. 미국은 산업혁명이 만들어낸 나라다. 정신이 해방된 사람들이 미국을 장대한 나라로 만들었고, 이성이 인간의 생존 수단이자 전제 조건임을 증명해냈다.

신비주의자, 인간과 인간의 삶을 혐오하는 자, 무엇이든 노력하지 않고 얻으려는 자, 비현실적인 것을 추구하는 자와 같은 이성의 적들은 반격을 위해 계속 힘을 모으고 있다. 반격의 발판을 마련해준 것은 철학의 부패였다. 그리고 오늘날 부패한 철학은 이들이 계속해서 나머지 영역까지 오염시킬 수 있게 힘을 실어주고 있다.

산업혁명의 적들은 수 세기 동안 인류의 진보에 맞서 싸웠다. 중세시대에 이들은 신을 두려워하는 인간의 마음을 무기로 사용했고, 19세기에 들어선 뒤에도 그랬다. 한 예로 이들은 수술 시에 마취제 사용을 반대했다. 그 이유는 인간이 고통을 느끼도록 창조한 신의 뜻에 반한다고 생각했기 때문이다. 그리고 이 무기가 닳아서 소용이 없어졌을 때 이들은 집단, 즉 종족의 뜻을 내세웠다. 하지만 이 무기마저 자신들의 손에 못 쓰게 되어버린 지금, 이들은 궁지에 몰린 짐승처럼 이빨을 드러내며 인간은 존재해선 안 된다고 주장한다. 그 이유는 신성한 무생물의 뜻에 반하기 때문이다.

기술을 제한해야 한다고 주장하는 것은 인간의 이성을 제한하라는 뜻이다. 하지만 현실적으로 이 둘을 제한하는 것은 불가능하다. 기술은 파괴할 수 있고 인간의 이성도 마비시킬 수 있지만, 결코 제한할 수는 없다. 제한하려고 시도하는 순간, 인간의 이성은 시들어서 없어질 것이다.

기술은 응용과학이다. 이론과학과 기술의 발전, 즉 인간 지식이 발전하는 과정은 매우 복잡하고 여러 사람의 정신활동이 상호 연결돼 나타나는 것이므로 어떤 컴퓨터나 전문가 집단도 예측하고 규정하지 못한다. 한 분야에서의 발견은 전혀 다른 분야에서 예상치 못한 발견으로 이어지기도 한다. 그리고 한 분야에서 이룬 성취는 다른 모든 분야에 수 갈래의 길을 열어주기도 한다. 우주탐사 계획이 의학 분야에 비약적 발전을 가져다준 것도 이러한 이치였다. 누군가가 알아낸 작은 지식이 언제, 어디서, 누구에게 영감을 주고 무엇을 만들어낼지 아무도 예측할 수 없다.

기술을 제한하려면 전지전능함이 필요하다. 다시 말해 어떤 개발을 할 때 그로 인해 발생할 수 있는 모든 영향이나 결과를 총체적으로 예측할 수 있어야 한다. 이러한 전지전능함이 없는 상태에서 기술을 제한하는 것은 알지 못하는 것을 규제하고, 아직 만들어지지 않은 것의 한계를 설정하며, 발견되지 않은 것에 대한 규칙을 세우는 것을 의미한다.

또 한 가지, 능동적인 인간의 정신은 누군가의 허락으로 작동하는 것이 아니다. 만약 발명가가 해낸 발명의 성패가 입증 가능한 사실이 아니라 '권위자'들이 내리는 독단적 결정에 따라 좌우되는 것이라면 그는 발명이라는 고된 작업을 하며 수 년을 헌신하지 않을 것이다. 발명까지 가는 길에 권위자들에게 동의를 구하고, 구걸하고, 부탁해야 하는 형태의 장애물이 빼곡히 깔려 있다면 그 길로 모험을 떠나고 싶은 발명가가 있겠는가? 자유가 없거나 반만 제공되는 상태에서도 우리 사회에 필요한 발명은 이루어질 수 있다. 하지만 그 발명이 성공하기까지 견고한 권위 집단의 동의가 필요했다면 그 발명의 역사는 부끄럽게 생각해야 한다.

더 이상의 진보는 불필요하고, 우리가 현재 아는 지식만으로도 충분하며, 현재의 기술 수준을 유지해야 한다는 주장에 대해서는 숱한 인류 문명의 역사가 잔해만 남긴 채 사라진 이유를 한번 생각해보라. 아무리 많은 지적 성취를 이루더라도 인간은 진보를 멈추는 순간 야만의 나락으로 떨어진다.

산업화 이전의 원시 경제는 물리적 힘으로 돌아갔다. 하지만 생각하는 것이 허용되지 않는 상태에서 수동적으로 명령에 따르기만 하던 인간들은 순서에 따라 규칙적인 동작을 반복하는 일을 오래 지속하지 못했다. 공장에 엔지니어가 한 명도 없이 반복적인 일만 하는 노동자만 있다면 그 공장은 오랫동안 운영되지 못한다. 과학자가 한 명도 없는 상태라면 그 엔지니어들도 일을 지속하지 못한다. 그리고 과학자는 사이언티스트scientist라는 용어가 사이언트scient(알고 있는)를 어원으로 하는 것처럼 생각하기를 멈추지 못하는 사람이다.

기계는 인간이 하는 생각의 연장선에 있다. 인간의 정신이 신체와 밀접한 관련이 있듯이 기계는 인간의 정신에 의존한다. 그리고 인간의 정신이 무너지면 신체 건강도 무너지듯 정신이 작동을 멈추면 기계도 멈춘다.

기술의 침체는 침체된 정신과 같다. 기술을 제한하는 것은 생각의 검열을 뜻한다.

그러나 생태운동가들은 인간이 일하거나 생각할 필요가 없다고 주장한다. 컴퓨터가 모든 일을 할 것이기 때문이다. 여러 히피 단체들이 프로그래밍한 컴퓨터가 일렬로 늘어서 있다고 상상해보자. 그

컴퓨터들이 모든 일을 해내리라 믿을 수 있겠는가?

생태운동가들과 이들을 추종하는 젊은이들이 현상 유지에 격렬히 반대하는 모순에 대해 생각해보자. 이들은 중산층의 수동적 태도를 비난하고 관습을 따르는 행위에 저항한다. 사람들에게 행동할 것을 촉구하고 변화를 외치는 동시에 환경 문제에서는 자연 그대로의 현상을 유지해야 한다고 말한다.

자연과의 교섭에서 "자연을 있는 그대로 놔두어야 한다"는 것이 그들의 주장이다. 인간은 자연의 균형을 깨뜨리지 말아야 한다. 숲과 습지, 바다를 오염시키지 말아야 한다. 실험을 해서는 안 된다. 모험을 시도하지도 말아야 한다. 유인원에게 필요하지 않은 것이었다면 우리에게도 불필요하다. 비와 바람, 식인 호랑이, 말라리아 모기, 체체파리에 적응하며 살아야 한다. 반항하지 말아야 한다. 모든 것을 다스리는, 인간이 결코 이해할 수 없는 대자연을 화나게 해선 안 된다.

생태운동가들의 우주론에서 인간은 무한히 변화시킬 수 있고 통제가 가능하며 없어도 괜찮은 존재인 반면, 자연은 신성불가침의 존재다. 침해하고도 아무런 처벌을 받지 않는 것은 오로지 인간이 이룬 성취와 인간의 정신이고, 자연은 다리 하나, 고층 건물 한 채라도 마음대로 지어서 훼손하면 안 되는 존재다. 인간은 주저하지 않고 죽이고, 학교에는 주저 없이 폭탄을 터뜨린다. 인간이 사는 곳에 불을 지르고 인간의 재산을 약탈하는 데는 아무런 망설임이 없다. 하지만 파충류는 존중해서 파충류 서식지인 습지대에 공항이 들어서는 것은 막고, 알 수 없는 세상을 살아가는 방법에 대해서는 겸손한 자세로 별자리가 인도해주길 바란다.

이들은 보수주의자conservative보다 더 나쁜 '자연보호주의자 conservationist'다. 이들이 보호하려는 것은 무엇인가? 인간을 제외한 모든 것을 보호하려 한다. 무엇을 지배하려 하는가? 인간 외에는 그 무엇도 지배하려 하지 않는다.

소설 『파운틴헤드』에서 주인공 하워드 로크는 "창조자는 자연을 정복하는 데 관심을 가지고, 기생충은 인간을 정복하는 데 관심을 가진다"고 말했다. 이 책은 1943년에 출간되었다. 그리고 현재, 이 격언은 완전히 뒤집혔다. 자연보호주의자들은 이를 말과 행동으로 증명하고 있다.

모든 인간이 노예가 되기를 바라며 과학적 진보를 자연에게 가하는 공격으로 간주하는 저급함에 대해서는 더 이상 설명할 필요가 없다. 하지만 이들이 행하는 부조리 중 몇 가지는 살펴볼 만한 가치가 있다.

이들은 무엇을 그리고 누구를 공격하고 있는가? 이들은 '빈둥거리는 부자'가 사용하는 사치품이 아니라 대중이 흔히 사용하는 '사치품'을 공격한다. 자동차, 에어컨, 텔레비전 등을 소유한 이들이 부자가 아니라 미국의 일반 노동자들이라는 점을 비난한다. 하지만 부자들만 소유했던 장난감을 모두가 가질 수 있게 된 것은 사회에 이로운 일이 아닌가?

이들이 생각하는 노동자의 올바른 삶이란 무엇인가? 휴식이나 여행, 무엇보다도 즐거움 없이 힘들고 단조로운 노역만 계속하며 보내는 삶이 올바른 삶인가? 마약에 취해 간통이나 즐기며 살아가는 쾌락주의자들은 알지 못한다. 인간은 고된 노동만 하며 살 수는 없으며, 살아가는 데 즐거움을 느끼게 하는 요소가 꼭 필요하다. 그리고 텔레비전이 인간의 삶에 가져다준 즐거움은 집 앞 공원과 사회복지관을 모두 합친 것보다 크다.

이들이 사치라고 여기는 것은 무엇인가? 겨우 연명이나 할 정도의 생활필수품을 제외한 모든 것이다. 이들은 '상업주의'와 '유물론'이 만들어낸 '인위적 필수품'이 존재하지 않는다면 인간이 이토록 힘들게 일하지 않아도 된다고 주장한다. 하지만 현실은 그와 반대다. 일에 대한 대가가 적을수록 일의 강도는 높아진다. 정글에서 한 끼를 해결하는 것보다 뉴욕에서 자동차를 구매하는 것이 훨씬 쉽다. 기계와 기술이 없는 상태에서는 단순히 생존하는 일조차 몸과 마음을 피폐하게 하는 고된 일이다. 자연 상태에서 식량과 옷가지, 잠잘 곳을 찾기 위해 악전고투하는 행위는 인간의 모든 에너지와 정신을 소모시킨다. 그것은 질 게 뻔한 싸움이다. 승자는 홍수나 지진 또는 메뚜기 떼일 것이다. (파키스탄에서 단 한 번의 홍수로 50만 명이 사망한 사건을 생각해보라. 피해를 입은 파키스탄 국민은 기술이 없는 자연 상태에서 살고 있었다.) 겨우 연명이나 할 정도의 생활필수품만을 위해 일하는 것은 인간이 지닌 능력으로는 감당할 수 없는 사치다.

생태 전쟁의 첫 번째 표적은 누구인가? 대기업이라고 생각하겠지만, 실제로는 그렇지 않다. 첫 번째 희생양은 야심 있고 가난한 청년들이다. 이들은 대학에서 공부하며 자신의 길을 찾고, 연인과 미래를 계획하며, 꿈을 이루기 위해 필요한 시간과 비용을 따진다. 취업을 목표로 삼는 이들도 있고, 생계비를 벌어가며 자신의 창의적 재능을 발전시키기 위해 노력하는 예술가, 작가, 작곡가들도 있다. 목적의식을 갖고 살아가는, 인류의 미래를 책임질 최고의 인간들이다.

다른 연령대의 사람들에게도 시간은 중요하지만, 이들에게는 특히 시간이 소중하고 가장 필요한 자원이다. 이들은 전기 커피머신, 냉동식품, 식기세척기 등으로 귀중한 시간과 노동력을 절감한다. 그런데 만약 생태 전쟁으로 인해 이런 제품의 생산이 중단되거나 새로운 제품의 발명에 차질이 생긴다면 그것은 인류에게 저지르는 가장 참혹한 범죄가 될 것이다. 특히 청년들의 고통은 사사로운 것으로 취급되고, 목소리는 무시되기 쉬우며, 야심에 찬 청년들이 사라지게 되더라도 한두 세대가 지나야 티가 나기 때문에 문제의 파장은 더욱 심각할 것이다.

하지만 이들과는 다른 유형의 청년들도 존재한다. 바로 진보교육의 산물인 '목적의식이 없는' 청년들로 생태 전쟁의 호위 무사이자 총알받이들이다. 이들은 미래를 생각하거나 예측하지 못하고, 현재 당면한 순간에 일어나는 일 외에는 아무것도 이해하지 못하는 정신 박약아들이다. 이들에게 시간이란 내면의 공허함과 만성적 불안에서 벗어나기 위해 물리쳐야 하는 적이다. 자신만의 목표를 세우고 실행하는 것이 불가능하므로 고된 일, 즉 타인이 계획하고 지시해주는 육체노동을 선호한다. '지구의 날'에 자기 몸도 잘 씻지 않으면서 뉴욕 거리를 청소하러 나간 청년들이 이런 유형의 대표적 예라고 볼 수 있다.

이 청년들은 중산층을 적대적으로 여기지만, 중산층 집단에도 이 청년들과 비슷한 유형이 존재한다. 내가 한때 알고 지내던 사람 중에 집안일을 아주 열심히 하는 주부가 있었다. 그녀는 남편이 식기 세척기를 사자고 해도 듣지 않았다. 이유를 분명히 밝히지는 않았지만, 나는 그녀가 식기세척기로 해방된 시간에 느끼게 될 공허함을 두려워했다는 것을 알고 있다.

그 주부의 멍한 눈빛, 히피의 씻지 않은 얼굴, 으르렁거리는 입을 합쳐보면 반산업혁명의 정신이 무엇인지 확인할 수 있다.

이들은 추종자들일 뿐이다. 주동자의 정신상태는 더욱 심각하다. 반산업혁명의 주동자가 실제로 얻고자 하는 것은 무엇일까? 이 질문에 대한 답으로 나의 소설 『아틀라스』의 한 구절을 인용하려 한다. 이 책은 1957년에 출간되었는데, 본의 아니게 예언서가 되었다는 점이 씁쓸하다.

다음은 주인공 대그니 태거트가 경제기획국 조정관들과 회의를 하며, 그들의 실제 목적을 파악하기 시작하는 장면이다.

"대그니는 그제야 그들의 말 뒤에 숨은 속뜻을 알 것 같았다. 이들은 고층 건물이 늘어선 산업 도시의 모습이 아니라 기업가들이 없앤 존재 양식을 추구하며 전진하고 있었다. 뚱뚱하고 비위생적인 인도 국왕이나 가질 법한 존재 양식이었다. 겹겹으로 처진 살덩어리에 파묻혀 제대로 움직이지도 못한 채 몽롱한 눈을 하고서 하는 일 없이 비싼 보석이나 만지작거리는, 그러다 이따금 굶주림과 노역, 질병에 시달리는 백성이 자신이 수확한 곡식 몇 톨을 나눠달라고 구걸했다는 이유로 몸에 칼을 꽂고, 그렇게 수억 명의 백성에게서 곡식을 착취하고, 그 곡식이 모여 다시 보석이 되게 하는 것이 하는 일의 전부인 인도 국왕과 같은 모습이었다.

대그니는 산업 생산을 그 누구도 의심할 수 없는 가치 있는 일이라고 생각하며 살아왔다. 그리고 정부가 공장을 몰수하려는 것도 공장의 가치를 인정하기 때문이라고 생각했다. 하지만 그들의 영혼에 은밀히 존재하는 생각은 산업혁명 시기에 태어난 대그니로서는 상상조차 하지 못한 것들로 마치 점성술과 연금술처럼 사라져버린 줄 알았던 생각들이었다. 그들은 수백만의 국민이 기꺼이 복종한다는 전제 아래 살아남으려는 본능이 있기 때문에 어떻게든 생산을 해낼 것이라고 생각했다. 그리고 권력을 가진 사람이 생산물 전부를 빼앗는 것은 불가능할지라도 아주 적은 양만 국민 몫으로 남겨주는 것은 가능하다고 보았다. 인간은 일이 고되고 보상이 적을수록 더 순종적으로 변한다. 전기 배전반의 레버를 당기는 사람은 쉽게 지배할 수 없지만, 맨손으로 땅을 파는 사람은 지배하기가 쉽다. 봉건귀족이 보석 박힌 잔으로 술을 마시며 자신의 뇌를 썩히는 데는 공장이 필요 없었고, 인도 국왕도 마찬가지라는 것이었다."

(1971년 1~2월)

옮긴이의 말

　대한민국은 60년이라는 짧은 기간 만에 국제사회의 공적개발원조를 받는 최빈 수혜국에서 선진 공여국이 된 유일한 국가입니다. 여기서 더 나아가, 오늘날 대한민국은 전 세계에서 주류로 인정받는 명실상부한 문화 강국이자 IT 강국이 되었습니다. 하지만 이러한 눈부신 성취에도 불구하고 대다수의 국민은 국가 발전을 견인한 주역들, 즉 정치가나 기업가를 존경하거나 사랑하지 않습니다. 이것은 대한민국이 위대한 나라임이 분명함에도, 정작 국민은 국가가 이룬 성취를 올바로 해석하지 못하고 자부심도 느끼지 못한다는 뜻이기도 합니다. 저는 그 이유를 국가를 관통하는 철학과 이념의 부재에서 찾았습니다

　대한민국의 건국이념은 '자유민주주의'지만 사실 대한민국의 '자유민주주의'는 '쟁취'한 것이 아니라 강대국들의 이권 다툼 과정에서 '주어진 것'이라 보는 견해가 있습니다. 유학 사상을 숭배하는 왕조 국가였던 조선이 일본 식민 통치 시대를 겪고, 일본이 연합국에 패배하며 해방을 맞은 뒤, 국민들에게 '자유민주주의'나 '사회주의'라는 개념이 없는 상태에서 '자유민주주의' 체제가 주어진 것입니다. 대한민국 국민들에게 자유민주주의는 진지한 논의와 담론을 통해 선택한 것이 아니라 생존을 위해 학습된 것이었습니다. 이러한 맥락을 고려할 때, 북한의 이념인 전체주의 사상과 성姓 종족주

의, 환경보호주의 등 인간의 야만성을 용인하는 시대 역행적 사상, 즉 좌파의 교리가 국민들 사이에서 저항 없이 받아들여지고, 심지어 사상적 주류가 되기도 한 것은 그리 놀라운 사실이 아닙니다. 그리고 자유민주주의라는 고귀한 사상이 모래성처럼 지어진 탓에 대한민국이 이룬 경제성장은 정치적으로나 철학적으로 이미 오래전에 실패한 좌파의 사상으로 떳떳하지 못한 성공처럼 치부되고 있습니다.

국민들이 좌파의 교리를 저항 없이 받아들이게 된 이유는 다양합니다. 그중 하나는 좌파가 프로파간다와 포퓰리즘 분야의 전문가들이기 때문이고, 다른 하나는 좌파가 쓰고 있는 '이타주의'라는 가면 때문입니다. '약자 옹호'를 명목으로 편협한 '정의'를 외칠 때 모든 합리적인 반박은 '비인간적 행위'가 됩니다. 하지만 곰곰이 생각해보면 정말로 비인간적인 것은 '이타주의'라는 사상입니다. 매슬로가 정의한 인간 욕구 5단계Maslow's hierarchy of needs를 고려해볼 때 최종 단계인 '자아실현'은 극도의 치열함으로 개인의 욕구와 능력, 잠재력을 최대한 실현하는 일이지 자신을 희생해 타인의 행복과 복리를 증진하는 일이 아닙니다. 이타주의는 개별적인 자아실현을 원하는 인간의 욕구와 본질적으로 상충되는 사상이고, 이러한 모순을 대중에게 납득시키기 위해 좌파는 언변과 요설의 달인으로 구성되어야 했습니다. 대중을 대상으로 끊임없이 사상 교육을 하고 이타주의와 집단주의 프로파간다를 행한 끝에 사람들은 타인의 복리가 아닌 일신의 영달을 최우선으로 추구하는 것이 정의롭지 못하다고 생각하게 되었습니다. 이러한 상황에서 이타주의가 비인간적 사상이 아니라면 대체 무엇일까요?

더욱 심각한 것은 좌파가 쓰고 있는 '이타주의' 가면 뒤에 있는 좌파의 실체입니다. 아인 랜드는 실제로 좌파를 움직이게 하는 동인은 사실 '타인에 대한 측은지심'이 아니라 '타인에 대한 질투심'이라고 지적합니다. 만약 '질투심'이 동인이 아니라면 그들은 타인을 파괴하면서 자신의 열등감을 채우는 극단적 나르시스트들입니다. 사람들은 좌파가 제시하는 이상적인 세상이 몰락하는 현장을 여러 차례 목격했으면서도 좌파가 정의롭다는 착각에 빠져 좀처럼 현실을 직시하려 하지 않습니다. 우리는 지금까지 인간의 능력을 최고로 끌어내고 더 나아가 문명 발전과 부국강병을 이루게 한 사상은 여러 개인이 자신의 능력과 욕구, 잠재력을 최대한 실현하기 위해 추구한 '합리적 개인주의'였다는 사실을 명심해야 합니다.

아인 랜드는 지금으로부터 50여 년 전에 이 책을 통해 "반대가 없는 오늘의 부조리는 내일의 강령이 된다"는 말을 했습니다. 경제적으로 성공한 국가지만 국가를 관통하는 가치가 정확히 무엇인지 알 수 없는 대한민국의 현 상황은 좌파가 사회의 다양한 압력단체들을 바리케이드 삼아 집단주의 이념을 전파하는 동안 우파가 수동적 자세로 대응한 결과이기도 합니다.

아인랜드연구소 소장을 역임한 피터 슈워츠가 서문에서 언급한 바와 같이 이 책은 '양보나 타협 없이 합리적 가치를 지키고 비합리적 신원시주의를 무조건 거부할 것을 기본 원칙'으로, 감성에 호소하는 좌파의 철학적 모순과 위선을 파헤치고, 시대를 관통하는 보수적 가치를 이야기합니다. 현대사회를 사는 사람들에게 이 책에서 제시하는 의견은 다소 편향되어 보일 수도 있습니다. 하지만 과도하게 좌편향된 사회에서 정반합의 논리에 따라 균형점인 합을 이루려면 그와 반대되는 우편향적 의견을 강력하게 주장하는 것 또한 필요합니다.

아인 랜드는 국가를 번영하게 만드는 것이 과학 발전, 즉 미래에 대한 낙관적 사고와 이성이라고 강조하여 말합니다. 대한민국에 번영을 가져온 것 또한 이와 다르지 않습니다. 우리가 철학과 이념을 확실히 설정하고 위대한 발전을 이어가는 데 이 책이 유익한 지침서가 되길 바랍니다.

최지영

신좌파

신좌파

원시사회로의 회귀

발행일 2023년 4월 1일 초판 1쇄

지은이 아인 랜드
발행인 고영래
발행처 (주)미래사

주소 서울시 마포구 토정로 195-1 정우빌딩 3층
전화 (02)773-5680
팩스 (02)773-5685
이메일 miraebooks@daum.net
등록 1995년 6월 17일(제2016-000084호)

ISBN 978-89-7087-146-2(03300)

Copyright ⓒ Ayn Rand 2023

＊ 가격은 뒤표지에 있습니다.
＊ 잘못 만들어진 책은 구입처에서 바꾸어 드립니다.